新时代机构编制

理论和实践问题研究

第二辑

王峰 主编 洪都 副主编

·北京·
国家行政学院出版社
NATIONAL ACADEMY OF GOVERNANCE PRESS

图书在版编目（CIP）数据

新时代机构编制理论和实践问题研究. 第二辑 / 王峰主编；洪都副主编. -- 北京：国家行政学院出版社，2024.9. -- ISBN 978-7-5150-2944-3

Ⅰ.D630.1

中国国家版本馆CIP数据核字第20240FP814号

书　　名	新时代机构编制理论和实践问题研究（第二辑） XINSHIDAI JIGOU BIANZHI LILUN HE SHIJIAN WENTI YANJIU (DI-ER JI)
主　　编	王峰
副 主 编	洪都
责任编辑	陈科　刘锦
责任校对	许海利
责任印制	吴霞
出版发行	国家行政学院出版社 （北京市海淀区长春桥路6号　100089）
综 合 办	（010）68928887
发 行 部	（010）68928866
经　　销	新华书店
印　　刷	北京九州迅驰传媒文化有限公司
版　　次	2024年9月北京第1版
印　　次	2024年9月北京第1次印刷
开　　本	170毫米×240毫米　16开
印　　张	30.25
字　　数	508千字
定　　价	98.00元

本书如有印装问题，可联系调换。联系电话：（010）68929022

前　言

机构编制工作是党的一项重要工作，在加强党和国家机构职能体系建设、深化机构改革、优化党的执政资源配置、推进国家治理体系和治理能力现代化方面发挥着至关重要的作用。机构编制研究工作是机构编制部门的基础性工作。近年来，中国机构编制管理研究会（以下简称研究会）围绕机构编制中心工作大局，聚焦机构编制理论和实践中的若干重要问题，组织开展了一系列课题研究，各种类型的课题共 80 余个。经过一段时间的积累和沉淀，已经形成了不少具有一定价值的成果，部分研究成果已转化为具体的政策和措施。为更好地服务中心工作，在更大范围促进成果转化应用，我们将 2021 年、2022 年部分课题研究成果整理结集出版，作为《新时代机构编制理论和实践问题研究》的姊妹篇。这些研究注重理论联系实际，紧紧围绕改革任务和管理实践，从不同角度对有关问题进行了思考和研究，具有一定的创新性和参考价值。

需要说明的是，在成书前我们对所有课题报告进行了修改完善，部分报告做了精炼处理。一方面，保留了课题报告的基本框架、主要内容和创新观点，更加突出成果"研究"性质和特点；另一方面，按照新的改革要求，注意强化成果的应用性和参考价值。考虑到内容篇幅总量较大，为方便阅研，我们根据主题归集成四篇呈现给读者，分别是：党和国家机构职能体系篇、机构编制法定化篇、重点领域体制机制改革创新篇、优化机构编制资源配置篇。所有报告的署名方式均为课题组，突出了"集体成果"，也特别感谢所有课题组成员的努力和奉献。

编　者

2024 年 8 月 1 日

目 录
Contents

01 第一篇 党和国家机构职能体系 … 1

机构改革的基本理论研究　　　　　　　　中国人民大学课题组　3
数字政府相关的组织理论、职责体系与治理模式　　南开大学课题组　60
新时代水利部门职责定位研究　　　中国机构编制管理研究会课题组　94
地级市职能定位研究　　　甘肃省委编办、西北师范大学联合课题组　137

02 第二篇 机构编制法定化 … 195

机构编制法治建设研究　　　　　　　　"机构编制法治建设"课题组　197

03 第三篇 重点领域体制机制改革创新 … 229

深化综合行政执法体制改革研究　　　　　　　重庆市委编办课题组　231
自然资源节约和高效利用体制机制研究
　　　　　　　　　　　　陕西省委编办、西安交通大学联合课题组　277
政府运行保障体系改革方向与路径研究　北京大学政府管理学院课题组　338
高质量发展考核体系的实施对行政管理体制的影响研究
　　　　　　　　　　　　　　　　　　清华大学公共管理学院课题组　385

04 第四篇
优化机构编制资源配置 ... 413

统筹使用各类编制资源路径研究　　内蒙古自治区党委编办课题组　415

大城市机构编制资源使用效益评估的评价指标体系和评价模型
　　　　　　　　　　　　　　　　　　　　　　复旦大学课题组　449

第一篇

党和国家机构职能体系

机构改革的基本理论研究

中国人民大学课题组

党和国家机构职能体系是中国特色社会主义制度的重要组成部分，是党治国理政的重要保障。2022年4月，习近平总书记在中国人民大学考察调研时，针对当前中国特色社会主义理论与实践所面临的新问题和人类社会发展所面对的新形势，强调"加快构建中国特色哲学社会科学，归根结底是建构中国自主的知识体系。要以中国为观照、以时代为观照，立足中国实际，解决中国问题"。2022年10月，习近平总书记在党的二十大报告中，围绕以中国式现代化全面推进中华民族伟大复兴的新使命新任务，进一步强调"继续推进实践基础上的理论创新，首先要把握好新时代中国特色社会主义思想的世界观和方法论"。这些重大论断为我们不断调整优化党和国家机构职能体系、走好中国特色机构改革新路指明了研究方向。在新时代新征程上深化党和国家机构改革，实现国家治理体系和治理能力现代化，需要深刻理解和牢牢把握中国式现代化的本质要求，坚持运用习近平新时代中国特色社会主义思想的世界观和方法论，建构中国特色机构改革的自主知识体系。

建构机构改革的自主知识体系要以中国为观照，立足我国机构改革实践，解决我国机构改革问题。党中央、国务院历来高度重视机构和行政体制改革。改革开放特别是党的十八大以来，党中央全面深化党和国家机构改革，坚持完善中国特色社会主义行政体制，不断推进国家治理体系和治理能力现代化。机构和行政体制改革是全面深化改革的重要内容，直接关系到国家治理体系的完善和治理能力的提升。

建构机构改革的自主知识体系要以时代为观照，洞悉机构改革国际前沿，引领世界机构改革浪潮。20世纪后期以来，英美等西方国家相继掀起政府机构改革浪潮，逐步确立了"旧公共行政—新公共管理—后新公共管理"的改革逻辑话语体系。改革开放以来，我国机构改革坚持自立自强与对外开放相结合，在坚持中国特色改革内容的同时，积极学习借鉴西方国家机构改革的有益成果。这些成果经过中国历史文化传统和政治行政体系的过滤与改造，适应中国国情与中国特色。同时，中国机构改革在数字治理实践等诸多方面已经呈现出领跑趋势。

本报告通过梳理机构改革研究的国际前沿和我国改革开放以来机构改革的发展历程，总结当前研究的现状与问题，进而阐明机构改革自主知识体系的逻辑构造。

一、机构改革的内涵与外延

机构改革是为了适应政治经济社会发展的需要，对一定机构的职能配置、机构设置、人员配备以及这些机构、人员的分工协作方式进行的调整和变革。行政体制改革是政治体制改革的有机组成部分，是政府（行政机构）的组织架构和运行机制的调整和变革。行政体制改革较机构改革的外延更大，不仅包括行政机构设置的调整，而且涵盖行政机构内外部运行机制的变革，如行政机构之间（含行政管理层级和管理幅度、职责同构等）、行政机构与经济社会实体之间（含简政放权、优化营商环境等）的权力、结构、功能等关系制度的变革。

在实践中，机构改革通常以"三定"规定（职能配置、内设机构和人员编制）为重要载体和核心内容，涉及党政军群各类机构的改革，着重调整结构（包括组织结构和人员结构）、转变职能、理顺关系，集中体现在建设人民满意的服务型政府。行政体制改革通常以推进国家机构职能优化协同高效为着力点，着重优化政府职责体系、优化政府组织结构，健全充分发挥中央和地方两个积极性体制机制，构建职责明确、依法行政的政府治理体系。统合机构和行政体制改革的实践经验，历次国务院机构改革基本上形成了调整结构、转变职能、理顺关系的规定性内容。

调整结构对应机构改革"三定"规定中的内设机构和人员编制规定，主要涉及政府组织结构和人员结构体系，在机构改革之初就成为机构改革的主要内容（如早期机构改革的精兵简政）并贯穿机构改革的整个过程，如2023年机构改革统筹党和国家各类机构设置、精减中央和国家机关人员编制。转变职能对应机构改革"三定"规定中的职能配置规定，主要涉及政府职能从计划经济体制下的机构职能体系向社会主义市场经济条件下的机构职能体系的重大转变，逐步形成经济调节、市场监管、社会管理、公共服务、生态环境保护的职能定位。理顺关系对应行政体制改革对行政机构内外部运行机制和关系制度的调整和变革，主要涉及党政关系（如党政分工）、部门关系（如优化政府职责体系）、政企关系、政社关系、央地关系等。

调整结构和转变职能主要解决如何建构合理的政府组织结构和形成畅通的职能运行形态，目标是构建系统完备、科学规范、运行高效的国家机构职能体系。理顺关系主要解决如何处理好政府内设机构之间以及政府与外部组织之间关系的问题，目标是形成总揽全局、协调各方的党的领导体系，职责明确、依法行政的政府治理体系。这两个层次、三个方面的规定性内容相辅相成、相互促进、相得益彰，增强改革的系统性、整体性、协同性，外部关系的调整会极大影响政府机构设置和职能转变，政府内部的改革也为更好解决外部关系问题提供了基础和条件，共同增进改革的总体效应。因而，调整结构、转变职能、理顺关系的规定性内容为中西方机构改革的比较提供了基本的对话框架，也为机构改革自主知识体系的建构提供了基本的行动路线。

调整结构在本质上是调整政府的纵向与横向职责关系。我国政府主要分为中央和地方两个层级。在中央一级，国务院是最高国家行政机关，下设国务院办公厅，26个组成部门（包括各部、委员会和中国人民银行及审计署），1个直属特设机构、14个直属机构、2个办事机构、7个直属事业单位、17个部委管理的国家局和若干国务院议事协调机构。地方政府分为省级、市级、县级和乡级四个层次。纵向职责关系是指中央政府与地方政府之间的职责划分和权力分配关系，横向职责关系涉及跨部门的职责分配与协同。纵向职责的划分需要考虑中央政府和地方政府的权责关系，以及各级政府之间的协调和合作。横向职责的调整需要打破部门之间的条块分割，加强部门协调和合作，以实现政府工作的整体效能。

纵向职责关系通常表现为层级制的组织结构。中央政府处于最高层，主要负责制定政策、法律法规等宏观事务；地方政府负责执行政策和法律法规，并管理本地区的公共事务。长期以来，我国政府纵向职责关系最主要特征是"职责同构"。所谓职责同构是指不同层级的政府在纵向职能和职责上的一致性和相似性，以及在机构设置上的统一性和对称性，具体表现为"上下对口、左右对齐"①。职责同构的形成有着深刻的历史原因，与我国的中央集权传统、单一制国家结构、计划经济历史遗留问题都有关系。

一方面，职责同构可能会引发一系列问题：一是导致各级政府和部门间职责划分模糊，使管理权限和责任界定不清；二是阻碍政府职能的转变和机构改革，使改革陷入循环，效果大打折扣；三是加剧政府职责体系中的条块矛盾；四是限制地方政府的主动性和创造力，忽视地方的特殊需求和独特性；五是导致公共物品的"供给赤字"，即中央和地方政府在提供公共服务方面的失衡和效率低下。②另一方面，职责同构体现了中国特色社会主义制度优势：上下贯通的管理体系，有利于确保决策的执行力和响应速度；党内领导体系自上而下的同构加强了党的全面领导，可以有效实现党的决策部署的贯彻落实；结构上的相似性能够促进上下级共识的快速构建，以便于更好地回应人民的诉求。③

横向职责的划分关注同一政府层级内不同部门或机构之间的职责和权力分配。横向职责关系通常表现为平行或网络型的组织结构，其中不同部门需要相互协调和合作，以实现政府工作的整体目标。横向职责划分的重要内容是确定每个部门或机构的核心职责和权力范围，这需要仔细分析政府的工作需求和目标，以及各个部门的专业技能和资源。在分配职责时，应尽量避免职责重叠和边界不清的情况，确保每个部门都有明确的任务和责任。

通过多次机构改革，当前政府部门间的职责配置思路已处于一种比较明确的状态。特别是随着改革的推进，政府机构设置重叠、权限职责交叉的现象得到了极大的缓解。2023年国务院机构改革进一步明确了各部门的核心职责和权力范围。例如，科技部经过重组后，不再参与具体科研项目评审和管理，主要负责指导和监督专业科研管理机构的运作和管理，强化对科研项目实施的监督和检查。这样的重组有助于避免职责重叠，确保每个部门都有明确的任务和责任，同时促进科技创新和管理体系的合理化。

横向职责的划分不仅要关注权力分配，还要考虑部门之间的协调和合作。由于横向职责关系通常表现为平行或网络型的组织结构，部门之间需要建立良

---

① 朱光磊、张志红：《"职责同构"批判》，《北京大学学报（哲学社会科学版）》2005年第1期。
② 崔野：《政府职责体系研究：回顾与展望》，《辽宁行政学院学报》2023年第5期。
③ 张志红：《中国政府职责体系建设路径探析》，《南开学报（哲学社会科学版）》2020年第3期。

好的沟通机制和合作渠道，确保政府工作的整体性和协同性。不同的任务塑造了不同的协作形态，部门协调和合作可以采取多种形式，如定期召开部际会议、交流工作信息、共同制订工作计划等。

目前，我国中央政府的部门协调机制初步形成了议事协调机构、部际联席会议和部门协议三种形式。以国务院议事协调机构为例，这些机构通常是跨部门的，由各相关政府部门组成，以解决需要跨部门协调和合作的问题。例如，国务院安全生产委员会由多个国务院部门组成，包括应急管理部、公安部、交通运输部等。该委员会定期召开会议，协调各部门的工作，共同推进安全生产工作。中央政府还建立了许多部际联席会议，以加强各政府部门之间的沟通和协调。这些会议通常由相关部门的主管部长或副部长主持，定期召开，以解决特定领域的跨部门问题。部门协议也是跨部门协调机制的一种形式。这些协议通常由两个或多个政府部门签署，以解决特定领域的合作问题。例如，2014年农业部、食品药品监管总局签署《关于加强食用农产品质量安全全程监管合作协议》，加强相关部门在农产品质量安全监管方面的合作。

地方政府同样采用议事协调机构来加强部门协调和合作。例如，各省级政府都设立了经济体制改革领导小组、重点建设项目领导小组等议事协调机构。这些机构通常由省政府领导担任组长或副组长，各相关政府部门为成员单位，定期召开会议，协调各方面的工作，确保政府工作的整体性和协同性。这些跨部门协调机制的建立，有助于加强政府部门沟通和协调，提高行政效率，更好地服务人民群众。

总之，纵向职责关系主要体现在中央政府与地方政府之间的权责划分，确保政策的统一制定和执行，同时考虑地方特色和需求。它的最主要特征就是职责同构，即不同层级的政府在职能上的一致性和相似性。横向职责关系主要涉及同一层级不同部门或机构的职责和权力分配，强调部门协调和合作。它的特征可以总结为实现路径的多样性，通常通过机构改革不断自我优化部门间权责分配，通过议事协调机构、部际联席会议、部门协议等多种跨部门协调机制实现部门协调，以提高政府工作的整体效能和服务质量。

二、机构改革的国际动向

20世纪70年代末以来，西方发达国家的行政改革历经从"新公共管理"

向"后新公共管理"的发展阶段。其中,美国、英国、日本等国机构改革经验成熟,特点鲜明,相关研究成果丰富。鉴于相关文献较多,本报告选取了具有代表性的机构改革动向,重点是数字化转型和协调机制建设方面。

(一)美国机构改革

1. 机构合并,减少浪费

奥巴马时期(2009—2016年):奥巴马呼吁国会恢复总统在精简和改革行政部门方面的权力,进行改革以精简政府、提高效率并提供更好的服务。奥巴马建立了政府改革竞争力和创新倡议团队,研究如何更新联邦政府,更好地支持美国在21世纪全球经济中获得竞争力。

一方面,合并商业和贸易相关部门。加强部门协调是许多国家政府改革的重点。奥巴马政府改革在此方向努力的重点是让美国的小企业更容易竞争、出口和发展。此前,联邦政府负责商业和贸易的部门和机构主要有6个:美国商务部、美国小企业管理局、美国贸易代表办公室、美国进出口银行、海外私人投资公司和美国贸易发展署。联邦机构的服务和任务重叠,使企业难以找到出口、扩张和雇用所需的援助。奥巴马政府将这6个部门和机构合并为1个部门,使之拥有一个网站、一个电话号码和一个使命,即帮助美国企业取得成功。将这些机构与其他相关计划合并能够帮助各种规模的企业家和企业成长、竞争和招聘,创造就业机会并刺激经济发展。能够合并为一个部门的要求是指,企业家可以从他们提出一个想法并申请专利,到他们开始构建产品并申请仓库,再到他们准备出口并需要打入海外新市场,都只需要在一个部门办理。奥巴马政府的这一改革在一定意义上属于大部制改革的范畴。

另一方面,成立旨在减少浪费的监督和问责委员会。2011年6月13日,奥巴马签署了一项行政命令,发起了减少政府浪费的运动,包括两项关键举措。第一,建立新的监督和问责委员会,帮助联邦机构提高绩效,减少整个政府的浪费、欺诈和滥用。新委员会的使命是让纳税人能够跟踪他们的资金去向,并让公民相信资金不会因浪费、欺诈或滥用而损失。第二,定期召开内阁会议,内阁成员向副总统报告进展情况。行政命令还加强了问责,指示内阁成员报告减少浪费的进展情况,并直接向副总统说明结果。这一改革与我国的改革不约而同。

2. 加强协调,提高数字化能力

特朗普时期(2017—2020年):特朗普政府在加强任务协调方面进行了众多调整。第一,将教育部和劳工部合并为教育与劳动力部,负责满足美国学生和工人从教育和技能发展到工作场所保护再到退休保障的需求。第二,将美国农业部食品与营养服务部门的非商品营养援助项目转移到卫生与公众服务部,将该部门更名为卫生与公共福利部。第三,将美国农业部的食品安全与检验局和卫生与公众服务部食品药品管理局的食品安全职能重组为美国农业部的内设机构,该机构将覆盖美国人食用的几乎所有食品。第四,将美国农业部的农村住房贷款担保和租赁援助项目转移到住房和城市发展部。第五,将人事管理办公室的政策职能转移到总统的执行办公室,提升其核心战略任务。第六,重组美国人口普查局、经济分析局和劳工统计局,提高成本效益和数据质量,同时减轻企业和公众的调查负担。第七,将能源部的应用能源项目合并为一个新的能源创新办公室,最大限度地发挥能源研究和开发的效益,更快适应国家不断变化的能源技术需求。第八,将美国公共卫生服务团改造成一个更精简、更高效的组织,以更好应对突发公共卫生事件并提供重要的卫生服务。

特朗普政府着眼于现代社会数字技术的发展,提出赶超私营部门对数字技术的应用,加强政府治理体系和治理能力建设。这要求机构改革适应数字时代的要求,考虑数字技术应用,坚持整体、协同和集约的结构改革理念,扩大服务覆盖面、有效提高行政效率和基础设施供给能力。另外,特朗普政府改革强调行政部门必须发展能力,更好促进跨部门服务供给的客户体验,并创建更快、更方便、更划算的交互方式。政府应培养自身能力,改善与公民的互动方式,尽力实现对服务对象与公共需求的精准画像,实现资源的精准测量和匹配,并进行全程跟踪,通过大数据实现跨组织、跨部门的数据融合和业务互联。

3. 数字化转型与协调机制

在数字化转型方面,第一,加强统筹协调,促进业务协同。美国在白宫管理与预算办公室设立了首席信息官(CIO)职位,负责领导和统筹整个联邦政府的信息技术支出。美国是最早建立首席信息官制度的国家,由首席信息官向政府首脑提供关于政府数字化建设的建议,同时监督信息技术相关事务的实施过程。此外,美国政府还在管理和预算办公室内设立数字政府行政办公室,实现了职能的整合和流程的再造，不断优化数字政府服务流程。第二，建设基础设施，优化服务供给。从克林顿政府开始，美国政府十分重视国家信息基础设施建议。奥巴马政府在数字战略方面加大了推进力度，先后布局云计算、大数据、先进制造、5G、量子通信等前沿领域。在云计算领域，美国政府设立多个管理机构，共同处理联邦政府云计算事务，确保云计算在所有联邦政府采购项目中居于优先地位。第三，统一标准规范，释放数据价值。在政府数字化转型的过程中，美国颁布了《国家信息基础设施行动》《全球信息基础设施行动计划》《电子政务战略——简化面向公民的服务》等系列政策，为政府职位和机构调整提供了方向指导。通过统一标准规范，能够解决数据重复采集、多渠道采集、类型格式差异等问题。

在协调机制方面，美国联邦政府主要实行了以大部制为主，以委员会协调方式作为弹性补充机构的协调模式。委员会是一种内部的协调机构，主要履行政府的行政职能，但不同于固定机构，在协调政府部门方面发挥着非常重要的作用。美国政府从政府职能入手，加大了职能部门的协调功能，设置专门的协调部门，并赋予其独立性较大的自主权。美国建立了很多跨部门协调机制和战略协调机构。如国家安全委员会：由内阁成员和顾问组成，是考虑国家安全和外交政策问题的主要论坛，协调各部门和机构的政策，确保统一处理国家安全问题。管理和预算办公室：协调财政和监管政策，监督预算程序，评估机构绩效，协助各部门制定政策建议，确保与总统的优先事项保持一致。国土安全委员会：负责协调国土安全相关的政策和倡议，涉及国土安全部、国防部、司法部以及其他涉及国家安全和应急响应的多个机构。联邦首席信息官委员会：改进跨联邦机构的信息技术管理，重点是分享最佳做法，协调信息科技策略，推广创新的解决方案，提高政府效率。网络安全和基础设施安全局：隶属国土安全部，负责协调加强网络安全和保护关键基础设施。机构间工作组：各行政部门针对医疗保健、气候变化、药物成瘾等具体问题建立工作组，汇集不同部门的专家，制定全面的战略和政策。经济顾问委员会：该委员会向总统提供经济分析和建议。它与各部门和机构协调制定旨在促进增长、创造就业和稳定的经济政策。国内政策委员会：就国内政策问题向总统提出建议，协调与教育、保健、住房和其他涉及多个部门的国内问题有关政策的制定和实施。专门委员会和咨询委员会：重点关注具体问题，会集不同领域的专家，提出建议和协调行动。

(二)英国机构改革

1. 调整职能,理顺关系

布莱尔政府以来(1997年至今),在"整体性政府"改革框架下,英国政府采取了一系列措施以推动整体性的变革。在政策制定方面,强调结果导向,鼓励跨部门合作,并注重政策的包容性和高度参与。例如,布莱尔政府通过1998年的《苏格兰法》和《威尔士政府法》,将大量权力下放至苏格兰议会和威尔士议会。这一举措旨在分权决策,使苏格兰和威尔士在特定政策领域拥有更多控制权,同时保持英国的整体架构。同时,布莱尔政府在2000年设置"大伦敦政府机构",由伦敦市市长和伦敦议会组成,旨在应对首都城市的具体治理需求,为本地问题提供更具地方性的决策方案。在公共服务领域,政府采取实用主义态度,通过竞争手段确定最佳服务供给主体,改进绩效评估和审查,同时通过公民参与进行民意调查,提高服务回应度。

布莱尔政府之后的历届政府不断探索适应社会需求的最佳政府结构。在卡梅伦政府时期,内阁推动了数量庞大的公共机构改革计划。2010年,内阁官方网站专门刊出《公共机构改革预示着政府的责任新时代来临》一文,详细阐述了英国政府如何通过公共机构的组织改革来改善公共服务,推动社会发展。根据同年颁布的《结构改革计划》,政府计划改革901个公共机构中的481个;停办192个,将其职能转回政府、调整到地方政府,甚至转移到政府之外,或者彻底取消;改革还将把118个公共实体合并为57个;此外,改革还裁撤了那些已经完成了使命、再无存在必要的公共机构。

布莱尔政府以来的机构改革特点包括整合、协同和结果导向。政府改革的成功离不开内部的整体性和协同性,应确保不同部门行动一致,提高政府整体效能。实用主义的态度、结果导向的评估以及民意参与等策略有助于提高公共服务的质量和回应度。此外,政府通过薪酬改革、培训投入等手段,促使公务员体系朝着学习型组织方向发展,鼓励创新,提高执行人员的能力。

2. 数字化转型与协调机制

英国政府的数字化转型战略以公众、公务员与企业等用户需求为中心,加强基础设施,创新技术应用,统一标准规范,力图寻求建立一种"全政府"的转型方式，涉及一系列的机构调整。① 英国政府数字化转型可以划分为四个阶段。第一阶段是 2007 年以前的建设发展期。1999 年，《政府现代化白皮书》的发布标志着电子政府战略启动。2000 年公布《电子政府：信息时代公共服务的战略框架》，启动"英国在线"计划。2001 年，online.gov.uk 正式上线，开始向公民提供一体化在线服务。2005 年，"首席信息官委员会"成立，"技术革新型政府"的新型电子政务战略公布。第二阶段是 2007—2011 年的整合建设期。2007 年，提出电子政府"瘦身计划"，要求关闭 90% 以上的政府网站，相关信息转移到 Directgov 和 businesslink.gov.uk 两个门户网站。2009 年，开启"智慧政府战略"，目标是提高政府责任和透明度。发布《信息通信技术发展战略》，指明政府运用现代科技改变政府的运行方式，建设智慧、绿色、经济型政府。第三阶段是 2012—2016 年的转型发展期。推动"数字政府战略"，使服务获取者能够"首选数字化（Digital by Default）"，并将 Directgov 和 businesslink.gov.uk 合并。成立"技术领导者网络"，推动政府内部和跨政府的数字化议程。2013 年，升级完善"政府数字化战略"。第四阶段是 2017 年以来的持续发展期。发布《政府转型战略 2017—2020》，强化"政府即平台"理念，发布《英国数字战略》。同时，通过选拔任命新的政府熟悉数据官，设立新的数据资讯委员会，统筹协调利用各政府部门数据，更好地运用数据来支持决策。

通过多年探索发展，英国形成了与数字化转型相匹配且较为清晰的、以直接服务于首相的行政机构为核心的政策体系和治理结构。英国政府认识到政府公务员同为用户，因此面向政府领导者提供了完善的数字技能培训，构建了更好的工作环境与更先进的技术工具，进一步提升了政府为民众服务的效果。

在协调机制方面，布莱尔上台执政后，协调政府部门职责关系开始真正成为"协同政府"改革方案的核心。1999 年，《现代化政府白皮书》对"分权""市场化""碎片化""部门主义"等议题进行反思，为建设以整体性政府为主题的现代化政府提供新的战略框架。整体性政府的核心是通过建立不同部门之间在决策过程中的沟通和协商机制克服公共决策的部门化，确保不同领域政策的高度一致性和整合性。上述白皮书提供了一幅清晰的路线图。整体性政府改

---

① 张晓、鲍静：《数字政府即平台：英国政府数字化转型战略研究及其启示》，《中国行政管理》2018 年第 3 期。

革形成了三个层次的协同体系：一是政府组织的功能协同，整合了功能相似的部门，成立了综合性机构来进行统一决策；二是不同治理层级的协同，通过加强地方政府协同治理的能力，整合了部分中央与地方机构，建立了中央与地方之间的协同机制；三是公私部门的协同，政府与市场、社会有了更多的关联，有效促进了公私合作。

2003年，《更好的政府服务：21世纪的执行机构》指出了主管部门和执行机构之间的联系和协调不足，提出"强化战略指导"的解决办法。具体措施包括：主管部门定期组织决策者和所有执行机构主管参与高层会议，探讨公共服务的协调和整合；部门领导具有统筹全局的能力，在全面把握部门内所有决策和执行活动的基础上提供战略指导和战略管理；主管部门确定服务提供协议的工作目标时，执行机构负责人应参与，以便充分了解执行机构绩效目标和部门总目标之间的关系；鼓励执行机构之间的横向交流与合作。

整体性政府改革思路在各个部门改革中同样有所体现。第一，危机应对。英国在应对突发事件中，为了促进协调工作高效开展，在首相内阁紧急应变小组与地方应急管理机构之间设立了区域协调机构——公共紧急事务秘书处（CCS），其一个重要的职责是协调相关部门、机构的应急处置；在区域性突发事件处置中，负责督促地方政府报告处置情况；在政府部门处置不当时及时介入进行干预。第二，金融监管体系改革。2011年6月，英国对金融监管体系进行全面改革。其中，最重要的是作为审慎监管者的审慎监管局与作为行为监管者的金融行为监管局之间的协调，同时也涉及二者与金融政策委员会和英格兰银行之间的协调。第三，公共文化部门。英国对公共文化的协调更多采用民主协调的方式，而不是采用行政命令的办法，实行"一臂之距"的文化政策，即政府不直接管理或干预文化艺术机构和文化事务，而是在政府和文化单位之间设立"半官方"的部门和机构，由这些机构负责向政府提供政策建议和决策咨询，接受政府授权对文化项目作出评估资助方案，及对项目的实施进行全过程监督。

（三）日本机构改革

1. 总体脉络

日本政府机构改革映射了民族特色和时代特征，如日本在二战后出现的

"中央集权"行政体制、自民党"一党优先"的长期执政官僚体系、"集团主义"的日本文化底蕴等交织情况。在机构改革过程中,也出现了机构膨胀、精简的职能交叉错位、行政效率低下等困境,而日本政府也积极探索了与经济发展、文化特征相适应的改革方式,在大部制、协调机制、数字化等方面积累了一定的经验和教训。

一是明确职能定位和转变是持续推进机构改革的重要动力。从二战结束至今,日本政府机构改革仍不断完善发展,始终主张构建规模小、开支省、人员少而精干的小政府,坚持从政府职能调整、公务员管理体制改革,结合复杂多变的日本经济社会环境,合理化配置机构职能,变革内阁政府职能范畴,实现职能"由官向民转移"的定位,达到行政管理效率优化目标。可见,政府机构改革是否取得成效的重要标准是职能定位与转变,尤其是职能剥离,合并相近或相同的职能是机构精简的重要原因。

二是以提供公民服务为中心的改革理念有助于实现整体性政府机构建构。日本大部制改革核心在于以公民诉求为出发点,强调部门协同、职责功能整合,以国民立场为价值导向,符合整体性政府理论以解决公民问题为中心的核心论点,形成功能调适、结构优化的整体性政府。可见,深化机构改革的基本原则在于树立"以人民为中心"的改革理念,政府机构改革的行政目标在于回应并满足社会公众的需求,提高服务质量,规范服务流程,保障服务品质,最终实现公共服务的公平与正义。

三是部门结构职能调适和大小边界应结合国情逐步推进改革深度。机构改革深化并不意味着要追求数量最少、职能最全的一蹴而就的大部制改革。

每个国家的机构改革必然需要借鉴其他国家的有效做法,但也要吸取别国的经验教训。要结合本国国情,逐步推进机构改革,观察改革效果,适时调整改革政策,及时完善配套制度。

2. 数字化转型与协调机制

在数字化转型方面,日本政府机构改革的数字化讨论最早可追溯到20世纪90年代起步的电子政府服务发展。1994年,日本内阁通过《推进行政信息化的基本计划》,指出要从纸质信息管理转向网络电子信息化管理,并在21世纪初实现高度电子政府目标。2017年,日本发布《数字政府推进方针》,提出数字政府的定义,即将所有服务、平台、管理的电子行政层面变革为对应的数字社会形态。

近年来，日本陆续在机构改革时配套执行一系列战略推动数字化转型，旨在提高政府服务公众、应对社会变革和推动经济增长的能力。例如，通过e-Government（电子政务）战略推动数字化转型，以电子化服务和信息技术的运用，提高政府内部运作效率，增强政府服务的便利性，促进公共参与；实行My Number（我的号码）计划，推行数字化身份管理计划，通过分配唯一的12位数字身份号码给每个居民，促进政府机构的信息共享，提高公共服务的效率，提高政府整体的数字治理水平；实行行政刷新计划和数字政府战略，加强政府绩效管理，简化行政手续，完善政府信息系统，促进在线服务和数字技术的运用；鼓励数据开放政策，支持部门分享和开放数据，激发创新和经济发展。

日本的电子政府和数字化转型政策措施，在一定程度上提高了政策透明度和业务效率。以数字技术运用发展为核心的行政服务改革，促使日本一些政府服务逐渐智能化和自动化。在联合国调查报告电子政府的世界排名中，日本从2001年的第27位上升到2020年的第10位。[1] 然而，尽管日本政府已经部署了宏大的数字战略，试图建设领先世界的信息技术体系，但仍然在新冠疫情中暴露出一系列数字化转型落后的问题，如"内存不足""网络不通"等，部分政府机构甚至不得不使用纸质版传真统计感染者人数。[2] 因此，菅义伟上台后将推进数字化转型作为抗击疫情的重要策略，在2020年底发布"为创建数字社会实施改革的基本方针"，修改《IT基本法》，创建数字厅，新设数字改革担当大臣，专门负责数字改革前线推进工作。同时，日本政府新设数字监，负责对数字大臣咨政建言、处理和监督数字厅的日常各项工作业务，力图打破政府机构的职能条块分割情况。

在协调机制方面，日本政府通常会设立一些协调机制，以确保部门协同作用和政策一致性，尤其是在21世纪初大部制改革后形成的结构性协调机制和程序性协调机制。[3] 结构性协调机制指的是中央省厅重组的横向协同、地方分权改革的纵向协同、民营改革的内外协同的机制；程序性协调机制指的是建立

---

[1] 高鹤、谷口洋志：《日本电子政府的发展状况与推进政策探析》，《日本研究》2021年第1期。
[2] 刘军红、霍建岗、汤祺：《日本菅义伟政府的数字改革》，《现代国际关系》2021年第6期。
[3] 李汉卿、江霞琴：《整体政府建构：日本大部制改革再审视》，《秘书》2020年第3期。

政策协调机制和引入政策评价机制（见表1）。

表1　日本大部制改革后的协调机制

协调机制类型	机构	职能
结构性协调机制	内阁府	最重要的协调组织，主要负责政府整体管理，确保部门之间的协调和政策的整体性
	内阁会议	由日本首相主持，内阁成员参与的高层协调机构，提供讨论和协调政府政策的平台，确保部门意见和决策的统一
程序性协调机制	政府战略小组	通常由政府相关机构负责人组成，以确保在特定政策领域的紧密协调与合作，推动特定领域的战略发展
	政府委员会	对特定议题提供咨询和协调，由政府内的专业人士和专家组成，以确保政策的科学性和合理性
	政府综合评估局	成立于2001年，评估日本政府部门的绩效和效率，提出改革建议，推动政府的现代化和效能提升

（四）数字化转型与机构改革

随着数字时代的来临，政府不仅需要对固有的机构职能体系进行结构性变革，更需要推进制度创新来应对数字化转型所带来的风险与挑战。数字化转型对机构改革的影响主要体现在结构调整、机构改革与岗位设置三方面。

1. 结构调整

为破除政府数据治理领域广泛存在的碎片化问题，统筹优化国家数据资源管理体制是许多西方发达国家的通行做法，在这个过程中产生了一系列的结构调整。

美国形成了数据开放、信息公开（自由）、个人隐私保护、电子政务、信息安全和信息资源管理六大领域，由一系列机构参与政府数据治理。[①] 管理与预算办公室负责制定和执行联邦预算，发布指导原则和政策，指导联邦机构如何管理信息资源，确保数据的有效利用，同时保护隐私和安全。联邦首席信息官委员会负责促进信息技术的协作和最佳实践的共享，以改进电子政务和信息资源管理。科技政策办公室负责向总统和行政部门提供科技政策和项目的建议。司法部信息政策办公室负责指导和监督信息公开（《自由信息法》）的实

---

① 黄璜：《美国联邦政府数据治理：政策与结构》，《中国行政管理》2017年第8期。

施。国家档案和文件管理署负责保护和管理联邦政府的档案和文件。商务部负责促进国内和国际贸易、经济发展、技术创新等。这些机构共同构成了一个复杂的网络，负责管理和指导联邦政府在数据治理方面的活动，确保政府信息资源的有效管理和利用，保护公民隐私和提升信息安全。

英国在数据资源管理与再利用等领域形成了多元多层的数据资源治理体系。内阁办公室负责协调政府部门的工作，确保政策的连贯性和有效实施。政府数字服务局负责推动政府服务的数字化。信息专员办公室负责监管和执行数据保护法律，信息专员负责监督和指导该机构的工作。数字、文化、传媒和体育部负责数字政策、文化、传媒、体育等领域的政策制定。国家档案馆负责保存政府的历史记录和公共档案。政府通信总部负责情报和安全通信。国家网络安全中心负责保护英国免受网络威胁。司法部和政府法律部分别负责提供法律建议和代表政府处理法律事务。数据战略委员会和公共数据组负责制定和实施数据策略。

加拿大联邦政府建立了以国家图书档案馆为核心、衔接多个部门的数据治理体制。国家图书档案馆负责收集和保存加拿大的文档遗产，包括政府记录、历史文档和其他重要档案。统计局负责收集、分析和发布加拿大各种统计数据，包括人口、经济和社会数据。创新、科学和经济发展部负责推动加拿大的经济增长和技术创新。财政部负责管理联邦政府的财政政策、经济计划和公共资金。共享服务部负责提供联邦政府的信息技术服务。公共服务和采购部负责联邦政府的采购、物业管理和其他服务。国防部和加拿大武装力量负责国家的防御和安全。通信安全局负责外国信号情报和保护加拿大政府的电子信息和通信。

澳大利亚通过制定以政府信息资产为核心的政府信息治理框架，形成了总理内阁、政府信息管理办公室、国家档案馆等部门以及跨部门大数据工作组参与的治理体系。总理内阁发挥领导作用，在制定政府的数据政策和策略方面发挥领导作用，负责给总理提供政策建议，协调政府各部门的政策制定和实施。政府信息管理办公室负责监管隐私和自由信息权利，在保护个人隐私的同时促进信息的透明度和可访问性。国家档案馆负责保管政府记录和档案，包括历史文件和电子记录。跨部门大数据工作组由不同政府部门的代表组成，负责制定和推动大数据策略，负责协调跨部门的大数据项目，推动数据共享和分析的最佳实践，以及确保数据利用的合规性和安全性。

2. 机构改革

随着数据治理实践的深入开展，组建高度整合的数据治理机构，统筹推进数据治理业务，成为广泛共识。

基于 2020 年通过的"数字化改革相关三法"（《数字治理基本法》《数字平台法》《信息系统利用法》修正案），2021 年 9 月 1 日，日本政府负责行政数字化的最高部门数字厅正式成立，旨在成为打破日本政府内部的纵向分割的核心部门。数字厅是一个相对独立的政府机构，直接向内阁总理大臣负责。主要职责包括推动政府服务的电子化、提高数据共享和利用的效率、促进数字技术在社会各领域的应用，以及确保网络和数据安全。数字厅设四大业务板块，即战略组织组、数字社会通用功能组、国民服务组、中央机构业务服务组。具体职责为：制定和实施全国范围内的数字化政策和战略；通过数字化手段改进政府服务，提高效率和透明度；确保政府数据的有效管理和安全；推动私营部门和公共部门的数字化转型。数字厅的确切人员规模和预算并不对外公开，但数字厅成立时，职员人数就达 600 人，其中约 200 人为民间人士（含外聘人员）。

美国数据管理显示出不同领域的数据管理利益相关方共同参与、彼此协作的特质。一是聚合不同领域数据管理相关方的联邦首席数据官委员会成为推进美国数据战略的领导机构；二是管理和预算办公室基于其行政力量的相对优势，通过发布总统备忘录推进联邦首席数据官委员会有关要求和措施的落地；三是美国国家档案与文件署等特定机构，基于自身与数据管理的关联，贡献数据管理方法、标准等。具体而言，管理与预算办公室（OMB）：为总统行政决策提供专业服务，直接向总统汇报，属于白宫中级别最高的官员。联邦首席信息官委员会（CIOC）和联邦首席信息官：CIOC 的职责主要聚焦于信息技术在联邦政府机构中的管理和需求，联邦首席信息官直接领导电子政务和信息技术办公室的工作，职责是监督联邦技术费用使用情况、信息技术政策以及对所有联邦信息技术投资的战略规划。国家档案和记录管理局：负责掌管联邦政府从纸质材料、音像资料到计算机数据的重要文档和记录的管理，同时被授予了对受控非保密信息、信息解密以及审查信息公开政策的职能。科技政策办公室（OSTP）与联邦首席技术官（CTO）：OSTP 负责领导跨部门的科技政策，并辅助管理和预算办公室（OMB）对联邦研发预算进行审查和分析；CTO 的职责是促进技术创新,以帮助创造工作、降低医疗费用、保护国家安全。信息政策办公室(OIP)与联邦《信息自由法》(FOIA)委员会:OIP的基本职责是鼓励各部门遵守《信息自由法》,并确保总统的备忘录和总检察长对《信息自由法》的指导意见在政府各部门被完全实施,同时还对各部门实施《信息自由法》创建和提出政策指引。商务部(DOC)的国家技术信息服务局(NTIS)和国家标准与技术研究院(NIST):NIST及其七大实验室之一的信息技术实验室(ITL)负责国家安全之外的信息安全管理和技术标准等的开发和制定;NTIS是商务部下另一个重要的数据治理机构,通过联合私人部门建立合作伙伴关系,为联邦机构提供创新性的数据服务,促进经济增长、提高政府运行效率。

英国数据管理机构主要可划分为三个层次:一是以内阁为核心机构,从顶层制定数据管理的战略规划,协助管理和应对网络安全危机,推动政府数据发布并使政府运作更加透明,加强数字技术和政府间数据的管理和使用;二是在内阁战略规划的指导下,政府数字服务局提供最佳实践指导和咨询,制定和管理数字服务、数据开放和技术操作规范等标准,构建和支持通用平台、服务、组件和工具,维护和改进gov.uk等跨政府平台和工具,推动跨政府数字、数据和技术专业建设等,数据标准局通过制度建设、管理工具与基础设施的搭建等,指导政府部门的数据管理实践;三是出于对数据安全的重视,科学、创新与技术部与信息委员会从隐私保护和数据伦理等视角开展数据管理活动。

同时,英国数字文化传媒体育部是一个部长级政府部门,涵盖了英国信息专员办公室、国家档案馆两个机构的数据保护政策责任。信息专员办公室开展数据保护工作,保护个人数据在欧盟成员国内无障碍流动,培训和引导公众获取公共部门信息并答复公众疑问,编制实施指南,确保《数据保护法》《通用数据保护条例》《隐私与电子通信指令》的并行使用及有效实施,并对违反监管的情况实施制裁。国家档案馆记录和管理公共部门信息,促进公共部门信息的再利用,规范信息交易,运维英国成文法在线数据库,及时发布所有主体法和次级法资料。

此外,还有其他一些机构在英国数字政府建设中发挥作用。政府通信总部是英国最大的情报和安全机构,致力于维护国家安全和通信安全,保护关键国家基础设施网络、数据和系统免受网络攻击。国家网络安全中心与英国组织、企业和个人合作，提供权威和连贯的网络安全建议和网络事件管理，提高英国的网络安全和网络复原力。数据战略委员会向内阁大臣提供发布公共数据的建议，为中央和地方的开放数据机构提供资金支持，帮助这些机构消除开放数据中的技术屏障，寻求数据价值的最大化。司法部作为中央政府信息公开的领导机构，主要负责《信息自由法》《数据保护法》及相关法律的司法解释和政策制定，向信息专员和信息法庭提供资助，负责监督中央政府对法案的执行情况，为中央政府执行各项法案提供指南并协调各部门间的信息共享等。政府法律部的主要相关职责是为中央政府提供法律服务，比如《隐私与电子通信条例》《环境信息条例》等次级法的起草。

在澳大利亚，财政部和国家档案馆作为主导机构，前者从澳大利亚整体政府建设导向与需求的角度出发，负责公共数据治理与管理相关政策的制定及推进，后者作为专业机构从数据专业化管理的角度统筹数据战略至管理指南的规则构建及落实。信息管理办公室、内政部都依据自身的行政职能负责数据治理与数据管理的特定领域。其中，国家档案馆的主要职责，一方面是建立可信数据管控制度体系设计并提供服务，另一方面是对澳大利亚政府前端各机构数据的控制、管理、监督和维护，确定数据治理与管理的关键活动。信息管理办公室就信息与通信技术（ICT）投资管理、工程实施、ICT 政策执行为政府及其机构提供建议，指导政府应用信息技术为公众提供更好服务以提升自身运作效率。该办公室还负责制定和执行政府信息政策，确保政府信息的公开、透明和可获取性，以及处理信息自由和隐私相关的问题。信息专员办公室负责监督澳大利亚的数据隐私和信息管理法律的实施，确保组织和企业按照《隐私法》处理个人信息，并协助处理与个人信息保护相关的投诉；制定和发布有关个人信息保护和隐私权的政策，为政府和私营部门提供政策指导。

3. 岗位设置

随着数据治理重要性的凸显，政府首席数据官的职位开始出现在各国机构改革实践中。这个职位在不同国家的发展历程各有特点，但通常都承担着数据治理、数据策略制定、数据驱动决策和提升政府透明度等核心职责。

美国是最早设立政府首席数据官的国家。2011 年，芝加哥市设立了第一位市政首席数据官。2012 年，纽约市设立首席数据官。随后，美国其他州和城市也纷纷效仿。2013 年，联邦储备委员会在联邦政府层面任命了首位首席数据官。在政府首席数据官的概念界定上，联邦政府开放数据项目将其描述成混合多种角色为一体的复合型职位，即部分是数据战略家和指导师，部分是改进数据质量的管理员，部分是数据共享的传教士，部分是技术专家，部分是新数据产品的开发者。2019年1月，美国总统特朗普签发《基于循证决策的基础法案》，该法案规定联邦政府各机构负责人应指定一名非政治任命的常任制雇员担任机构的首席数据官。《联邦数据战略与2020年行动计划》提出成立联邦首席数据官委员会，旨在协调跨部门的数据流动，统一标准，促进机构间的数据共享协议。

法国于2015年首先在欧洲设立政府首席数据官，推动数据治理和数字化转型。法国政府首席数据官设置在总理办公室，反映了该职位的重要性和其横跨整个政府部门的影响力。主要职责是：制定和实施全国范围内的数据政策，确保政策的一致性和有效性；监督和协调公共部门的数据管理，确保数据的质量、安全和有效利用；促进政府数据的开放和共享，提高透明度，并促进公共部门和私营部门的数据合作；在政府内部推广基于数据的决策制定，确保决策过程科学、有效和透明。

英国也于2015年设立政府首席数据官。中央政府的首席数据官设在内阁办公室，彰显了这一职位在政府决策中的中心地位。2017年，《数字化转型战略2017—2020》从法规层面明确了首席数据官的合法性与权威性，使政府首席数据官能够依法依规行使政府数据管理权力，并具有相应的资源调配权限，同时指出首席数据官的数据活动需要以完善的数据管理法律制度为依据。主要职责是：领导和制定政府的数据战略，包括确立政府如何收集、管理和利用数据的长期愿景和目标；确保政府部门高效、安全管理数据，包括数据的存储、处理和分析；确保政府收集和使用的数据符合高标准，是准确和可靠的，为政策制定和服务提供坚实基础；推动不同政府部门之间的数据共享，促进更有效的政府运作和更好的公共服务；通过利用数据分析和洞察力，驱动基于证据的政策制定和服务创新；确保所有数据管理活动符合法律规定，尤其是在数据保护和隐私方面。

日本虽然尚未明确政府首席数据官职位，但是数字厅的主管大臣由内阁总理大臣亲自担任，这体现了日本政府将数字化转型视为国家战略。主管大臣负责对数字厅的总体方向和政策制定提供指导和监督，其下设统管各项事务的数字大臣。数字大臣是数字厅的负责人，通常由一名内阁成员担任，负责统管数字厅的各项事务，包括政策制定、项目管理和跨部门协调。除了副大臣和大臣政务官外，还设有主持具体工作的"数字监"和"数字审议官"等职务。外聘岗位包括首席构架师、首席设计官、首席信息安全官、首席产品官、首席技术官等。

三、我国改革开放以来机构改革的发展历程与关键成果

总的来说，西方机构改革和我国有所不同，具有自身特点和独特性。第一，西方机构改革多基于西方本土理论，涉及新公共管理、新公共服务、新公共治理等。美国机构改革所涉及的效率、开放、透明、服务、合作等理念，与西方理论思想一脉相承。我国的机构改革尽管同样涉及这些理念，但更多以中国特色社会主义理论为基础。第二，西方机构改革多和其他改革运动或行动联系在一起，如绩效管理、竞争性采购、数字政府等。许多机构改革并不具有高层次体系化的配套实施战略，更多与旨在实现透明、开放、协调、效率等价值的努力相联系。相反，我国的机构改革往往具有体系化的从上至下的战略安排，这使得我国机构改革规模较大且更具系统性、整体性和协同性。第三，西方机构改革的持续性较差，受到两党或多党政治的影响。例如，美国两党之间的意识形态及政策意见相差较大，在不同政党执政期间，无论是努力程度还是改革方向，美国机构改革都不具有较高的连续性。相反，我国的机构改革更具有连续性，有助于机构的长期发展和调整。

党中央历来重视党和国家机构建设和改革。新中国成立后，党领导人民确立了社会主义制度，建立了党领导下的人民政权体制，为推动社会主义建设发挥了重要作用。改革开放以来，在社会主义现代化建设新时期，党中央积极推动党和国家机构改革，实现了从计划经济条件下的机构职能体系向社会主义市场经济条件下的机构职能体系的重大转变，确立了服务型政府建设的总体目标。党的十八大以来，在新时代全面深化改革的背景下，服务型政府建设展示出更多中国自主性的改革特征。

（一）新时期机构改革（1982—2008年）的基本特征

1. 1982年机构改革：精干机构、精简人员

1978年，党的十一届三中全会决定将党和国家的工作重点转移到社会主

义现代化建设上来，政府职能重心开始从政治职能转向经济职能。彼时，政府架构主要效仿苏联模式，按照不同细分行业设立专业的管理部门，机构设置繁多、人员臃肿、权力过于集中。1980年，邓小平同志发表了党和国家领导制度的改革的讲话，指出国务院机构调整需要考虑权力不宜过分集中，兼职、副职不宜过多，着手解决党政不分、以党代政的问题，解决好交接班的问题。1982年1月，在中央政治局讨论中央机构精简问题的会议上，邓小平提出精简机构是一场革命的重大论断。同年3月8日，五届全国人大常委会审议通过《关于国务院机构改革问题的报告》。

1982年机构改革的重点是精干机构、精简人员，为党和国家工作重心的转移提供组织人事基础。这次改革首先致力于改进国务院本身的领导体制和领导方法，以加强集中统一领导，提高工作效率。为此，在精简人员方面，将国务院副总理数量从13人减为2人，设国务委员，由国务院总理、副总理、国务委员和秘书长组成国务院常务会议。工作人员编制从原来的5万多人核减为3万多人。在精干机构方面，将原有的100个部委、直属机构和办公机构，裁减合并为61个。

就调整结构而言，加强了国家计划委员会的工作，以搞好社会主义的计划经济，特别是战略性的长期规划。撤销国家农业委员会、国家机械工业委员会、国家能源委员会和国务院财贸小组，它们的业务一部分由重新组建的国家经济委员会负责，以加强国家日常经济活动的集中统一指挥。撤销国家基本建设委员会，它的业务分别划归新组建的城乡建设环境保护部、国家经委和国家计委。将国务院国防工业办公室、中国人民解放军国防科学技术委员会和中央军委科学技术装备委员会合并组成国防科学技术工业委员会。将农业部、农垦部、国家水产总局合并设立农牧渔业部。将电力工业部和水利部合并组建水利电力部。将商业部、全国供销合作总社和粮食部合并组建商业部。将国家进出口管理委员会、对外贸易部、对外经济联络部和国家外国投资管理委员会合并组建对外经济贸易部。成立国家经济体制改革委员会，负责体制改革的总体设计。组建劳动人事部和广播电视部。将新华通讯社作为国务院的组成部门。

这次改革明确了各部门及其所属机构的任务和职责范围，过去那种分工不合理、职责不分明的状况得以改善。这次改革废除了实际上存在的领导干部职务终身制，领导干部退休离休和退居二线逐渐制度化，精简了各级领导班子，推进了干部的年轻化、知识化和专业化。不过,这次改革没有触动高度集中的计划经济管理体制,没有转变政府职能,仍然具有管制型政府的特征,借助集中统一的行政权力管控经济活动。

2. 1988 年机构改革:首提转变职能

由于 1982 年机构改革没有触动计划经济体制,政府机构不久又呈膨胀趋势。特别是随着经济体制改革的不断深入,政治体制与经济体制不相适应的问题逐渐凸显。1984 年,党的十二届三中全会通过《中共中央关于经济体制改革的决定》,首次明确我国社会主义经济是公有制基础上的有计划的商品经济。1987 年 12 月,党的十三大进一步强调经济体制改革的目标是逐步建立社会主义有计划商品经济体制,政治体制需要适应发展社会主义商品经济。为此,党的十三大系统提出我国政治体制改革的蓝图,其中,实行党政分开、进一步下放权力、改革政府工作机构、改革干部人事制度等都与机构改革直接相关。国务院 1987 年 12 月召开会议讨论国务院机构改革方案,确立了新的"三定"实施方案。1988 年 4 月 9 日,七届全国人大一次会议通过国务院机构改革方案。

这次机构改革适应政治体制、经济体制改革进程的要求,以转变政府职能为关键,与政府内部的制度化建设相配套,并结合推行国家公务员制度。按照政企分开的要求,改革在调整和减少工业专业经济管理部门方面取得进展。例如,撤销国家计委和国家经委,组建新的国家计委;撤销煤炭工业部、石油工业部、核工业部,组建能源部;撤销城乡建设环境保护部,组建建设部;撤销机械工业委员会、电子工业部,组建机械电子工业部;撤销航空工业部、航天工业部,组建航空航天工业部;撤销水利电力部,组建水利部;撤销劳动人事部,分别组建人事部、劳动部;撤销国家物资局,组建物资部;撤销隶属于原国家经委的国家计量局和国家标准局以及原国家经委质量局,设立国家技术监督局。

通过改革,国务院部委由原有的 45 个减为 41 个,直属机构从 22 个减为 19 个,非常设机构从 75 个减到 44 个,部委内司局机构减少 20%。机构改革后的国务院人员编制比原来减少了 9700 多人。

这次改革首次提出"转变政府职能是机构改革的关键"这一命题。按照政企分开的要求,改革重点是那些与经济体制改革密切相关的经济管理部门,经济管理职能从直接管理为主转变为间接管理为主,强化宏观管理职能,淡化微观管理职能。这次改革事实上确立了机构改革的目标是建立一个符合现代化管理要求，具有中国特色的功能齐全、结构合理、运转协调、灵活高效的行政管理体系。同时，这次改革也形成了较为明确且固定的改革内容，即转变职能、理顺关系、调整结构（精干机构、精简人员）。这三方面内容构成了机构改革的基本框架，铺就了后续机构改革的行动路径。

3. 1993年机构改革：适应建设社会主义市场经济体制的需要

1992年，党的十四大明确提出建立社会主义市场经济体制，对政治体制和行政体制改革提出新的要求，下决心进行行政管理体制和机构改革，切实做到转变职能、理顺关系、精兵简政、提高效率。1993年3月，党的十四届二中全会审议通过《关于党政机构改革的方案》。随后，八届全国人大一次会议审议批准《关于国务院机构改革方案的决定》。

这次改革对综合经济部门、专业经济部门等机构分别提出具体改革要求。关于综合经济部门，保留国家计委、财政部、中国人民银行等综合经济部门，在国务院经济贸易办公室的基础上组建国家经济贸易委员会。关于专业经济部门，这次改革区分三类情况。一类是改为经济实体，不承担政府行政管理职能，如撤销航空航天工业部，分别组建航空工业总公司、航天工业总公司。二类是改为行业总会，作为国务院直属事业单位，保留行业管理职能，如撤销轻工业部、纺织工业部，分别组建中国轻工总会、中国纺织总会。三类是保留或新设的行政部门，对外经济贸易部更名为对外贸易经济合作部。撤销能源部，分别组建电力工业部、煤炭工业部，同时撤销中国统配煤矿总公司。撤销机械电子工业部，分别组建机械工业部、电子工业部，同时撤销中国电子工业总公司。撤销商业部、物资部，组建国内贸易部。国家技术监督局等15个部委归口管理的国家局改为部委管理的国家局。改革后，国务院组成部门设置41个，加上直属机构、办事机构18个，共59个，比原有的86个减少27个，人员减少20%。

这次改革首次明确机构改革的目的是适应建设社会主义市场经济体制的需要，具有明显的适应性特征。同时，这次改革统筹党政机构设置，实行中纪委机关和监察部合署办公，进一步理顺了纪检检查与行政监察的关系。不过，建立社会主义市场经济体制的一个重要改革任务是裁减工业专业经济部门，但在这次改革中，工业专业经济部门合并、撤销的少，保留、增加的多。例如，机械电子部合并本来是1988年改革的一个阶段性成果，这次改革又将其拆成机械工业部和电子工业部；能源部本来是在1988年改革撤销三个专业经济部门的基础上建立的，这次改革又撤销能源部，设立了电力工业部和煤炭工业部。

4.1998年机构改革：撤销几乎所有工业专业经济管理部门

由于历史条件的制约和宏观环境的限制，政府机构存在的诸多问题虽经多次改革仍未得到根本性解决，机构设置与社会主义市场经济发展的矛盾日益突出。1997年党的十五大指出，机构庞大，人员臃肿，政企不分，官僚主义严重，直接阻碍改革的深入和经济的发展。在此背景下提出了推进机构改革的历史任务和方针政策。1998年2月，党的十五届二中全会审议通过《国务院机构改革方案》。1998年3月10日，九届全国人大一次会议审议批准《关于国务院机构改革方案的决定》。

在调整结构方面，这次改革涉及四类部门：一是宏观调控部门。国家计委更名为国家发展计划委员会。国家经济体制改革委员会改为国务院高层次的议事机构。二是专业经济管理部门。在邮电部和电子工业部的基础上组建信息产业部。组建新的国防科学技术工业委员会。将煤炭工业部、机械工业部、冶金工业部、国内贸易部、轻工总会和纺织总会，分别改组为国家煤炭工业局、国家机械工业局、国家冶金工业局、国家国内贸易局、国家轻工业局和国家纺织工业局。将化学工业部、石油天然气总公司、石油化工总公司的政府职能合并，组建国家石油和化学工业局。将林业部改组为国家林业局。三是教育科技文化、社会保障和资源管理部门。国家科学技术委员会更名为科学技术部。国家教育委员会更名为教育部。在劳动部基础上组建劳动和社会保障部，并调整人事部的职能。国家体育运动委员会改组为国家体育总局。由地质矿产部、国家土地管理局、国家海洋局和国家测绘局共同组建国土资源部。将广播电影电视部改组为国家广播电影电视总局。四是国家政务部门。保留外交部、国防部、文化部、卫生部、国家计划生育委员会、国家民族事务委员会、司法部、公安部、国家安全部、民政部、监察部和审计署。

在转变职能方面，这次改革提出，按照发展社会主义市场经济的要求，转变政府职能，实现政企分开。要把政府职能切实转变到宏观调控、社会管理和公共服务三方面上来。尽管公共服务首次成为转变政府职能的基本内容，但政府的经济管理职能彼时依然是转变政府职能的重心。不过，从机构改革的趋势来看，削弱管理职能、加强服务职能成为大的方向。

改革后，国务院组成部门由原有的40个减少到29个，包括国家政务部门12个，宏观调控部门4个，专业经济管理部门8个，教育科技文化、社会保障和资源管理部门5个。政府职能转变有了重大进展，突出体现是撤销了几乎所有的工业专业经济部门，政企不分的组织基础在很大程度上得以消除。

5. 2003年机构改革：转折点

2001年加入世界贸易组织使我国经济增长获得新的动力，也意味着政府管理体制需要符合世贸组织的规则。2002年，党的十六大提出深化行政管理体制改革的任务，明确政府职能的基本定位是经济调节、市场监管、社会管理和公共服务。2003年2月，党的十六届二中全会审议通过《关于深化行政管理体制和机构改革的意见》。同年3月10日，十届全国人大一次会议审议批准《国务院机构改革方案》。

这次改革的重点是建立宏观调控机构和市场监管机构，包括七项主要任务：一是深化国有资产管理体制改革，设立国务院国有资产监督管理委员会；二是完善宏观调控体系，将国家发展计划委员会改组为国家发展和改革委员会；三是健全金融监管体制，设立中国银行业监督管理委员会；四是继续推进流通管理体制改革，组建商务部；五是加强食品安全和安全生产监管体制建设，在国家药品监督管理局基础上组建国家食品药品监督管理局，将国家经贸委管理的国家安全生产监督管理局改为国务院直属机构；六是将国家计划生育委员会更名为国家人口和计划生育委员会；七是不再保留国家经贸委、对外贸易经济合作部。

改革后，国务院29个组成部门调整为28个。由于1998年改革力度较大，适应社会主义市场经济体制的基本机构框架和制度体系初步形成，所以这次改革的整体幅度并不大，开始从适应性改革转向自主性改革，目的是形成行为规范、运转协调、公正透明、廉洁高效的行政管理体制。总体上，这次机构改革已经展现出朝着服务型政府迈进的特征。

6. 2008年机构改革：探索实行大部门制

2003年"非典"疫情是促成服务型政府建设的重要因素，此后，中央明确要求各级政府强化公共服务职能，并在2004年正式确认服务型政府建设。2007年党的十七大明确要求加快行政管理体制改革，建设服务型政府。2008

年2月，党的十七届二中全会审议通过《关于深化行政管理体制改革的意见》和《国务院机构改革方案》。同年3月，十一届全国人大一次会议审议批准《国务院机构改革方案》。

机构改革是深化行政管理体制改革的重要组成部分，而行政管理体制改革的总体目标是到2020年建立起比较完善的中国特色社会主义行政管理体制。这次改革主要围绕转变政府职能和理顺部门职责关系，探索实行职能有机统一的大部门体制，重点任务包括八项：一是合理配置宏观调控部门职能，优化国家发展改革委、财政部、央行职能配置，形成科学权威高效的宏观调控体系；二是加强能源管理机构，设立高层次议事协调机构国家能源委员会，组建国家能源局；三是组建工业和信息化部，促进工业化和信息化融合发展；四是组建交通运输部，加快形成综合运输大部门体制；五是组建人力资源和社会保障部，完善就业和社会保障大部门体制；六是组建环境保护部，加大环境保护力度；七是组建住房和城乡建设部，加快建立住房保障体系，加强城乡建设统筹；八是国家食品药品监督管理局改由卫生部管理，理顺食品药品监管体制。

此外，国务院第一次常务会议审议通过精简和规范国务院议事协调机构方案，保留或者设置国家国防动员委员会、国务院中央军委专门委员会等29个议事协调机构，撤销国家能源领导小组、国务院行政审批制度改革工作领导小组等25个议事协调机构。

这次改革涉及调整变动的机构共15个，正部级机构减少4个，国务院组成部门设置27个。这次改革突出三个重点：一是着眼于保障和改善民生，加强社会管理和公共服务职能，建设服务型政府；二是探索职能有机统一的大部门体制，对一些职能相近的部门进行整合，实行综合设置，理顺部门职责关系；三是精简和规范各类议事协调机构及其办事机构，克服部门割裂和碎片化问题，从而加强统筹协调。

（二）新时代机构改革（2013年、2018年）的新特征

党的十八大以来，中国特色社会主义进入新时代，社会主要矛盾转化为人民日益增长的美好生活需要和不平衡不充分的发展之间的矛盾，推进国家治理体系和治理能力现代化成为深化改革总目标。

1. 2013年机构改革：稳步推进大部门制

2012年党的十八大对深化行政体制改革、建设服务型政府提出进一步要

求，要建设职能科学、结构优化、廉洁高效、人民满意的服务型政府。2013年2月，党的十八届二中全会审议通过《国务院机构改革和职能转变方案》。同年3月，十二届全国人大一次会议审议批准《国务院机构改革和职能转变方案》。

这次机构改革的重点是紧紧围绕转变职能和理顺职责关系，稳步推进大部门制改革，具体内容包括：一是实行铁路政企分开，完善综合交通运输体系。将铁道部拟订铁路发展规划和政策的行政职责划入交通运输部。组建国家铁路局，由交通运输部管理，承担铁道部的其他行政职责。组建中国铁路总公司，承担铁道部的企业职责。二是组建国家卫生和计划生育委员会，提高出生人口素质和人民健康水平。三是组建国家食品药品监督管理总局，提高食品药品安全质量水平。四是组建国家新闻出版广播电影电视总局，促进新闻出版广播影视业繁荣发展。五是重新组建国家海洋局，推进海上统一执法。设立高层次议事协调机构国家海洋委员会，具体工作由国家海洋局承担。六是重新组建国家能源局，完善能源监督管理体制。

为指导推动各部门按进度高质量做好职能转变相关工作，国务院专门成立了以时任副总理张高丽为组长的国务院机构职能转变协调小组。2015年，为了深入推进简政放权、放管结合，加快政府职能转变，国务院将国务院机构职能转变协调小组更名为国务院推进职能转变协调小组，作为国务院议事协调机构。

在职能转变方面，这次改革按照政府职能向创造良好发展环境、提供优质公共服务、维护社会公平正义转变的要求，适应加强市场监管、提供基本社会保障的需要，推进职能转移，主要措施包括：一是充分发挥市场在资源配置中的基础性作用；二是更好发挥社会力量在管理社会事务中的作用；三是充分发挥中央和地方两个积极性；四是优化职能配置；五是改善和加强宏观管理；六是加强制度建设和依法行政。

经过改革，国务院正部级机构减少4个，其中组成部门减少2个，国务院设置组成部门25个。从铁路政企分开、形成综合运输大部门制来看，这次机构改革可以视为2008年机构改革的延续。这次改革同职能转变紧密结合、同步推进，许多问题通过职能转变来解决，比单纯的结构调整更有意义。不过，本届政府更加注重将行政审批制度改革作为转变政府职能、加快服务型政府建设的重要突破口和抓手,通过"放管服"改革来减少政府对市场的各种干预,减少政府对社会工作的干预,一个主要体现是行政审批、行政许可大规模减少。

2. 2018 年机构改革:统筹党政机构设置

2013 年 11 月,党的十八届三中全会提出全面深化改革的总目标是完善和发展中国特色社会主义制度,推进国家治理体系和治理能力现代化。面对新时代新任务提出的新要求,党和国家机构设置和职能配置同统筹推进"五位一体"总体布局、协调推进"四个全面"战略布局的要求还不完全适应,同实现国家治理体系和治理能力现代化的要求还不完全适应。

2017 年,党的十九大对深化机构和行政体制改革作出重要部署,要求统筹考虑各类机构设置,科学配置党政部门及内设机构权力、明确职责,建设人民满意的服务型政府。2018 年 2 月,党的十九届三中全会审议通过《中共中央关于深化党和国家机构改革的决定》和《深化党和国家机构改革方案》。同年 3 月,十三届全国人大一次会议表决通过《国务院机构改革方案》。

从党政关系的调整来看,这次党和国家机构改革坚持和加强党的全面领导,在这一前提下,统筹设置党政机构,正确理解和落实党政职责分工,理顺党政机构职责关系,形成统一高效的领导体制,保证党实施集中统一领导,保证其他机构协同联动、高效运行。

这次党和国家机构改革,对在新时代加强党的全面领导、统筹设置党政机构、提高党和政府效能进行了深入思考,着力点就是要对加强党对一切重大工作的领导作出制度设计和安排。

一是健全加强党的全面领导制度。这次改革组建中央全面依法治国委员会、中央审计委员会等党中央决策议事协调机构,将中央全面深化改革领导小组等 4 个领导小组改组为委员会,加强和优化党中央对依法治国、深化改革等重大工作的集中统一领导。

这次改革将国家公务员局并入中央组织部,中央组织部统一管理公务员工作,更好落实党管干部原则;将国家新闻出版广电总局的新闻出版管理、电影管理职责划入中央宣传部,由中央宣传部统一管理新闻出版和电影工作,加强党对新闻舆论和电影工作的集中统一领导。这些措施能够更好发挥党的职能部门作用,优化党的组织、宣传等部门职责配置,加强归口协调职能,理顺党领导下的党政关系。组建国家监察委员会，加强党对反腐败工作的集中统一领导，推进党的纪律检查体制和国家监察体制改革，实现党内监督和国家机关监督、党的纪律检查和国家监察有机统一。

二是优化政府机构设置和职能配置。着眼于转变政府职能，坚决破除制约市场在资源配置中起决定性作用、更好发挥政府作用的体制机制弊端，加强和完善政府经济调节、市场监管、社会管理、公共服务、生态环境保护等职能，合理配置宏观管理部门职能，深入推进简政放权，完善市场监管和执法体制，改革自然资源和生态环境管理体制，完善公共服务管理体制，强化事中事后监管，提高行政效率，加快建设人民满意的服务型政府。在机构设置方面，这次改革延续了大部门制改革的思路，在自然资源管理、生态环境保护、农业农村发展等重点领域进行整合，在退役军人权益保障与发展、国家医疗保障、国家知识产权保障等领域组建专业部门。在理顺关系方面，这次改革着重理顺部门关系，将国家广播电视总局的新闻出版和电影管理职责、银保监会的政策制定及审慎监管职责进行转移，调整全国社保基金理事会隶属关系；着重理顺央地关系，将省级和省级以下国税地税机构合并，实行以国家税务总局为主与省（自治区、直辖市）政府双重领导管理体制。

（三）2023 年机构改革的新进展

2022 年党的二十大擘画了以中国式现代化全面推进中华民族伟大复兴的宏伟蓝图，并就法治中国和数字中国建设作出重要战略部署。2023 年 2 月，党的二十届二中全会决定开展新一轮党和国家机构改革。随后，十四届全国人大一次会议审议通过《国务院机构改革方案》。同年 3 月 16 日，《党和国家机构改革方案》正式公布。新一轮机构改革全面贯彻落实党的二十大关于深化党和国家机构改革的战略意图，在法治政府和数字政府建设的普遍性要求下，沿着调整结构、转变职能、理顺关系的行动路线继续推进服务型政府建设。

从法治政府建设的具体要求来看，党的二十大对推进法治中国建设作出重大战略部署，并就深化金融体制改革提出法治化要求。在新一轮机构改革中，金融领域的改革力度最大，最能体现建设法治政府的决策部署。国家金融监督管理总局统一负责除证券业之外金融业的全面监管，统筹负责金融消费者权益保护。此前金融消费者权益保护分散在多个部门，导致很多监管问题，此次改革将之集中到国家金融监督管理总局，统一监管标准和保护措施，以便于更好地保护金融消费者的合法权益。地方金融监管体制改革也体现了监管与发展职责分离的法治化要求。以往地方金融监管机构既要促进地方金融发展，又要监管地方金融违规，此次改革明确地方金融监管体制以中央金融管理部门地方派出机构为主，地方政府设立的金融监管机构专司监管职责，不再承担优化金融服务、促进金融发展职责。

从数字政府建设的具体要求来看，2022年国务院印发的《关于加强数字政府建设的指导意见》系统谋划了数字政府建设的时间表、路线图、任务书。党的二十大对数字中国建设提出进一步要求。新一轮机构改革积极贯彻落实党的二十大精神，组建国家数据局，统筹数据资源整合共享和开发利用，统筹推进数字中国、数字经济、数字社会规划和建设等。组建国家数据局能够理顺央地数据管理职责的对应衔接关系，实现跨部门、跨层级、跨地域的数据流通与利用，为数字政府建设提供组织保障。

在调整结构和转变职能两方面，新一轮机构改革统筹党中央机构、全国人大机构、国务院机构、全国政协机构，聚焦国家重大发展战略和机构主责，在金融管理体制、科技管理体制、社会管理体制、数据管理体制、知识产权管理体制，以及港澳工作体制、"三农"工作体制、老龄工作体制等方面对机构设置和职责配置作出了比较合理的设计和安排。例如，这次机构改革重新组建科学技术部，将其非核心职能划入农业农村部、国家发展和改革委员会等部门。

在理顺关系方面，新一轮机构改革注重理顺党政关系，坚持和加强党的全面领导，深化党中央机构改革，设立新的党中央决策议事协调机构中央金融委员会、中央科技委员会，组建新的党中央职能部门中央社会工作部，组建新的党中央办事机构中央港澳工作办公室，在金融领域设立新的党中央派出机关中央金融工作委员会，从机构职责上把加强党的全面领导落实到各领域、各方面、各环节，扬优势、补短板、强弱项，加强党中央对重大工作的集中统一领导。

新一轮机构改革注重理顺央地关系，加强党中央对金融工作的集中统一领导，牢牢守住不发生系统性金融风险的底线。建立中央金融监管部门在地方的派出机构，上收地方金融职权，规定行政编制，工作人员纳入国家公务员统一规范管理。

（四）机构改革的关键成果：服务型政府建设的自主性道路

40多年机构改革取得显著成果是不争的事实。然而，机构改革的过程却并非一帆风顺。改革开放初期，市场的观念并未取得绝对优势，在计划与市场的此消彼长过程中，社会主义市场经济体制的确立过程充满不确定性。在此过程中，政府不能再根据计划经济管理体制领导经济社会走向社会主义市场经济，因而不得不进行机构改革。由于理论指导和事先设计不足，早期机构改革实际上是一种"摸着石头过河"的被动适应性改革。

这一时期，国外新公共管理的引入在技术上不断充实和完善管理型政府建设，使政府在促进经济社会发展方面展现出强大的积极力量。然而，新公共管理理念也产生了负面影响。在适应社会主义市场经济发展的过程中，政府在一定程度上忽视了其他多元价值，导致了两极分化和道德滑坡等问题。2002年，党的十六大报告提出依法治国和以德治国相结合的要求。这是对西方经验进行反思的信号，也意味着机构改革开始进入自主创新阶段。

在经历学习借鉴西方理论后，学术界开始探索建构本土化的政府理论，并在2000年左右形成中国自主的服务型政府概念。2004年，国务院正式确认服务型政府建设，使其逐渐成为改革实践和学术研究共同关注的主题。服务型政府理论是中国学者在中国机构改革实践基础上提出的理论创新成果，与为人民服务根本宗旨和人民政府政治属性完全契合，具有制度建设的实践指导作用和话语创新的价值倡导意义。服务型政府建设为机构改革提供了行动方向和总体目标，塑造了中国特色机构改革的创新话语，开辟了中国特色机构改革的自主性道路（见表2）。

表2 改革开放以来国务院机构改革的发展历程与关键成果

机构改革		1982年	1988年	1993年	1998年	2003—2004年	2008年	2013年	2018年	2023年
		管理型政府				转折点	服务型政府			
机构改革目标	目标定位	符合现代化管理要求，具有中国特色的功能齐全、结构合理、运转协调、灵活高效的行政管理体系					提高效能	职能科学、结构优化、廉洁高效、人民满意	人民满意	法治政府、数字政府

续表

机构改革	1982年	1988年	1993年	1998年	2003—2004年	2008年	2013年	2018年	2023年		
机构改革路径	调整结构	组成部门	调整结构								基本特征	服务型政府建设的自主性道路
			精干机构			优化组织结构：大部门制						
			精简人员			优化人员结构：编制法定化						
		议事协调机构	议事协调机构				国务院领导小组	国务院领导小组	党中央决策议事协调机构+国务院职能部门		新特征	
	转变职能	职能定位	转变职能								基本特征	
			经济调节、市场监管、社会管理、公共服务									
								生态环境保护			新特征	
					行政审批制度改革（领导小组）	简政放权、放管结合	"放管服"改革					
	理顺关系	关系维度	理顺关系								基本特征	
			政府与市场、政府与社会、中央与地方、部门职责关系									
			党政分开					党政分工			新特征	

在调整结构、转变职能、理顺关系三方面，服务型政府建设取得了更为具体的自主性成果。

1. 政府机构数量精简优化，"精简—膨胀"怪圈得到遏制

党和国家机构改革是国家治理的深刻革命，是中国共产党长期执政的自我革命。在1982年机构改革以前，计划经济管理体制自我运行的周期性特征在行政机构上的反映就是国务院机构规模"精简—膨胀"的循环"怪圈"。改革开放初期，精兵简政是机构改革的重要抓手，机构设置的"精简—膨胀"问题最早引发学术热议。不过，随着机构改革的逐步推进，机构数量呈现出明显的渐进和稳健特征。特别是随着1997年《国务院行政机构设置和编制管理条例》的发布施行，机构改革有了较为专门的法律依据。此后，国务院机构数量总体变化不大、趋于稳定。在党的领导下，国务院机构改革跳出了"精简—膨胀"循环怪圈。

纵观历次国务院机构改革，从新中国成立到1982年机构改革，多次改革都把精简机构、精简人员作为直接目标，但机构数量始终因计划经济管理体制的权力收放而膨胀或精简，改革效果并不理想。从1988年到20世纪末，为适应经济体制改革的需要，机构改革的对象主要是经济管理部门，特别是1998年机构改革撤销了几乎所有工业专业经济管理部门，客观上实现了精简机构和人员。进入21世纪，随着社会主义市场经济体制的逐步完善，机构改革的对象拓展到社会事务和公共服务部门，国务院机构数量在改革过程中得到动态调整优化。

2008年以来，服务型政府建设稳步推进大部门制改革，广泛运用领导小组等议事协调机构，优化政府组织结构，协调部门职责关系。相较于大部门制借鉴自西方国家，领导小组是源自我国改革传统的改革要素，旨在加强整合和协调，是实现党的全面领导的重要组织形式。中国特色的领导小组等议事协调机构在服务型政府建设中的广泛应用表明，机构改革实现了对学习引进的超越，进入了自主创新阶段。特别是在2018年和2023年深化党和国家机构改革中，机构改革长期坚持的"精简、统一、效能"原则已经转向"优化、协同、高效"，更好推进服务型政府建设。

2. 政府职能转变深入推进，职能定位得以明确

改革开放40多年来，围绕转变政府职能推进机构改革是我国机构改革在方法论上的重要经验。除1982年机构改革外，此后八轮机构改革的一个不变主题就是政府职能转变。调整结构和转变职能互为表里，共同推进政府职能转型。我国政府机构改革能够跳出"精简—膨胀"循环怪圈，关键就在于通过转变政府职能实现政府模式的转型。

进入21世纪后，机构改革开始更加注重政府的服务职能。对此，学术界围绕政府模式转型展开讨论。《人民论坛》杂志在2006年专门组织专家学者对"服务型政府"与"公共服务型政府"这两个概念进行理论阐释。目前，学术界基本上认同我国机构改革历经从管理型政府建设到服务型政府建设的转变。

自1988年机构改革首次提出"转变政府职能是机构改革的关键"的命题以来，机构改革的职能转变呈现出比较明显的两个阶段：在管理型政府建设阶段，经过1988年、1993年和1998年机构改革，政府职能沿着市场化方向前进，完成职能重心从政治职能向经济职能的转变。进入21世纪后，在服务型政府建议阶段，政府职能转变除了依靠机构撤并外，更加依赖行政审批制度改革这一途径，职能重心开始从经济职能向服务职能转变。特别是党的十八大以来，党和国家把推进"放管服"改革作为转变政府职能、加快建设服务型政府的重要抓手，通过简政放权、放管结合、优化服务来改变以审批为核心的政府管理模式，实现政府职能从结构性向效能性的转变。

经过改革开放以来历次机构改革的实践探索，我国服务型政府建设的基本职能定位为经济调节、市场监管、社会管理、公共服务、生态环境保护。随着政府基本职能定位的逐步明晰，机构改革对象也从经济管理部门拓展到公共服务部门，从以管理者为中心转向以服务对象为中心，有效促进了政府履行基本职能。

3. 党政分工关系不断改善，党的领导得到加强

相较于西方国家的周期性政党竞选带来的"政治短视"等问题，中国特色社会主义最本质的特征是中国共产党领导，中国特色社会主义制度的最大优势是中国共产党领导，中国共产党发挥总揽全局、协调各方的领导核心作用。中国共产党的领导地位和执政地位决定了我国社会治理模式更有优势形成坚强且稳定的整合性治理中枢。深化党和国家机构改革，党的全面领导和集中统一领导是构造中国式整体性治理的最佳选择。党的十八大以来，中国特色社会主义进入新时代，党中央权威和集中统一领导得到有力保证。特别是2018年和2023年深化党和国家机构改革，统筹党政机构设置，党政分工关系成为新的学术议题。

从党政关系的历史来看，新中国成立后的一段时间内，我国曾经沿用甚至发展了战争时期党的领导制度，特别是在"文化大革命"期间，党政不分、以党代政的问题日益严重。改革开放后，曾讨论过党政分开问题，目的是解决机构臃肿、人浮于事、效率低下等官僚主义问题。1987年党的十三大指出党政不分实际上降低了党的领导地位，削弱了党的领导作用，要求党政职能分开。事实上，无论党政关系如何调整，党的领导始终是不变的。党和国家政权机关的性质和职能不同，组织方式和工作方式也不同。

2018年和2023年深化党和国家机构改革，正确处理党政关系，首先坚持党中央权威和集中统一领导，在这个大前提下党政职能各有分工。无论怎样分工，出发点和落脚点都是坚持和完善党的领导。在习近平新时代中国特色社会主义思想的指引下，坚持和加强党的全面领导是深化党和国家机构改革、实现治理现代化的一个大前提。

四、我国机构改革研究的现状与问题

改革开放以来，我国已经进行了九轮大规模机构改革，表现出一定程度的阶段性和周期性特征。特别是随着2023年党和国家机构改革的系统部署和整体推进，围绕机构改革议题的研究成果大量涌现。这些成果主要集中在纵向比较历次机构改革和聚焦阐释最新机构改革两个方面，为自主知识体系建构奠定了深厚基础，但也存在一些需要进一步研究的问题。

（一）研究现状

1. 纵向比较历次机构改革

第一，描述历次机构改革的基本内容，界定不同的改革阶段。一个基本共识是，尽管划分标准不一，改革开放以来的九次机构改革呈现为差异明显的不同阶段。一是由于党政领导干部职务任期制和国务院机构改革的周期性，一个常见的划分标准是以主要领导干部的10年任期为界，分析20世纪80年代、90年代以及2000年以来不同10年间每两次机构改革的差异性特征。二是以任务重心为依据，将1988年、2003年、2018年机构改革视为转折点：从党政改革、精兵简政转向政府职能转变，从经济建设职能转向公共服务职能，从政府机构改革转向党政机构改革；或者将改革历程划分为两个阶段：1982—2013年机构改革以适应经济体制改革需要、推动政府职能转变和理顺部门间职责关系、推动行政管理有序运行为主线；2018年以来的机构改革通过加强党的领导地位将机构改革提升到新的阶段。[①] 三是以政府模式为依据，将改革历程

---

① 陈鹏：《改革开放四十年来我国机构改革道路的探索和完善》，《浙江社会科学》2018年第4期。

划分为从发展型政府（1987—2001年）转向服务型政府建设（2002年以来），①或者从管理型政府（2003年以前）转向服务型政府建设（2003年以来）。②③

第二，分析不同阶段改革的差异性逻辑，揭示影响改革的逻辑要素。多数研究认为，早期机构改革具有"摸着石头过河"的被动适应性特征。这一阶段，政治周期规律、市场经济发展等单一的逻辑要素构成分析机构改革的具体变量。21世纪以来，特别是党的十八大以来，机构改革表现出更多的自主设计性特征。这一阶段，改革动力、改革目标、改革路径等完整的逻辑链条构成分析整体性、体系性机构改革的重要架构。④⑤

2. 聚焦阐释最新机构改革

机构改革一直是学术界的基本研究议题。因为机构改革的阶段性和周期性特征，在每一次机构改革启动后，学术界总会涌现出众多机构改革的解读性文献，聚焦阐释最新机构改革的新进展新特征。例如，在"中国知网"学术期刊数据库中以"机构改革"为主题检索近年的学术文献，在机构改革发生的2018年和2023年，相应的文献分布也会出现波峰。

在2018年党和国家机构改革启动后，学术研究围绕党政机构改革取得的最重要成果是，阐明机构改革坚持党领导下的党政职责分工，从根本上破除了西方政治—行政二分的思维定式。在2023年机构改革启动后，党的全面领导和党政分工关系更是直接以"党中央决策议事协调机构＋国务院职能部门"的组织形式表现出来——中央科技委员会＋科技部；中央金融委员会＋国家金融监督管理总局。政治-行政二分是一种西方社会治理体制的党政关系设置，与西方国家的多党政治模式相匹配。早期阶段，学术界将政治-行政二分引介到国内后，一些学者将其附会到早期机构改革的党政分开中，形成了错误的思维定式。在我国，党的领导是一项基本原则，历次机构改革也都是在党的坚强领

---

① 颜德如、李过：《"转变政府职能"：基于党和政府重要文献的概念史考察》，《社会科学》2021年第6期。
② 何颖：《中国政府机构改革30年回顾与反思》，《中国行政管理》2008年第12期。
③ 程波辉、彭向刚：《两种政府模式下的"放管服"改革比较》，《行政论坛》2019年第6期。
④ 陈振明：《党和国家机构改革与国家治理现代化——机构改革的演化、动因与效果》，《行政论坛》2023年第5期。
⑤ 何艳玲、李丹：《"体系化"：新时代机构改革的特质与逻辑转换》，《公共管理与政策评论》2023年第6期。

导下进行的。2018年和2023年机构改革把党的领导落到实处，从根本上区别于西方政府机构改革。

在改革的具体策略方面，2018年和2023年机构改革坚持加强顶层设计和"摸着石头过河"相结合。这是一种建构主义的创新与突破，既在基层首创中把握改革规律，又在统筹规划中推进试点改革。无论是"摸着石头过河"还是加强顶层设计，它们都坚持从实际出发，用马克思主义基本原理观察、分析和解决中国机构改革的实际问题，体现马克思主义世界观和方法论意义上的自主性。

（二）主要问题

1. 中华优秀传统文化有待于深入挖掘

中华优秀传统文化是中华民族的突出优势，也是中国式国家治理现代化的重要思想渊源。中华优秀传统文化蕴含的天下为公、民为邦本、为政以德等，是中国人民在长期生产生活中积累的天下观、社会观、道德观的重要体现，同科学社会主义价值观主张具有高度契合性。

历史上，自秦王朝建立大一统国家以来，特别是自汉王朝罢黜百家、独尊儒术以后，中国传统农业社会治理基本上都在建构并且维护一种"家国天下"的格局，通过"移孝作忠"，将以孝道为本的道德规范转化到所有的社会从属关系，形成王朝统治所谋求的道德正当性基础。儒家的"中庸之道""德治"思想，可以为如何处理公共机构内外部关系的变革，塑造良好的治理机构提供启示；道家的"无为而治"观念，可以指导我们重新审视管理机构的角色和职能，对机构改革中的去行政化和简政放权有一定启示；"礼义观念""家庭伦理"等其他传统文化观念对于塑造公正和规范的机构，强化道德建设和公共服务等具有重要意义。此外，法家思想提倡依法治国，墨家思想从贫民视角提出平等和博爱，这些中华优秀传统文化蕴含的思想观念、人文精神、道德规范，对于当前我国的机构改革乃至中国式国家治理现代化依然具有穿越时空的历史启发性。

但是，在"中国知网"数据库中以"机构改革"或者"行政体制改革"与"传统文化""儒家""道家""伦理""礼义"等关键词共同检索文献发现，现有研究几乎没有从中华优秀传统文化的角度对机构改革进行深入剖析。因此，中华优秀传统文化有待于深入挖掘，结合推进机构改革和国家治理现代化的时代要求，实现创造性转化、创新性发展。

2. 国际比较研究有待于系统推进

机构改革并不排斥学习借鉴国际经验，大部门制改革即借鉴自西方后新公共管理改革。在进行国际比较研究时，有的研究会借用西方机构理论阐释我国的机构改革，或者将我国的机构改革视为某种西方模式的中国变式。例如，当我国确立服务型政府建设的总体目标后，有的研究会借用西方的新公共服务理论来理解我国的服务型政府建设。或者，当整体政府理念在西方流行起来后，有的研究也会围绕整体政府理念解读我国的机构改革。

在"中国知网"数据库中以"机构改革""行政体制改革"为关键词进行检索，核心期刊文献有6000余篇，数量十分庞大，但几乎都是关注国内改革的研究，涉及国际比较的文献数量非常有限。以G20成员为例，检索这些国家近20年的相关文献，发现居于前6位的美国、日本、英国、法国、俄罗斯、德国分别只有83篇、62篇、34篇、20篇、16篇、14篇，其余多个国家甚至没有任何提及。在浩如烟海的机构改革文献中，国际比较研究的文献数量非常少。此外，在2002—2012年、2013—2023年这两个10年间，国际比较研究的文献分别有129篇、134篇，数量并没有显著增长，可见这一视角并未得到应有的重视（见图1、图2）。出现这种情况有两方面原因：一方面，国内机构改革的复杂性和紧迫性使研究者更多关注本国情境，忽视了国际比较研究的重要性；另一方面，获取和整理国际比较研究的数据较为困难，而且不同国家的语言差异也增加了研究的难度，国际比较研究需要更多的资源和跨国合作。机构改革的实践与研究需要有国际比较视野，需要对国际流行的改革理念持开放态度，兼容并蓄才能广博致远。但是，国际比较研究需要在同一逻辑层面进行对话才更有建设性，比如，同在理论逻辑或者实践逻辑层面。我国学术界对西方公共行政理论研究的历史阶段划分较为熟悉，如丁煌的《西方行政学说史》、何艳玲的《公共行政学史》，但对西方政府机构改革的实践演变逻辑相对生疏。

西方政府机构改革实践大致划分为三个阶段：旧公共行政、新公共管理和后新公共管理。旧公共行政占据了20世纪西方政府改革的大部分时间，新公共管理大致兴起于20世纪70年代末，后新公共管理基本出现在20世纪90年

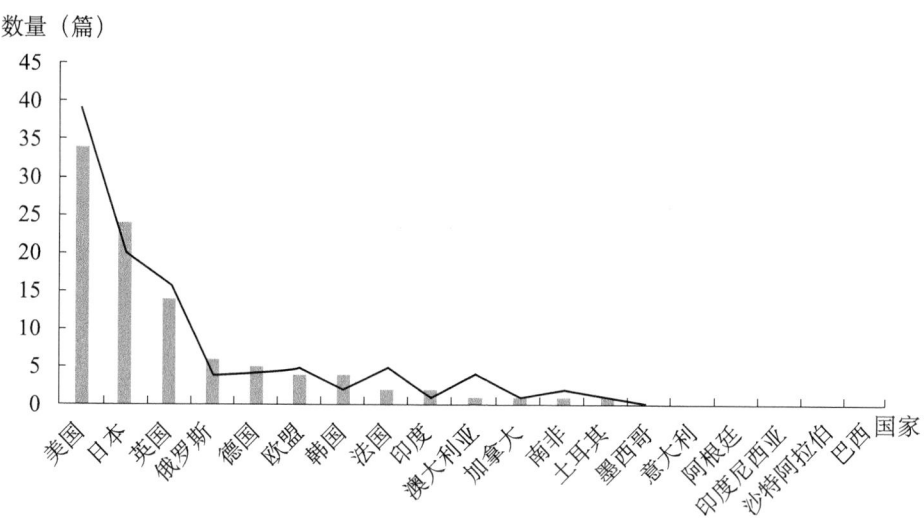

图 1 "中国知网"近 20 年有关 G20 成员机构改革核心期刊数量

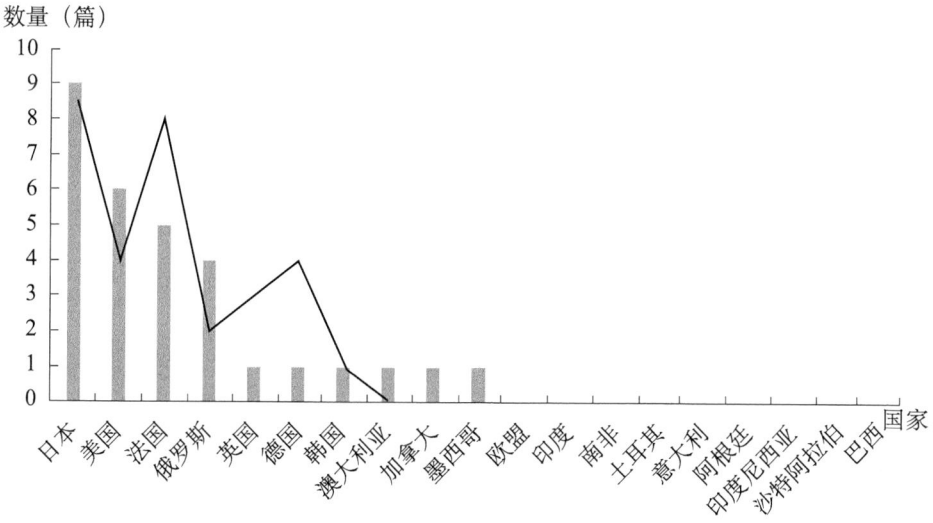

图 2 "中国知网"近 20 年有关 G20 成员行政体制改革核心期刊数量

代末,致力于超越新公共管理。新公共服务与整体政府属于后新公共管理的范畴,对它们的理解首先需要将其放置在西方政府改革三阶段的理论架构之中。与西方政府机构改革实践相对照,我国政府机构改革历程同样可以区分为三个阶段：管制型政府、管理型政府和服务型政府。这一解释框架从根本上不同于西方政府机构改革模式，是立足中国实际的本土理论体系。为了能够推进系统的国际比较研究，机构改革研究有必要依循改革的实践逻辑，审视西方政府机构改革三阶段理论架构。

3. 自主知识体系有待于发展完善

自主知识体系既要有一定的历史继承性，又要能够与国际前沿理论对话。前述两个主要问题，即中华优秀传统文化有待于深入挖掘和国际比较研究有待于系统推进，表明中国特色机构改革的自主知识体系仍然有待于进一步发展完善。

中国的自主知识体系应当内源于中国历史传统与当代实践经验，这也是主体自由选择的自主性。① 机构改革研究应在中国特色社会主义思想的世界观和方法论指导下，坚持问题导向，不忘本来、吸收外来、面向未来，从中华优秀传统文化和当代西方改革成果中自由汲取资源，自由整合资源，为我所用，推进服务型政府建设的自主性机构改革道路。

学术研究可以将我国的服务型政府建设与西方的政府机构改革模式进行比较，但不能直接将服务型政府建设界定为某种西方政府机构改革模式的中国变式，更不能预先将某种西方政府机构改革理论设定为服务型政府建设的理论基础。尽管服务型政府建设会学习借鉴西方政府机构改革的有益成果，但它们分属不同的改革实践逻辑。西方政府机构改革是从旧公共行政向新公共管理再向后新公共管理改革转变，经济社会背景是市场经济的周期性规律。我国机构改革是从管制型政府向管理型政府再向服务型政府建设转变，经济社会背景是经济体制改革。

无论是以西方理论评判我国机构改革，还是以我国机构改革的经验验证西方理论的"普适性"，这些都是盲目崇拜西方理论、放弃学术话语主动权的现象，也是缺乏理论自信的表现。增强理论自信，坚定文化自信，需要准确把握服务型政府建设的中国自主性特征。进而坚定道路自信，在我国自主性机构改革实践中发现新问题，推进实践基础上的理论创新，围绕服务型政府构建机构改革的自主知识体系。

---

① 杨开峰：《全面理解、深入领会，加快构建中国自主的哲学社会科学知识体系》，《公共管理与政策评论》2022 年第 4 期。

五、机构改革自主知识体系的逻辑构造

建构中国特色机构改革的自主知识体系,需要破除对西方政府机构改革理论和经验的迷信,更需要把马克思主义基本原理同中国机构改革具体实际相结合、同中华优秀传统文化相结合,牢牢把握并坚持运用习近平新时代中国特色社会主义思想的世界观和方法论——六个必须坚持,自觉回答中国之问、世界之问、人民之问、时代之问。

(一)机构改革的世界观和方法论:六个必须坚持

1. 坚持人民至上

人民至上是中国特色机构改革的价值立场。为人民服务是党的根本宗旨,人民政府是政府的政治属性,实现好、维护好、发展好最广大人民根本利益是党和国家机构改革各项工作的出发点和落脚点。服务型政府建设完全契合为人民服务根本宗旨和人民政府政治属性,建设人民满意的服务型政府也正是坚持人民至上的深刻体现。人民满意意味着衡量机构改革成效的标准更加多元,更加注重人民群众内在的主体性与自主性,而非外在的工具性与适应性。通过坚持人民至上,中国特色机构改革始终站稳人民立场,注重从人民群众的创造性实践中汲取理论创新智慧。

2. 坚持自信自立

自信自立是中国特色机构改革的精神气质。中国特色机构改革始终坚持中国特色社会主义发展道路,充分尊重本国政治、经济、文化和社会发展的实际情况,不盲目照搬国外模式,因地制宜地选择适合中国国情的改革路径,实现了从计划经济体制下的机构职能体系向社会主义市场经济条件下的机构职能体系的重大转变,展现了从管制型政府到管理型政府再到服务型政府建设的政府模式转型。服务型政府建设开辟了自主性机构改革道路。通过坚持自信自立,中国特色机构改革更加符合中国国情,具有中国特色。

3. 坚持守正创新

守正创新是中国特色机构改革的思想路径。中国特色机构改革始终坚守中国特色社会主义事业的正确方向,坚持党的领导地位和人民群众的主体地位。

面对新时代的发展形势和挑战,机构改革要积极探索新的改革思路和措施,坚持摸着石头过河和加强顶层设计相结合,既在基层首创中把握改革规律,又在统筹规划中推进试点改革,广泛运用数字技术建设数字政府,推动机构改革与时俱进。通过坚持守正创新,中国特色机构改革更具适应性和创新性。

4. 坚持问题导向

问题导向是中国特色机构改革的现实基点。机构改革不会一蹴而就,而是在分析不同阶段的主要矛盾和问题的基础上提出解决方案。早期阶段,社会主要矛盾是人民日益增长的物质文化需要同落后的社会生产之间的矛盾,因此,机构改革的首要任务是破除计划经济管理模式,满足人民的物质文化需要。新时代以来,随着社会主要矛盾转变为人民日益增长的美好生活需要和不平衡不充分的发展之间的矛盾,机构改革坚持问题导向,推动政治、经济、文化、社会、生态等多领域的改革,主动创造条件使国家治理满足人民日益增长的美好生活需要。通过坚持问题导向,中国特色机构改革更具针对性和务实性。

5. 坚持系统观念

系统观念是中国特色机构改革的思维方法。机构改革不仅在组织架构层面,还包含着政治、行政等在内的综合性、系统性改革。在1988年机构改革提出转变政府职能后,机构改革基本上形成了调整结构、转变职能、理顺关系三方面的规定性内容。这三个方面存在有机性关联,任何一项改革目标的实现都依赖其他两项改革目标的实现。特别是在中央全面深化改革领导小组(委员会)的顶层设计和统筹协调下,2018年和2023年机构改革坚持摸着石头过河和加强顶层设计相结合。通过坚持系统观念,中国特色机构改革更具系统性和科学性。

6. 坚持胸怀天下

胸怀天下是中国特色机构改革的崇高追求。中国特色机构改革坚持自立自强与对外开放相结合,在坚持中国特色改革内容的同时,积极学习借鉴西方新公共管理和后新公共管理改革的有益成果。这些成果经过中国历史文化传统和政治行政体系的过滤与改造,适应中国国情与中国特色。同时,我国也通过机构改革向国际社会展示开放、包容和负责任的大国形象。以服务型政府建设为总体目标的2023年新一轮机构改革,提升了国际社会对我国继续推进全面深化改革、全面建成社会主义现代化强国的信心,打破了西方"旧公共行政—新公共管理—后新公共管理"机构改革叙事的话语霸权，为世界各国特别是广大发展中国家独立自主探索适合本国国情的机构改革道路提供了重要启示。

（二）机构改革的基本原则与动力机制

在机构改革活动中，基本原则、动力机制、改革目标、行动路径是最基本的逻辑要素，构成相对完整的逻辑链条。其中，基本原则体现着改革者对问题的理解和认知，统领和指导整个改革活动，是目标和路径的基础。这些原则以中国为观照，立足中国实际，彰显机构改革的中国方案。

1. 机构改革的基本原则

就国务院机构改革而言，每次改革基本上都会形成相应的政策文本，党的中央全会与全国人大会议审议有关机构改革方案的说明，其中包含着改革的基本原则。例如，1982年机构改革提出"机构改革是一场革命"，为后续机构改革奠定了自我革命的基本方针。1988年机构改革首次提出"转变职能是机构改革的关键"这一命题，基本确立了后续改革的主要内容是调整结构、转变职能、理顺关系。1993年机构改革坚持政企职责分开和精简统一效能的原则。1998年机构改革的原则包括：按照社会主义市场经济的要求，转变政府职能，实现政企分开；按照精简统一效能的原则，调整政府组织结构，实行精兵简政；按照权责一致的原则，调整政府部门的职责权限，明确划分部门之间职责分工，完善行政运行机制；按照依法治国、依法行政的要求，加强行政体系的法治建设。进入21世纪，2003年机构改革的原则是政企分开、精简统一效能和依法行政。2008年机构改革的原则包括：精简统一效能和决策权、执行权、监督权既相互制约又相互协调。2013年机构改革的原则包括：必须坚持人民主体地位，最广泛地动员和组织人民依法管理国家事务和社会事务、管理经济和文化事业；坚持解放和发展社会生产力，激发市场和社会活力；坚持精简统一效能，优化机构设置和职能配置；坚持创新制度机制和管理方式，提高政府管理服务能力；坚持强化对行政权力的制约监督，确保政府按照法定权限和程序履行职责；坚持从我国现阶段实际情况出发，与经济社会发展和改革开放进程相适应。2018年和2023年党和国家机构改革的基本原则是历次机构改革的经验教训并结合新时代社会环境发展变化而提出的，切实遵循政治、思想、组织和法治的原则：坚持党的全面领导，坚持以人民为中心，坚持优化协同高效,坚持全面依法治国,核心是回答怎样建设适应新时代中国特色社会主义要求的党政机构职能体系。

(1) 政治原则:从党政分开到党的领导下的党政分工

与以往历次机构改革不同,2018年和2023年深化党和国家机构改革强调坚持和加强党的全面领导,在此前提下统筹推进党政军群各类机构改革。2017年党的十九大重申"党政军民学,东西南北中,党是领导一切的"。这是对党的十三大以来"党政分开"的合理扬弃,也是对党的十六大以来"加强和改善党的领导方式和执政方式"的发展和深化。

机构改革特别强调坚持和加强党的全面领导,破除了西方政治-行政二分的藩篱,确立了我国机构改革的根本政治立场,从根本上不同于其他国家的机构改革。机构改革必须在党的统筹规划和坚强领导下进行,同时,机构改革必须加强党对各领域各方面各环节工作的领导。党的全面领导是深化党和国家机构改革的根本保证,是构造中国式整体性治理的最佳选择,把加强党对一切工作的领导贯穿改革的各方面和全过程,完善保证党的全面领导的制度安排,改进党的领导方式和执政方式,提高党把方向、谋大局、定政策、促改革的能力和定力。

(2) 思想原则:从以经济建设为中心到以人民为中心

党的十八大以来,社会主要矛盾转变为人民日益增长的美好生活需要和不平衡不充分的发展之间的矛盾,以习近平同志为核心的党中央高度重视人民群众的切身利益,提出以人民为中心的发展思想。这一思想是对改革开放以来以经济建设为中心的继承和发展,也是对政企分开原则的超越与升华,是新时代党治国理政的指导原则。

机构改革坚持以人民为中心,就是机构改革要一切为了人民、紧紧依靠人民、不断造福人民,维护社会公平正义,着力解决发展不平衡不充分问题和人民群众急难愁盼问题,不断实现好、维护好、发展好最广大人民的根本利益。机构改革必须以促进社会公平正义、增进人民福祉为出发点和落脚点,机构职能体系设置必须适应人民对美好生活的向往,通过构建系统完备、科学规范、运行高效的党政机构职能体系,创造适应国家治理体系和治理能力现代化需要的组织载体,从而有效提升党和政府为人民服务的能力。

(3) 组织原则:从精简统一效能到优化协同高效

区别于改革开放以来机构改革的精简统一效能原则,2018年和2023年深化党和国家机构改革把优化协同高效确定为原则之一，这是对精简统一效能原则的继承和发展，也是新时代机构改革的内在要求。优化就是要科学合理、权责一致，协同就是要有统有分、有主有次，高效就是要履职到位、流程通畅。

优化主要是指机构和职能的优化。针对党和国家机构职能体系存在的不足，机构改革要优化党和国家机构设置和职能配置，坚持一类事项原则上由一个部门统筹、一件事情原则上由一个部门负责，实现党和国家机构设置更加科学、职能更加优化。协同主要是指相关机构的配合联动。机构设置和职能配置是否完善，关键要看能否有效运转起来。机构改革要加强相关部门配合联动，使权责更加协同，监督监管更加有力。高效主要是指体制机制运行的效率效能。如果机构职能体系优化不够、协同不够，自然带来效率效能不高的问题。

（4）法治原则：从依法行政到全面依法治国

全面依法治国是2018年和2023年深化党和国家机构改革的法治原则。党的十八大以来，中国特色社会主义法治体系不断健全，法治中国建设迈出坚实步伐，法治固根本、稳预期、利长远的保障作用进一步发挥，党运用法治方式领导和治理国家的能力显著增强。全面依法治国是改革开放以来特别是1988年实施"三定"方案以来历次机构改革的经验总结和提炼升华，也是新时代党和国家机构改革的重要保障。

新时代机构改革必须与法治建设和谐统一。一方面，新时代机构改革要在国家法律和党内法规的规范和保障下进行，要依法设置党政机构、依法履行党政职能、依法管理机构编制，不能随意突破红线。另一方面，新时代机构改革应主动考虑机构调整涉及的立法问题，针对国家法律和党内法规的不适应性，按法定程序及时废除、修改、制定相关法规，使立法工作主动适应机构改革的需要。

2. 机构改革的动力机制

（1）中国共产党的直接推动

改革开放40多年来，我国已经开展了九轮大规模机构改革，每次改革的指导思想、设计原则、政策目标等都是首先由党中央提议并通过的。例如，2023年深化党和国家机构改革，首先是党的二十大对机构改革作出重要部署，随后是党的二十届二中全会审议通过机构改革方案，最后是十四届全国人大会议表决通过机构改革方案。中国共产党所具有的强大能力是推进机构改革和国家治理现代化的关键因素。中国共产党凭借自身所具有的执政能力，为推进机构改革和国家治理现代化提供强大政治保障、思想保障、组织保障与制度保障。因此，中国共产党是我国政府机构改革的设计者与发动者，是推动机构改革的领导主体和直接动力。

（2）政府的自我革命

中国共产党作为执政党并不直接参与国务院机构改革的具体执行活动。事实上，历次机构改革都是在全国人大会议审议批准机构改革方案后，党中央和国务院凭借政治权威自上而下推动改革方案实施，并要求各级政府按期完成改革任务。相较而言，西方国家的政府机构改革动力多来自社会和民众的参与，具有明显的社会中心色彩。尽管我国也存在部分自下而上的改革，但这与我国单一制国家结构和职责同构政治系统不相适应，我国的机构改革在整体上属于强制性制度变迁，政府是制度供给的主体，改革是政府出于自主意识的自觉行为。这就导致并形成了我国机构改革动力机制的又一特征：政府是机构改革的实际执行者，是推动机构改革的实际动力。不过，政府的主客同体身份增加了机构改革的成本和难度，这也是早期机构改革陷入"精简—膨胀"循环怪圈的部分原因所在。因此，机构改革是政府的自我革命，是国家治理的深刻变革。

（3）经济社会的外在压力

从现实来看，我国政府在改革开放以前也进行过多次机构改革，但这些改革主要是与计划经济管理体制下政府规模膨胀过快、超过财政承受力有关。改革开放以后，财政压力仍然是早期机构改革的一个重要原因，因此，精兵简政成为重要内容之一。不过，机构改革更为现实的驱动力量主要与市场化改革进程有关。1978年党的十一届三中全会公报提出，经济管理体制应该坚决实行按经济规律办事，重视价值规律的作用，注意把思想政治工作和经济手段结合起来，预示着计划经济体制即将发生改变。在1992年党的十四大明确提出建立社会主义市场经济体制后，机构改革更是为了适应社会主义市场经济发展的需要。因此，在很大程度上，经济体制改革的程度直接决定着机构改革的方向和进程。经济体制改革一方面构成了机构改革的外在压力，另一方面也为机构改革创造了必要的条件。

（4）社会矛盾的根本动力

从辩证唯物主义来看，社会主要矛盾是社会发展的根本动力。改革开放以来，在社会主义现代化建设新时期，我国社会主要矛盾表现为人民日益增长的物质文化需要同落后的社会生产之间的矛盾。围绕这一时期的主要矛盾，机构改革从20世纪八九十年代的管理型政府建设转向21世纪以来的服务型政府建设。党的十八大以来，中国特色社会主义进入新时代，社会主要矛盾转化为人民日益增长的美好生活需要和不平衡不充分的发展之间的矛盾。社会主要矛盾从人民的物质文化需要到美好生活需要，从解决落后的社会生产问题到解决不平衡不充分的发展问题，这是一个关系全局的历史性变化。解决这个新矛盾，适应这个历史性变化，并且将社会矛盾转化为社会发展动力，关键是坚持人民至上、以人民为中心，将人民的利益与需要放在首要位置，实现全体人民的共同富裕。围绕新时代社会主要矛盾，服务型政府建设的目标定位经过两次升级，最终聚焦到人民满意。因此，人民的需要与诉求是党领导服务型政府建设的根本驱动力量。

因此，就机构改革的动力机制而言，无论是党的直接领导和推动，还是政府的自我革命，抑或是经济体制改革的外在压力，它们都服务于解决社会主要矛盾、满足人民的需要与诉求，人民的需要与诉求是我国机构改革最为内在核心的驱动力量。当然，我国也学习借鉴西方政府改革的某些理念和做法，但这并不是对西方模式的简单复制，国外机构改革的理念和积极成果只是机构改革的外部影响因素。对我国的政府机构改革而言，蕴含在历次机构改革行动中的内在灵魂是建设服务型政府。服务型政府建设为机构改革确立了一个超越自身的总体目标和基本方向。

（三）机构改革的目标与路径

任何改革都涉及人为设计的因素，包含着对目标与路径之间逻辑链条的考虑。对于机构改革而言，设计方案通常包含着双重目标，即机构改革本身的总体目标和外在的战略目标。前者是针对机构改革本身设定的目标，它回答机构改革本身应达到什么样的理想状态，即建设什么样政府的问题；后者是针对机构改革对经济社会发展设定的目标，它回答机构改革对外在经济社会发展的作用与影响。

1. 机构改革的目标

（1）总体目标：服务型政府建设

从机构改革本身的总体目标来看，40多年的机构改革展示了从管制型政府到管理型政府再到服务型政府的演变。在20世纪八九十年代，机构改革的重点主要体现在加强宏观管理和健全社会管理，目标是告别传统的管制型政府，建设管理型政府。1982年机构改革没有触动高度集中的计划经济管理体制，仍然具有借助集中统一的行政权力管控经济活动的管制型政府的痕迹。1988年机构改革方案明确长远目标是建立一个符合现代化管理要求，具有中国特色的功能齐全、结构合理、运转协调、灵活高效的行政管理体系，开始呈现出建设管理型政府的特征。

在20世纪90年代，管理型政府建设阶段的机构改革学习借鉴国外新公共管理改革所强调的市场竞争机制等工具性措施，适应并服务于我国社会主义市场经济体制的建立完善。不过，我国机构改革与国外新公共管理改革在改革背景、原则、动力等方面存在根本不同，最重要的是，我国机构改革始终坚持并加强中国共产党的全面领导。因此，管理型政府建设阶段的机构改革并不是新公共管理的中国变式。

进入21世纪，机构改革逐渐强调公共服务，目标是超越管理型政府。2001年，中国加入世界贸易组织意味着政府管理体制受到世贸规则的影响，政府职能需要转向社会服务。2003年"非典"疫情促使党和国家深刻反思，要求各级政府贯彻落实科学发展观，更加注重社会管理和公共服务职能。2004年，国务院正式确认要建设服务型政府，此后的机构改革始终以服务型政府建设为总体目标。2007年党的十七大报告明确要求要加快行政管理体制改革，建设服务型政府；2012年党的十八大报告将服务型政府建设的目标定位升级为职能科学、结构优化、廉洁高效、人民满意；2017年党的十九大报告将服务型政府建设的目标定位进一步升级凝练为"人民满意"。党的十八大以来，经过两次话语升级，服务型政府建设的目标定位统一到人民满意，契合党全心全意为人民服务的根本宗旨和初心使命。

（2）战略目标：国家治理现代化

从机构改革外在的战略目标来看，40多年的机构改革展示了从适应经济体制改革到实现国家治理现代化的演变。改革开放后，我国社会主要矛盾是人民日益增长的物质文化需要同落后的社会生产之间的矛盾，党和国家的首要任务是进行经济体制改革，推动社会主义现代化建设。因此，早期机构改革的目的即战略目标是适应经济体制改革，具有明显的适应性特征，改革重点是与经济体制改革极为密切的经济管理部门。例如，1998年机构改革几乎撤销了所有工业经济专业管理部门，消除了政企不分的组织基础。

由于经济体制改革采用了渐进的方式，因此，早期机构改革的经济体制背景又有所不同。1982年机构改革是在以计划经济为主市场调节为辅的方针下进行的，1988年机构改革是在公有制基础上有计划的商品经济背景下进行的，1993年机构改革是在确立社会主义市场经济体制的条件下进行的，1998年机构改革是在逐步建立社会主义市场经济体制的过程中进行的。在机构改革逐次推进过程中，改革基调逐渐从适应性转向自主性。例如，1998年机构改革明确指出改革目标是逐步建立适应社会主义市场经济体制的有中国特色的行政管理体制，这一目标要求不仅突出中国特色的自主性意涵，而且将目标定位从机构自身拓展到整个行政体系。

进入21世纪后，随着社会主义市场经济体制的逐渐完善，特别是中国加入世贸组织对政府管理体制提出新的要求，机构改革开始具有更多的自主性内涵，战略目标不再仅仅是适应和服务于经济体制改革，而是逐渐从建立中国特色社会主义行政管理体制过渡到推进国家治理体系和治理能力现代化。2003年机构改革是一次转折点，旨在弥补大量经济管理部门被取消后经济管理领域出现的"空白"，重点建立宏观调控机构和市场监管机构。此后，机构改革开始关注既定职能的合理配置问题，显示出更多的内在自主性改革内涵，在组织结构上集中体现为大部门体制和领导小组等议事协调机构，以解决部门协调问题。2008年，党的十七届二中全会审议通过的《关于深化行政管理体制改革的意见》指出，深化行政管理体制改革的总体目标是到2020年建立起比较完善的中国特色社会主义行政管理体制。

党的十八大以来，随着中国特色社会主义进入新时代，我国社会主要矛盾转化为人民日益增长的美好生活需要和不平衡不充分的发展之间的矛盾，不断实现人民对美好生活的向往成为党治国理政的出发点和落脚点。2013年，党的十八届三中全会审议通过《中共中央关于全面深化改革若干重大问题的决定》，提出全面深化改革的总目标是完善和发展中国特色社会主义制度，推进国家治理体系和治理能力现代化。2018年，党的十九届三中全会审议通过《中共中央关于深化党和国家机构改革的决定》，将机构改革从行政体系拓展到党治国理政的整个治理体系，以加强党的全面领导为统领，以国家治理体系和治理能力现代化为导向。2018年和2023年深化党和国家机构改革是在推进国家治理体系和治理能力现代化的大格局中的自主性改革。至此，机构改革完全发展出自主性改革内涵，实现国家治理现代化成为新时代机构改革的战略性目标。

2. 机构改革的路径

尽管九轮机构改革的具体目标有所差异，任务重心各有侧重，但从实现目标的行动路径来看，自1988年机构改革以来，历次改革基本上都涉及三个方面的规定性内容：调整结构、转变职能、理顺关系。

（1）调整结构

调整结构主要涉及组织结构和人员结构。改革开放后，党和国家的工作重心转移到经济建设上来，国务院设立了大量的经济管理部门，导致机构数量和人员编制大量增加。因此，在早期的1982年、1988年、1993年、1998年机构改革中，调整结构主要表现为精兵简政，即精干机构、精简人员。特别是1982年机构改革，在精干机构的同时，开始废除领导干部终身制，精简了各级领导班子，加快了干部队伍年轻化、知识化和专业化建设步伐。1993年，《国家公务员暂行条例》施行，开始建立国家公务员制度。1997年，《国务院行政机构设置和编制管理条例》施行。这些条例的发布施行使以后的机构改革在调整组织和人员结构方面更具有科学性和规范性。

进入21世纪后，2003年机构改革是一个转折点，既坚持精简统一效能的原则，将精兵简政与优化政府组织结构并重，又坚持机构改革与干部人事制度改革相结合优化干部队伍结构。此后，2006年，《中华人民共和国公务员法》施行，公务员制度逐渐完善。2019年，党中央印发《中国共产党机构编制工作条例》。机构编制的法定化使以后的机构改革在优化调整人员结构时有了专门的法律依据。2008年党的十七届二中全会要求进一步优化政府组织结构，探索实行职能有机统一的大部门体制，同时要求精简和规范各类议事协调机构及其办事机构。在此后的2008年、2013年、2018年和2023年机构改革中，大部门制和领导小组等议事协调机构成为优化结构的重要组织形式。其中，大部门制借鉴自西方后新公共管理改革，领导小组是源自我国改革传统的中国特色改革要素。

调整结构与转变职能互为表里。在机构改革过程中，随着调整结构从精兵简政转变为优化结构，政府职能转变也经历了由以政治职能为重心向以经济职能为重心的转变、由偏重经济职能向更加注重服务职能的转变这两个阶段。

（2）转变职能

转变政府职能涉及政府自身的功能取向，也涉及机构改革的目标定位。1988年机构改革明确提出转变政府职能是机构改革的关键这一命题，对政府的经济管理职能进行改革，从直接管理为主转为间接管理为主，淡化微观管理职能，强化宏观管理职能。此后，历次机构改革都重视经济管理职能转变，一直到20世纪末，机构改革的总体目标仍然是建设管理型政府。不过，1998年机构改革已经提出要把政府职能切实转变到宏观调控、社会管理和公共服务三方面上来，公共服务首次成为转变政府职能的基本内容。2002年党的十六大报告明确将政府职能界定为经济调节、市场监管、社会管理和公共服务，这一职能定位随后在2003年机构改革中得到确认，服务导向的特征开始显现。

2004年，国务院正式确认了要推进服务型政府建设，此后的机构改革明确以服务型政府建设为总体目标。在2007年党的十七大报告着重强调要强化社会管理和公共服务职能后，2008年机构改革在转变职能方面的重要任务就是合理配置宏观调控部门职能，以改善民生为重点加强与整合社会管理和公共服务部门。在2012年党的十八大报告提出推动政府职能向创造良好发展环境、提供优质公共服务、维护社会公平正义转变后，2013年机构改革按照这一要求，着力加强市场监管、社会管理和公共服务。

在此基础上，2018年机构改革明确了我国服务型政府建设的基本职能定位，即经济调节、市场监管、社会管理、公共服务、生态环境保护，机构改革也从聚焦经济管理部门改革走向了其他多元领域，有力支撑了"五位一体"建设。特别是党的十八大以来，转变政府职能的突出特点是聚焦"放管服"改革，通过简政放权、放管结合、优化服务来加快建设人民满意的服务型政府。

（3）理顺关系

在机构改革过程中，政府职能转变的具体内容伴随理顺关系的发展而不断变化。理顺关系涉及行政运作机制，主要体现为党政、政企、政社、央地、部门等关系。

第一，党政关系。正确处理党政关系是政治体制与行政体制改革的关键。根据1987年党的十三大提出的党政分开要求，1988年国务院机构改革曾就党政职能分开进行了探索,以求解决党政不分、以党代政的问题。1993年党中央和国务院机构改革的一个重大举措就是实行中央纪委和监察部合署办公,这是统筹党政机构设置的重要方式之一。总体而言,尽管相对于1982年、1988年、1993年、1998年国务院机构改革,党中央部门也在1982年、1988年、1993年、1999年集中进行了改革,这一时期的改革思路强调党政分开,但是过于重视政府机构本身的改革,忽略了党政机构在机构设置和职能配置上的分工配合。21世纪以来,党中央和国务院机构改革开始出现不同步的状况,党和国家机构设置和职能配置表现出"两个还不完全适应",问题和矛盾逐渐凸显。

处理党政关系显然不是简单的党政合一或者党政分开,而是坚持党的集中统一领导下的党政职能分工,根据不同领域特点和基础条件改进和完善党的领导方式和执政方式。因此,2018年和2023年机构改革统筹设置党政机构,根据坚持党中央集中统一领导的要求,科学设定党和国家机构,准确定位、合理分工、增强合力,防止机构重叠、职能重复、工作重合。例如,2018年机构改革组建了国家监察委员会,同中央纪委合署办公,有助于加强党对反腐败斗争的集中统一领导。

第二,政企关系。处理好政府与市场(企业)的关系对于行政体制和经济体制改革都尤为重要,核心关注点是如何有效释放市场活力。2013年,党的十八届三中全会通过的《中共中央关于全面深化改革若干重大问题的决定》指出,经济体制改革是全面深化改革的重点,核心问题是处理好政府和市场的关系,使市场在资源配置中起决定性作用和更好发挥政府作用。因为经济体制改革的缘故,历次机构改革基本上都重视经济管理部门改革。1982年党的十二大确立计划经济为主、市场调节为辅的方针,这意味着政府与市场关系的第一次重大转型。一直到1992年,党的十四大明确提出建立社会主义市场经济体制,使市场对资源配置起基础性作用。因此,在20世纪八九十年代,早期机构改革的总体基调是适应经济体制改革,调整政府与市场的关系。不过,在具体做法上,早期机构改革较为强调弱化微观管理,加强宏观管理,实行政企分开,目标是建设管理型政府。

相较而言,21世纪以来,随着社会主义市场经济体制的逐步完善,服务型政府建设阶段的机构改革在调整政府与市场的关系时更加侧重优化和完善宏观调控体系。例如，2008年机构改革的首要任务就是合理配置宏观调控部门职能，优化国家发展改革委、财政部、央行职能配置，形成科学权威高效的宏观调控体系。到2018年，市场在资源配置中的"基础性作用"已经提升为"决定性作用"。

而且，在服务型政府建设阶段，机构改革有了更多自主性内涵，理顺关系也更加侧重其他维度。2013年机构改革方案中，机构改革不仅要求充分发挥市场在资源配置中的基础性作用，而且注重政府与社会的关系——更好发挥社会力量在管理社会事务中的作用，和中央与地方的关系——充分发挥中央和地方两个积极性。

第三，政社关系。厘清政府与社会的关系是实现国家治理现代化需要解决的一个基本问题，核心关注点是如何激发广泛而有序的社会参与，打造共建共治共享的社会治理格局，主要涉及政事分开与行政审批制度改革。在计划经济体制下，市场和社会相对缺位，中央政府掌控所有社会资源的调配，对整个社会实行无所不包的管理并承担无限责任，形成了一种政府发号施令、全社会遵从的集权式国家治理模式。这一模式终因高昂的治理成本而难以为继。改革开放打破了这种政府垄断的治理模式，随着社会主义市场经济体制的建立，社会力量在社会治理中也开始发挥作用。1988年机构改革已经意识到要逐步理顺政府同企事业单位和人民团体的关系。1993年机构改革针对专业经济部门提出三类改革方案，其中之一就是改为行业总会，作为国务院的直属事业单位。1998年机构改革提出发展社会中介组织。2011年，国务院办公厅出台《关于印发分类推进事业单位改革配套文件的通知》，加快了事业单位改革的步伐。

为了推进政企分开和政事分开，进一步厘清政府与市场和社会的关系，国务院启动了行政审批制度改革，2012年发布的《国务院关于第六批取消和调整行政审批项目的决定》中规定，凡公民、法人或者其他组织能够自主决定，市场竞争机制能够有效调节，行业组织或者中介机构能够自律管理的事项，政府都要退出。行政审批制度改革进一步实现了简政放权、释放市场活力，政府对市场和社会的干预从事前审批向事中事后监管转变。而且，自党的十八大以来，行政审批制度改革进入新的阶段。一是改革力度大，截至2020年9月，国务院已经分16批取消下放1094项行政许可事项，其中，国务院部门实施的行政许可事项清单压减比例达47%。二是2015年后的"放管服"改革和"权力清单"改革开始明确政府权力边界,实行政务公开,在厘清政府与市场和社会的关系上触及"权力"这一核心问题。

第四,央地关系。"充分发挥两个积极性"是我国调整政府纵向关系的基本遵循。特别是改革开放以来,在以经济建设为中心的历史背景下,地方积极性得到普遍重视,中央出台了一系列放权让利的政策。1994年"分税制"改革对中央与地方的利益分配关系进行了调整与规范,在制度上正式承认改革开放以来地方政府发展自身利益的合法性。但在实践探索中,央地关系的探索陷入了"一收就死、一放就乱"的收放交替循环。中央集权多了,就下放一点;地方分权多了,就收上来一点。

党的十八大以来,关于央地关系的认识和实践都在不断深化。随着"放管服"改革的推进,调整央地关系不再纠结于集权与分权的价值争论,而是"将解决问题的重点放在了哪些权力应该集中、哪些权力应该分散和各个层级政府应当承担什么样职权与职责等方面"[①]。也就是说,调整央地关系的思路从"集权"与"分权"转向"确权"。2013年党的十八届三中全会对中央和地方的职责进行差别性规定,即加强中央政府宏观调控职责和能力,加强地方政府公共服务、市场监管、社会管理、环境保护等职责。

第五,部门关系。理顺部门职责关系也是贯穿历次机构改革的一条线索。在1992年确立社会主义市场经济体制的目标之前,计划经济管理体制的色彩较为浓厚,政府借助行政权力即专业经济管理部门直接管理本行业的企业,部门的职责权限较为清晰,这种基于行政权力的"条条管理"也正是管制型政府的主要特征。在确立社会主义市场经济体制的目标之后,适应经济体制改革的管理型政府目标定位开始明确,经过1993年、1998年机构改革对专业经济管理部门的裁撤调整,管理型政府的机构框架基本搭建完毕,不过宏观经济管理部门的职责权限仍需进一步理顺和优化。

21世纪以来,以服务型政府建设为目标定位的机构改革在理顺部门职责关系上更加侧重健全宏观调控体系,健全以国家发展战略和规划为导向、以财政政策和货币政策为主要手段的宏观调控体系。例如,在2003年机构改革中,新组建的国家发展改革委是指导总体经济体制改革的宏观调控部门,新设立的

[①] 朱光磊、黄雅卓:《"放管服"改革背景下的政府纵向间关系调整逻辑》,《行政论坛》2022年第5期。

银监会整合了央行对银行、资产管理公司等存款类金融机构的监管职能和中央金融工委的相关职能，新组建的商务部整合了国家经贸委、国家计委和外经贸部的相关职能。特别是 2008 年以来，机构改革开始探索职能有机统一的大部门体制，对一些职能相近的部门进行整合，理顺部门职责关系。大部门制成为服务型政府建设在优化组织结构、理顺部门职责关系上的重要组织支撑。

从机构改革路径的多重内容可以看出，与西方国家把改革区分为政治改革、行政改革、教育改革、医疗改革不同，我国机构改革是包含政治、经济在内的综合性改革，本身就是对党和国家机构、社会治理主体关系的不断调整过程。我国机构改革虽有阶段性和周期性特征，但始终保持前后相续和平衡发展，是整体性的改革。

任何改革都包含着对目标—路径之间逻辑链条的考虑。无论是早期的管理型政府建设，还是 21 世纪以来的服务型政府建设，这些机构改革都涉及调整结构、转变职能、理顺关系。但是，这两个阶段的机构改革在改革逻辑上存在根本不同。服务型政府建设开辟了中国特色机构改革的自主性道路。

六、结语

研究我国改革开放以来机构改革的发展历程，分析机构改革的国际前沿，对于建构机构改革的自主知识体系，深入推进党和国家机构改革具有重要意义。在党的领导下，机构改革以解决社会主要矛盾、满足人民的需要与诉求为根本动力，改革目标聚焦到服务型政府建设和实现国家治理现代化，调整结构、转变职能、理顺关系是实现目标的具体行动路径。在实践中，机构改革形成了以调整结构为抓手，以转变职能为关键，以理顺关系为主轴的操作体系。围绕服务型政府建设，机构改革实现了从被动适应性改革向自主设计性改革的转变。

党的十八大以来，新时代机构改革既继承改革开放新时期机构改革的基本特征，沿袭调整结构、转变职能、理顺关系的规定性内容，继续推进服务型政府建设；又超越以往机构改革，充分展示出中国自主性的新特征。这主要体现在，新时代服务型政府建设在调整结构上侧重通过大部门制和领导小组等议事协调机构来优化组织结构，在转变职能上强调通过"放管服"改革来转变政府职能,在理顺关系上坚持和加强党的全面领导。在坚持中国特色改革内容的同时,机构改革对大部门制等西方机构改革成果的借鉴,必须与中国特色社会主义制度相适应,目标是建设人民满意的服务型政府,实现国家治理体系和治理能力的现代化。

面向未来,机构改革的理论研究要进一步探索实践中的一些重大问题。一是数字化转型问题。比如,国家数据局的职能侧重促进数据要素的开发利用,而非保障数据安全和行业数据监管。推进机构改革需要进一步研究如何平衡数据利用与数据安全。国家数据局负责协调推进数据基础制度建设,统筹推进数字中国、数字经济、数字社会规划和建设等,需要协调的部门太多,可能面临着"小马拉大车"的困境。此外,国内多个地方已经开展首席数据官制度的试点工作,未来需考虑是否全面推行。二是优化政策协调机制。新一轮改革对科学技术部压缩"瘦身",采用"中央科技委员会+科学技术部"组合模式,进一步彰显了党政分工的自主性内涵,极大提升科技政策的政治势能和统筹权威,解决此前科技政策分散化和碎片化的问题。"党中央决策议事协调机构+国务院职能部门"的组合模式为推进机构改革、解决特定领域政策协调问题提供了新的思路。三是鼓励地方改革创新。新一轮改革属于由党政权威自上而下推行的改革,也存在部分自下而上的改革特征。推进机构改革,需要进一步思考如何充分发挥中央和地方两个积极性,理顺央地关系,以地方机构改革创新推动国家治理现代化。四是厘清纵向职责划分。2018年,党的十九届三中全会指明央地关系的症结所在,即一些领域中央和地方机构职能上下一般粗,权责划分不尽合理。未来机构改革需要进一步厘清中央和地方的纵向职责划分,确定不同地区因地制宜改革探索的空间和边界,并辅以操作性的制度保障,避免地方改革遭遇深层次的体制机制障碍。五是加快事业单位改革。事业单位改革取得一定的成就,但事业单位定位不准、职能不清、效率不高等问题依然存在。

随着改革开放不断推进,机构改革问题渐趋复杂,西方理论与中国实践之间的不适应性日渐加深。特别是在中华民族伟大复兴战略全局和世界百年未有之大变局的背景下,西方理论的解释力被不断削弱。新时代新征程的新使命新任务迫切要求建构中国特色机构改革的自主知识体系,打破西方机构改革叙事的话语霸权,为世界各国特别是广大发展中国家独立自主探索适合本国国情的机构改革道路提供镜鉴。

任何一种知识体系的建构都是围绕标识性核心概念的辩证运动而展开，体现实践逻辑与理论逻辑的内在统一性。建构中国特色机构改革自主知识体系的实践逻辑存在于党领导的政府机构改革伟大实践中，存在于建设服务型政府、实现国家治理现代化的不懈奋斗中。服务型政府概念产生自改革开放以来机构改革实践，是学术界以中国为观照提出的本土概念。机构改革研究围绕服务型政府建设所做出的努力为当前中国特色机构改革自主知识体系的建构与完善提供了重要的学术积累。

建构机构改革自主知识体系既是新时代赋予的新使命，又具有深厚的中华优秀传统文化的历史积淀。中国传统农业社会治理所蕴含的政治思想与知识体系，包括治理模式与伦理基础的互构机制，为新时代机构改革和社会治理塑造了独特的民族特质。西方国家政府机构改革前沿所蕴含的新理念新举措，为新时代机构改革和社会治理注入了鲜明的创新品质。

建构中国特色机构改革的自主知识体系需要以服务型政府这一标识性自主概念为基点，牢牢把握并坚持运用习近平新时代中国特色社会主义思想的世界观和方法论——"六个必须坚持"，从中华优秀传统文化和其他国家机构改革前沿中汲取智慧，围绕基本原则、动力机制、目标路径形成一个架构清晰、层次分明的逻辑秩序和内部关系整体，在机构改革实践中不断建构和完善，使中国特色机构改革的自主知识体系充分彰显本土性、民族性、时代性。

（课题负责人：杨开峰；课题组成员：田小龙、郭一帆、段诗涵、张芯语、姚逸雪、曹嘉祺、李敬、张迎新）

数字政府相关的组织理论、职责体系与治理模式

南开大学课题组

近年，数据科学和信息技术的迅猛发展进一步加快了生产力释放，极大推动了经济社会繁荣。然而，这一过程中也暴露出发展不平衡、不充分的问题。如何科学地利用信息通信技术提升国家治理现代化水平，有效应对经济社会发展中的公共治理困境，已成为各国政府共同面临的重大课题。在全球数字化转型的大背景下，数字政府的发展为解决上述难题提供了可能的方向。欧美等国家纷纷出台数字政府创新战略，致力于构建以数字治理为核心的智能化治理体系。我国亦将政府数字化转型作为推动国家治理能力现代化的重要引擎，并将其视为构建具有中国特色的全球政府治理体系的关键抓手。

我国数字政府发展起始于 21 世纪初的电子政务建设。2002 年，《国家信息化领导小组关于我国电子政务建设指导意见》就将"一站、两网、四库、十二金"明确为"十五"期间我国电子政务建设的主要任务，并在随后的《国家电子政务总体框架》中确立起"服务与应用系统、信息资源、基础设施、法律法规与标准化体系、管理体制"的电子政务框架。2017 年 12 月，北京市、上海市、江苏省、浙江省、福建省、广东省、陕西省、宁夏回族自治区被确定为国家电子政务综合试点区域，电子政务建设通过《国家电子政务综合试点方案》得到了更为明确的实践指导。2019 年 10 月，党的十九届四中全会首次提出推进数字政府建设，并将其作为优化政府职责体系的重要内容。2021 年 3 月，"加快数字化发展 建设数字中国"以独立篇章写入"十四五"规划纲要，明确要求将数字技术应用于政府管理服务、政府治理流程以及政府决策，以提高数字政府建设水平。2022 年 4 月，国务院发布《关于加强数字政府建设的指导意见》，数字政府建设至此被提升至"引领驱动数字经济发展和数字社会建设"的重要地位，标志着我国数字政府的建设工作进入新阶段。2023 年 2 月，中共中央、国务院印发的《数字中国建设整体布局规划》明确指出：建设

数字中国是数字时代推进中国式现代化的重要引擎,是构筑国家竞争新优势的有力支撑,对全面建设社会主义现代化国家、全面推进中华民族伟大复兴具有重要意义和深远影响。其中,发展高效协同的数字政务是全面赋能经济社会发展的重要一环。

当前,在中央顶层设计的指导下,中国的数字政府建设实践已处于世界前沿,粤省事、浙里办、渝快办、i深圳等一系列基于数字技术的政府治理创新实践,打通了政府服务的"最后一公里";并通过重塑政府组织形态和职责体系、公共治理边界、政社和政企互动机制等方式,提升政府治理能力,构建数字化政府治理体系。不同于"大部制改革"直接对传统科层政府进行大规模调整,数字政府建设是以技术撬动的全方位治理变革。站在第四次工业革命的历史节点,中国作为数字化治理转型的超大"社会试验场",对数字政府治理场域的相关实践进行归纳总结和理论提炼,有利于构建数字政府建设的"中国方案",为全球政府治理的数字化转型提供借鉴和参考。

一、数字政府的演进脉络

(一)数字政府发展建设阶段

信息通信技术(ICT)的高速发展带来了治理水平的持续提高。自20世纪90年代因互联网技术的兴起而出现的电子政府建设,伴随数字技术的发展不断迭代,演化为当前的数字政府建设。已有研究将数字政府的发展建设划分为电子政务、网络政府、智能政府三大阶段。[1] 电子政务作为数字政府的早期形式和发展的基础,先后走过"依托政府网站加强信息公开—强调服务交付—促进公民参与"三个阶段。[2] 而数字政府则是电子政务的进阶阶段,其概念和实践也经历了"数字化—(组织结构)转型—参与—情境化"的发展演变。[3]

---

[1] 周雅颂:《数字政府建设:现状、困境及对策——以"云上贵州"政务数据平台为例》,《云南行政学院学报》2019年第2期。

[2] MA L, ZHENG Y. National e-government performance and citizen satisfaction: a multilevel analysis across European countries [J]. International Review of Administrative Sciences, 2019, 85 (3): 506 - 526.

[3] JANOWSKI T. Implementing Sustainable Development Goals with Digital Government - Aspiration-capacity gap [J]. Government Information Quarterly, 2016, 33 (4): 603 - 613.

在传统电子政务向数字政府转变的过程中，由多元主体参与的合作共治模式也逐渐浮现，成为数字技术广泛运用和公共价值不断重塑的现实映照。①

当前，我国数字政府建设已实现从政府信息与服务供给的单一无序到全面系统、从仅提供信息和服务到增强公民监督和参与、从以政府为中心到以民众为中心的三方面转变。在数字政府建设成效方面，全国已有30多个省市上线省级政务服务平台，如北京12345政务热线、浙江"浙里办"、广东"粤省事"、上海"一网统管"市域物联网等，均已实现对传统电子政务的迭代升级。按照"应上尽上"原则，各地政务服务平台的业务应用不断拓展，服务事项覆盖范围涵盖交通、民政、人社、医疗、教育等涉及城市管理运行和公共服务的方方面面。数字政府建设短时间内已从规划蓝图落地为实践创新，地方治理效能得到极大程度的提高。

（二）数字政府兴起的应然性

1. 数据积累和技术发展为数字政府建设奠定基础

数字政府建设是一场以治理工具创新驱动的全方位变革。信息技术的不断发展，以及步入数字时代后不断产生的海量数据，使得政府数字化转型成为一种必然趋势。一方面，政府、企业、公众等社会系统内各类主体的生产生活行为在数字时代都将产生大量数据痕迹，亟须通过数字政府建设将技术治理引入既有政府治理体系，对已积累的海量数据资源进行价值挖掘，以提高政府精准识别公众需求、把握社会运行规律的现代化治理能力。另一方面，技术条件是政府数字化改革的客观基础。信息技术的发展与应用改变了信息的产生、流通与使用方式，重塑了政府体系内外部多元主体间关系；在此基础上实现的数据归集整合、数字平台搭建、业务流程再造等，使数字政府建设成为可能。

2. 数字政府建设是提升政府治理能力的重要路径

推进数字政府建设是提升政府治理能力的重要路径。当前，数字政府建设对于政府治理能力的改善主要体现在以下三个方面。

其一，主动公共服务。数字政府建设强调政府职责在信息化时代的重塑。

---

① 丁藜：《科层制政府的数字化转型与科层制危机的纾解》，《南京大学学报（哲学·人文科学·社会科学）》2020年第6期。

技术先进的公共组织将主动性纳入公共服务的提供过程中。在最大程度的主动形式中，公民或者企业不需要做任何事情就能获得公共服务。真实世界中各种主动公共服务的例子已屡见不鲜。主动性可以确保公共服务子集的平等可及性，并改变服务过程中共同价值创造的方式；同时，主动的数字公共服务也是减少公民或企业与政府互动负担的一种方式。

其二，数据驱动的政策制定。数据技术的使用，特别是人工智能的应用极大地改变了政府决策方式。通过对海量数据的收集、分析和挖掘，政府可以更准确地了解社会经济状况、公民需求和市场动态，从而制定更加科学、合理的政策。尽管数据驱动的政策制定可能更适用于具有大量数据资源的大型组织，[①]但不妨碍世界各国政府已开始利用数据寻求为公民提供价值和协助决策的解决方案。使用人工智能和大数据改善政策制定的典型案例是基于人工智能计算能力的生成式城市设计，这一城市设计方式已成为缩小差距并在设计早期阶段就生成高效解决方案的趋势性技术方向。[②]

其三，透明度与公民参与。公众对政府的看法与信任、合作、法规遵守和政治参与密切相关，随着数字技术的快速发展，数字化转型重塑了政府职能，提供有效、透明和以公民为中心的服务已成为21世纪政府的战略要务，这种新的治理范式正在鼓励更多的公众参与。当前，许多国家均已通过《信息自由法》，以提高政府透明度和公民在公共事务中的参与。其中，基于政府网络平台实现的公民参与，即电子参与，已成为一种开放、协作的治理模式创新。通过在线平台、社交媒体等渠道进行的政民互动交流，不仅能够促进公民的直接参与，也有利于将难以接触到的群体纳入参与范围，进一步提高公民参与程度。

二、数字政府的理论建构

第四次工业革命的到来将新兴科技带入国家治理，并引发治理形态与意涵的变化。在全国各地频繁涌现的数字化改革创新，使得中国成为数字治理变革

---

① NANNI R, NAPOLITANO M. Dataspaces, public administration and collective rationality: opportunities and limits for data-driven policy-making [J]. Public Money & Management, 2024: 1-7.

② JIANG F, MA J, WEBSTER C J, et al. Generative urban design: A systematic review on problem formulation, design generation, and decision-making [J]. Progress in Planning, 2024, 180: 100795.

的重要"社会试验场"。围绕数字政府建设的实践情况，既有理论研究主要从治理论、职能论、信息论、模型论、权责论、空间论、数据论、平台论八个视角展开讨论。

（一）理论梳理

1. 治理论

治理论视角聚焦于"数智"时代背景下，国家治理体系与治理能力现代化的建设。在数字化治理能力方面，遵循"发展与安全并重"、"统筹国内、国际两个大局"①、"系统性、协同性与整体性三者并重发展"以及"共商共建共享"②的数字政府建设原则，提升不同主体利用数据资源和网络资源的技术能力，引导培育公民线上参与行为的规范能力，协调多元主体集体行动和推进学习型、适应性组织建设的组织能力，是数字治理能力建设的基本要素。与此同时，也有学者根据政府在治理系统中所扮演的角色，将需由数字化推动的政府治理能力拆解为决策科学化、执行高效化和监督立体化。而信息技术应用对治理水平的提升，则主要体现在向内的整体性政府建设和向外的回应性提升两个方面。就前者而言，以浙江省"最多跑一次"改革为例，现代信息技术通过在线协作与数据共享为政府职能部门间搭建起协调、统筹机制，推动了整体性政府的形成。③ 然而，技术应用并非简单遵循调整和优化政府内部关系结构和工作流程以提高政府治理效能的"效率"逻辑，其同时受到"官僚组织"逻辑的影响。尽管信息技术的应用能够使国家治理从模糊走向清晰，同时也需要警惕因压力型体制与数字治理体系之间的制度张力而引发的数字化"形式主义"问题。

2. 职能论

职能论关注数字政府建设过程中政府自身的职能转变问题。该理论视角主张通过对数字时代政府职能转变的角色、领域、环境、工具等维度的重塑，全

---

① 鲍静、贾开：《数字治理体系和治理能力现代化研究：原则、框架与要素》，《政治学研究》2019年第3期。

② 门钰璐、严宇、赵娟、常多粉：《中国数字政府建设研究热点述评——"2023第一届数字政府40人论坛"概览》，《公共管理学报》2023年第3期。

③ 陈国权、皇甫鑫：《在线协作、数据共享与整体性政府——基于浙江省"最多跑一次改革"的分析》，《国家行政学院学报》2018年第3期。

面建构数字政府宏观理论。① 政府职能转变是数字化治理变革中的核心内容之一。尽管技术应用的结果可能倒逼政府角色和权力边界发生变化,但数字政府建设并不等同于或能够替代政府自身改革;有必要运用符合数字治理生态的理念与逻辑重新审视政府与市场、社会之间的关系边界,推动政府职能重构。当下我国数字政府建设重点应是探索政府作为元治理者的能力建设和作为技术采纳主体的工具创新。有学者搭建了"职能-组织-工具"的分析框架用以建构数字时代政府变革的宏观理论。未来需要在"以数字政府建设引领数字生态"的愿景指引下,通过宏观层面政府职能发展变化的探讨为数字时代政府变革路径提供解释。②

3. 信息论

信息论是基于信息机制解释数字时代政治行为、权力运行、制度运行的新生理论视角。信息是国家治理体系的神经系统,数字时代国家治理最重要的变化也发生在连接国家与社会、中央与地方的信息要素和信息机制方面。以信息政治学为代表的信息论关注同时存在于国家内部和"国家-社会"间两个维度的信息过程;且二者在数字时代表现出日益紧密的交互运行关系。随着中央政府、地方政府与社会三者日渐形成"三明治"式的治理结构,整合行政机制和社群机制以提升国家信息能力成为数字政府理论体系进一步发展的重要议题。城市基层治理作为国家治理的基本单元,也是数字化治理转型的重要行动场域。将基层治理数字化视为以信息为中心的治理形态,重点关注了城市基层治理数字化转型中的清晰性问题。③ 借助大数据、云计算、机器学习、人工智能等现代信息技术,城市管理者能够有效地收集、传递、计算信息,并对社会信息进行多维挖掘、复杂运算与精确应用,最终构建出清晰的城市治理图景。④ 概言之,以信息要素和信息机制为依托发展数字政府理论,需关注将复杂社会

---

① 门钰璐、严宇、赵娟、常多粉:《中国数字政府建设研究热点述评——"2023 第一届数字政府 40 人论坛"概览》,《公共管理学报》2023 年第 3 期。

② 肖滨、刘特:《构建适应数字时代的政府变革理论——评〈数字时代的政府变革〉》,《公共行政评论》2023 年第 6 期。

③ 韩志明、马敏:《清晰与模糊的张力及其调适——以城市基层治理数字化转型为中心》,《学术研究》2022 年第 1 期。

④ 韩志明、李春生:《城市治理的清晰性及其技术逻辑——以智慧治理为中心的分析》,《探索》2019 年第 6 期。

事实符号化、抽象化的信息能力,并建立具有充足信息或能够汲取到充足信息的数字化治理体系。

4. 模型论

模型论视角主要探讨以 ChatGPT 为代表的生成式人工智能在数字政府建设中的应用价值、潜在风险与治理对策。人工智能(Artificial Intelligence,简称 AI)于 1956 年达特茅斯会议正式成为一个独立研究领域,在先后历经两次低谷期后,ChatGPT 的最新发展将 AI 技术再次带入实务界和理论界的视野。数字政府建设是一个"技术执行"的过程,因此,如何更好地利用人工智能大模型,是数字政府建设无法回避的问题。首先,以 ChatGPT 为代表的人工智能大模型能够辅助数字政府建设的内在逻辑在于,二者在创新、效率、服务三个方面具有共识。[1] 其次,在人工智能大模型的应用价值方面,类 ChatGPT 模型嵌入数字治理的价值主要涉及政府规模、治理决策、治理效率、治理成本、治理精细化程度、政府监管等方面;大模型技术通过辅助决策制定、优化业务流程、促进公众参与、提升治理质量的方式,推动数字政府建设。尽管人工智能大模型所具有的重塑和再造政府组织形态、结构、流程的"潜能"在当前数字政府建设中尚未完全实现,但诸如 ChatGPT 等 AI 技术的进步,已提高实现上述预期的信心。由于大语言模型是基于巨量数据预训练的结果,其输出结果取决于所喂养的数据质量和预先设定的代码结构。因此,大模型驱动的数字政府建设仍未脱离技术执行的框架,需要在技术、组织、制度、文化等的复杂网络中进行。而在数字治理实践中,制度变革往往滞后于技术变革。与此同时,大模型的使用也存在着诸如算法歧视、隐私泄露、社会公平减损、技术依赖等风险。可通过数据分级、明确使用和开发责任、建立科技伦理价值的方式,规范大模型的技术应用过程。

5. 权责论

权责论视角主张政府的权力结构与职责体系在数字政府建设过程中,做出与信息技术相协调的适配性变革。根据鲍静教授等的定义,数字政府是政府对其治理理念、职责边界、组织形态、履职方式以及治理手段等进行系统发展和

---

[1] 韩广召:《我国数字政府建设应用 ChatGPT 模型的探索与思考》,《现代管理科学》2023 年第 4 期。

变革，以适应和推动经济社会数字化转型的过程。① 不难发现，在此定义中作为数字化转型关键要素的职责边界、组织形态、履职方式等均与政府权责体系密切相关。权力结构的优化调整能够为信息技术的作用发挥提供更大空间。对于以政府职责体系的完善深化数字政府建设与数字治理转型的观点，已得到较多学者的一致认同。如江小涓教授指出，完善和强化政府部门数字化职责与机构配置，是解决数字治理突出问题的重点；② 王洛忠教授等基于对数字治理研究的系统回顾与梳理发现，政府职责层次上的权责配置问题研究值得进一步挖掘。③

对于政府职责体系的理解，存在广义和狭义之分。本研究所指权责论主要采用狭义上的理解，将政府职责体系界定为给定政府与市场、社会边界基础上的内部划分问题，④ 以更充分回应政府主体在数字政府建设中的"元治理"角色。数字时代政府权责体系的重要变化之一是围绕数据权发生的。孟庆国教授等通过对比第八次机构改革前后地方政府大数据管理机构的变化发现，改革后大数据管理机构的职能更为细化且丰富。⑤ 大数据决策、执行与监督管理权的整合使得此类机构的大数据发展和管理职能更加突出。⑥ 此外，也有学者基于"职责-业务-数据"框架，为业务应用与数据间"弱耦合"但"强关联"关系的构建设计了可行路径。⑦ 在整体性的宏观权责配置方面，数字技术驱动的政府职责体系调整是以"科层"为工具推动组织结构变动的缓慢过程。数字政

---

① 鲍静、范梓腾、贾开：《数字政府治理形态研究：概念辨析与层次框架》，《电子政务》2020年第11期。

② 江小涓：《加强顶层设计 解决突出问题 协调推进数字政府建设与行政体制改革》，《中国行政管理》2021年第12期。

③ 王洛忠、闫倩倩、陈宇：《数字治理研究十五年：从概念体系到治理实践——基于CiteSpace的可视化分析》，《电子政务》2018年第4期。

④ 既有研究对政府职责体系的概念界定存在着广义和狭义的区分。广义的政府职责体系包含了政府职责体系的外部划分和内部划分问题；狭义的政府职责体系仅界定为"给定政府与市场、社会边界基础上的内部划分问题"。狭义的政府职责体系又可被进一步区分为横向和纵向两个维度。横向关注不同政府部门之间的权责配置关系和结构，纵向涉及从中央到地方各级政府之间职责划分的问题。（参见李晓方《政务服务数字转型过程中的职责体系演进：基于政策文本的回溯分析》，《中国行政管理》2022年第10期）

⑤ 孟庆国、林彤、乔元波，等：《中国地方政府大数据管理机构建设与演变——基于第八次机构改革的对比分析》，《电子政务》2020年第10期。

⑥ 张克：《省级大数据局的机构设置与职能配置：基于新一轮机构改革的实证分析》，《电子政务》2019年第6期。

⑦ 门钰璐、严宇、赵娟、常多粉：《中国数字政府建设研究热点述评——"2023第一届数字政府40人论坛"概览》，《公共管理学报》2023年第3期。

府创建中的职责体系建设,必须坚持物理分散、逻辑集中、资源共享、政企互联的事权要求,推动权力不断向以透明和制约为主的扁平化横向权力结构转变。而对政府职责体系的优化调整,也是避免物理空间政府中职责交叉、碎片化等问题再次映射到虚拟空间政府的有效途径。

6. 空间论

空间论强调在信息编码、抽象和扩散建立的三维空间中形成的新型制度形态。米加宁等认为,政府形态的转变是第四次工业革命的重要主题之一。[①] 新兴科技推动了"数字空间"的诞生,链入数字空间的内容涉及人、信息系统、计算机、各类终端智能设备。数字空间既是物理空间和社会空间之外的第三空间,也日益成为链接"物理空间"和"社会空间"的中介系统,并以"映射"和"重塑"的方式推动促生"物理-社会-数字"三元空间的融合。其中,"映射"是指实体政府中的碎片化特征可能会再次映射到虚拟空间,部门之间的组织边界也会清晰地投射在各个平台之间。"重塑"则是指"数字空间"对人类思维方式和外化过程的重塑,表现为高度的目的性、主体性和智能性。技术发展的全面渗透、包容信任的文化氛围、丰富的治理场景以及强烈的改革意志成为数字空间政府率先在中国落地的优势所在。尽管数字空间政府不会完全取代物理空间政府,但其仍会大大改变传统政府的生存状态。具体而言,"物理-社会-数字"相互渗透的三元空间将会拓展社会行为的时空跨度、以基于微观个体的小型空间分割大型公共空间、复杂化国家与社会关系、面临万物互联引发的治理超载等。与此同时,在信息社会中的信息生产与传播也将日趋互动化和扁平化。而在政务服务方面,大数据、人工智能等技术的应用,也将突破传统物理空间政府的供给方式,以小政府、大服务、智审批、强监管的理念通过数字空间政府实现简洁高效的政务服务供给。

7. 数据论

数据论将数据视为一种重要的资产和生产要素,认为数字政府本质上是对内深入挖掘数据价值来赋能自身履职,对外开放数据来赋能市场和社会。公共数据的开放能够在促进创新、提高政府透明度、保障环境正义、改善医疗绩效等方面发挥重要作用。因此,数据开放程度及数据质量是数据论视角下的焦点

---

① 米加宁、章昌平、李大宇,等:《"数字空间"政府及其研究纲领——第四次工业革命引致的政府形态变革》,《公共管理学报》2020年第1期。

问题。一些广受认可的研究已对政府开放数据质量展开评估，包括全球开放数据指数（Global Open Data Index）、开放数据晴雨表（The Open Data Barometer）、中国开放数林指数。既有评估体系为政府开放数据研究提供了重要基础，同时也存在一些局限，如其他重要的数据质量特征被忽视、基于复杂数据质量指标体系开展大量案例评估时需面临繁重工作量等。因此，本课题组借鉴《开放政府数据八项原则》中所提出的完整性、原始性、及时性、可获取、可机读、非歧视、非私有、无偿许可八项原则，尝试建立了包含完整性、可访问性、可机读性、可获得性四项指标的政府开放数据质量评估体系。① 基于该理论观点，本课题组通过分析我国 106 个地级市公共数据开放平台的公开数据集发现：中国城市开放数据在四个指标上的表现从高到低分别是数据完整性、可机读性、可访问性、可获得性。

8. 平台论

平台论主要指"政府即平台"（government as a platform）的平台型政府观点，这一概念由 Tim O'Reilly 首次提出并得到广泛认同。② 平台型政府是指围绕共享 API 接口和组件、开放标准和规范数据集而形成的网络对政府工作进行重组，以便公共行政人员、企业和其他人能够以更安全、高效和负责任的方式提供优质公共服务。除在精准化公共服务方面的作用外，基于数据驱动的平台型政府也能够促进公共决策智能化与社会管理精细化。平台型政府以多元协作、平等互动、数据共享为核心特征，意味着从数据连接、流程驱动、结构再造三个层次推进协同治理。就平台型政府的静态组成而言，北京大学黄璜教授课题组指出，平台驱动的数字政府模型包括 1 基座、2 中台、3 服务端、4 平台、N 应用；③ 在平台型政府的建设及运行方面，数字能力和数字资源的统

---

① 完整性，是指一条数据集的元数据中完整字段数所占的比例。可访问性，是指数据的无条件开放，免于授权，不受版权、专利、商标或贸易保密规则的约束（除非涉及国家安全、商业机密、个人隐私或其他特别限制），在特定的使用背景下数据能够被访问的程度。可机读性，指数据是结构化、可被计算机自动处理。可获得性，是指数据可以最大范围地被用户出于各种不同目的所获取。

② O'REILLY T. Government as a Platform [J]. Innovations: Technology, Governance, Globalization, 2011, 6 (1): 13 - 40.

③ 1 基座为"基础安全底座"；2 中台为（对外的）服务中台和（对内的）协同中台，合称"政务中台"；3 服务端分别为面向公众（to C）、企业（to B）、政府内部（to G）的服务端；4 平台为政务服务平台、协同办公平台、政务中台和公共数据平台；"N 应用"为面向问题和需求，不断创新开发的各种应用程序。（参见北京大学课题组、黄璜《平台驱动的数字政府：能力、转型与现代化》，《电子政务》2020 年第 7 期）

一是平台驱动的数字政府建设的关键。有学者以数据的整合、共享、开放、应用为着眼点，提出包含政府基础信息资源子平台、政府电子政务服务子平台、政府部门工作支持子平台和数据共享智库支持子平台的政府大数据平台建设框架。① 以上海"一网统管"为案例，平台治理呈现出多重功能集成、全域系统架构、全面技术驱动、整体流程再造的运作逻辑。②

除有关技术逻辑的讨论外，平台型政府或平台治理也被视为回应复杂社会问题的集体行动形式或组织机制。作为一种组织机制的政府平台，则是在政府科层体系的基础上，通过模块化的结构、调适性的分工、频密的质量反馈以及隐性的输入与输出机制促进科层组织对复杂社会需求的回应。然而，技术平台和科层组织并非两套相互独立的组织体系，二者之间相互影响。一方面，科层组织通过技术标准设定权、冲突解决上报权、监督检查权、否决介入权的保留控制技术平台的运行过程；另一方面，技术平台以强化科层组织和畅通信息传递的方式对科层体制进行重塑。由于数字治理改革实践中"科层"与"平台"往往并轨运行，存在着科层组织和平台组织两种力量的博弈。在部分情况下，平台运行仍受到科层运作逻辑和机制设置的影响与制约。

（二）理论构建与分析框架

在既有数字政府或数字治理的研究图谱中，"技术"和"制度"始终是两个备受关注的关键要素。围绕二者在数字治理体系之间的关系，形成了技术影响组织、组织影响技术、技术-制度互动三类主要观点。而在前述已梳理出的数字政府分析八大理论视角中，大多仍涉及技术治理逻辑和制度（或组织）逻辑的并行讨论（见表1）。

---

① 杜超、赵雪娇：《基于"政府即平台"发展趋势的政府大数据平台建设》，《中国行政管理》2018年第12期。
② 陈水生：《数字时代平台治理的运作逻辑：以上海"一网统管"为例》，《电子政务》2021年第8期。

表1　数字政府相关理论视角中的"技术-制度"讨论

理论视角	涉及技术与制度的相关讨论	参考文献
治理论	技术应用的效率逻辑受官僚组织逻辑影响	吴文强、朱侃，2021
职能论	政府作为技术采纳主体的组织变革与工具创新	郁建兴①
模型论	生成式人工智能驱动的政务服务仍然需要在技术、组织、制度、文化等的复杂网络中进行	汪波、牛朝文，2023
权责论	政府权力结构调整以提升信息技术的结构刚性	周盛，2017
平台论	技术平台与科层组织之间的相互影响	宋锴业，2020

资料来源：本课题组根据文献梳理结果整理所得。

在既有研究已对技术与制度之间互动关系的客观存在性进行充分论证的基础上，本文旨在进一步解构"技术-制度"互动的"黑箱"过程，为数字政府建设提供更为明确的微观机制解释。综合借鉴职能论、权责论、平台论、治理论视角下的相关观点，搭建本文分析框架（见图1）。在此，我们提出的一个基本假设是：组织结构和职责体系为技术与制度的互动架起桥梁，恰当的组织机制与权责配置最终促生高效的数字治理模式。组织结构维度的探讨主要依据平台论视角展开，且此处的"平台"是一种组织机制意义上的复杂问题解决方案，旨在探索数字政府建设过程中的组织形态变化；职责体系的重塑与调整则涉及政府职能转变和狭义政府系统内部的职责调整。对职能论和权责论的融合应用旨在进一步区分政府系统内外不同主体在数字化治理体系中的差异化角色。前者涉及政、企、社三方的行动边界，后者聚焦政府自身的权责配置。

三、数字政府的组织形态

（一）一种新的组织形态：政府即平台

随着信息与数字技术的迅猛发展，作为多元治理主体之一的政府正经历着由治理范式转变驱动的深刻变革。在这一进程中，数字政府建设议程尤为突

---

① 参见门钰璐、严宇、赵娟等：《中国数字政府建设研究热点述评——"2023第一届数字政府40人论坛"概览》，《公共管理学报》2023年第3期。该文献中此观点来源为引自郁建兴教授主题报告《建构数字政府宏观理论》。

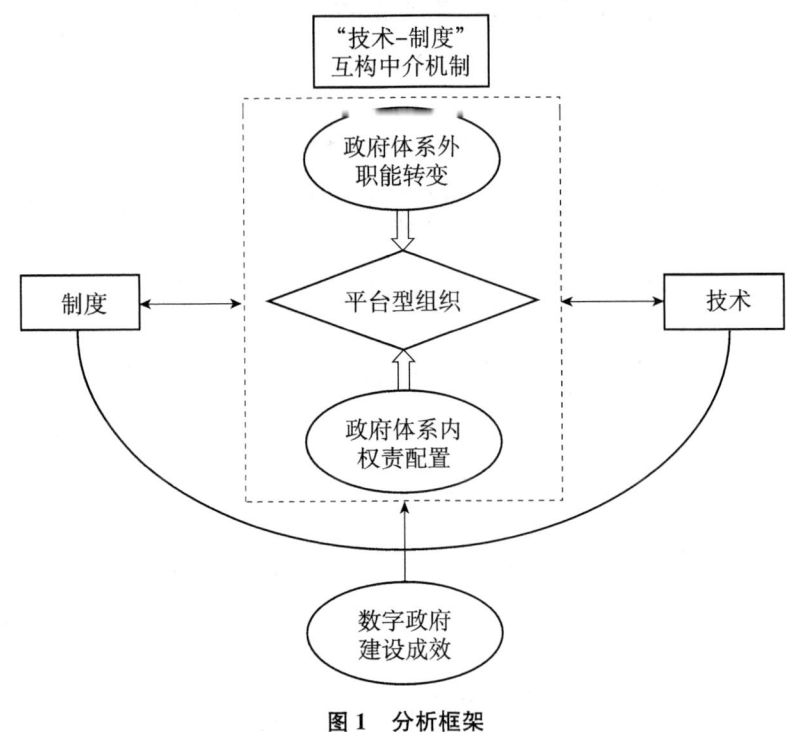

图 1　分析框架

资料来源：作者自绘。

出，其中打造各类数字化政务服务平台、业务应用平台，成为普遍且基础性的做法，同时也是数字政府建设最直观的外在表现。尽管数字平台从表面上看似乎只是政府组织借助新技术调适自身功能，但其逐渐形成了独特的数字化转型逻辑。在此背景下，英国等发达国家实践孕育出"政府即平台"的理念，该理念构建了"以共享通用平台为基础、内阁组成部门或第三方负责开发额外应用"的政府职能实现架构。这种架构在很大程度上整合了过于分散化的职能实现逻辑，特别对于像美国这样高度依赖分散化模式开展治理的国家而言，数字化带来的直接影响是有效连接各主体，以更高效地回应民众的服务需求。

"政府即平台"不仅是数字技术的实现机制，更是一种新型的组织结构。这一理念标志着从数据连接到赋能驱动，甚至是结构性再造的重大转变，蕴含了组织和制度结构的创新。这种创新既涉及政府内部的再造，即业务流程再造驱动的组织和制度的结构性调整；也涉及部门间、政府与社会正式关系的再造，即政府体制和整体公共治理体制的变革。在数字政府建设的 1.0 阶段，其主要聚焦于构建相对独立、功能特殊的信息系统,相较之下,"政府即平台"更注重以满足民众需求为核心,并采取跨部门模式提供公共服务,从而具备整体性和全政府特征。这一变革过程涉及多层级、更广泛的部门间或政社间互动,对于推进国家治理体系与治理能力现代化具有重要意义。

(二)平台组织优化科层组织

作为平台形态的政府具有全新特征,其核心是横向协同、纵向扁平和对外开放共享。

1. 横向协同

(1) 横向协同的底层逻辑

数字平台通过技术标准和规则体系,界定平台内不同主体间的权力关系、合作框架以及权力分配方式,从而构建出一套部门间协作的长效机制。首先,平台型组织的构建融合了职能调整与技术创新,以政府系统内部的支持性转变弱化横向部门间合作阻力。其次,不同于信息技术尚未广泛应用时期的政策执行难以量化,信息技术的引入强化了上级政府的"对下监管"能力,通过明确各部门职责和对应的监督检查细则,增强问责压力,从而促进跨部门的协同合作。此外,数字平台通过重塑信息运行模式,推动了新型信息结构的形成。多元化、去中心的信息结构突破了传统信息碎片化分布和流动壁垒,实现了信息的互联互通与交叉流动。信息运行模式从传统物理空间中人与人之间的直接交流,转变为"虚拟政府"组织中更加高效的人与平台、平台与平台间的信息交流。这种方式减少了部门间单线程的线下沟通,通过线上信息的交叉流动,在信息流动的各个环节实现共享交换,为政府部门间的有效互动创造条件。

(2) 浙江"最多跑一次"改革案例呈现

浙江省于2016年12月率先启动的"最多跑一次"改革是在前期"四张清单一张网"基础上的进一步深化推进,并伴随次年2月《加快推进"最多跑一次"改革实施方案》的发布得到正式明确。该方案详尽地阐明了改革的整体思路、实施路径、时间规划及具体任务,明确提出了省、市、县、乡四级政府需全面深化"最多跑一次"改革的要求。经过近一年时间的努力,浙江省改革成效初显,"最多跑一次"实现率在2017年底达到87.9%,群众办事满意度也高达94.7%。在此基础上,浙江省于2018年1月进一步提出充分发挥"最多跑一次"改革的引领作用,将其推广至企业投资、公共服务、社会治理等更多领域。2019 年,浙江省"最多跑一次"改革在公共服务领域的延伸与拓展显著加速。在大数据技术发展和政府数字化转型的支撑下,浙江省对公共服务领域进行全面优化与升级,成功构建了更加高效、便捷、智能的公共服务体系,为民众提供优质、便捷的服务体验。

就"最多跑一次"改革的基本表现而言,其旨在申请资料齐全的条件下,通过"一窗受理""一网通办"等创新手段,实现企业和群众办理单项行政审批业务时跑动次数最小化。究其本质,"最多跑一次"改革是一场以数据共享理念和新兴信息技术手段为支撑的政府治理创新。基于政府服务公民的核心理念,该项改革推动行政审批流程的深刻变革和政府自身职能与服务模式的全面革新。通过倒逼各地区、各部门持续优化服务、深化简政放权等改革措施,浙江省已在体制机制创新、法规体系完善、办理流程简化等方面取得显著成效,政务服务效率与群众满意度大幅提升。

(3) 数据助力浙江"最多跑一次"改革实现横向协同

治理能力的实质改进依赖于政府数字化转型。在"最多跑一次"改革中,政府数字化转型也是实现政务服务"零跑腿"目标的先决条件。"一窗受理、集成服务"是该项改革的标志性实践。对于市民而言,这一模式显著提升了办事的便捷性,极大地优化了政务服务体验。然而,从政府管理者的角度来看,若仅依赖于物理空间的集成整合,将市民的跑多次转嫁至办事人员的时间与精力投入,行政效率仍难以取得实质性提升。为此,浙江省政府于 2018 年相继发布《浙江省数字化转型标准化建设方案(2018—2020 年)》和《浙江省深化"最多跑一次"改革推进政府数字化转型工作总体方案》,同年正式颁布《"无差别全科受理"工作指南》,希冀依托大数据技术促进跨部门的横向协同。在这一过程中,政府采纳"一件事"的核心理念,通过流程再造、信息共享等举措,前台服务实现进一个门、取一个号、办多件事的便捷体验,而后台流程则实现了受办分离向受办一体的转变,行政效率明显提升。

在"最多跑一次"改革中,"浙里办"与"浙政钉"的建设、应用是促进部门协同的数字化转型实例。"浙里办"应用超市对便民服务应用进行集成,移动端服务开通率高达 80.50%。而"浙政钉"政务协同平台则整合了省级部门 800 余个业务系统。当前,"浙政钉"平台已建立 18 万个政务群组,同时开发政府机关内部"最多跑一次"协同办事系统，41个部门联合支撑了"一件事"业务流程的整体性再造，实现数据的高质量共享。此外，浙江省公共数据平台已在全省范围内开展数据汇集工作，构建统一的人口、法人、信用和证照信息数据库。借助数据的归集整合以及数字化业务平台的搭建，部门间横向协同水平得以提升。

2. 纵向扁平

（1）纵向扁平的底层逻辑

数字平台能够削弱科层体制中自上而下的等级关系，并基于平台建设带来的知识和信息共享，形成上级领导统筹、基层独自决策的内部分权化治理体系。从信息角度看，数字平台保障了信息自上而下的真实畅通。在科层体制中，决策信息与反映客观情况的事实信息存在着不同的层级分布特征，就决策信息而言，其伴随层级下沉而减少，决策信息主要集中于较高层级政府；而反映基层治理情况的客观事实信息则主要集中于较低层级政府，基层治理信息在层层向上传递的过程中，存在着不同程度的信息过滤与丢失。而数字平台的搭建，则使得上级政府与基层政府之间的信息传递渠道更加畅通，上下级政府间的信息不对称问题得以缓解。同时，数字平台能够将复杂的社会情境抽象为可量化的数据，防止对事实的选择性省略和信息歪曲。从监管角度看，数字平台强化了上级政府对基层的监管。通过监控、比对节点数据情况，能够了解事件最新进展并发现异常情况，此时上级部门可以对下级部门行使干预权和否决权，保证政策目标的一致性和完整性。

（2）北京"接诉即办"案例呈现

作为一座超大型城市，北京市常住人口多、社会流动性大，且承担了大量政治活动保障和服务中央部门的工作。为解决城市基层治理难题，北京市于2019年开始尝试"接诉即办"改革。该项改革是在基层实践的治理创新中不断发展而来。自2017年至今，其先后经历了吹哨报到、接诉即办、主动治理三个阶段。

"乡镇吹哨、部门报到"是"接诉即办"改革的基础。这一工作机制由北京市平谷区于2017年率先探索实施，旨在通过执法权的下放，强化乡镇在解决复杂问题上的主导地位。北京市平谷区金海湖镇金矿资源丰富，金矿开采早已被禁止，但在利益驱动下，非法采矿活动依然屡禁不止。面对这一治理难题，平谷区创新性地打破常规，将执法主导权下放至乡镇层级，并组建由镇党委书记担任党支部书记和总指挥、区级各职能部门一把手作为党支部委员和指挥部成员的临时党支部和指挥部。其核心在于，当乡镇发现非法行为时，可以迅速召集相关部门的执法人员进行现场联合执法。2018年1月，北京市委深改领导小组审议通过《关于党建引领街乡管理体制机制创新实现"街乡吹哨、部门报到"的实施方案》，将平谷区的经验做法以制度化的方式固定下来。这一创新实践不仅有效解决了金海湖镇长期存在的黄金盗采问题，也为北京市乃至更大范围内的基层治理提供了有益的探索。

2019年，北京市将既有"乡镇吹哨"机制进一步升级为更广泛的"群众吹哨"模式。通过整合分散于各职能部门的热线电话，形成统一的"12345市民服务热线"，实现了从"吹哨报到"向"接诉即办"的转变。这一转变旨在高效识别基层治理中的痛点和难点，并直接解决群众所遭遇的各类疑难问题。同时，通过引入响应率、解决率、满意率等考核指标，对地方政府的问题处理能力进行全面评估。在机构设置方面，北京市启动街道"大部门制"改革，通过"6办+1队+3中心"模式，对分散于各职能条线的执法人员进行统筹管理。此外，为确保基层"吹哨"机制的有效实施，街乡党（工）委也被赋予了综合执法指挥调度、职能部门派出机构工作情况考核评价和人事任免建议等多项权力。2020年1月，《北京市街道办事处条例》的正式实施，为街道赋权提供了明确的法律依据。

自2021年起，北京市基于12345热线所汇集的庞大数据资源，开始探索主动性的问题发现与解决机制。结合大数据分析与机器学习，北京市针对市民诉求集中且治理基础薄弱的乡镇街道，实施重点治理。同时，创新"每月一题"机制，针对市民反映的高频、难点问题开展专项治理，从"有一办一"的被动回应转为"举一反三"的主动预防。"每月一题"所涉各类问题在每年年初全面启动，同步推进、全程督办，并在每月聚焦2个左右问题进行重点调度。2021年9月，《北京市接诉即办工作条例》正式公布实施，标志着这一治理模式得到法律的保障与认可，为进一步提升政府服务水平和治理能力提供了坚实的法治基础。

（3）政务热线助力北京"接诉即办"实现纵向扁平

北京市接诉即办改革极大优化了首都治理生态，推动超大城市治理体系和基层治理能力向现代化水平迈进。借助12345政务服务热线的有效运作，科层体系中上传下达的信息传输渠道得以畅通，有效缓解了上下级政府间的信息不对称问题。政务热线的即时反馈与高效处理，不仅使得基层的声音能够直接上传至决策层，同时也保障了与问题解决相关的政策指令能够精准下达至执行层面，从而实现纵向治理结构的扁平化。

首先是自上而下的下通。在传统行政体系中，行政指令通常采用逐层下达的模式，这种模式往往伴随信息的解读与过滤，导致指令在传递过程中可能产生偏差。政务热线作为一种创新的基层治理模式，实现了社会投诉直接分发至基层政策执行者，消除了行政层级对指令的潜在影响。在信息分发的具体操作上，政务热线采用直接派发的方式，将投诉信息精准推送至承担对应问题解决职责的区级职能部门以及街乡镇等各级单位。同时，热线还能根据问题信息的不同属性进行差异化处理，如对于咨询类事项，由热线接线员凭借既有知识、经验对常规问题进行直接回答，或形成专项服务工单，派发至相关责任单位为复杂咨询问题提供详尽回复。对于诉求类事项，根据具体内容和涉及部门，进行精准派单。对于投诉举报类事项，则直接派发至相关市级部门、区政府或公共服务单位，以确保问题的及时有效处理。

其次是自下而上的上联。信息直报机制作为政务热线的核心功能之一，搭建起"自下而上"的高效信息流通渠道。这一机制巧妙地将信息回流过程独立于行政系统之外，确保市民来电与市级工作平台之间的直接连通，有效避免信息自下而上传递过程中可能遭受的干扰。在此机制中，基层政府主要承担对市民问题及需求作出解答、回应的执行者角色，而非作为信息回流的中间环节；在确保信息原始性和真实性的同时，提升政府回应效率。此外，政务热线还建立了"日报—周报—月报"的领导信息报送制度，通过形成频率梯度，在兼顾信息的周期性特征基础上，保证了信息传输的时效性。以"日"为最短时间单位进行信息报送，确保市级领导能够及时了解社会动态；周报和月报则主要呈现信息的周期性特征，为上级政府决策提供参考。

3. 对外开放共享

（1）对外开放共享的底层逻辑

政府绩效不仅取决于政府内部的行政效率，也需要政府系统外部的支持。在万物互联的数字时代，各级政府越发重视与市场、社会力量的合作。由此，数字政府建设需要突破传统政府边界，与各利益相关者建立相互协作关系，共同处理公共事务。平台型政府的出现，为政府提供了连接外部参与主体的相应机制，使其能够聚合行政、市场以及社会三方力量，从而催生多元主体共同参与的合作治理模式。

（2）公共数据开放案例呈现

公共数据资源是数字政府建设中的关键要素。因此，公共数据开放也是对外开放共享的重要内容之一。我国公共数据开放先后历经信息资源开发利用、信息公开、全国一体化政务大数据体系建设、政务信息资源共享开放等不同发展阶段，并围绕公共数据的采集、汇聚、共享、开放、管理等形成了一系列相关制度。

第一阶段为萌芽期，以信息资源开发利用为主（2002—2007年）。2002年8月，《国家信息化领导小组关于我国电子政务建设指导意见》率先提出"规划和开发重要政务信息资源"以对公共数据资源进行开发利用。2004年12月，全国首个信息资源开发利用专门性制度——《关于加强信息资源开发利用工作的若干意见》发布，信息资源被明确为具有与能源、材料资源同等重要的生产要素的重要地位，并提出"建立健全政府信息公开制度"以加强政务信息资源的开发利用。第二阶段为探索期，以信息公开为主（2008—2014年）。2007年4月，国务院发布《政府信息公开条例》，将政府信息公开的范围、方式和程序、监督和保障等通过法律形式予以明确，确保政务公开有法可依。2019年4月，新修订的《政府信息公开条例》删除"行政机关不得通过其他组织、个人以有偿服务方式提供政府信息"，进一步规范了行政机关信息公开的渠道和方式。2012年，上海市开通中国首个开放数据门户网站——"上海市政府数据服务网"，标志着我国信息公开工作逐步向数据公开转变。第三阶段为成长期，以公共数据共享开放为主（2015年至今）。2015年3月"两会"期间，国务院总理李克强首次明确表示政府应当公开非涉密数据，对政府数据开放工作给予公开支持表态。在随后的2年时间内，《促进大数据发展行动纲要》《国家信息化发展战略纲要》《政务信息资源共享管理暂行办法》等制度规范相继出台，对政府数据资源整合以及政务信息资源的开发、管理、使用等作出明确规定。2018年1月，北京、上海、浙江、福建、贵州被确立为公共信息资源开放试点区域，公共数据开放工作得到进一步系统性落地。在2021年发布的《关于要素市场化配置综合改革试点总体方案》中,"完善公共数据开放共享机制"成为"探索建立数据要素流通规则"的首要任务。自此,《关于构建数据基础制度更好发挥数据要素作用的意见》《"数据要素×"三年行动计划(2024—2026年)》等挖掘数据要素价值的专项制度开始出台,公共数据的开放、使用日益规范。在此基础上逐步开展的政府数据授权运营、公共数据开放创新大赛等,不断促进市场、社会等非政府主体深度参与公共事务治理。

(3)公共数据共享开放改善政府治理能力

公共数据共享开放之于政府治理能力的提升作用主要体现在提高政府透明度、优化公共服务以及推动整体性思维三个方面。

其一,公共数据共享能够提高政府透明度。公共数据平台是政府信息公开的重要载体,随着各类数字化政府平台的搭建,公共数据开放的种类和数量不断增加,政府工作的透明度得到明显提升。这一变化同时为公众提供了更为丰富的信息资源,赋予弱势群体平等获得公共数据并基于公共信息进行理性判断与决策的机会,共享公共数据开放的红利。其二,公共数据的跨部门、跨层级、跨主体共享是高效政务服务供给的关键前提条件。随着数字技术的广泛应用,政府部门借助数字化手段进行公共管理和社会服务,在精准获取社会维度相关信息的基础上,准确把握市民实际需求,进而使得提供更多优质公共产品与服务成为可能。其三,公共数据的共享开放有利于培育政府的整体性思维方式,对于数字政府的发展建设具有积极的推动作用。数据的互通共享依赖于政府部门间数据壁垒的打通。在跨部门协调、整合的过程中,政府系统的整体性治理思维逐步形成,并进一步促进多元主体有序合作。

(三)科层组织规制平台组织

平台型政府的出现并非对科层体制的替代,二者在行政实践中的并行存在使得平台组织在优化科层组织的同时,也面临着来自科层体制的规制与约束。具体而言,科层组织主要通过数据规制、权威规制和标准规制影响平台型组织的运行过程。

1. 数据规制

数据统合是数字平台良好运行的关键环节。这一环节旨在打破政府部门间数据分散、孤立的局面,实现跨部门的数据共享与数据驱动治理,从而优化决策过程、提升治理效能。然而，实践中仍普遍存在的数据孤岛现象，成为影响政府数字平台高效运行的主要因素。尽管各层级、各职能条线的政府能够通过数据调用申请的方式获取相关数据资源，但经由该种模式取得的数据往往无法完全满足各部门解决特定问题的数据需要。大量政务数据资源被局限在各个部门内部并形成数据壁垒，阻碍着数据的灵活流动。科层组织作为利益表达和行政管控的主要承担者，其内部各部门均承载着特定的部门利益。既有利益格局以及部门之间清晰的组织边界，都会在一定程度上折射于数字平台的运行过程之中，呈现出一种"再科层化"的趋势。① "再科层化"现象的出现，不仅削弱了数字平台在数据共享和资源整合等方面的优势，还可能进一步加剧部门间的信息不对称，影响决策的科学性和有效性。

2. 权威规制

在平台组织和科层组织相互嵌入的过程中，源自科层体系层级节制特征的权威规制也在影响着政府平台的实际运行。制度化考核是权威规制在数字政府建设中的具体体现。其通过对平台的建设内容、运行过程以及运行结果等进行监督考核，激励各层级政府和各职能部门更好地履行数字化建设职责。由科层体制的制度惯性和权威规制所带来的执行压力和违规压力，确保了平台运行的高效和有序。此外，随着国家权力从总体性支配转向"技术治理"，部门分工日渐精细化、专业化，这一转变不仅提高了治理的专业性和效率，也对治理过程中的沟通和协调提出了更高的要求。在数字治理的复杂环境中，上下级、部门间的沟通越发强调程式化的规章制度；其通过明确各主体的职责和权限，有利于减少因职责不清、权限不明而导致的治理混乱。同时，相关规章制度的确立也为跨层级、跨部门的沟通和协调提供了明确的指导，使得各主体能够按照既定的程序和规则进行沟通和协调，有效提高治理效率。

3. 标准规制

作为一项复杂庞大的系统工程，数字政府建设依赖于技术标准和业务标准的支撑。然而，在数字政府的实际建设过程中，标准化治理的困境尤为显著，其根源深植于科层体制的固有局限。首先，从制度层面来看，各部门运行所依据的制度规范纷繁复杂，缺乏高效的衔接机制，由此导致制度执行过程中的摩

---

① 宋锴业：《中国平台组织发展与政府组织转型——基于政务平台运作的分析》，《管理世界》2020年第11期。

擦和冲突，制约数字政府建设的顺利推进。其次，在业务层面，数字政府建设需要一套全面、系统的标准化体系。然而，现实情况却是各级平台标准不统一，导致业务流程的断裂和信息共享的困难。最后，从信息共享联通的角度来看，信息化建设的历史累积导致了已建信息系统之间的标准不一。这些信息系统在业务流程、业务逻辑、数据格式、数据接口等方面存在显著差异，成为数字政府标准化建设工作的巨大挑战。现有数字政府标准化建设已从两个方面进行完善。一方面，在原有标准化基础上进行数字化改造，以适应新的业务流程；另一方面，补充原有缺乏标准化的业务流程，增加标准化覆盖程度，确保平台建设过程中的功能开发、数据存储、业务协同、界面设计、安全管理等具有相同的参考标准。

综上，数字公共治理在寻求科层治理范式变革的同时，不可避免地依赖于科层制所提供的结构性支撑。平台治理嵌入科层治理的核心目标是通过引入数字化手段提升政府治理的效率和效能，并非摒弃科层治理的运作逻辑。同样地，科层治理在数字治理中的反嵌作用，旨在为数字治理的顺利实施提供基础性框架和制度保障，而非成为阻碍数字治理功能发挥的障碍。科层治理与数字治理各自具有其适用范围和局限性，关键在于如何在政府治理体系中实现二者的动态平衡。这种平衡并非简单的妥协或折中，而是要在深刻理解二者优势与不足的基础上，通过创新性制度设计和实践探索，实现科层治理与数字治理的互补与融合，共同推动政府治理体系的现代化进程。

四、数字政府的职责体系

（一）传统政府职责体系与数字政府匹配失衡

作为治理能力构建的内在要素，权责关系是"政府即平台"的系统性制度模式得以成立和有效运行的关键变量。[①] 随着信息技术迅猛发展，数字化转型对政府职能产生了深远影响，系统重构了政府角色和职责边界。但当前的政府职责体系与数字化治理转型之间仍然存在着一定程度的不匹配，主要表现为以下两点。

---

① 胡重明：《"政府即平台"是可能的吗？——一个协同治理数字化实践的案例研究》，《治理研究》2020年第3期。

1. 数据权责模糊

数据资源是数字政府建设过程中的关键要素。数字时代政府职责体系的重构，必然涉及数据治理权限的配置。由于数据采集、管理、使用等职责权限尚未完全明确，各部门往往将各类数据、信息资源视为本部门的重要权力，或因担心数据安全风险，而缺少数据共享意愿。一方面，尽管大部分地方政府均已采取组建大数据管理机构的措施加强公共数据资源的归集与管理，但由于数据管理机构自身的权力职能有限且跨部门数据共享触及核心利益，其在统筹数据和协调业务时仍面临较大难度。另一方面，已在数字政府建设过程中广泛使用的清单制度，如"四级四同"政务数据资源目录、政务服务事项清单目录、权力清单目录，在一定程度上推动了跨部门、跨层级的协调联动，但仍存在着名称不对应、行使层级不对应等影响数据有效整合的问题。[①] 当前，国家数据局已在最新一轮党和国家机构改革中组建成立，填补了在中央层面没有与地方大数据管理机构对应归口部门的空缺，表明了国家在统筹管理数据资源上的决心，但最终成效仍有待进一步检验。

2. 管理事权交叉

整体智治是数字政府建设的重要发展方向。数字化治理转型的内在要求即涉及在数据共享基础上的一体化协同。然而，既有职责体系中的事权交叉与碎片化分工成为整体性流程再造的阻碍。就对内职能交叉而言，"条强块弱"和"多头共治"是数字化治理转型所要面对的强大内部张力。一方面，地方政府尤其是基层政府所要承担的数字化转型职责与其所拥有的数字化资源并不匹配，数据资源、数字化平台系统之于基层治理的赋能作用受限。另一方面，各部门间的职能交叉与碎片化导致了业务系统的分散、重复建设。在对外提供政务服务时，因系统分设而导致的信息壁垒、衔接不畅，加大了跨部门业务协同的难度；同时也导致对内政务办公时，数据采集的重复录入与标准不一，部分平台甚至存在人工补录的情况。就政府系统外的职责体系而言，市场主体日渐成为数字政府建设的重要参与者，但数字化领域政企合作的标准规范尚未形成。

---

① 江小涓：《加强顶层设计 解决突出问题 协调推进数字政府建设与行政体制改革》，《中国行政管理》2021年第12期。

(二)数字政府建设与职责体系重塑

综合职能论与权责论两大理论视角,以数字政府建设为着力点撬动的系统性政府治理变革,同时涉及政府系统内权力结构、职责运行方式的优化调整和政府系统外与市场主体、社会主体间关系的变化。从广东、浙江两个数字政府建设典型省份案例可以看出,伴随着数字化改革的深入,政府系统内跨层级、跨部门的职责体系配置以及政府与市场间关系,均发生了不同程度的变化。

1. 数字政府建设的广东实践

(1)职责体系的纵向调整:由分到统的职责配置

2017年12月,广东省在全国范围内率先启动数字政府改革建设。基于"粤系列"移动式政务服务、"秒批秒报一体化"等数字化改革创新,广东省逐渐形成自己的数字政府建设经验。

在数字政府建设的纵向间职责配置问题上,吴晓林教授等通过对广东省数字建设案例的剖析,总结出由"条块分散"到"同构分责"的过程性变化。[①]具体而言:与大多数地方政府的数字化转型进程相一致,广东省的数字政府建设早期主要体现为电子政务建设。这一时期的纵向间政府职责体系,带有明显的"条块分散"特征,大多数职能部门均建设了独立的政务信息系统;仅有部分城市的市级或区级主管部门对所辖范围内的信息化建设工作进行统筹管理。以2018年机构改革中广东省政务服务数据管理局的组建为关键节点,纵向政府间职责配置开始进入"省级统筹、同构分责"的阶段。一方面,省、市、区三级按照"上下对口"的逻辑建立各级政府数据治理机构,形成了总体贯通的机构和职责,并通过组建省数字政府标准化技术委员会[②]等建设工作,强化省级统筹。另一方面,由于不同城市内的同级政府和同一城市内的不同层级政府在数字政府建设方面的实际职责行使均存在差异,此阶段的纵向职责体系仍带有一定的分散化特征。2021年7月,《广东省数字政府改革建设"十四五"规划》发布,明确提出省市一体、统分结合的实施策略,各级政数部门在平台建

---

① 吴晓林、邢羿飞:《同构分责:数字政府建设中的纵向间政府职责配置——对广东"省—市—区"三级的调查研究》,《中国行政管理》2023年第4期。

② 2021年2月,广东省数字政府标准化技术委员会正式成立,是全国首个数字政府领域标准化技术委员会。

设和应用开发两方面的职责得到进一步细化。与此同时,将广东省政数局调整为正厅级省政府直属机构的行政规格提升以及在市县重点业务单元建设中的参与,也使得省一级的统筹职责得到进一步强化。在以效绩构、以用分责、因时异责三重逻辑的影响下,最终形成省统强化、分责细化的纵向政府间职责体系。

(2) 职责体系的横向调适:跨部门的协同运行体系

良好数字政府建设成效的取得,除纵向政府间职责体系向跨层级协调的方向调整外,也依赖于横向维度跨部门协同的职责运行方式。跨部门的协同运行体系主要体现在对外服务协同和对内办公协同两个方面。

公共服务供给是政府重要职能之一,数字政府改革建设旨在推动治理能力全面提升的发展目标必然要求其在政务服务方面做出优化和改进。基于此,广东省形成了"粤省事"、广东政务服务网等一系列突出的政务服务数字化转型成果。其中,跨部门的数据共享以及事项、责任在各部门间的明晰是高效政务服务供给得以实现的关键所在。在数据共享方面,既要求政务服务事项办理所需数据在事项关联部门间的流转,又涉及政务服务事项办理完成后新生成信息的及时共享。如与落户、子女入学等密切相关的房屋租赁凭证办理,会在办结后同步至各相关部门。在事项分工和分解方面,各部门职责通过分层分级的权力清单梳理和"一件事一次办"的主次分工得到明确,有效推动跨部门横向协同。然而,对外服务协同的本质是所涉业务流程的协同性运行,即对内办公协同。为此,广东省开发建设了"粤政易"政务移动办公平台,为部门数据共享和协同办公提供支撑。并且在《广东省数字政府改革建设"十四五"规划》中,"粤政易"也被赋予了政府运行"一网协同"核心的关键地位,承担着打通与"粤省事""粤商通"等平台间互联渠道的重要作用。

(3) 政市关系重塑:政企合作、管运分离的数字政府建设运营模式

基于数字政府建设的职能论视角,职能转变是数字时代政府需要回应的重要宏观问题。不同于微观层面工具创新和中观层面政府组织重构等对政府系统内部变革的关注,宏观维度的职能转变涉及政府与市场、社会间关系的再调整。为转变政府在数字化转型过程中既是建设者又是使用者的双重角色[①],数

---

① 吴磊:《政府治理数字化转型的探索与创新——以广东数字政府建设为例》,《学术研究》2020年第11期。

字广东网络建设有限公司（以下简称数字广东公司）于 2017 年 10 月成立，以数字化服务供应商的身份为广东省数字政府建设提供支撑，形成政企合作、管运分离的广东模式。

第一，管运分离与权责配置。2018 年 10 月，《广东省"数字政府"建设总体规划（2018—2020 年）》提出管运分离的数字政府管理架构，并要求构建政府主导、政企合作、社会参与、法治保障的共建共享格局。当前，"政企合作、管运分离"已在《广东省数字政府改革建设"十四五"规划》中被明确为数字政府改革建设的总体原则。实际上，管运分离的数字政府运营模式，并非简单的政府购买政务信息化建设服务，其背后是对政府统筹规划与政策制定、信息化建设与运营两项数字政府建设关键职责的再分配。将信息化建设、运营职责从政府数字化改革整体职责中剥离，不仅促进了多元治理格局的形成，也让政府主体能够聚焦于数字化建设过程中的顶层设计，更好地履行统筹决策的核心职责。

第二，企业参与的优势及限度。数字广东公司由中国电子、粤科金融、腾讯、中国联通、中国电信、中国移动共同出资成立。兼具互联网背景和国企背景的企业结构，使得数字广东公司的技术优势能够更好地契合政府部门的运作模式和业务需求。与此同时，通信运营商的加入也让企业运营主体在具有互联网思维及丰富技术经验的基础上，进一步拥有网络管道和信息化基础设施优势。当前，数字广东公司通过"粤省事"、政务服务网等多项云、网、平台的开发建设，在民生服务、营商环境、政务协调等领域的数字化改革实现深度参与，为广东省数字政府建设提供了重要的技术支撑。2022 年 3 月，数字广东公司经省政府批准，加挂"广东数字政府建设运营中心"牌子，其作为数字政府改革建设重要支撑体系的地位得到进一步巩固。然而，"管运分离"的数字政府建设运营模式仍然以政府为主导。政府主体通过对企业信息化建设与运营工作的指导、协调，在数字政府建设的多元参与格局中扮演"元治理者"的关键角色。

2. 数字政府建设的浙江实践

（1）浙江数字政府建设历程

作为改革创新的前沿阵地，浙江省始终是数字政府建设的"领跑者"。以"数字浙江"为伊始，浙江数字政府建设经历了由单一的部门业务信息化向电子政务、"互联网＋政务服务"、数字化治理依次转型的三个阶段。① 以《数字浙江建设规划纲要（2003—2007年）》的出台为标志，早期的浙江数字政府建设仅以电子政务运行体系建设的初级形态，出现于全省"信息应用体系主体框架建设"的总体目标之中。为积极回应党的十八届三中全会对推行"地方各级政府及其工作部门权力清单制度"的工作部署，浙江省于2014年开启"四张清单一张网"改革，并于同年6月上线全国首个省市县一体化政府网站——浙江政务服务网。在"以人民为中心"改革新理念的影响下，浙江省于2016年底进一步提出"最多跑一次"改革，以破解碎片化部门分工对政务服务供给效率的影响。2018年12月，浙江省人民政府印发《浙江省深化"最多跑一次"改革推进政府数字化转型工作总体方案》，以数字技术与政府履职全面深度融合为发展目标，并将大数据作为政府处理复杂治理问题的有效手段；自此，浙江数字化改革工作进入政府数字化转型阶段。2020年11月，浙江省委十四届八次全体（扩大）会议明确提出"以数字化改革撬动各领域各方面改革""构建党建统领的整体智治体系"的发展战略。从"数字浙江"到"整体智治"，浙江省数字政府建设始终贯穿着一条以信息技术撬动政府治理机制系统性重塑的改革逻辑。在这中间，则必然涉及政府职责体系在横纵两个维度的优化调整。

（2）职责体系的纵向配置

条块分割与职责同构为体制内的有效协调带来了困难。② 无论是早期的"最多跑一次"改革，还是当前围绕"整体智治"对数字化改革的最新要求，均涉及多主体、多层级的协调，浙江省推进过程中各层级间的纵向职责划分也随之发生变化。然而，不同于广东数字政府建设过程中纵向职责体系调整存在着明显的从"条块分散"到"同构分责"的转换逻辑，浙江省数字化改革工作在推进之初就存在着一定的统筹管理意识。

第一，纵向一体的统筹逻辑。在浙江省政府数字化转型的起步阶段，其就出台《数字浙江建设规划纲要（2003—2007年）》，并明确"加快电子政务统

---

① 韩艳芳、韩幸辉：《"整体智治"理念下我国地方政府数字化转型研究——以浙江数字化改革探索为例》，《中国建设信息化》2023年第12期。
② 郁建兴：《"最多跑一次"改革：浙江经验，中国方案》，中国人民大学出版社2019年版，第210—211页。

一网络平台的构建，完善党政办公资源业务网，实现省、市、县三级政务网络的互连互通；分批整合、建设重大业务系统，逐步推进重点数据库建设"的主要任务。2014年，浙江省开始探索"四张清单一张网"改革，并以"全省一体化"的顶层设计思维开展省级政务服务网建设，为政务信息集中公开、数据资源集中共享等数字政府建设的关键环境奠定了良好基础。为进一步优化数字化改革过程中各类关键数据资源的整合、开发和利用，浙江省于2015年率先成立省数据管理中心，承担统筹推进大数据基础设施建设、管理；组织协调大数据资源归集整合、共享开放，推进大数据应用等职责。随后，温州市大数据管理中心、杭州市数据资源管理局等市级层面的政府数据治理机构也相继成立，负责市级层面的"互联网＋政务服务"、电子政务建设等相关工作。"上下对齐"的组织机构设置逻辑初步显现。然而，受机构性质、组织隶属关系等因素的影响，于数字政府建设初期组建的政府数据治理机构，其在推进数据归集共享等方面的统筹协调能力仍面临条块关系的制约。2018年，浙江省在新一轮机构改革中，整合省政府办公厅、省经济和信息化委员会的电子政务发展、公共数据管理等职能，重新组建省大数据发展管理局，并作为省政府办公厅管理的副厅级机构。在此轮机构改革中，11个设区市及80%的县（市、区）均成立了相似的数据治理机构。省、市、区三级政府数据治理机构大多具有相似的名称设置和主要职能。在《浙江省数字政府建设"十四五"规划》的整体布局中，"形成省市县一体、部门间协同的高效运转机制""提升跨层级、跨地域、跨部门、跨系统、跨业务的协同管理和服务水平"被明确为当前阶段数字政府建设的重要发展目标，数字政府建设的顶层设计与统筹管理得到进一步加强。

第二，适度创新的应用逻辑。在纵向一体化的整体职责配置逻辑之下，各级政府的数字化建设又各有侧重。关于数字政府建设各项工作的"梯度分权"，相关政策、规范已在应然层面作出规定。根据《浙江省公共数据和电子政务管理办法》，省域内各级政府在电子政务网络、电子政务云平台、公共数据平台、公共数据容灾备份中心四项电子政务基础设施建设方面存在不同的分工，如省、设区市、县（市、区）均可建立本行政区域网上政务服务体系，公共数据平台可由县级以上人民政府建立，但电子政务云平台通常不得由县（市、区）

人民政府单独建设。① 2022年1月，经审议通过的《浙江省公共数据条例》中，进一步对各级公共数据主管部门在公共数据平台建设方面所承担的职责作出说明：省级主管部门负责省域一体化智能化公共数据平台建设；设区市主管部门在省级标准规范指导下，建设本级公共数据平台；县（市、区）平台建设依托市级平台进行，除必要情况外，不单独建设。在数字化改革实践中，浙江省已于2021年完成"一体化数字资源系统"（IRS）的建设，对全省的公共数据、应用系统、算法组件等数据资源进行"一本账"式的整体管理；省域范围内各部门可通过该系统进行跨部门、跨层级、跨区域的数据调用。除基础性数据资源平台的建设外，"大脑"也是浙江省数字政府建设体系中的重要数据支撑底座。② 作为市域治理智能中心的城市大脑，由市级政府负责开发建设；各县（市、区）仅依托"平台＋城市大脑"开发具体场景中的数字化应用。在数字政府重大应用"一地创新、全省共享"机制③的激励下，浙江省各县（市、区）也积极推进数据资源的开发利用，如余杭区打造全省首个"浙政钉"基层工作台、在"一体化智能化公共数据平台"基础上开发镇街数据仓等。

（3）职责体系的横向调适：跨部门协同合作

在不断深化数字政府建设、以数字化推动治理现代化的改革过程中，除各层级间纵向职责划分的调整外，也必然涉及横向维度部门职责内容的调整和职责体系运行方式的优化。在"最多跑一次"前身的传统行政审批改革时期，浙江省就尝试通过组建行政审批服务中心，以物理空间内集中审批相关部门的方式促进跨部门协同。尽管此阶段已通过"两集中、两到位"改革对相关职能部门的职责结构进行调整，但在引入并联审批做法之前，尚未实现真正的跨部门流程再造。"最多跑一次"改革提出后，各部门开始以"一件事"为载体进行流程重塑，并主动应用信息通信技术巩固既有改革成果。

"V字模型"是浙江省数字化改革的核心路径。依托该技术路线，浙江省职责体系的横向运行首先实现了基于数据共享的协作互联。2022年，《浙江省

---

① 该办法规定：县（市、区）人民政府不得单独建设电子政务云平台，确需建设的，应当报省公共数据和电子政务主管部门同意。

② 《浙江省人民政府关于深化数字政府建设的实施意见》明确提出："'平台＋大脑'数据底座支撑有力"为总体目标之一。

③ 《浙江省人民政府关于深化数字政府建设的实施意见》明确提出："落实'一地创新、全省共享'机制。"

人民政府关于深化数字政府建设的实施意见》出台，其中"V字模型"技术方法与业务协同模型、数据共享模型等并列为浙江省完善数字政府建设理论体系的重要内容。在"V"字下行阶段，每个政务服务事项都将根据具体的办理需求切分至可被处理的最小数据单元，确保每个数据字段均可从其他部门或其他共享业务中取得，实现核心业务数据化。随后，沿"V字"上行阶段，再造业务流程，将数据单元重新组装为一件事。利用"V字模型"对数字化业务进行分解和重组，能够清晰呈现需要跨部门协调的最小颗粒度的具体内容，为跨部门合作提供明确的操作路径，进而推动部门协同与流程再造的有效实现。而在跨部门合作中出现的流程不畅之处，则将反哺政府职责体系进一步作出契合"技术执行"需求的优化调整。

为提升跨部门协同的顺畅程度，部门机构的职责内容也出现了划转和调整。在浙江省政府数字化转型的推进过程中，这一变化最为明显地体现在政府数据治理机构的重组与升格上。为促进公共数据资源的归集整合与开放共享，浙江省级层面先后组建或调整设立了浙江省数据资源中心、浙江省大数据发展管理局和浙江省数据局。① 相应地，机构的性质和组织隶属关系也分别由事业转为行政、由部门管理机构转变为独立的省政府直属机构。机构改革后对公共数据综合治理职能的进一步强化以及组织机构地位的提升，为政府数据治理机构在部门间横向协作中的统筹协调作用提供了必要支撑。

（4）政府系统外的职能调适：数字浙江技术运营有限公司与政企合作

数字政府建设是一场涉及技术、组织、制度的全方位变革。尽管技术应用并不必然带来更高的治理成效，但技术要素仍是数字化治理转型中的重要支撑。政府技术能力的有限性决定了其需要寻找支撑改革的合作力量。浙江作为电子商务的发源地和中心，在市场领域拥有丰富的技术应用和技术管理经验，这也为浙江省政府的数字化转型提供了丰富的外援性知识补充。

为应对数字政府建设过程中因政务业务模式变化而对协同办公提出的更高要求，浙江省政府联合阿里巴巴集团共同开发了数字化政务协同平台"浙政钉"，经杭州、衢州等地的试点应用后，于2018年底在全省各级、各类政府组

---

① 浙江省数据资源中心成立于2015年，为浙江省政府办公厅下属参公事业单位；浙江省大数据发展管理局成立于2018年，为省政府办公厅管理的副厅级机构；在最新一轮机构改革中，浙江省数据局已正式挂牌成立，为省政府直属机构。

织机构中展开应用,成为政企合作的一次典型尝试。为更好地服务于政府数字化转型,由阿里巴巴、浙江金融控股公司、浙江日报报业集团、浙江广播电视集团共同出资的数字浙江技术运营有限公司(以下简称"数字浙江公司")于2019年11月成立,在浙江省政府的领导下深度参与"数字浙江"建设。兼具国资和市场化背景的数字浙江公司,成为既懂技术又懂业务的综合型参与主体,能够将平台型互联网公司的技术经验和架构能力有效融合于数字政府建设的业务需求。通过政企合作的协同治理模式,进一步放大技术之于数字政府建设的赋能作用。当前,数字浙江公司已参与"浙里办"、浙江"互联网+监管"、统一行政执法监督等多项业务应用系统的建设。

(三)数字政府建设中职责配置的逻辑

1. 职责体系的纵向维度:统分结合

长期以来,职责同构都是影响跨部门、跨层级有效协同的难题。而在数字政府建设过程中,如何利用数字化改革消解部门协同困境、权责异质冲突等治理困境,是实现数字技术在组织中有效嵌入的关键所在。[①] 结合前述案例分析不难发现,纵向间跨层级的有效协作,可通过顶层设计、层级分责的纵向职责配置得以实现。

首先,数字政府建设作为一项涉及组织结构调整和职责体系优化的全方位变革,需要高层级政府的适度统筹。就统筹职能的发挥而言,承担公共数据管理、技术标准规范制定、信息系统建设职责的政府数据治理机构是重要的组织载体。在广东、浙江两地的数字政府建设实践中,逐步组建省、市、区"上下对齐"的政数部门,并由省级统建公共数据平台、大数据中心等一体化基础支撑平台已成为共同的改革经验。与此同时,配套成立的数字政府建设相关领导小组[②],以高位推动的方式进一步促进了纵向一体数字治理格局的形成。

其次,不同层级政府在数字政府改革建设过程中,应设置不同的履责重心。纵向政府间"梯度分权"的职责配置逻辑早在20世纪八九十年代的强县

[①] 奚家亮、刘力锐:《边界重塑:数字技术何以驱动科层组织变革?——基于浙江"一网协同"实践的分析》,《中共天津市委党校学报》2023年第6期。

[②] 浙江省已成立由省委书记任组长的浙江省数字化改革领导小组;广东省于2017年、2021年先后成立省"数字政府"改革建设工作领导小组、省加快数字化发展工作领导小组。

扩权改革就有所体现；在浙江省行政审批制度改革的早期阶段，行政审批中心大多直接在市、区设立，也呈现出类似的"梯度分权"结构。① 在数字化治理转型阶段，这一层级分责的职责配置逻辑仍然适用；折射在数字政府建设中，即表现为允许基层政府在数字化应用方面进行自主探索与创新。当前，无论是在浙江还是广东，均对数字政府建设的总体框架进行了分层设计②，为统分结合的纵向职责体系调整提供了重要基础。基础性公共平台由省级统建，避免平台的重复开发建设，既降低了数字化改革的投入成本，又能有效规避数据采集标准不统一等影响数据归集共享的技术性问题。而在应用层允许基层政府的差异性创新，则能够更好地满足地方数字治理需求。

2. 职责体系的横向维度：统筹协调

不同于纵向职责体系主要聚焦不同层级政府数字化改革建设职责内容的静态分配，横向维度的职责体系调整更多涉及动态的职责运行方式。跨部门协同是匹配于数字政府建设的职责运行方式，其实现有赖于高效的数据共享、明确的职责分工以及标准化的事项规范和业务流程等。而在职责运行的整体协同体系中，大数据局或政务服务办公室等政府数据治理机构发挥着关键的协调性作用。在广东、浙江不断推进数字政府建设的过程中，都曾对政府数据治理机构的职责内容、组织机构性质、行政层级等进行调整，以使其更好地发挥横向间统筹协调能力。由此，对政数部门职责内容的动态关注和适时调整，也是横向职责配置的重要方面。并且在纵向和横向的职责体系配置逻辑中，政府数据治理机构均为统筹协调的关键节点。这一情况也与最新一轮党和国家机构改革中组建国家数据局的职责调整逻辑相一致。

3. 多元治理主体间的权责调整：数字政府建设中的政企合作

数字政府建设是"数智"时代以实现治理现代化为目标的全方位变革。不同于早期电子政务阶段仅涉及办公线上化等从"线下"到"线上"的简单复制，数字化治理转型是政府、市场、社会等多元主体共建共治的结果。在广

---

① 郁建兴：《"最多跑一次"改革：浙江经验，中国方案》，中国人民大学出版社2019年版，第36—47页。

② 广东在《广东省数字政府改革建设"十四五"规划》中提出"五横三纵"数字政府技术架构，其中，"五横"分别为用户交互层、业务应用层、应用支撑层、数据资源层、基础设施层；浙江提出"四横三纵"数字化转型平台架构，"四横"分别是业务应用体系、应用支撑体系、数据资源体系、基础设施体系。

东、浙江的数字政府建设过程中，作为市场化力量的数字广东公司和数字浙江公司均深度参与其中。

在合作形式方面，政府服务购买仍然是政企合作关系得以确立的主要途径，但相关技术企业并非直接以合作者身份参与其中，而是通过与国有企业共同参股成立数字政府建设运营公司的方式承接数字化建设项目。国有企业的参与，一方面为政企合作提供了"互信"前提，保障合作平稳推进；另一方面其也有利于互联网企业将丰富的技术经验以契合于政府运行逻辑和实际需求的方式应用于数字政府建设之中，提高合作成效。

在合作的运行逻辑方面，企业参与的可行性源自其所拥有的技术优势，但此时的合作，仍然在以政府为主导的规制下有序展开。以广东省为例，其已在数字政府建设的"十四五"专项规划中明确，政企合作、管运分离的专业运营模式需要"在同级政务服务数据管理局指导监督下开展"。政府主体凭借保留的统筹规划和监督管理权力，对转移至合作企业的信息化建设、运营职责履行情况进行管理，以充分发挥自身作为"元治理者"的应尽职责。

进一步对比广东、浙江两地在数字政府建设上的合作内容发现，地方性知识可能会导致不同区域的政企合作形成不同的共建思路和侧重点。与之合作的技术型企业的运营思维和经验富集领域，同样也是与政府合作后，移植于政务数字化的建设思路和重点合作内容。在数字广东公司和数字浙江公司的组成情况中，技术型企业主要为当地领先的互联网企业或通信运营商——数字广东公司，由腾讯和移动、联通、电信三大运营商组建；数字浙江公司由阿里巴巴参与组建。前者的技术优势主要在于公共支撑平台和信息化基础设施，其为政府提供的数字化服务更多是整体性的平台或者业务应用搭建；而后者在电商发展过程中形成了成熟的"中台战略"，因此浙江省在数字政府建设运营中主张"政务中台"的发展思路。

五、结语

数字政府的发展建设标志着政府治理正向数字化、智能化、智慧化演进。这一过程不仅实现了制度优势向治理效能的有效转化，同时也使得未来数字治理生态的构建面临新的机遇与挑战。为推动数字政府改革建设的纵深发展以及数字化公共治理能力进一步提升,可尝试从以下四个方面优化完善。

首先,在制度设计层面,应强化全局规划与统筹引导。数字政府建设并非简单的技术应用过程,政府治理理念与治理模式的深刻变革要求政府系统内部构建具有良好协调能力的领导制度体系,并以明确的前瞻意识和责任意识制定数字政府的总体战略、规划框架、管理体制、技术架构以及建设模式等。在国家层面,亟须完善数字政府标准规范体系,以确保各级、各职能条线数字政府建设的协同联动。

其次,持续探索新兴技术在各类治理场景中的应用。技术赋能是数字政府发展的关键驱动力,通过场景化的治理模式,能够实现数字技术与治理需求的深度融合。特别是在优化营商环境、经济运行监测、民生公共服务、城市智慧治理、生态服务等政府职能重点领域,应优先推动技术应用,以提升治理效能和社会福祉。

再次,构建良好数字治理生态,提升数字政府治理体系的协同性与包容性。通过创新政府体系内部以及政府与外部市场、社会主体间的合作互动机制,推动数字政府建设从条块分割的独立架构向开放合作的协同性业务架构转变。最终形成政府主导、市场运作、社会参与的共建共治格局和问题导向的合作治理生态。

最后,完善安全保障体系,构建可信可控的数字安全屏障。安全问题是数字政府改革建设的底线。需从技术、组织、制度等多个维度加强建设,以确保数字政府的安全稳定运行。在技术支撑维度,健全网络数据监测预警和应急处置工作体系,为数字政府建设提供坚实的安全技术保障。同时,在制度支撑维度,建立健全数据分类分级保护等基础制度,不断完善网络安全法律法规和政策体系,从而增强数据安全的制度保障能力。

(课题负责人:孙涛;课题组成员:赵紫懿、陈雪强、战禹丞、季可晗)

新时代水利部门职责定位研究

中国机构编制管理研究会课题组

水治理是国家治理的重要组成部分。党的十八大以来，习近平总书记明确提出节水优先、空间均衡、系统治理、两手发力的治水思路，就保障国家水安全、推动长江经济带发展、黄河流域生态保护和高质量发展等发表了一系列重要讲话，为新时代水治理体系和治理能力现代化建设提供了科学指南和根本遵循。党中央在统筹推进水灾害防治、水资源节约、水生态保护修复、水环境治理、水生态文明建设等方面成效显著，人民群众的获得感、幸福感、安全感大幅提升。与此同时，也应看到，随着我国经济社会不断发展，新老水问题相互交织，对水利建设、发展、管理和监督都提出了新要求新挑战。2018年深化党和国家机构改革后，在新的水治理体系中，涉水部门明显增多，治水格局也更为复杂，建设现代化的水治理体系和能力的任务依然十分繁重，水利部门作为新时代水治理体系的核心业务部门，如何更好地优化和履行职能、发挥作用，都是需要深入思考的问题。

在此背景下，受水利部发展研究中心委托，中国机构编制管理研究会组织了包括高校专家学者、实务工作者在内的课题组，重点就新时代水利部门的职责定位问题进行研究，在深入对四川（成都）、广东（广州、江门、潮州）、河南（郑州、南阳、三门峡）[①] 等地的实地调研基础上，完成了研究报告。研究报告从问题出发，按照双方约定的研究方案，主要包括四个部分内容。第一部

---

① 课题组调研主要集中在上述三个省。当然，涉及范围包括层级要更多。广东省的调研中，除广州、江门、潮州三市外，还包括了佛山、汕头两市，以及江门市蓬江区、江海区，潮州市的潮安区。河南省的调研中，除郑州、南阳、三门峡三市外，还包括了平顶山、洛阳两市，以及南阳市唐河县、三门峡市陕州区。另外，我们在2019—2020年完成应急管理部人事司委托课题"地方应急管理体制机制研究"的过程中，在涉及应急管理体制时，基本都听取了地方水利部门的意见，这些地方包括江西（南昌、吉安、九江、萍乡、新余、赣州）、江苏（南京、泰州、无锡、盐城、淮安）、四川（成都、甘孜、木里）。

分：对水利部门职能职责配置的历史沿革与现状的考察。这部分内容主要聚焦2008年机构改革和2018年深化党和国家机构改革过程中水利部的"三定"规定，通过比较分析，具体明晰两轮改革前后水利部门的职能职责范围与机构的调整变化情况。总体看，2008年改革后，各级水利部门的主责主业框架已基本形成，并根据经济社会发展的新形势新任务新要求不断发展，水利部门承担的综合性职能在增加，专业性职能界分更为清晰合理。第二部分：典型国家水治理体制的比较与借鉴。不同国家水治理体制各具特色，不同国家在不同经济发展水平下的治理内容不一致，其水治理体制也自然各具特色。本部分综合考量各国水利管理矛盾差异、社会发展程度、经济发展水平、水治理特点等诸多因素，以水管理体制的基本特点为主要标准，重点选取了分散管理模式、统一管理模式和兼具统一管理与专业管理、区域管理与流域管理的综合管理模式的8个国家作为典型对象，通过对这些国家水治理体制的对比分析，以期总结出一些水治理的基本规律和经验，为完善我国的水治理体制提供参考借鉴。第三部分：我国水治理的特殊性分析和建设新时代水治理体系需要进一步解决的若干重点问题。这一部分重点分析中国水治理的特殊性、水治理的多重复杂性以及新时代建设现代化的水治理体制面临的挑战与重点问题。事实上，这是思考新时代水利部门职责定位的基础和前提。第四部分：新时代水利部门职责定位的思考。这部分围绕适应新时代中国特色社会主义建设的现实需要，针对水治理的若干重点问题，就如何进一步健全优化水利部门的职责体系提出改革思路和政策建议。

一、水利部门职能职责配置的历史沿革与现状分析

（一）水利部门的职能变化情况：两轮机构改革的比较考察

从历次机构改革的发展脉络看，2008年和2018年两轮机构改革中，水利部门的职能职责调整变化相对较大。在2008年的机构改革中，《关于深化行政管理体制改革的意见》和《国务院机构改革方案》明确提出改革突出三个重点：加强和改善宏观调控部门，促进科学发展；着眼于保障和改善民生，加强社会管理和公共服务部门；按照探索职能有机统一的大部门体制的要求，对一些职能相近的部门进行整合，实行综合设置，理顺部门职责关系。此轮改革中，新组建了工信、交通等若干个大部门，水利部门虽然不是主要涉改部门，但是按照改革要求制定了"三定"规定，梳理明确了职能定位和职能框架范

围。在 2013 年机构改革中，因为基本不涉及水利部门的改革任务，没有重新制定"三定"规定。2018 年深化党和国家机构改革，是一次系统性、重塑性的改革，目标是构建系统完备、科学规范、运行高效的党和国家机构职能体系。此次改革中，水利部门虽然不是主要涉改部门，但是新组建或重新组建了若干个与水治理有关的部门，水治理的职能也进行了调整，水利部门的职能范围发生了较大的变化。2018 年 7 月，水利部新的"三定"规定印发，为新时期水利部门的职能定位明确了基本框架。因此，我们选择 2008 年和 2018 年两轮改革，通过梳理比较机构改革方案和水利部的"三定"规定来分析水利部门职能定位和范围的演变情况（见表1）。

表1 2008 年与 2018 年水利部"三定"规定职能对比情况

职能	2008 年"三定"规定	2018 年"三定"规定	变化情况
负责保障水资源的合理开发利用	第1条：拟订水利战略规划和政策，起草有关法律法规草案，制定部门规章，组织编制国家确定的重要江河湖泊的流域综合规划、防洪规划等重大水利规划。	第1条：拟订水利战略规划和政策，起草有关法律法规草案，制定部门规章，组织编制全国水资源战略规划、国家确定的重要江河湖泊流域综合规划、防洪规划等重大水利规划。	增加了组织编制全国水资源战略规划职能。
负责生活、生产经营和生态环境用水的统筹和保障	第2条：实施水资源的统一监督管理，拟订全国和跨省、自治区、直辖市水中长期供求规划、水量分配方案并监督实施。组织开展水资源调查评价工作，按规定开展水能资源调查工作。负责重要流域、区域以及重大调水工程的水资源调度。组织实施取水许可、水资源有偿使用制度和水资源论证、防洪论证制度。指导水利行业供水和乡镇供水工作。	第2条：组织实施最严格水资源管理制度，实施水资源的统一监督管理，拟订全国和跨区域水中长期供求规划、水量分配方案并监督实施。负责重要流域、区域以及重大调水工程的水资源调度。组织实施取水许可、水资源论证和防洪论证制度，指导开展水资源有偿使用工作。指导水利行业供水和乡镇供水工作。	1.明确了组织实施最严格水资源管理制度职能；2.水资源调查评价职能划出。
按规定制定水利工程建设有关制度并组织实施	第1条（部分）：负责提出水利固定资产投资规模和方向、国家财政性资金安排的意见，按国务院规定权限，审批、核准国家规划内和年度计划规模内固定资产投资项目。提出中央水利建设投资安排建议并组织实施。	第3条：负责提出中央水利固定资产投资规模、方向、具体安排建议并组织指导实施，按国务院规定权限审批、核准国家规划内和年度计划规模内固定资产投资项目。提出中央水利资金安排建议并负责项目实施的监督管理。	单列为一条，突出强调了监督管理职责。

续表

职能	2008年"三定"规定	2018年"三定"规定	变化情况
指导水资源保护工作	第3条：组织编制水资源保护规划，组织拟订重要江河湖泊的水功能区划并监督实施，核定水域纳污能力，提出限制排污总量建议。指导饮用水水源保护工作，指导地下水开发利用和城市规划区地下水资源管理保护工作。	第4条：组织编制并实施水资源保护规划。指导饮用水水源保护有关工作，指导地下水开发利用和地下水资源管理保护。组织指导地下水超采区综合治理。	1. 水功能区相关职能划出。2. 明确了地下水资源管理保护职能。
负责节约用水工作	第5条：拟订节约用水政策，编制节约用水规划，制定有关标准，指导和推动节水型社会建设工作。	第5条：拟订节约用水政策，组织编制节约用水规划并监督实施，组织制定有关标准。组织实施用水总量控制等管理制度，指导和推动节水型社会建设工作。	强化了节约用水职能。
指导水文工作	第6条：负责水文水资源监测、国家水文站网建设和管理，对江河湖库和地下水的水量、水质实施监测，发布水文水资源信息、情报预报和国家水资源公报。	第6条：负责水文水资源监测、国家水文站网建设和管理。对江河湖库和地下水实施监测，发布水文水资源信息、情报预报和国家水资源公报。按规定组织开展水资源、水能资源调查评价和水资源承载能力监测预警工作。	增加了水资源调查评价及水资源承载能力监测预警工作职能。
指导水利设施、水域及其岸线的管理、保护与综合利用	第7条（部分）：指导大江、大河、大湖及河口、海岸滩涂的治理和开发。	第7条：组织指导水利基础设施网络建设。指导重要江河湖泊及河口的治理、开发和保护。指导河湖水生态保护与修复、河湖生态流量水量管理以及河湖水系连通工作。	1. 明确水利基础设施网络建设职能。2. 明确了河湖水生态保护与修复、生态流量水量管理等职能。
指导监督水利工程建设与运行管理	第7条（部分）：指导水利工程建设与运行管理，组织实施具有控制性的或跨省、自治区、直辖市及跨流域的重要水利工程建设与运行管理。	第8条：组织实施具有控制性的和跨区域跨流域的重要水利工程建设与运行管理。组织提出并协调落实三峡工程运行、南水北调工程运行和后续建设的有关政策措施，指导监督工程安全运行，组织工程验收有关工作，督促指导地方配套工程建设。	单列为一条。增加了新调入的三峡工程和南水北调工程相关职能。

续表

职能	2008年"三定"规定	2018年"三定"规定	变化情况
负责水土保持工作	第8条：负责防治水土流失。拟订水土保持规划并监督实施，组织实施水土流失的综合防治、监测预报并定期公告。负责有关重大建设项目水土保持方案的审批、监督实施及水土保持设施的验收工作，指导国家重点水土保持建设项目的实施。	第9条：拟订水土保持规划并监督实施，组织实施水土流失的综合防治、监测预报并定期公告。负责建设项目水土保持监督管理工作，指导国家重点水土保持建设项目的实施。	表述调整，强调了从事前审批到事中事后监管的职能调整方向。
指导农村水利工作	第9条：组织协调农田水利基本建设，指导农村饮水安全、节水灌溉等工程建设与管理工作。协调牧区水利工作。指导农村水利社会化服务体系建设。按规定指导农村水能资源开发工作，指导水电农村电气化和小水电代燃料工作。	第10条：组织开展大中型灌排工程建设与改造。指导农村饮水安全工程建设管理工作，指导节水灌溉有关工作。协调牧区水利工作。指导农村水利改革创新和社会化服务体系建设。指导农村水能资源开发、小水电改造和水电农村电气化工作。	1. 农田水利建设项目管理职能划出。2. 水利部仅负责大中型灌排工程建设及改造。3. 强调了农村水利的改革创新，对小水电发展方向进行了调整。
指导水利工程移民管理工作	第7条（部分）：承担水利工程移民管理工作。	第11条：拟订水利工程移民有关政策并监督实施，组织实施水利工程移民安置验收、监督评估等制度。指导监督水库移民后期扶持政策的实施，协调监督三峡工程、南水北调工程移民后期扶持工作，协调推动对口支援等工作。	单列为一条，明确了水利工程移民管理方面的具体职能。
开展水利科技和外事工作	第11条：组织开展水利行业质量监督工作，拟订水利行业的技术标准、规程规范并监督实施。承担水利统计工作，办理国际河流有关涉外事务。	第13条：组织开展水利行业质量监督工作，拟订水利行业的技术标准、规程规范并监督实施。办理国际河流有关涉外事务。	水利统计工作职责划出。列为内设机构规划计划司的职责。
负责重大涉水违法事件的查处	第10条：负责重大涉水违法事件的查处，协调和仲裁跨省、自治区、直辖市水事纠纷，指导水政监察和水行政执法。依法负责水利行业安全生产工作，组织指导水库、水电站大坝的安全监管。指导水利建设市场的监督管理，组织实施水利工程建设的监督。	第12条：负责重大涉水违法事件的查处，协调和仲裁跨省、自治区、直辖市水事纠纷，指导水政监察和水行政执法。依法负责水利行业安全生产工作，组织指导水库、水电站大坝、农村水电站的安全监管。指导水利建设市场的监督管理，组织实施水利工程建设的监督。	增加对农村水电站的安全监管。

续表

职能	2008年"三定"规定	2018年"三定"规定	变化情况
水旱灾害防治	第4条：负责防治水旱灾害，承担国家防汛抗旱总指挥部的具体工作。组织、协调、监督、指挥全国防汛抗旱工作，对重要江河湖泊和重要水工程实施防汛抗旱调度和应急水量调度，编制国家防汛抗旱应急预案并组织实施。指导水利突发公共事件的应急管理工作。	第14条：负责落实综合防灾减灾规划相关要求，组织编制洪水干旱灾害防治规划和防护标准并指导实施。承担水情旱情监测预警工作。组织编制重要江河湖泊和重要水工程的防御洪水抗御旱灾调度及应急水量调度方案，按程序报批并组织实施。承担防御洪水应急抢险的技术支撑工作。承担台风防御期间重要水工程调度工作。	1. 防治水旱灾害职责划出。2. 国家防汛抗旱总指挥部调整至应急管理部。3. 日常防治的职责进行细化。
职能调整与转变	第4条：加强水资源的节约、保护和合理配置，保障城乡供水安全，促进水资源的可持续利用。	第16条：水利部应切实加强水资源合理利用、优化配置和节约保护。坚持节水优先，从增供给转向更加重视需求管理，严格控制用水总量和提高用水效率。坚持保护优先，加强水资源、水域和水利工程的管理保护，维护河湖健康美丽。坚持统筹兼顾，保障合理用水需求和水资源的可持续利用，为经济社会发展提供水安全保障。	进一步突出了水利部的水资源统一监管职责，强化了节水、水资源保护和保障水安全方面的要求。

注：根据"三定"规定，课题组自制。

通过梳理比较，可以清晰地展示出近10年间水利部门职能范围的调整变化情况。2008年的"三定"规定中，水利部的主要职能表述共12条，基本框定了水利部门的职能定位和主责主业范围，可以概括为六个方面：水资源（水资源开发利用、水资源监督管理等）、水工程（水利工程建设与运行管理、农村水利建设等）、水环境（水资源保护规划、拟订水功能区规划并监督实施、地下水开发利用等）、水生态（水土保持和河湖管理、涉水事件查处等）、水安全（水旱灾害防治）、节水（节水政策、规划标准等）。

（二）2018年党和国家机构改革对涉水职责的具体调整：横向部门之间涉水职责"进"与"出"的比较考察

1. 调入水利部的职责

此次机构改革，将国务院三峡工程建设委员会及其办公室、国务院南水北调工程建设委员会及其办公室两个机构并入了水利部，由水利部承担三峡工程和南水北调工程的运行管理、后续工程建设管理和移民后期扶持管理等职责。

2. 划出水利部的职责

包括将水资源调查和确权登记管理职责划入自然资源部，将编制水功能区划、排污口设置管理、流域水环境保护职责划入生态环境部，将农田水利建设项目等管理职责划入农业农村部，将水旱灾害防治职责、国家防汛抗旱总指挥部职责划入应急管理部（见表2）。

表2　2018年党和国家机构改革涉水职责调整情况

部门	划入的水利相关职能	调整后的相关职责
水利部	国务院三峡工程建设委员会及其办公室、国务院南水北调工程建设委员会及其办公室并入水利部。	由水利部承担三峡工程和南水北调工程的运行管理、后续工程建设管理和移民后期扶持管理等职责。
自然资源部	2018年"三定"规定第2条（部分）：组织开展水资源调查评价工作，按规定开展水能资源调查工作。水利部的水资源调查和确权登记管理职责。	统一行使全民所有自然资源资产所有者职责。（来源：《深化党和国家机构改革方案》） 2018年"三定"规定第1条：履行全民所有土地、矿产、森林、草原、湿地、水、海洋等自然资源资产所有者职责和所有国土空间用途管制职责。第2条：负责自然资源调查监测评价。第3条：负责自然资源统一确权登记工作。 内设机构：自然资源调查监测司、自然资源确权登记局、自然资源所有者权益司等。
生态环境部	水利部的编制水功能区划、排污口设置管理、流域水环境保护职责；国务院南水北调工程建设委员会办公室的南水北调工程项目区环境保护职责整合。	统一行使生态和城乡各类污染排放监管与行政执法职责。 2018年"三定"规定第1条：会同有关部门编制并监督实施重点区域、流域、海域、饮用水水源地生态环境规划和水功能区划，组织拟订生态环境标准，制定生态环境基准和技术规范。第5条：负责环境污染防治的监督管理。制定大气、水、海洋、土壤、噪声、光、恶臭、固体废物、化学品、机动车等的污染防治管理制度并监督实施。第9条：负责生态环境监测工作。制定生态环境监测制度和规范、拟订相关标准并监督实施。会同有关部门统一规划生态环境质量监测站点设置，组织实施生态环境质量监测、污染源监督性监测、温室气体减排监测、应急监测。组织对生态环境质量状况进行调查评价、预警预测，组织建设和管理国家生态环境监测网和全国生态环境信息网。建立和实行生态环境质量公告制度，统一发布国家生态环境综合性报告和重大生态环境信息。 长江、黄河、淮河、海河、珠江、松辽、太湖流域生态环境监督管理局，作为生态环境部设在七大流域的派出机构，主要负责流域生态环境监管和行政执法相关工作，实行生态环境部和水利部双重领导、以生态环境部为主的管理体制。

续表

部门	划入的水利相关职能	调整后的相关职责
农业农村部	水利部的农田水利建设项目等管理职责。	加强党对"三农"工作的集中统一领导,坚持农业农村优先发展,统筹实施乡村振兴战略,推动农业全面升级、农村全面进步、农民全面发展,加快实现农业农村现代化。(来源:《深化党和国家机构改革方案》) 2018年"三定"规定第1条:统筹研究和组织实施"三农"工作战略、规划和政策,负责农业投资管理。 内设机构:农田建设管理司。
应急管理部	水利部的水旱灾害防治职责;国家防汛抗旱总指挥部职责。	指导火灾、水旱灾害、地质灾害等防治。 2018年"三定"规定第7条:统筹应急救援力量建设,负责消防、森林和草原火灾扑救、抗洪抢险、地震和地质灾害救援、生产安全事故救援等专业应急救援力量建设,管理国家综合性应急救援队伍,指导地方及社会应急救援力量建设。第9条:指导协调森林和草原火灾、水旱灾害、地震和地质灾害等防治工作,负责自然灾害综合监测预警工作,指导开展自然灾害综合风险评估工作。 内设机构:防汛抗旱司,负责组织协调水旱灾害应急救援工作,协调指导重要江河湖泊和重要水工程实施防御洪水抗御旱灾调度和应急水量调度工作,组织协调台风防御工作。
国家林草局	国土资源部、住房和城乡建设部、水利部、农业部、国家海洋局等部门的自然保护区、风景名胜区、自然遗产、地质公园等管理职责整合。	2018年"三定"规定:负责森林、草原、湿地资源的监督管理;负责监督管理国家公园等各类自然保护地等。

注:课题组自制。

通过历史考察和横向比较可以发现,2018年机构改革后,水利部的新"三定"规定中,主要职能的表述增加到16条,划出一部分职能,但同时职能范围也在不断增加,与其他部门的职责边界划分表述也更加明晰。

第一,强化了水利部的水资源统一监督管理职能。第16条明确,水利部职能转变的方向是切实加强水资源合理利用、优化配置和节约保护。坚持节水优先、保护优先、统筹兼顾,切实保障水安全。

第二,明确了水利部承担组织实施最严格水资源管理制度的职能。最严格水资源管理制度作为2011年中央一号文件提出的重大制度,在水利部的"三定"规定第 2 条中有了明确表述,"组织实施最严格水资源管理制度,实施水资源的统一监督管理"。

第二,强化了节水、地下水管理、水生态保护等方面的职能。新"三定"规定紧密结合中央要求和形势变化,进一步强化了水利部门在节约用水、地下水资源管理保护、水生态保护等方面的职能。

第四,增加了三峡工程和南水北调工程相关职能。按照机构改革的要求,明确了新调入的三峡工程和南水北调工程相关职能。第 8 条明确,"组织提出并协调落实三峡工程运行、南水北调工程运行和后续工程建设的有关政策措施,指导监督工程安全运行,组织工程验收有关工作,督促指导地方配套工程建设"。

第五,强化了对水利工程建设运行的监督管理职能。将组织实施水利工程建设相关职能单列一条,并在其中强调了监督管理职责,同时单列一条"指导监督水利工程建设与运行管理"职责。对水土保持项目也强调了从事前审批到事中事后监管的职能调整方向。

第六,调整了农村水利工作职能。按照机构改革的要求,水利部的农田水利建设项目管理职能调整到农业农村部门,新的"三定"规定明确水利部组织开展大中型灌排工程建设及改造,增加了推进农村水利改革创新的职能,将小水电发展方向由"小水电代燃料"调整为"小水电改造",体现了新要求。

第七,明晰了水旱灾害防治相关职能。根据《深化党和国家机构改革方案》,组建应急管理部,赋予其安全生产类、自然灾害类突发事件的应急救援职责,从这个意义上讲,实现了火灾、水旱灾害、地质灾害等全灾种应急救援职责的统一。水利部的新"三定"规定第 14 条对水旱灾害防治职能主要是承担"防"的职能并进行了细化,具体包括:负责落实综合防灾减灾规划相关要求,组织编制洪水干旱灾害防治规划和防护标准并指导实施;承担水情旱情监测预警工作;组织编制重要江河湖泊和重要水工程的防御洪水抗御旱灾调度及应急水量调度方案,按程序报批并组织实施;承担防御洪水应急抢险的技术支撑工作;承担台风防御期间重要水工程调度工作。

第八,细化了水利工程移民管理工作职能。新"三定"规定将"指导水利工程移民管理工作"单列为一条(第 11 条),明确水利部在水利工程移民管理方面的具体职能包括:拟订水利工程移民有关政策并监督实施,组织实施水利工程移民安置验收、监督评估等制度;指导监督水库移民后期扶持政策的实施,协调监督三峡工程、南水北调工程移民后期扶持工作,协调推动对口支援等工作。

第九,对部分具体职能进行了调整。包括将组织拟订重要江河湖泊的水功能区划并监督实施、核定水域纳污能力、提出限制排污总量建议、指导入河排污口设置工作等职能划出给生态环境部。

从新"三定"规定来看,水利部门的职能在若干主责主业方面都有加强,对部分职能进行了细化,对部分职能边界进行了明确,职能定位更加准确。概括来看,其定位或主责主业延续发展了2008年"三定"规定确定的框架。主责主业可以归纳为六个方面:水资源、水工程、水环境、水生态、水安全(水旱灾害防治)、节水。

(三)水利部门的内部职责结构情况及分析

在框定了水利部门的职责范围之后,水利部门是否能有效履职,就成为重点关注的问题。其中,水利部门自身的职责结构是否合理是关键因素。我们通过对水利部门内设机构的分析基本可以展现出其职责结构的变化情况。表3是2008年和2018年改革中水利部内设机构设置情况对比。

表3 2008年和2018年改革水利部内设机构设置情况对比

2008年(14个)		2018年(22个)	
办公厅	建设与管理司	办公厅	农村水利水电司
规划计划司	水土保持司	规划计划司	水库移民司
政策法规司	农村水利司	政策法规司	监督司
水资源司(全国节约用水办公室)	安全监督司	财务司	水旱灾害防御司
财务司	国家防汛抗旱总指挥部办公室	人事司	水文司
人事司	机关党委	水资源管理司	三峡工程管理司
国际合作与科技司	离退休干部局	全国节约用水办公室	南水北调工程管理司
		水利工程建设司	调水管理司
		运行管理司	国际合作与科技司
		河湖管理司	机关党委
		水土保持司	离退休干部局

注:课题组自制。

从表3的数据看，经过两轮改革，水利部的内设机构数量大幅增加，综合性部门数量相对稳定，但业务部门数量增加明显，这也从一个角度反映出新形势下水利部承担了更艰巨的职责任务。具体看保留了办公厅、规划计划司、政策法规司、财务司、人事司、国际合作与科技司、水土保持司7个内设机构。为适应职能调整的需要，取消了水资源司（全国节约用水管理办公室）、建设管理司、农村水利司、安全监督司、国家防汛抗旱总指挥部办公室5个内设机构。同时，设立水资源管理司、全国节约用水办公室、水利工程建设司、运行管理司、河湖管理司、农村水利水电司、水库移民司、监督司、水旱灾害防御司、水文司、三峡工程管理司、南水北调工程管理司、调水管理司13个内设机构。

从内设机构的履职情况来看，业务司局的主责主业范围和边界更加明确。第一，此次改革强化了水利部门承担的节水职责，因此，单独成立了全国节约用水办公室。第二，此次改革水利部门新增加了三峡工程和南水北调工程的运行管理、后续工程建设管理和移民后期扶持管理等职责，因此，在履行管理职责方面，新成立了三峡工程管理司、南水北调工程管理司。同时，新成立了水库移民司。第三，此次改革强化了水利部的水资源统一监督管理职能，因此，将水资源司调整为水资源管理司，承担实施最严格的水资源管理制度相关工作。虽然名称接近，但是增加了"管理"二字，职能更加准确。第四，此次改革明确了水利工程建设与管理相对分离的要求，因此，撤销了原"建设与管理司"，分别成立了水利工程建设司和运行管理司，承担建设和管理的职责。第五，此次改革明确了水利部承担河湖水生态保护与修复、生态流量管理等职能，据此，新成立了河湖管理司。第六，为适应水旱灾害防治职能的调整需要，国家防汛抗旱总指挥部办公室整建制划转应急管理部，同时新成立了水旱灾害防御司，具体承担水旱灾害"防"的职责。第七，新成立水文司，组织指导全国水文工作，负责水文水资源监测工作。第八，新成立调水管理司，指导水资源调度工作并监督实施，指导监督跨区域跨流域调水工程的调度管理等。从内设机构的布局可以清晰地看出，水利部的主要职能落实分解都是非常到位合理的，新增加或调整的职能都成立了相应的部门来承担。

（四）地方涉水职责的调整情况

1. 地方水行政管理部门与水利部的职责关系

各地在机构改革时，基本做到了"总体上同中央和国家机关机构对应""上下职责要能打得通、衔接得上"等要求，构建起水利管理体系。当然，部分地方根据自身实际作了一些微调。

总体上，地方水利部门的职能定位是切实加强水资源合理利用、优化配置和节约保护。坚持节水优先，从增加供给转向更加重视需求管理，严格控制用水总量和提高用水效率。坚持保护优先，加强水资源、水域和水利工程的管理保护，维护河湖健康美丽。坚持统筹兼顾，保障合理用水需求和水资源的可持续利用，为经济社会发展提供水安全保障。部分地区结合自身实际，增加了部分内容，如北京市水务局增加了水环境治理、水生态修复、水务方面的内容：坚持系统治理，加强河湖水系水环境治理和水生态修复，完善城乡供排水服务保障体系，建设海绵城市。安徽省强调水利政策研究，加强水利政策研究，加强水利重大政策、决策部署和重点工作贯彻落实情况的监督检查，强化水利信息化工作。

从具体职责增减看，地方水利部门承担的主要职责与水利部一致，部分职责表述上略有差异（见表4）。比如，四川省将"负责保障水资源的合理开发利用……"和"按规定制定水利工程建设有关制度并组织实施……"合并；将"指导水利设施、水域及其岸线的管理、保护"和"指导水利工程建设与运行管理……"合并。北京市、上海市、天津市、海南省水务局承担了水务职责，北京、内蒙古、辽宁、黑龙江、江苏、福建、山东、河南、湖北、湖南、广东、广西、西藏等省（区、市）明确承担河长制办公室职责，上海、内蒙古、浙江、安徽、江西、广西、四川、贵州、云南、青海、新疆等省（区、市）没有水利工程移民管理的职责，江苏、四川、云南明确仍然承担防办职责，北京有海绵城市建设的职能、上海有海洋开发的职能、四川有水产渔政的职能、贵州还负责军民融合和大数据相关工作。

表4 地方水利部门职能与水利部的差异

省（区、市）	比水利部多的职能	比水利部少的职能
北京	河长制、海绵城市、水务	—
上海	水务、海洋开发利用和保护	移民
天津	水务	—
重庆	—	—
河北	—	—
山西	—	—
内蒙古	河长制	移民
辽宁	河长制	—
吉林	—	—
黑龙江	河长制	—
江苏	河长制、防办	—
浙江	—	移民
安徽	—	移民
福建	河长制	—
江西	—	移民
山东	河长制	—
河南	河长制	—
湖北	河长制	—
湖南	河长制	—
广东	河长制	—
广西	河长制	移民
海南	水务	—
四川	水产渔政、防办	移民
贵州	河长制、军民融合、大数据	移民
云南	防办	移民
西藏	河长制	—
陕西	—	—
甘肃	—	—
宁夏	—	—
青海	—	移民
新疆	—	移民

注：课题组自制。

2. 地方水利行政部门的机构设置情况

结合课题组赴四川、广东调研的情况，我们对地方水利行政部门的机构设置情况进行了梳理（见表5）。以四川为例，四川省水利厅核定行政编制97名，内设14个处室和机关党委办公室，下设52个直属事业单位、1个产业工会组织。其中，省农田水利局、地方电力局、水文水资源勘测局、都江堰管理局正职按副厅级配备，四川水利职业技术学院为副厅级高职院校，厅属单位事业编制共计8083名。2019年，水利厅水旱灾害防御与水文处分设为了水旱灾害防御处、水文处，配强了水旱灾害防御工作力量，为应对汛期极端天气带来的防汛挑战提供了坚强的保障。成立了四川省水资源调度管理中心，为保障四川"一干多支"水安全保障，优化水资源调度管理提供了坚强的保障。撤并信访处、科技与对外合作处，设立水文处（节约用水办公室）、水土保持处，审计处更名为审计与安全监督处，建设与管理处更名为水利工程建设处，农村水利水保处更名为农村水利处。改革后，水利厅设置14个内设机构和机关党委办公室。市县机构改革中，21个地级市州水利部门全部保留单独设置，其中攀枝花、德阳、绵阳、广元、遂宁、内江、宜宾、巴中、雅安、眉山、甘孜、凉山12个市州"水务局"变更为了"水利局"。成都等9个市州仍按"水务局"设置。改革前，单独设置的县级水利部门162个，改革后，单独设置的县级水利部门168个。

总体看，地方水利部门承担的主责主业与中央层面基本一致。由于机构限额的考量，地方机构挂牌数量多，承担相对综合的职能。

表5 部分地方省、市级水利行政部门的内设机构情况

四川省水利厅（15个）	广东省水利厅（19个）	河南省水利厅（20个）	广元市水利局（10个）	潮州市水务局（8个）	南阳市水利局（16个）
办公室（信访处）	办公室	办公室（审计处）	办公室	办公室（政务服务科）	办公室
规划计划处	政策法规处	政策法规处	财务科	规划计划与财务科（审计科）	行政审批服务科（政策法规与监督科）
政策法规处	规划计划处	人事处	人事科	水政水资源科（市节约用水办公室）	规划计划与建设科

续表

四川省水利厅（15个）	广东省水利厅（19个）	河南省水利厅（20个）	广元市水利局（10个）	潮州市水务局（8个）	南阳市水利局（16个）
财务处	财务审计处	财务处	规划与建设管理科	工程建设科（水土保持科）	水资源管理科（节约用水办公室）
人事处	水资源管理处	规划计划处	政策法规科（行政审批科）	运行管理与农村水利科	运行管理科（水旱灾害防御科）
水资源处	省节约用水办公室	水文水资源管理处（节约用水办公室）	水资源科（市节约用水办公室）	河湖管理科	水土保持科
水利工程建设处	河湖管理处	水利工程建设处	河湖管理科（市河长制办公室）	水旱灾害防御科（水库移民科）	农田水利水电科
河湖管理保护处	水利工程建设处	运行管理处	水土保持科	人事科	移民与南水北调工程管理科
水土保持处	运行管理处	水土保持处	农田水利科		河长制工作科
农田水利处	水土保持处	农村水利水电处	水旱灾害防御科（安全监督科）		人事科
审计与安全监督处	农田水利水电处	监督处			财务科
水旱灾害防御处	水库移民处	水旱灾害防御处			机关党委
水文处（省节约用水办公室）	监督处	南水北调工程管理处			离退休干部工作科
机关党委	水政监察处	科技与对外合作处			打井配套办公室
离退休人员工作处	水旱灾害防御处	移民安置处			防汛通行站
		水调度管理处	移民后期扶持处		水利水电工程建设管理处
下属单位					
农田水利局	科技与交流合作处	河长制工作处			
地方电力局	人事处	机关党委			

续表

四川省水利厅（15个）	广东省水利厅（19个）	河南省水利厅（20个）	广元市水利局（10个）	潮州市水务局（8个）	南阳市水利局（16个）
水文水资源勘测局	机关党委	离退休干部工作处			
水土保持局		省水利工作委员会			
都江堰管理局	水文局				
	东江流域管理局				
	西江流域管理局				
	北江流域管理局				
	韩江流域管理局				
	供水工程管理总局				

注：机构数据来源于地方水利部门官网，课题组整理。

3. 地方水行政管理机构的主要职责及与相关部门的关系

根据中央关于深化党和国家机构改革的要求，地方党委加强对机构改革工作的领导，统筹研究机构改革方案制定和组织实施，保证了改革期间各项工作连续稳定。机构改革后，省（区、市）党委职能部门和政府组成部门总体上同中央和国家机关机构对应，并根据本地经济社会特点和工作需要因地制宜设置相关机构。

总体上，地方水利部门机构调整与水利部类似，除个别省（区、市）外，职责调整主要体现在以下方面：第一，水资源调查和确权登记管理职责划转至自然资源部门；第二，编制水功能区划、排污口设置管理和流域水环境保护职责划转至生态环境部门；第三，农田水利建设项目管理职责划转至农业农村部门；第四，水旱灾害防治相关职责、防汛抗旱指挥部的职责，整合至应急管理部门；第五，自然保护区有关管理职责划转至林草业部门；第六，强化水生态保护治理职责。

一般而言，地方水利部门与相关涉水部门的关系如下。

与自然资源部门的关系：水利部门按规定组织开展水资源、水能资源调查评价，指导开展水资源有偿使用工作，负责水文水资源监测工作。自然资源部门负责组织开展水资源调查、统一确权登记工作。

与生态环境部门的关系：水利部门按规定指导饮用水水源地保护、地下水资源管理保护有关工作，指导河湖水生态保护与修复工作，参与编制水功能区划和入河排污口设置管理工作。生态环境部门负责编制水功能区划和指导入河排污口设置管理工作，牵头组织饮用水水源地生态环境保护工作，监督河湖水生态环境保护与修复工作。

与应急部门的关系：水利部门负责落实综合防灾减灾规划相关要求，组织编制洪水干旱防治规划和防护标准并指导实施；承担水情旱情监测预警工作；组织编制重要江河湖泊和水工程的防御洪水抗御灾害调度和应急水量调度方案，按程序报批并组织实施；承担防御洪水应急抢险的技术支撑工作；必要时可以提请应急部门以应急指挥机构名义部署相关防治工作。应急部门组织编制综合防灾减灾规划，指导协调相关部门水旱灾害防治工作，会同相关部门建立统一的应急管理信息平台，建立监测预警和灾情报告制度，健全自然灾害信息资源获取和共享机制，依法统一发布灾情。

通过对中央和地方层面水治理领域政府职能、职责调整和演进的历史考察、横向比较与纵向观察（包括调研），可以看到，我国的水治理工作持续深化改革，各级水利部门的主责主业框架基本形成并不断发展和优化，行业性职能更为夯实巩固，专业性职能更为清晰合理，综合性职能显著加强，兼具行业性、专业性与综合性治理导向的三位一体的面向现代化的新时代水治理体制与格局已经初步形成。

二、典型国家水治理体制比较

进一步优化完善我国的水治理体制机制，不仅需要总结梳理水利部门职责配置的历史沿革与现状，而且要积极研究、总结概括典型国家的水利管理体制机制，归纳可资借鉴的经验，避免其走过的弯路。鉴于不同国家水治理体制各具特色，不同经济发展水平下的治理内容也不相一致，因此，本文综合考量各国水利管理差异、经济发展水平、水治理特点等诸多因素，以水管理体制的基本特点为主要标准，分别选取了水治理呈现为分散管理模式的美国、加拿大和俄罗斯，统一管理模式的埃及和土耳其，以及兼具统一管理与专业管理、区域管理与流域管理的综合管理模式的巴西、澳大利亚和印度。本部分将以上述典型国家为分析对象，分类总结各国水治理体制相关内容，以期为完善我国的水治理体系提供参考。

（一）分散管理为主的模式

1. 美国

受到联邦制政治体制与经济社会发展水平影响，目前美国依然实行联邦与州、流域与地方管理机构相结合的，偏向于分散管理模式的综合型治理模式，其水治理体系以分散管理、自治管理、流域管理为主要特征。[①]

一方面，作为典型的联邦制国家，美国的水资源从产权意义上归各州所有。在此背景下，美国是以州为基本枢纽单位铺设全国水资源管理网络，全面构建水治理体系，各州自行规划部署管辖范围内的诸多水资源管理工作。联邦政府层级的水务管理系统，主要针对全国范围内的水资源管理、重大涉水事项的协调。而在州以下的县、市地方政府层面，则专门设置水务局作为地方性治理机构，以针对县、市范围内的各类涉水问题，制定治理解决方案以及部署具体工作任务。

另一方面，单独以各州为单位的水治理体系势必会带来行政区域的某种割裂。为了弥补分散管理模式下可能会出现某一流域权责模糊或管理重复等不足，美国政府另设联邦专门管理机构，分别按照重点流域管理内容依法设立跨行政区域管理机构，即流域水资源管理委员会，负责流域范围特定问题的协调与管理工作，典型代表有田纳西河流域管理局、密西西比河管理委员会等。图1为美国水务管理机构设置。

总体而言，美国的水务管理体系融合了行政区域管理与流域管理，一定程度上保证了在特定行政区域范围内对涉水事务的统一治理与集中规划，治理效率较高。例如，美国各州可以自行解决供水排水、循环处理等水治理问题。同时，当面临因行政区域治理分割引发的流域整治难题时，则主要由几大重点河流设立的联邦专门管理机构进行统一协调，基本可以克服一些常规的统筹协调难题。

---

① 刘超、闫强、赵汀、张潇元：《美国水资源管理体制、全球战略及对中国启示》，《中国矿业》2019年第12期。

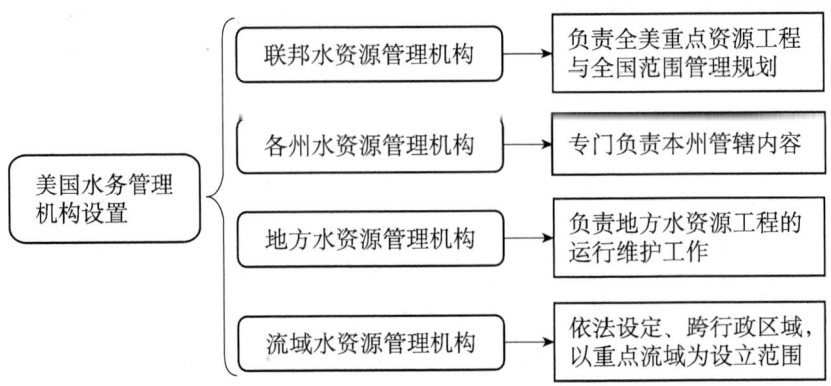

图 1　美国水务管理机构设置

2. 加拿大

作为淡水资源最丰富的国家之一,加拿大十分重视水资源管理,而且受高度分权的联邦体制影响,加拿大水资源治理也具有一定的本域特色。与美国相类似,加拿大也趋向于以流域作为管理对象开展水治理。目前,加拿大明确了从自然地理边界而非行政管辖区域来展开水治理工作,并认为以流域为治理范围可以更好地协调用水,实现水务管理体制的高效、合理运转。①

加拿大水治理的一个重要特点,是在联邦政府内部实行分散管理,具有较为突出的横向分散管理特征。按照授权范围,加拿大联邦政府各部门分别承担一部分水管理内容,履行相应职能。具体来看,加拿大联邦政府中涉水的主要管理部门包括环境部、自然资源部、农业部、卫生部和印第安及北方事务部。各部门职责略有差异,其中,环境部承担水资源保护和流域综合管理工作,自然资源部负责地下水调查评价等水资源信息管理,农业部负责水土保持等水利工程,卫生部承担水质健康管理工作,印第安及北方事务部专门负责西北地区和努纳武特地区(Nunavut)的水资源管理。②

纵向层面,加拿大按照联邦和省划分水资源管理权属,构建分权管理模式,联邦与省政府的水管理职责较为清晰。依据宪法,联邦政府主要负责对水

---

① 刘丹花:《世界主要国家水资源管理体制比较研究》,江西理工大学 2015 年硕士学位论文,第 14 页。
② 完善水治理体制研究课题组:《国外水治理体制及经验借鉴》,《水利发展研究》2015 年第 8 期。

资源的研究、开发和利用进行监督；作为水资源的所有者，省（地区）政府主要负责对水资源的管理，如供水管理系统；市级政府和社会组织负责水资源的分配管理、绩效监测和维护作业。①

总体看，加拿大水治理体系以省（地区）政府为主，省政府对于其行政管辖范围内的水资源拥有较大的管理权，各省（地区）政府在管理实践的过程中拥有很大的决定权，会依据实际情况做出调整。②而联邦政府主要负责涉水法律和政策框架的制定与监督工作，而且省（地区）政府在承担其主要工作任务之外，也会参与水治理的相关立法工作。此外，加拿大水资源的管理工作日益由水资源的规划转向可持续发展，各部门在制定各流域水治理规划政策的同时，已经将社会发展、环境保护、经济发展水平作为一个整体来考虑。例如，加拿大在水资源管理上采用生态系统法，这种管理方法重点强调水资源系统的各组成要素及与人、社会、经济和环境的关系。③

3. 俄罗斯

作为联邦制国家，俄罗斯的水资源同样并非单一权属，部分水资源的产权属俄联邦所有，也有部分属俄联邦各州、区所有。与之相适应，联邦所有制的水资源由俄联邦政府实施管理，各州（加盟共和国）所属水资源由各州（加盟共和国）行政管理机构负责。同时，也可按照俄联邦宪法和水法的规定，移交（变更）管理权限，即联邦所有水资源可以移交各州行政管理机构负责管理，反之亦然。④

长期以来，俄罗斯的水资源管理体制呈现为联邦、联邦主体（各州/共和国）和地方三级水资源管理体系。联邦层面，水管理机构主要包括自然资源与生态部下属的联邦水资源署，全面负责水资源开发利用与保护。另外，紧急情况部主要负责防洪、抢险、救灾等工作。经过2004年的机构改革，水资源管理权限全部划归当年成立的自然资源部，由自然资源部全面负责水资源开发利用，承担制定实施相应水资源管理政策以及生态环境保护与水安全的保障性工

---

① 徐君萍、唐晓岚、王奕文：《加拿大水资源管理体系研究及启示》，《国土资源情报》2019年第1期。

② 同上。

③ 李英明、陈志平、张江汀、朱佳：《关于加拿大、巴西水资源管理情况的考察报告》，《山西水利》2005年第1期。

④ 端润生、冉崇辉、童正则：《俄罗斯的水权与用水管理》，《水利发展研究》2001年第3期。

作。同时，自然资源部下属水资源局负责水资源利用和保护的统一管理协调。州（加盟共和国）等联邦组成单位负责实施联邦政府下发的水管理规划，按照联邦标准管理和监督水体，并可以按照联邦标准要求，水管理程序内容作出一些简单的、适宜的地方性调整。总之，虽然州（加盟共和国）等联邦组成单位享有辖域内所属水资源的管理和使用权，但自治权力比较有限，主要负责水管理措施的具体实施。①

此外，由于俄罗斯国土广阔，跨越经度范围广，其国内江河水系往往跨越多个州、区，水管理错综复杂，联邦政府调配联邦所属水资源时需要考虑各地用水情况，即同时考虑行政区划与江河流域的自然地理分区，进行整体化管理。②除此之外，近年来，伴随水污染问题越来越突出，俄联邦自然资源与生态部从重视自然资源利用与生态环境保护关系的协同管理出发，成立了专门的联邦署负责相应监督工作。③

（二）统一管理为主的模式

1. 埃及

地处非洲的埃及水资源十分稀缺，因此，水资源治理历来是国之大政。为了更好地保护和利用水资源，加之作为一个中央相对集权的单一制国家，埃及水资源的开发和利用实行集中统一管理。在机构设置方面，国家水资源和灌溉部作为国家水资源管理的主管机构，享有水资源批准使用权，统一管理、调配全国范围内的地表水、地下水乃至废水，负责整体的水利和灌溉基础设施的计划、投资、建设、管理和维护，政策框架的制定，水利工程运营和水质监测，保障各行业用水水量和水质，满足不断增长的用水需求等。④此外，农业及土地开发部和卫生部在水资源管理中也起着十分重要的作用。农业和土地开发部负责农场的水管理，包括利用工程技术提高农业用水效率等。卫生部负责供水

---

① 孙炼、李春晖：《世界主要国家水资源管理体制及对我国的启示》，《国土资源情报》2014年第9期。
② 端润生、冉崇辉、童正则：《俄罗斯的水权与用水管理》，《水利发展研究》2001年第3期。
③ 苏轶娜、王海平：《俄罗斯自然资源管理体制及其启示》，《中国国土资源经济》2016年第5期。
④ 完善水治理体制研究课题组：《国外水治理体制及经验借鉴》，《水利发展研究》2015年第8期。

和饮用水卫生管理等相关工作,有权关闭不符合规定标准的饮用水生产厂家,以及负责各种用水的质量标准和污水排放标准的起草工作。①

为协调水资源和水利工程各部门关系,埃及实行委员会例会制度。埃及成立了3个委员会,分别是由水资源和灌溉部牵头的尼罗河最高委员会、土地开发协调委员会、跨部门水资源规划委员会。前两者都实行月度例会制,定期指导和评价水治理工作计划,协调解决部门间的工作矛盾;后者主要解决水资源规划中的问题,并负责规划的编制和发展计划的评估。② 近年来,埃及日益重视水资源的保护工作,在各地普遍设立了水资源监测中心,形成监测网络,对各种水资源的水量、水质、水文地质情况进行监测,以防止对水资源的污染。另外,对地下水的利用也制定了严格规定,如对于沙漠中的深层地下水的开采,限制只能用于饮用和农业。③

2. 土耳其

土耳其的水治理管理模式也具有突出的统一管理特点。作为一个单一制国家,土耳其的水资源由中央政府的专设部门林业与水利部全面负责,统筹管理境内水资源,其他部门配合。具体来看,林业与水利部负责制定水资源保护和可持续开发利用政策,以及协调国家水资源管理。林业与水利部下设多个专业机构,其中,水资源管理总局负责制定水资源开发、保护及修复等相关政策,以及编制流域管理规划;荒漠化和水土流失防治总局负责制定与荒漠化及水土流失相关的防治规划、综合修复规划以及相关政策和战略,并负责洪水灾害防治;国家水利工程总局负责地表水和地下水开发;水资源研究所负责水政策研究,以及提出水资源管理战略等。④ 农业部、能源与自然资源部作为水治理相关部门,分别负责小型灌溉工程建设管理、农村人畜饮水和可再生能源等工作。

---

① 水利部赴南非、埃及水资源管理体制考察团:《南非、埃及水资源管理体制对我国的借鉴意义》,《水利发展研究》2005年第4期。
② 河南省水利厅:《埃及、南非、阿联酋三国水利工程建设管理及水资源管理体制给我们的启示》,《河南水利与南水北调》2012年第23期。
③ 李伟国、卢肖平:《埃及的水资源管理及经验借鉴》,《世界农业》2002年第4期。
④ 完善水治理体制研究课题组:《国外水治理体制及经验借鉴》,《水利发展研究》2015年第8期。

为保证提供高标准的饮用水和足够的工业、农业用水,土耳其重视依法管水,颁布了水法、地下水法、防治水污染法等一系列相关法律。按照涉水法律的规定,水资源属于国家所有,水管理统一由国家水利工程管理总局负责,在土耳其,地方政府均不设置水管理职能部门,国家水利工程总局主要按流域并兼顾考虑行政区划因素,设立水利建设和管理机构,实行水资源的统一管理和保护。

(三) 综合管理模式

1. 巴西

作为南美最大的发展中国家,巴西淡水资源丰富但分布严重不均,部分地区面临严重的水资源短缺压力。鉴于此,无论是联邦政府还是各州,都强调水资源管理的立法和制度建设,而且都设立了水资源管理与保护机构,并与地方生态环保组织合作,协调解决各方在用水问题上的冲突,促进相关治理法律的有效实施。①

在机构设置方面,作为一个联邦制国家,巴西设有相对独立的水管理机构,联邦层面机构包括全国水资源委员会、环境部和目前挂靠在环境部的国家水务署,负责行使水管理职能,具体职责分工为:全国水资源委员会是最高协商决策机构;环境部主要负责制定国家环境和水资源政策;水务署负责实施国家水资源政策以及大型水利工程的日常运行管理,且其实际运作具有一定独立性。②

为促进水资源管理,巴西将全国划分为12个水文分区,水文分区不同于行政管理区域,每个水文分区均由一个流域或者自然、社会和经济特征相似的流域群和(或)子流域组成。③

2. 澳大利亚

澳大利亚的水资源管理体制同样具有统一管理与专业管理相结合的特点,

---

① 李英明、陈志平、张江汀、朱佳:《关于加拿大、巴西水资源管理情况的考察报告》,《山西水利》2005年第1期。
② 完善水治理体制研究课题组:《国外水治理体制及经验借鉴》,《水利发展研究》2015年第8期。
③ L. B. E. 韦伽、朱庆云:《巴西水资源管理政策实施情况回顾》,《水利水电快报》2014年第5期。

呈现出流域与区域管理相结合的外部形态，且强调社会与民间组织参与管理。①

作为联邦制国家，澳大利亚水治理机制大体上包括联邦、州和地方三级，但宪法规定水资源属于州（地区）政府所有，因此水治理是以州（地区）为主，州（地区）政府负责本州的水资源管理，包括立法和制定地区水政策，以及发放取水许可。联邦政府主要负责国家层面的水治理政策制定及区域协调。国家水资源理事会是澳大利亚水管理方面的最高组织，由联邦、州和北部地方的部长组成，联邦国家开发部长任主席。②水资源理事会负责制定全国水资源评价规划，研究全国性的涉水资源的重大课题计划，制定全国水资源管理办法、协议、标准。此外，联邦层面与水资源管理相关的机构包括澳大利亚政府委员会、环境部及墨累-达令河流域管理局，主要负责协调跨界水关系、制定国家层面水资源政策与协调各方工作等。其中，澳大利亚政府委员会负责国家水资源改革政策的制定；环境部负责协调各方工作；墨累-达令河流域管理局负责墨累-达令河流域管理。③

综上，澳大利亚实行集中管控和分散管控相协调的组织设置方式，在明确各州各级各地职权的基础上，分级管控水资源，并且各级单独的水资源管控机构统一统筹和规划，防止多部门重叠管理，或者管控出现空白区域的情况，强化水资源的有效保护和利用。④各州的水治理模式虽然不一致，但都通过立法来管理其区域内的水资源，基本上构建了比较完善的水资源管理法律框架体系。

3. 印度

印度水资源时空分布不均，洪旱涝频发，人口众多，水资源匮乏，已成为阻碍本国经济社会发展的关键性因素。作为联邦制国家，水资源开发和管理权归印度联邦成员所有，联邦层面设立国家水资源理事会、水利部等机构，水资

---

① 刘丹花：《世界主要国家水资源管理体制比较研究》，江西理工大学 2015 年硕士学位论文，第 11 页。
② 池京云、刘伟、吴初国：《澳大利亚水资源和水权管理》，《国土资源情报》2016 年第 5 期。
③ 完善水治理体制研究课题组：《国外水治理体制及经验借鉴》，《水利发展研究》2015 年第 8 期。
④ 刘丹花：《世界主要国家水资源管理体制比较研究》，江西理工大学 2015 年硕士学位论文，第 11 页。

源基本上只受地方的立法管辖，联邦政府很少干预或干预程度相对较小。① 水资源理事会主要负责处理协调不同部门之间的涉水事务纠纷以及国家层面的水资源战略制定。

此外，在统一管理的基础上，印度还专门设置专业的水管理部门，如水利、河流开发与恒河流域振兴部，主要负责水资源协调、开发、保护和管理，制定国家水资源开发和管理方针政策，并为一些水利工程项目寻求技术支持和外部援助。②

在印度，还设有一些专业水管理部门。例如，负责流域水环境保护的环境和森林部、负责水电开发管理的电力部、负责供给农村饮用水的饮用水和卫生处理部、承担城市饮用水供给与监测污水排放的城市发展部。

同时，印度也积极开展跨流域调水工程建设，这是内河联网计划的重要举措，旨在努力解决水资源时空分布不均问题，维护经济政治稳定。与其他国家不同，印度的水治理面临一项重大难题是跨界国际河流水资源的开发与利用。印度的国际河流争议问题一直很突出，并长期与邻国存在水资源使用与管理争端。

（四）典型国家水治理体制的经验总结与启示

他山之石，可以攻玉。虽然不同国家面临的水情各有不同，但是水治理在经济社会发展中的重要地位毋庸置疑。从典型国家水治理体制的现状分析，虽然水治理体制表现出的模式多元，但显然存在共通之处，包括政府在水治理过程中的意义重大、普遍关注治理体系的系统化构建、越发关注生态治理问题等。鉴于此，借鉴典型国家（地区）水治理的有效经验，必然有益于我国水资源管理体制、机制的持续优化。

第一，在纵向层面，坚持统一管理的水治理体制。这里所说的统一管理主要是指对水资源的统一调配、跨流域治理等，突出强调统一管理。考虑到水资源的稀缺性和流域分布的跨地域特点，尤其是改革开放以来我国一直面临着稀缺水资源与人口不断增长之间、日益脆弱的水生态系统与高强度社会经济活动的密集开展之间的矛盾，因此不仅需要有强有力的水治理部门，更要坚持建立

---

① 李香云：《印度水管理的启示》，《人民长江报》2009年6月6日，第2版。
② 完善水治理体制研究课题组：《国外水治理体制及经验借鉴》，《水利发展研究》2015年第8期。

统一的水资源管理体制，不断完善各行政区域、各重大流域水利统一管理模式，在全国范围内积极构建系统化、中央到地方的水治理体制，保障治理工作高效开展。

第二，在横向层面，适度体现分散管理。从典型国家来看，在中央（联邦）层面，无论整体呈现为何种水资源管理模式，横向上都呈现出一定的分散管理特点，几乎没有国家完全由一个部门单独统管涉水事务。因此，按照2018年深化党和国家机构改革的精神，强调水利部门作为一个专业部门的特性，发挥其自身的专业技术优势，积极参与防汛抗旱、水生态保护、水环境治理、中小型农业设施规划建设等涉水事务。在地方层面，考虑到水资源分布和治理任务的区域差异性，允许各地根据辖域内水资源分布和治理任务轻重缓急的差异性特点，因地制宜地设置水治理部门，适度突出分散管理，不过度强调"上下对口"。

第三，重视立法工作，强调水资源治理的依法开展与水务工作的合法管理。立法是流域水资源管理的基础保障。[1] 大多数国家十分关注水治理系统法律法规的发展与完善。例如，美国反复强调依法管理的重要性，基于此制定水资源管理、开发利用、工程建设等一系列法律法规。在我国，需要不断完善有关水治理体制的相关法律法规，坚持科学立法，确保基本覆盖水务治理全过程，搭建法治化治理平台，实现水利管理体制高效运转。

第四，建立可持续性水治理机制，开展生态友好的水利建设。许多国家的水治理体制的根本目标是实现地方经济的有效运转，在发展建设过程中会忽视生态环境问题，造成了严重和深远的负面影响。随着水资源短缺问题的凸显，我国水治理工作的完善也需要从信息技术与数据共享的平台构建出发，不断开拓各流域水资源管理的有效监测，关注生态防洪、节水型水利建设、防治水污染等可持续性治理内容，促进以经济利益为发展目标的传统水治理模式积极转向生态治理与可持续性发展。

第五，重视从全球视角系统化设计与完善水治理机制。经济全球化的发展使水治理工作不仅是一国之事，更是全人类的任务，水资源的全球治理问题刻不容缓。水资源的合理使用和有效管理是国家战略的要求，也是全球战略的重

---

[1] 杨朝晖、褚俊英、陈宁、贺华翔：《国外典型流域水资源综合管理的经验与启示》，《水资源保护》2016年第3期。

要内容,因此,我国水治理体制不断完善,离不开从全球化视角分析全球水资源管理内容,必须坚持从全球的视角进行战略布局,为水资源全球治理与跨国水治理贡献中国智慧和中国方案。

第六,注重公众参与,建立有效的公众参与制度,做好水治理的宣传、监督工作。许多典型国家在构建水资源管理体系的过程中,都非常关注公众参与的因素,试图从提高公众节约用水、保护水资源等相关生态环保意识出发,大力开展相应的组织宣传工作,激发公众自觉参与水治理与保护工作,培育生态保护社会责任感。我国作为人口众多的大国,水治理工作的开展与水利工程建设的推进不是一个人或者是一群人的事业,是全国人民都要为之努力奋斗的事业。基于此,我国更应该构建完善的监督协调与宣传教育机制,促进水资源保护知识的传播,培育良好的水治理环境,以有效的公众参与方式更好推进水治理机制的优化发展。

三、我国水治理的特殊性分析与建设新时代水治理体系需要进一步解决的重点问题

对水利部门的职责定位进行分析,首先要思考我国水情及水治理的特殊性。

(一)对水资源特殊性的认识

水资源与其他资源一样,对人类的生存和发展起到至关重要的作用,相比煤炭、石油等资源,水资源对人类的生存与发展更加重要。水资源的特殊性主要表现在以下几个方面。

1. 水资源的利害双重性

一般的经济资源,从理论上讲越多越好,越有经济价值的就越能带来更多收益,比如能源、矿产、土地、森林等自然资源。一些资源较为匮乏的国家,也可以通过买卖和交换获得需要的资源,不会因为资源匮乏对一个国家的社会和民生造成直接的威胁。但水资源不同,无论是对于一个单独的生命、一个区域还是对于一个国家整个社会,水资源都具有利害双重性:一方面,水是生命之源、生产之要、生态之基,水资源孕育生命,支撑经济发展,推动社会不断

进步，作为核心要素串联山、林、田、草、沙等其他要素；另一方面，过多或过少的水资源会给人类带来伤害，洪水和干旱都能够夺取人的生命，有时甚至是毁灭性的。因此，治理好水资源，与水和谐共生，使其发挥有利的一面，尽量避免有害情况的发生，是我们面临的共同难题。水资源这种仅仅因为规模多少就给人们带来利害相伴的双重性，是水资源具有的独特属性。因此产生的相关经济和社会问题相较于其他资源往往更为复杂，不能简单地通过价格机制、产权交易来解决问题。此外，水资源一旦超过或低于一定阈值，便会产生负面作用，水的"利"可能随时变成"害"，经济学意义上的"资产"可能变成"负债"。因此，水资源不能简单地视为一种自然资源，相较其他自然资源需要更为全面和深入的政府监管。

2. 水资源的二元循环性

水资源广泛存在于自然界和各类社会活动中，而河湖是水资源最主要的存储载体。河湖水体与外部进行交换形成了两个循环闭环。水资源是自然界链条中的一个环节。在自然循环链条中，山水林田湖草是一个系统整体，从天而降的雨水经过一系列的汇流过程最终形成不同形状、大小、形态的河流、湖泊。在自然水循环的链条中，河湖的水资源来源要依赖于其周边的环境。水资源是人类社会活动链条中的一个环节。水与人类活动不可分割，人类从河湖中汲取水资源，使用后排入河湖中，河湖作为其中的一环，无法与人类生产生活各类活动进行分割，河湖在一定范围、一定时期的水量和水质都有可能依赖于人类与水这种"汲取"和"排除"的活动。

由此，河湖的水资源主要来源于自然领域，同时又受到人类活动的影响，河湖作为一个水资源的收纳体和提供方，其所拥有的水资源量和品质必须从整个自然环境和人类社会两个角度来衡量。正是由于水资源与自然界和人类社会联系如此紧密，使得水资源多寡的变化，水资源配置、调整、使用、节约以及交易等方面的管理等每一个决定均会牵涉多方利益，受到各方的高度关注。因此，只有政府才具有水资源配置、平衡各方利益，以保持社会稳定的权力和能力，在人类发展的过程中，这种权力和能力逐步固化为政府的重要职责。

3. 水资源的可再生性（生态性）

水资源作为典型的可更新资源，具有明显的"临界带"，超过阈值范围，其再生能力就会受到影响，比如河湖中的水资源可能由于人类的过度使用规模变得刚性减少，水体自净能力也会因为大量排污等人类活动失去其应有的功能。水资源可再生性的影响要素主要有以下三类：一是维持流域生态基本功能得以发挥的河道中最小的水资源量，即生态流量。从某种意义上说，生态流量可以看作河湖中应有水资源量的最小值，小于这个流量会影响河道及周边生态发展，会面临河道断流枯竭，破坏河流自然形态，损害生物多样性等。二是水体纳污能力。在水资源保护中，一般指的是水功能区的纳污能力。在水功能区管理中，把在一定设计水文条件和排污情况下，为满足水功能区水质目标要求，水体所能容纳某种污染物的最大数量，称为水功能区的纳污能力。一旦污染物超过水功能区水体的纳污能力，水体就会受到污染。三是水循环过程中其他影响物质。水流在汇集的过程中，将污水杂物等影响物质也汇集到了江河湖泊之中，如固体废物、经过水蚀的固体颗粒物等，这其中有大量的人类活动影响，过多影响物质的进入将会改变河流的水流态势，给河流本身带来健康风险。

4. 水资源的公共属性

水资源所具有的环境、生态及社会价值不仅要求其与土地资源相分离，成为独立的所有权客体，而且决定了其与私人物品不同，应属于公共物品的范畴。水资源作为公共物品的属性保障了水资源承载利益的全民性，这也为理顺水资源全民所有制及法律中规定的水资源国家所有权提供了理论基础，并为在人人平等享有用水机会基础上构建合理的水权制度铺平了道路。水资源的公共产品属性还具有一些特殊性。在水资源量分配方面，水资源是公共产品，全民所有，公共使用，但不代表人人可以无限制地使用水资源。为了可持续利用水资源，流域区域上会根据水资源禀赋和条件给予用水量的分配，对水资源用量提出严格要求。在水资源用量的平衡协商方面，我国水资源时空分布不均的基本特性，使得我国不同地区在同一时间或不同时间无法同时享有均质的水资源使用权，上下游、左右岸、干支流需要在不同时段的丰枯月份之间开展水资源的协商使用。

5. 可利用水资源的稀缺性

作为自然资源之一的水资源，其最大经济特性就是稀缺性，相对于消费需求来说水资源可供数量有限，这是水资源成为买卖商品，开展水权交易、节约用水等工作最基本的前提。水资源的稀缺性主要包括以下几个方面：一是用量稀缺，表现为我国一些极度缺水、调水条件缺乏的地区水资源可利用量的短缺，这种水资源匮乏属于刚性短缺。二是经济稀缺，表现为尽管某个地区水资源短缺，但可以经过跨流域调水来解决全部或部分短缺问题，这需要充分考虑引调水的经济性。三是品质稀缺，表现为尽管区域水量丰沛，但水污染严重的话，无法满足人类活动各类用水需求，形成一种因品质不达标而产生的水资源稀缺。四是视觉稀缺，表现为承载水资源的河流湖泊因水资源短缺和水环境污染而呈现的生态视觉冲击，无法满足人类更高级的精神需求。

（二）我国的水情特点及其对水治理的新要求

1. 水资源分布不均，水旱灾害频发依然是我国的基本国情

长期以来，全年降水夏汛冬枯、北缺南丰，时空分布不均，以及由此可能带来的洪涝干旱灾害仍然是我国水情的一个基本特征。经过长期不懈努力特别是大规模的水利工程建设，我国战胜了多次特大洪水和严重干旱，为经济社会发展提供了有力支撑。但也要看到，我国自然地理和气候特征决定了水旱灾害将长期存在，并伴有突发性、异常性、不确定性等特点。而近年来，全球气候变化影响加剧，局部地区突发强降雨、超强台风、严重干旱以及高温热浪等极端天气事件明显增多，防灾减灾任务十分艰巨。与对防洪和抗旱需求相比，水利工程体系仍存在一些突出问题和薄弱环节，必须通过"水利工程补短板"进一步提升我国水旱灾害防御能力。

2. 水资源短缺越来越成为严重阻碍经济发展的制约因素，对水治理水平提出更高的要求

随着我国经济总量的不断扩大，以及经济增长将向高质量发展转变，全社会对水资源的需求依然强烈，水资源短缺在一定时间和范围内仍然是阻碍经济社会发展的重要因素。第一，各地发展速度和质量不一，局部地区水资源的供需平衡将被打破，如何实现当前和未来水资源供给在地区发展中的动态平衡，有效地保障水资源供给是水资源管理的重要任务之一。第二，气候变化导致局部地区水资源短缺事件频发，部分地区因为干旱导致的水资源短缺现象时有发生，如2019年7—10月江西省平均降雨量仅为96毫米，比多年均值偏少约七成，让这个丰水地区出现了历史罕见的大旱情况。第三，随着我国现代化进程的不断加快和人民生活水平的日益提高，各地对供水安全保障率的需求不断增强，水资源短缺压力更加凸显。因此，提高水资源保障率，提高水安全保障系数，确保供水安全已经成为许多地区政府工作的重要内容。

3. 水生态损害趋势有所遏制，但仍然需要继续强化治理

我国多数地区经济发展方式仍较为粗放，水资源过度利用、无序开发引发的生态环境问题在一些地方还比较突出。从狭义上看，水生态的损害表现在：有的地方无序开发利用水资源，导致河道断流、湖泊萎缩，河湖生态功能明显下降；有的地区长期超采地下水，带来了严重的生态问题和安全隐患。从广义上看，水资源主要来自流域和河湖直接相关的山林田草沙等国土空间，这些构成广义的水生态。多年来，由于对土地的过度开垦、对森林植被的乱砍滥伐等造成了洪水和干旱现象，造成大量泥沙涌入河中，水源涵养功能的丧失等，过滤、涵养、稳定水资源的功能大大降低。虽然近年来水生态问题得到一定遏制，退耕还林、植树造林、治理沙漠等取得积极进展，一些河流如黄河的泥沙量已经大大降低，但恢复水生态的良好功能还需要进一步强化治理。

4. 水环境污染问题日益成为河湖健康的严重阻碍因素

水环境污染已经成为现阶段影响社会经济发展亟待解决的关键问题，直接影响着水源地建设、水资源承载能力、供水能力等国家供水安全核心要素。水环境污染主要有三个方面：第一，城市废水处理率低，处理水平不高；第二，工业污染源仍然严重；第三，面源污染控制难度依然很大。

解决这些问题，必须深刻认识新老水问题交织的严峻形势，必须依靠水利行业强监管来调整人的行为、纠正人的错误行为，不断加大水资源管理工作力度，优化水资源配置工程布局，重点对取用水进行监管，着力解决水资源过度开发、超量用水、无序取用水、挤占生态用水、河湖水生态损害、地下水超采等问题，努力促进水资源可持续利用。

（三）建设新时代水治理体系需要进一步解决的重点问题

自古至今，从某种意义上说，中国的治水史就是治国史。水治理一直是国家治理的重要组成部分。党领导下的百年治水史历经新民主主义革命时期、社会主义革命和建设时期、改革开放和社会主义现代化建设新时期、中国特色社会主义新时代四个时期，水利事业发生了翻天覆地的变化，取得了历史性成就。进入中国特色社会主义新时代以来，在以习近平同志为核心的党中央坚强领导下,统筹推进水灾害防治、水资源节约、水生态保护修复、水环境治理,解决了许多长期想解决而没有解决的问题。在习近平总书记提出的"节水优先、空间均衡、系统治理、两手发力"的新时代治水思路的引领下,水治理体系和治理能力建设取得显著成就。同时,新时代社会基本矛盾的主要变化和水情发展特征也对进一步深化水治理改革,形成现代化的水治理体系和治理能力提出了新要求和新挑战。当前,围绕水治理的机构职能体系改革和建设,存在以下重要问题需要进一步予以厘清和明确认识。

1. "专业部门"与"综合部门"属性如何统筹:关于水利部门自身职能定位存在不同认识

一般而言,机构类型是复杂多样的,一部分机构属综合性的"大部门",承担综合性的职能,如发展改革部门、财政部门等,但更多的机构属专业部门或行业部门,承担专业性、行业性的职责。对于水治理而言,很显然,既有相对独立的"水"的边界框架即专业性,同时"水"自身的特殊性又导致与其他要素紧密相关,带有一定的综合特征。因此,水利部门是综合部门还是专业部门,认识并不一致。

一种认识:水利部门是综合管理部门。因为,水治理是个系统治理。习近平总书记指出,山水林田湖草是一个生命共同体。因此,治水必然要与治山治林治田治草结合起来,水资源的开发利用配置调度必须统筹考虑其他生态要素,确保不造成生态环境问题,同时也要推动在治山、治林、治田、治草过程中落实治水的要求。从这个意义上讲,作为承担水治理任务的重要部门,水利部门自然要承担综合性职能。而且,这种综合性,在相关的法律法规中也有表述。《中华人民共和国水法》第十二条规定:"国务院水行政主管部门负责全国水资源的统一管理和监督工作。"水利部新的"三定"规定明确,水利部组织编制全国水资源战略规划等,组织实施最严格水资源管理制度,指导水利设施、水域及岸线的管理、保护和综合利用等。这些职责都具有综合特征。

另一种认识:水利部门是专业部门。从历史沿革看,水利部门是水治理中专业性很强的部门。水资源在自然界中的循环是一个很复杂的系统过程。水资源管理的技术十分复杂,专业性强,而且管理水平要求高。以防洪为例,若遇到连续性暴雨,可能会在短时间内形成涉及多省份的大型洪水,这种情况下大量的水库群需要调度,每一步决策都需要根据流域内上下游不同水库大坝承受力、堤防土质特性、库容规模等关键参数的变化加上多年防洪经验才能作出正确的判断,这就需要以过硬的专业技术以及丰富的防洪经验为基础。又如,农田灌溉中,灌溉水源和干渠、支渠等渠系之间的高程关系、水头关系、流速关系等都需要精确的测算。在长期的经验积累过程中,水利部门在这些方面具有显著的技术优势与专业特征。从这个意义上看,水利部门又是一个专业部门。

在实践中,水利部门时常在综合部门与专业部门的两种角色定位之间徘徊。在新形势下,水利部门如何处理好综合职能与专业职能之间的关系是推动水利部门有效履职的关键问题。

2. 分工负责与协同共治如何有效结合:水利部门与其他涉水部门之间的关系问题

水治理问题过去相对较为简明,水利部门一家承担了主要的涉水职责。但是,随着水治理工作日益复杂,涉水事务需要越来越多的专门部门共同承担。例如,水环境问题过去不存在或者很小,不需要专业的环境部门参与,但随着水生态问题的日益突出,环境保护部门必然需要参与水域水体水流的形成、汇集等过程中对水资源造成污染的行为管理上;水旱灾害应急救援,随着灾害潜在风险赔付率的提高,参与防洪的部门越来越多,除了水利部门外,还涉及了应急、气象、自然资源等多个部门。因此,涉水的多项专业管理工作由相应的部门负责,有利于充分利用有关部门的专业技术和专业能力,发挥各自的技术和管理优势,从而为全面提高水利管理的总体水平奠定基础。但是,作为水治理体系中的关键部门,水利部门如何处理与其他涉水部门的关系,加强与其他部门的合作,从体制机制上理顺职责边界,共同建立一个相对完整的水治理体系,共同做好水治理工作也成为水利部门需直面的一个重要问题。比如,2018年机构改革后,水利部门与生态环境部门分别负责水量和水质管理,但是,从水资源属性的角度看,质和量是水资源不可分割的两种属性,在水资源再生过程中,水量控制与水质保护时常是密不可分的。因此,水资源管理必然需要水利部门处理好与生态环境部门之间的关系。

此外,这一轮改革后,出现了涉水部门的职责定位和履职要求与技术支撑之间存在不匹配的问题,虽然看上去是技术问题,但其核心影响到多部门协同共治的效果。水利部门是水治理体系的核心部门,在长期的涉水工作中积累了宝贵的技术基础。因此,很多涉水事务虽然划转至其他部门,但是,由于缺乏相应的技术支撑，这些涉水部门的履职还在很大程度上依赖水文局的信息。例如，在农田水利建设项目中，本次机构改革将农田水利建设项目的建设和管理职责划转到农业农村部门，但是，农田水利相关的技术规范、标准的制定与管理工作，以及相应的行业技术人员与专业技术单位依然留在水利部门。作为水利部门技术核心力量的水文局一直是水资源情报预报和水资源信息服务的重要机构。目前全国已建成各类水文观测站39000多处，形成了覆盖全国江河、湖泊、水库的水文测报网络，每年收集的水文水资源数据超过10亿条，为水利建设和经济社会发展提供了有力支撑。很多涉水部门，如应急管理部门、自然资源部门等，都需要水文局为他们提供水务信息与技术支撑。比如，在水资源管理上，机构改革后水利部门负责组织水资源调查、评价等有关工作，自然资源部门负责实施自然资源基础调查、专项调查和监测，双方的结果经常重复，而且存在技术层面上的冲突。因此，很多涉水职责的履行往往还需要水利部门为其提供技术基础。如何处理好水利部门的技术力量供给与其他涉水部门的现实技术需要之间的关系，有效发挥技术力量服务水治理体系建设也是需要进一步思考的问题。

3. 部门间交叉职能如何细化厘清：部门之间的部分职能划分尚不够清晰，履职不顺畅

"三定"规定在职能的体系框架上对涉水部门之间的权限划分是比较清晰的，但由于涉水事务较为复杂，具体涉及职能、职责内容多，与山、林、田、草等自然要素相互联系，多部门参与成为涉水治理的基本常态，在履职过程中水利部门需要与其他部门分工协作、协调解决。比如，在水旱灾害防治的职责划分方面，此次改革中赋予新组建的应急管理部门安全生产事故和全灾种的应急救援职责，其中就包括水旱灾害的应急救援，而且"救"的职责在"三定"规定中进行了明确。从顶层设计和改革逻辑的角度看，这是将"防"与"救"两种职责履行阶段作为界分标准，依照"测防报"与"抗救援"适度分开的原则，划分应急管理部门和水利等相关部门的职责，有利于实现全灾种的应急救援，符合现实需要和一般规律。但是，从水利部门的职责演变历史来看，防汛抗旱总指挥部办公室这一议事协调办事机构一直设置在水利部门，水旱灾害防治也已经成为其主要职责之一；从水利部门履职特点或工作规律来看，防治是一项经常性、日常性的工作，"防"与"治"密不可分，水利部门开展的水利基础设施建设、水利工程调度、水量调度等工作事实上都是在防治水旱灾害，其目的也是避免发生或减少发生水旱灾害；水利部门掌握水文等基础核心资源信息，拥有一支成熟的防御专家和抢险救援队伍，具备展开防治工作的技术条件。从地方实践来看，应急管理部门在涉水应急救援时还需要依赖水利部门的水文系统为其提供技术支撑。而且，应急管理部和水利部都设置了相关的内设机构。应急管理部内设防汛抗旱司，组织协调水旱灾害应急救援工作，协调指导重要江河湖泊和重要水工程实施防御洪水抗御旱灾调度和应急水量调度工作，组织协调台风防御工作。水利部门内设水旱灾害防御司，组织编制洪水干旱防治规划和防护标准、重要江河湖泊和重要水工程的防御洪水抗御旱灾调度以及应急水量调度方案并组织实施，承担水旱灾情预警工作；组织协调指导蓄滞洪区安全建设、管理和运用补偿工作；承担洪泛区、蓄滞洪区和防洪保护区的洪水影响评价工作。从职能表述来看，两个内设机构确实存在职责交叉不易理顺的地方。总体看，在履行"防"的职责时，水利部门与应急管理部门之间的职责交叉不顺畅，需要进一步厘清。

4. 水利部门自身职能内容需要进一步精确、明晰

水利部门自身职能职责也存在一些表述不够精确和清晰的问题。主要体现为：第一，水利部新"三定"规定中一些职责规定比较原则、笼统和概括，是对某一类工作的总体安排，职责内容不够具体、细致、明确，给实际管理过程带来困惑。比如，水资源的统一监督管理这一职能，"三定"规定并没有更细化的内容规定，如统一监督管理在城市水务方面、水质监督管理方面如何有效界定和发挥职能等。第二，部分事权划分与职责内容表述不一致，影响了有效履职。比如，关于流域水环境保护职责划分，根据机构改革方案，该职责从水利部的流域机构统一划出，由生态环境部流域生态环境监督管理部门负责，但在实践中，主要转出的是与流域水污染防治关联较高的三项职责，即入河排污口设置管理、编制水功能区规划、流域水环境保护，水利部门各流域下属的水资源保护局依然负责水环境保护工作。我们认为，水环境保护的职能范畴显然更大一些，除了水污染保护与防治之外，还包括流域水资源调查评价、流域饮用水水源地保护、水生态保护和地下水保护等内容，对于两个部门来说，事权划分与职责内容表述均存在不一致，两个履职主体既有职能交叉的地方，也有职责不完整的问题。

5. 地方河（湖）长制与河（湖）长办的结构性矛盾

全面推行河（湖）长制，是以习近平同志为核心的党中央从加快推进生态文明建设、实现中华民族永续发展的战略高度作出的重大决策部署。从制度建设的要求看，河（湖）长制是承担各级政府水治理的统筹协调功能。但是，在地方，尤其是地（市）级以下，河（湖）长制往往依托设在地方水利部门的河（湖）长办展开工作，大大影响了统筹协调的能力，导致水治理工作在局部地区可能存在弱化的趋势。

一是地方关于河（湖）长制的立法不足。虽然河（湖）长由地方党政领导担任，但是，在法律层面对于河（湖）长的职责定位尚不清晰，尤其到了县级以下，很多工作还缺少相应的制度支持。二是各级河（湖）长办设置不规范，人员队伍不稳定，组织体系较为薄弱。很多地方的河（湖）长办设立在水利部门的内设处、科、股，有些甚至还是兼职，难以支撑其承担的统筹协调职能。三是基层河（湖）管理队伍不健全，河湖管护"最后一公里"难以全面有效落实。不少乡镇水利服务体系不健全，水利工作队伍不充实。

此外，需要特别关注人员队伍的能力建设问题。当前我国水利事业发展正处于关键时期，水利工程建设和运行管理任务十分繁重，水旱灾害依然频繁，水资源短缺、水生态保护、水环境污染等问题日趋严重，新老水问题相互交织叠加，水利监管任务十分艰巨。随着新职能的划转进出，职能职责必然伴随着新的工作任务与内容、新的工作方法发生变化，这对人员的要求越来越高，需要尽快地磨合。因此，有必要进一步加强队伍建设，开展人才教育培训，不断提高工作能力水平，适应当前水利事业改革发展的新要求。

四、新时代水利部门职能定位的总体思路和政策建议

在中国特色社会主义新时代，建设现代化的水治理体系和治理能力，需要水利部门及其他相关部门进一步主动作为、勇于承担、加强合作，认真思考水利部门的职能定位，不断改革和完善机构职能体系，推动水治理体系和治理能力现代化。

（一）部门职能定位精准化：完整、准确把握综合和专业职能的关系

关于水利部门的职能定位，课题组认为，不宜简单用综合部门或者专业部

门来总体进行片面概括。在工作实践中，水利部门既要更加充分发挥专业优势，也要全面提升牵头抓总的综合工作本领，为新时代水治理作出贡献。主要有如下考虑。第一，从治水的现实需要与水利部门的历史发展看，水利部门一直是水治理体系中专业性最强、技术优势最为突出的部门，这是水利部门的优势所在。从职能属性角度看，"治水"具有相对的独立性与完整性，有相对稳定独立的边界框架。因此，水利部门定位为专业（行业）部门符合历史和现实的要求。第二，从水情发展和治水实践来看，治水日益与治山、治林、治田、治草密不可分，"治水"职能的综合性特点逐渐凸显，需要多部门和全社会各方面的广泛参与。因此，水利部门在履职过程中需要加强综合统筹权限和相应的能力。课题组认为，综合职能与专业职能不是对立的关系，只是履职方式和要求不同。而且，一般而言，多数部门都同时承担着专业职能和综合职能。比如，这轮改革中新组建的应急管理部门，从职能定位上看，它承担5个国家层面议事协调机构的综合统筹职责，负责全灾种的应急救援，应该是大部门、综合部门。但事实上，应急管理部同时还承担着工矿商贸、危化品、烟花爆竹等行业安全监督管理这类行业性职责。同时承担综合职能和行业职能，对于很多部门而言，这是常态。课题组认为，在实际工作中，水利部门承担的综合性职能确实越来越多，可以通过充分发挥议事协调机构的综合统筹作用、构建协调机制等途径实现。目前，比较可行的选择是发挥好河（湖）长制在各级政府中的统筹协调作用。第三，2018年深化党和国家机构改革确立的基本原则之一是优化协同高效，优化就是要科学合理、权责一致，协同就是要有统有分、有主有次，高效就是要履职到位、流程畅通。从职能配置的角度看，科学合理确定职责范围是前提，但在实际工作中，完全划清职责边界既不可能也不符合一般规律，因此，部门之间的协同履职就非常重要了。水治理客观上需要从基本面上进一步考虑探索多个专业化部门间协作支撑水治理的统筹协调机制和多个统筹协调机制并行高效运转的工作方式。第四，部门职能定位要相对稳定。2018年机构改革时间并不长，涉水职能的优化整合以及涉改部门的组建运转，都需要一个磨合的时间。只有在不断磨合中，才能验证改革优势，才会暴露问题。部门的职能定位要有历史传承性，不能轻易摇摆。

因此，课题组认为，改革后，水利部门的职能在若干主责主业方面都有加强，部分对职能进行了细化，部分对职能边界进行了明确，职能定位更加准确。建议在保持水资源、水工程、水环境、水安全、水旱灾害防治、节水主责主业框架的基础上，更好地主动作为、勇于担当，努力把涉水治理的综合主管部门和专业主管部门的作用有机结合起来。

（二）横向职责配置清晰化：以部门间职责明确、协调有力为原则，有效处理与其他涉水职能部门的关系

权责明确与协同高效是现代政府治理的基本要求。在面对复杂的公共治理问题时，不同部门之间应该以权责明确为基本原则，也要充分注意履职实践中的密切配合与协调有力。

1. 水旱灾害方面

课题组认为，不同部门之间合理分工、权责清晰是实现治理现代化的题中应有之义。破解"九龙治水"职责交叉问题历来是机构改革的重要任务。例如，此次应急管理体制改革中，突出强调预防为主、防抗救相结合的原则，并根据灾害应对中防、抗、救的侧重点不同，力图厘清应急部门与其他行业部门之间的职责边界。应该说，改革的方向是清晰的，也取得了突破性进展。当然，实际运行比制度设计更为复杂。就水旱灾害应对而言，一方面，水旱灾害、地质灾害、火灾几类灾害有共性但也各有特点，特别是水旱灾害"防"与"救"密不可分，很难从履职的角度完全划分清楚。另一方面，职责划分考虑灾情的发展阶段，所谓"早期灾情"本身就很难量化，依据灾情发展阶段划分"防"与"救"之间的职责关系，如何做到既权责明确又无缝衔接并非易事。但是，这些问题都是改革中的问题，需要通过进一步厘清权责清单、完善协同机制进行化解。既然改革的方向在2018年深化党和国家机构改革顶层设计中已经作了明确，课题组建议在进一步完善协同机制上谋求创新和优化。

第一，水旱灾害方面，国家防总、应急管理部、水利部各自的职责比较明确。总体来讲，国家防总负责把握全局、指导协调重大水旱灾害防治，应急管理部承担"抗救援"职能，水利部承担"防测报"职能。

第二，发挥好水利之所长，全力做好水旱灾害常态化防御工作。水利工程体系及其调度体系是水旱灾害防御的重要依靠，水文测量及水情预报是水旱灾害防御的重要支撑，河湖与工程管理是水旱灾害防御的重要保障，这几个方面都是水利部门的常态化职责，建议继续履行好常态化防御的职责。

第三，建议适时对"三定"规定的表述进一步调整。重点是对应急管理部内设防汛抗旱司和水利部门内设水旱灾害防御司职责中明显交叉重叠的表述进行调整，从源头上解决各自履职依据的问题，也避免产生职责交叉问题。

第四，尽快建立水利部与国家防总、应急管理部之间良好的衔接配合工作机制。一方面，部门之间的职责"清单化"，特别是涉及履职的链接点，进一步细化明确，推动部门依清单履职；另一方面，部门也要树立"整体政府"理念，主动加强协调配合。

2. 水资源方面

在此次改革中，顶层设计明确由自然资源部门履行全民所有各类自然资源所有者职责，统一调查和确权登记，建立自然资源有偿使用制度，据此，改革将水资源调查评价职责、水资源确权登记职责等从水利部一并划出，由自然资源部门履行。

在水资源调查评价方面，水资源作为自然资源的一种，纳入自然资源统一调查。从事项分类（政府职能属性）的角度看，显然是符合规律的。结合各地调研收集的意见，课题组建议，水资源调查评价职责的划分还需要深入考虑水资源调查工作的特殊性与实践需要。目前，地方自然资源部门开展的水资源调查工作频次较低，每次调查时间跨度较大，而且没有专业的技术手段开展水资源调查，所有的数据均来自水利部门。也可以理解为，对水利部门而言，水资源的监测评价工作就是水资源管理的日常工作。而且，水文监测是水资源调查评价的重要基础，水利工程是水资源调查的重要依托，而水文监测和水利工程目前都是水利部门的核心职责。因此，自然资源部门履职存在一定的客观难度，改革的目标能否实现需要一个较长的时间段观察。课题组认为，鉴于水资源调查和评价的特殊性，建议考虑对相关职能做些调整：水资源调查的具体工作由水利部门承担，但是相关的数据要通过更高层面的数据共享机制由自然资源部门统筹，最终实现自然资源的统一调查，并在此基础上进行统一评价。

在水资源确权登记方面，相关部门的"三定"规定已非常明确，水资源确权登记管理职责由自然资源部门负责，水利部门基于自身水资源管理的技术优势提供必要协助。

在水资源有偿使用方面，自然资源部负责自然资源资产有偿使用工作，但更多是从管理自然资源资产的角度来进行。水利部负责指导开展水资源有偿使用工作。

在地下水管理方面，职能也很明确，自然资源部作为自然资源所有者和地质灾害防治的管理者，更多从规则制定、信息掌握、联合执法等角度行使职责，水利部负责指导地下水开发管理和地下水资源管理。总体看，自然资源部聚焦于水资源资产保值增值和监管，而水利部职能聚焦于水资源的开发、利用、节约、保护等方面。

3. 水生态方面

机构改革后，履行水生态相关职能包括三个部门：自然资源部牵头组织编制国土空间生态修复规划并实施有关生态修复重大工程，牵头建立和实施生态保护补偿制度，制定合理利用社会资金进行生态修复的政策措施，提出重大备选项目；生态环境部负责建立健全生态环境基本制度，重大生态环境问题的统筹协调和监督管理，指导协调和监督生态保护修复工作以及负责生态环境监测工作等；水利部的水生态相关职能相对来讲不够统一，较为分散，但是在水生态保护和修复工作中起到至关重要的作用。

课题组建议，水利部门主要发挥如下作用：一是切实抓好生态流量确定、管控和预警考核。二是积极加强地下水管理与保护。三是切实加强水土保持工作。考虑到水土保持工作涉及7个部门共同履职，课题组认为，需要更高层面的水土保持协调议事机构，更好地推动水土保持工作。四是推动流域综合治理项目建设。以流域为单元，以水为核心要素，强化水生态治理的系统性、综合性，通过水岸同治，部门间相互协调，统筹解决新老水问题，并推动治理任务与水相关产业的综合开发相结合，使生态环境进入良性循环，促进流域经济社会可持续发展。

4. 水环境方面

2018年机构改革组建生态环境部，整合分散的生态环境保护职责，从生态环境部门职能的角度看，实现了"五个打通"：地上和地下、岸上和水里、陆地和海洋、城市和农村、一氧化碳和二氧化碳。其中，划入水利部门的有组织编制水功能区规划、排污口设置、流域水环境保护以及南水北调工程项目区环境保护等职责，这些职责的履行，打通了"岸上和水里"。从顶层设计的角度分析，赋予了生态环境部门生态环境保护的职责，调研中也发现，生态环境部门自己认为其定位逐步向综合部门演变。"三定"规定中也对水环境保护职责进行了明确分工，生态环境部门负责生态环境监测工作，制定生态环境监测制度和规范，拟定相关标准并监督实施。会同有关部门统一规划生态环境质量监测站点设置，组织实施生态环境质量监测……建立和实行生态环境质量公告制度。水利部门负责水文资源（含水位、流量、水质等要素）监测工作。课题组建议，在顶层设计明确的前提下，水利部作为水环境治理的参与主体，继续发挥重要作用。在制度运用层面，需要充分发挥河（湖）长制的统筹协调作用；在信息互动层面，水利部门定期向生态环境部门通报相关水质监测信息，协调配合，针对水环境状况作出提前预警研判；在工作执行层面，水利部门流域管理机构在上下游协调方面发挥作用。在水资源保护和水污染防治方面，开展两部门联合督查，发挥流域机构上下游协调调度等方面重要作用。具体包括：一是切实履行好水质监测及相关报告职责。水利部门可以将水质作为水文水资源的一个要素进行监测，标准和规范须符合水环境监测要求，监测情况可报送上级党委和政府或提供本系统相关单位参考。二是尽职尽责做好工程调度减污控污职能。两部门一同开展突发水污染事件应对协作，探索建立联防联控机制，更好地预防和应对跨省流域突发水污染事件，防范重大生态环境风险。三是配合做好入河排污口设置管理等工作。水利部要配合做好指导入河排污口设置管理工作，可考虑将入河排污口设置管理作为环保部门涉河环境影响评价审批的前提。

（三）统筹协调机制充实化：以河（湖）长制的制度创新与优化为抓手，切实推动水治理体系枢纽机制的完善与提升

全面推行河（湖）长制，是解决我国复杂水问题、维护河湖健康生命的有效举措，是完善水治理体系、保障国家水安全的重大制度创新。河（湖）长制明确各级地方政府的党政首长亲任河（湖）长，能够有力确保江河湖泊治理的高位统筹，推动部门间协调联动与综合共治，已经在全国河湖治理中显示出巨大的制度效能。同时，课题组在调研中也发现，河（湖）长制的制度体系或者说组织体系建设有待进一步健全和完善，以更好发挥议事协调机构的统筹协调作用。各级地方水利部门普遍认为，目前存在比较突出的问题是各地河（湖）长办的建制和力量配置较弱。从实地调研看，目前河（湖）长办多设置在各级地方政府的水利部门，由水利部门的一个内设机构，比如河湖管理处、河湖管

理科具体承担河（湖）长办的日常工作职责，河（湖）长办的组织协调能力很难发挥。

课题组建议，目前，进一步完善河（湖）长制，是水利部门发挥综合职能作用、加强水资源管理统筹协调的最有效方式。关于河（湖）长办如何有效发挥作用，课题组认为，水利部门要调整思路。党的十七届二中全会通过的《关于深化行政管理体制改革的意见》明确，"严格控制议事协调机构设置，涉及跨部门的事项，由主办部门牵头协调。一般不设实体性办事机构"。因此，在目前的政策框架下，专门设置或增设议事协调机构的实体性办事机构，建立纵向的机构体系，都是不符合政策要求的，也不现实。而且，目前已有的议事协调机构基本都是按照已有的框架运行，一般由部门承担其功能，当然，具体的工作由内设机构来承担。因此，需要考虑的是，河（湖）长制的落实需要进一步明确由水利部门承担，不断强化水利部门的综合统筹协调职能，也可以考虑在"三定"规定中加以明确。当然，为确保综合统筹职能的有效发挥，必须明确是由水利部门整体来承担职能，而不是某个具体的内设机构。此外，进一步探索建立有效发挥高层次议事协调机构作用的各类配套机制。总之，水利部门可以更加积极利用河（湖）长制的高层次议事协调机制的权威性，充分用好制度创新提供的"政策工具包"，在水治理中发挥更大的作用。

（四）水治理法律法规体系完善化：积极推动以《中华人民共和国水法》为核心的水治理法律法规体系的健全、修订和完善

全面推进依法治国是建设新时代中国特色社会主义的本质要求和重要特征。健全和完善水治理法律法规体系是新时代全面依法治水的重要基础和保障。1988年，《中华人民共和国水法》（以下简称《水法》）得以颁布和实施，在《水法》制定前后，我国又先后制定了《中华人民共和国水污染防治法》《中华人民共和国水土保持法》《中华人民共和国防洪法》《中华人民共和国河道管理条例》《中华人民共和国航道管理条例》等一系列涉水事务管理的法律法规，水治理的法律法规体系逐步走向健全，为全面依法治水提供了有力的法律规范保障。在新时期，水治理的法律法规体系也有待进一步修订、完善，努力实现全面依法治水与深化水治理改革有机结合，不断提升水治理体系和治理能力现代化。一方面，水利部门需要根据新一轮党和国家机构改革的实践进展,及时整理出现行涉水法律法规中不适应新时代新情况的有关条款、规定和仍然存在的部分领域法律法规不健全的情况,积极报告和协助国务院与全国人大及时开展涉水法律法规"立、改、废"的具体工作,确保全面依法治水的法律法规体系不断完善和充实。另一方面,水利部门在推动水治理法治化的过程中,也要积极利用法律法规制定和修改的机会,进一步推动细化明确依法治水管水各部门的职责边界,促进本部门和其他涉水部门以法律法规为基础形成优化协同高效的水治理体制机制。

(课题负责人:洪都;课题组成员:王健、乔根平、贾义猛、赵聚军、张翔、李利平、马毅鹏;课题执笔人:第一部分,李利平、张翔;第二部分,赵聚军;第三部分,张翔;第四部分,贾义猛、李利平)

地级市职能定位研究

甘肃省委编办、西北师范大学联合课题组

一、问题提出：地级市政府职能为什么要重新定位

目前我国有地级市293个（包括副省级城市），作为央-地五级政府结构的中间层级，地级市政府承担着城市建设和管理、统筹城乡发展、公共服务提供等职能，发挥"承接-转换"的中介作用。但从实际绩效看，"市管县"体制下的地级市，其功能发挥并没有完全达到预期效果，没有真正起到"以城带乡"的效果，反而加剧城乡二元经济格局。在这种背景下，务必重新反思地级市政府职能定位问题。本文从不同角度、不同维度分析地级市政府职能为什么要重新定位，以正确界定研究问题及问题性质，为后面的研究奠定坚实基础。

（一）问题提出

改革开放以来，我国政府在职能转变的理论与实践上都取得显著进展，政府职能已经较为清晰，明确为经济调节、市场监管、社会管理、公共服务、环境保护五大项。虽然地方政府共同承担这五项职能，但是，地方各级政府依然有不同的职能分工，在地方政府体系中处于不同地位，扮演不同角色。尤其是随着"放管服"改革持续推进，地方各级政府职能分工也处于动态调整中，呈现出动态性和复杂性。当前，在省、市、县、镇四级地方政府职能定位中，地级市政府所扮演的角色比较尴尬，职能定位也相对模糊。从省、市、县三级政府关系看，省级政府主要负责政策制定，县级政府主要负责政策执行，那么，地级市政府的角色是什么呢？在"省管县"体制改革持续深化背景下，不少原来由地级市政府承担的职能和事项，要么上收省级政府，要么下放给县级政府，地级市政府职能进一步减弱。地级市政府职能定位面临着较大的困惑——

它应当何去何从？是简单地去掉这一层级政府，抑或是继续保留？是成为与县级政府完全平行的一级政府，抑或是继续在某些方面领导县级政府而在其他方面予以放权？对这些问题的解答，其基础与核心就在于重新定位地级市政府的职能，明确地级市政府在地方政府体系中的职责分工。鉴于此，课题将基于甘肃省地级市政府实际情况，选择兰州市、酒泉市、天水市作为研究对象，围绕"在当前及未来一段时间内，地级市政府职能应当如何合理定位"展开研究，以调整和优化地级市职能定位，重构地级市与省级、县级之间的职能关系。通过理顺和界定清楚地级市政府职能，为地级市机构编制改革提供基础和思路，从而解决地级市政府机构编制存在的问题。

（二）研究意义

我国学界对政府职能转变的实践研究比较多，成果比较丰富，但是对于政府职能的理论概括和归纳比较少。政府职能定位理论不仅指引政府职能定位的实践，而且是机构编制的依据。改革开放以来，我国每次政府换届都进行政府职能转变和机构改革，但是一直以来，缺乏政府职能定位理论的指导，正因为缺乏理论指导，导致我国在很长一段时间内陷入"精简—膨胀"的循环怪圈之中。鉴于此，需要形成政府职能定位理论，用于指导地级市政府职能定位。课题将构建和论证"四位一体"政府职能动态理论，以政府面临的公共问题为出发点，厘清政府、市场、社会的边界，明晰政府、市场、社会三者能够充分发挥作用的范围，为地级市职能定位的优化和调整提供依据。在职能定位基础上，划分清楚地级市政府职责，从而为机构设置和编制配置提供依据。

定职能是推进转变职能、理顺省市县关系的前提，也是定机构、定编制的重要依据。课题研究将具有两方面实践意义：一是通过对甘肃省兰州市、酒泉市、天水市的调研，摸清地级市政府职能定位的现状、问题及特点，从而优化地级市政府职能定位，构成较为合理的地级市政府职能体系和职责体系，为地级市职能优化改革提供方案。二是以甘肃省兰州市、酒泉市、天水市为例，深入分析三个地级市在部门内设机构设置、编制配置方面存在的问题，针对存在的问题，结合地级市政府职能和职责体系，提出优化部门机构设置、编制配置的建议，使得地级市政府机构设置和编制配置达到较优水平，有效利用现有编制资源。

(三) 研究思路

根据政府职能与机构编制的关系，课题围绕"在当前及未来一段时间内，我国地级市政府职能应当如何合理定位，以及机构编制如何配置"展开研究。根据研究问题的实际需要，以研究问题为导向，确定课题的总体思路。

1. 问题提出：地级市政府职能为什么要重新定位

从实际绩效看，"市管县"体制下的地级市，其功能发挥没有达到预期效果；而随着"省直管县"体制改革推进，使得地级市政府职能趋于弱化，地级市政府面临着较大压力。在这种背景下，务必重新反思地级市政府职能定位问题。因此，需要从不同角度、不同维度阐述地级市政府职能为什么要重新定位。正确界定研究问题及问题性质，为后面的研究奠定坚实基础。

2. 政府职能研究综述及"职能—职责—机构—编制"动态理论

本部分将对国内外政府职能理论进行综述，分析和归纳政府职能理论发展沿革、理论体系、主要观点等。已有研究侧重于政府职能转变问题的实践性研究，尚未形成完整的政府职能定位理论，国外学界也缺少政府职能定位理论研究。鉴于此，本课题将建立并论证政府职能定位理论，该理论是"职能—职责—机构—编制""四位一体"政府职能动态理论。该理论的提出主要基于政府所面临的社会问题不断发生变化，因而，政府职能定位也应该处于动态变化之中，主要根据解决社会问题的需要来定位政府职能。通过理论构建，为地级市政府职能定位及机构编制研究提供理论基础。

3. 地级市政府职能定位及机构编制的主要问题

本部分应用政府职能定位新理论，对地级市政府职能定位及机构编制存在的问题进行系统性研究。一是注意区分"关键问题"与"普通问题"，重点是把握关键问题；二是注意区分"老问题"与"新问题"，对于老问题侧重分析其性质，对于新问题侧重分析其发展趋势。

4. 优化地级市政府职能定位及机构编制配置的建议

这是本课题的核心内容，本部分将详细分析地级市政府职能定位，尤其是地级市政府职责定位。根据地级市政府职能定位和职责定位，对部门职责分工及内设机构设置，以及机构编制数量配置进行分析，通过统计分析，建立编制核定参数模型，提出相应的优化建议。

（四）研究方法

1. 文献研究法

采用文献研究法系统梳理国内外关于政府职能、机构编制等相关文献，归纳主要研究观点，总结中国地级市政府职能变迁、发展规律以及总体趋势等方面的研究成果，为本课题研究提供理论依据。

2. 访谈法

这是本课题最主要的研究方法。在甘肃省选择典型的地级市开展访谈，了解地级市政府职能及机构编制情况，掌握地级市政府职能及机构编制存在的不足。根据课题研究需要，确定"三市六县（市、区）"作为调研对象，三市为兰州市、酒泉市、天水市；六县（市、区）为兰州市的城关区、榆中县，酒泉市的敦煌市、瓜州县，天水市的秦州区、甘谷县。2021 年 9 月 24 日至 10 月 22 日，课题组赴兰州市、酒泉市、天水市，对确定样本"三市六县（市、区）"采取座谈、访谈、调阅资料等方式开展实地调研活动。课题组分别对兰州市、酒泉市、天水市共计 39 个市直政府工作部门，及城关区、榆中县、敦煌市、瓜州县、秦州区、甘谷县共计 69 个县（市、区）直政府工作部门进行座谈交流。具体访谈对象包括：兰州市市长、酒泉市委书记、天水市委书记、天水市市长等 10 位地厅级党政领导，兰州市城关区区长、榆中县委书记、瓜州县委书记、敦煌市委书记、秦安县委书记、秦州区委书记，以及市直政府部门 26 位县处级党政领导，县（市、区）直政府工作部门的 18 位科级干部，共 54 名政府工作人员进行个别访谈。通过开展调研活动，收集三市六县（市、区）不同层级政府人员对地级市政府职能及定位的认知资料，共整理文字版资料 67 份，约 40 万字。

3. 统计分析方法

针对政府人员编制数量的确定，采用统计分析方法进行测算。主要应用 SPSS 软件进行统计分析，通过采用相关性分析法、线性回归分析法，建立"编制核定数理参数模型"，并采用该模型对地级市政府人员编制进行测算。

二、"四位一体"政府职能动态理论

关于政府职能研究历史久远,国内外学者提出多种不同观点,这些观点对于指引我国政府职能改革和职能转变发挥积极作用,但是,现有职能研究并没有形成体系性、完整性理论,随着我国经济、社会等各领域的快速发展,尤其是地级市经济、社会发展,现有政府职能研究成果还不能有效指导我国地级市政府职能改革,对于地级市政府机构编制的指导意义则更加有限。那么,有没有一种理论,既能够有效解释和分析地级市政府职能的现实状况,又能够指导和促进地级市政府职能的合理定位,并且对于地级市政府机构编制的合理设置具有促进作用呢?本文基于当前地级市政府职能配置实际情况,在综合借鉴现有政府职能观点的基础上,提出"四位一体"政府职能动态理论。

(一)政府职责:"四位一体"政府职能动态理论的核心环节

"三位一体"政府职能理论是指"定职能—定机构—定编制",是当前政府职能与机构设置的主要理论,也是当前政府职能与机构改革的最主要实践做法,是被实践证明的行之有效的做法。但是,如果从深层次剖析政府职能与机构,还需要在"三位"基础上变为"四位",即"定职能—定职责—定机构—定编制","四位"是在"三位"的基础上加了"定职责"。原来只是讲"定职能",明确了政府职能,就基本上可以定机构和定编制。事实上,要更加准确地确定机构和编制,对于政府职责的确定,是必不可少的一个环节。过去,对于政府职能和政府职责并没有进行明确的区分,甚至把二者等同起来,这种做法是不够科学的。要有意识地将政府职能和政府职责适当分开,政府职能主要是明确哪些行政主体应该做什么,政府职责主要是明确政府运行过程中针对各类事务具体行政主体应该怎么做。[①]在地方政府层级上,各级政府职能基本相同,但政府职责却有较大差别。比如,省级政府、地级市政府、县级政府、乡镇政府都要承担环保职能,但是,不同层级政府的环保职责却有明显区别,省级政府主要负责环保决策,地级市政府主要负责环保监管,县级政府主要负责

---

① 邱实:《政府机构改革的职责逻辑》,《江海学刊》2020年第1期。

环保政策执行。政府职能即政府要做的主要工作，政府职能与政府部门设置相对应，政府职能决定着政府部门的设置，因为省级政府、地级市政府、县级政府所承担的职能基本相同，因此，三级政府部门设置大体相同。政府职责是政府职能的细化，是具体的工作任务和分工，同一政府职能可以细化出不同的政府职责。政府职责与政府部门中的内设机构相对应，决定着内设机构的设置，不同层级政府的职责不同，内设机构也必然是不同的。政府部门工作人员分布在各个内设机构中，内设机构的数量及其工作量，在某种程度上决定着部门人员编制数量。在政府职能与人员编制的关系上，从逻辑角度而言，政府职能是决定人员编制的基础要素，但对于某个层级政府而言，还需要明确该层级政府的职责，政府职责确定了，也就决定了政府部门内设机构设置，而内设机构一旦确定，也就在一定程度上决定了政府机构的人员编制。

（二）"四位一体"政府职能动态理论的影响因素

"四位一体"政府职能动态理论充分考虑政府职能和职责演变的影响因素，即公共问题，政府与市场边界、政府与社会边界，社会承接能力等（见图1）。

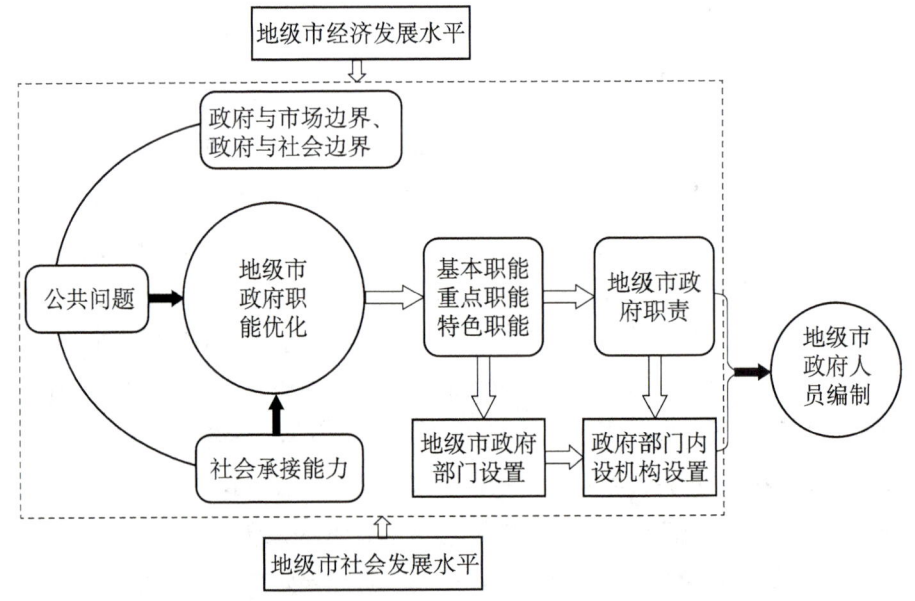

图1 "四位一体"政府职能动态理论框架

1. 公共问题

公共问题是指地级市政府所面临各种与辖区绝大多数居民有关的、影响面较大的问题，比如，经济发展问题、社会保障问题、环保问题等。从实用主义角度而言，政府存在的理由是，公共问题层出不穷，而对于公共问题，其他组织如企业、社会组织等无法有效解决，因此，需要相比于企业、社会组织更为强大的政府来解决。政府的主要宗旨是解决公共问题，那么地级市政府职能定位也主要聚焦于解决公共问题。根据解决公共问题的实际需要，确定和设置地级市政府职能。换言之，地级市辖区内存在或出现什么样的公共问题，就需要地级市政府设置相应的职能。一般而言，在我国特定央地关系政治体制下，地级市政府通常面临着三类问题：第一类是源自上级的问题，包括来自中央政府、省级政府的问题，典型的如地方稳定问题；第二类是共同问题，这类问题是绝大多数地级市政府都面临的共性问题，如经济发展问题、规划问题、环境问题、交通问题等；第三类是地方特色问题，即某些地级市所面临的具有独特性的区域问题，这类问题同样是经济发展问题、环境问题、交通问题等，但是这些问题包含着更为细小的、具有区域特色的问题，例如，甘肃省酒泉市的沙漠治理问题、风力发电问题等。

根据地级市政府所面临的公共问题，应当设置相应的政府职能及履职部门，如表1所示，对于源自上级的问题，地级市政府承担统治职能、维护地方稳定职能，履职部门是公安部门、信访部门；地级市政府面临的共同问题比较多，其职能也比较多，包括经济发展职能、规划职能、环保职能、交通管理职能等，履职部门包括发展改革部门、规划部门、生态环境部门、交通运输部门等；对于地方特色问题，不同地方因其地理位置、自然条件、资源禀赋等不同，面临着不同的问题，因而承担不同的职能，例如，甘肃省酒泉市承担的沙漠治理职能、风力发电规划和发展职能等。

表1 地级市政府面临的公共问题与政府职能关系

序号	公共问题类型	问题举例	政府职能	履职部门
1	源自上级的问题	地方稳定问题	维护地方稳定职能	公安部门、信访部门
2	共同问题	经济发展问题、规划问题、环境问题、交通问题	经济发展职能、规划职能、环保职能、交通管理职能	发展改革部门、规划部门、生态环境部门、交通运输部门

续表

序号	公共问题类型	问题举例	政府职能	履职部门
3	地方特色问题	甘肃省酒泉市的沙漠治理问题、风力发电问题	沙漠治理职能、风力发电规划和发展职能	生态环境部门、能源部门

2. 政府与市场边界、政府与社会边界

划分清楚政府与市场的边界、政府与社会的边界，这是确定和优化地级市政府职能的一个重要因素。在一个国家内部，可以划分出政府、市场、社会三大领域，政府有政府发挥作用的特定领域，市场有企业发挥作用的特定领域，社会有社会组织、居民发挥作用的特定领域。在社会主义市场经济体制条件下，如何界定三个主体分别发挥作用的领域呢？这是老问题，也是难题。一般而言，对于政府与市场边界的界定和划分，应遵循如下原则，即凡是市场机制能够充分发挥作用，资源能够实现有效配置的就不需要政府干预；凡是存在市场失灵，市场机制不能有效发挥作用的地方，就需要政府干预。对于政府与社会边界的划分，主要以"社会失灵"作为标准，所谓社会失灵是指社会组织、居民无能力做或做不好的社会事务。社会组织、居民能够做且做得好的社会领域，不需要政府进入；而社会失灵的领域，则需要政府进入并承担相应的职能，例如，对于居家养老，社会组织和居民个人（如独居老人）无法提供居家养老服务，需要政府承担养老服务。

3. 社会承接能力

社会承接能力是指社会中各种主体，包括企业、社会组织，在承接政府职能转移方面所具备的能力。例如，政府将养老护理技能培训、老年人日间照料、农业企业运行检测、水资源论证资质管理等职能向社会转移，当地的企业、社会组织是否有能力承接这些职能，做好这方面的工作。如果社会能够有效承接这些职能，则政府可以减少这些方面的职能；如果社会没有能力承接这些职能，则需要由政府承担这些职能。在不同的地级市，社会承接能力呈现差异性，经济发达的地级市，企业和社会组织数量多、规模大、实力强，其社会承接能力会更强，因此，这些地级市的政府职能可以相应减少；反之，在经济欠发达的地级市，企业和社会组织数量少、规模小、实力弱，在承接政府职能方面的能力比较弱小，因此，这些地级市的政府职能就相应多一些。

在三类影响因素共同作用下，地级市对职能进行调整，形成较为完善、合理的政府职能、职责体系，进而决定政府机构数量和人员编制。一般而言，地级市政府职能体系包括三个层次：基本职能、重点职能、特色职能。基本职能是指站在国家宏观层面而言，需要地级市政府履行的职能，如维护社会稳定职能；重点职能是指对于地级市层级而言，需要该层级政府履行的职能，例如，地级市范围内的发展规划职能、统筹协调职能、监管职能等；特色职能是指与其他地级市相比较，因地理位置、自然资源、经济发展等差异因素，使得本地级市政府所履行的与其他地级市政府存在差异的职能，例如，甘肃省酒泉市的沙漠治理职能、广东省湛江市的海洋环境治理职能。地级市政府的三个层次职能各有不同特点，应根据实际情况优化、调整，以达到优化的状态。

（三）"四位一体"政府职能理论的动态性

"四位一体"政府职能理论的重要特征是动态性。所谓动态性，是指地级市政府职能、政府职责、机构设置、人员编制作为一种动态变化形式而存在。当外部环境和条件发生变化时，必然要求地级市政府职能、政府职责和机构设置、人员编制作出相应的调整。例如，当地级市的经济发展水平、社会发展水平发生变化，那么地级市政府面临的公共问题将随之发生改变，政府与市场边界、政府与社会边界和社会承接能力也随之发生变化，这就要求地级市政府职能发生调整和改变，以便适应经济发展、社会发展水平和环境变化的需要。从实践角度而言，地级市政府职能的动态调整，不仅有利于构建更加合理有效的地级市政府职能职责体系和组织机构，更有效地履行政府职能，而且使得地级市政府职能职责适应当地经济发展和社会发展的要求，从而能够有效地推动地级市经济和社会进一步发展。从理论角度而言，鉴于政府职能职责具有动态性，学界应从动态视野来分析地级市政府职能和职责问题，在动态性中把握地级市政府职能发展演化规律，以便更好地指导地级市政府职能职责改革实践。改革开放以来至 2023 年，我国连续进行了 9 次重大的政府职能和机构改革，地级市政府职能和机构也进行了相应改革，便是"职能—职责—机构—编制"动态性的典型表现。

从实际操作的角度看，"职能—职责—机构—编制"动态理论具有较强的实际应用性。实际运用过程包括如下五个环节：第一个环节，根据地级市的实际情况和特点以及相关的影响因素，设置地级市政府职能，明确列出地级市政府职能体系表，并依据政府职能设置政府部门；第二个环节，在地级市政府职能体系基础上，根据地级市政府实际情况和实际需要，明确地级市政府职责，形成地级市政府"职责清单"；第三个环节，将地级市政府职责分配到各个政府部门，使得政府部门之间形成合理的职责分工，避免职责交叉和重叠；第四个环节，各政府部门对其所承担的职责进一步进行梳理和分类，根据部门职责分类，设置部门的内设机构；第五个环节，根据地级市政府职能及政府职责，合理配置政府机构数量和编制数量。地级市政府职能职责设定和机构编制设置是系统性极强的工作，也是非常艰难的工作。不仅地级市政府职能和职责设定十分艰难，地级市政府部门和内设机构、人员编制数量设置更为艰难。在地级市政府机构及数量设定上，既要充分执行中央政府的改革要求，又要考虑作为地级市层级政府的实际情况，做到合理配置地级市政府机构及数量。在地级市政府部门内设机构设置上，应充分考虑地级市政府部门的职责和任务数量、工作难易程度等，确保内设机构数量恰当、结构合理。

三、地级市政府职能及机构编制发展历程及现状

本部分阐述我国地级市政府职能及机构编制发展历程与现状，并对兰州市、酒泉市、天水市政府职能及机构编制情况进行分析，为后续深入研究奠定扎实的现实基础。

（一）地级市政府职能发展变革历程

地级市行政建制起源于 1932 年中华民国在省下创设的行政督察区，新中国成立后的 70 余年间，地级行政建制历经变迁并得以确定。根据民政部官方数据（全国行政区划查询平台），截至 2020 年 12 月，我国共有 333 个地级行政区划单位，其中 293 个地级市、7 个地区、30 个自治州、3 个盟。作为地方行政管理体制中的重要一环，自新中国成立以来，随着经济社会发展，地级市政府职能及机构编制经历多次变革。我国地级市政府职能发展变革大致可分为三个主要阶段：第一阶段（1949—1979 年），地级市政府职能核心是政治职能，以政治职能为核心设置其他政府职能；第二阶段（1980—2002 年），地级

市政府职能核心是经济职能，以经济职能为核心设置其他政府职能；第三阶段（2003年至今），地级市政府职能核心是社会管理和公共服务、经济发展职能（见表2）。

表2 地级市政府职能发展变革历程

时 间	地级市政府职能核心	特 点
第一阶段（1949—1979年）	以政治职能为核心	计划经济体制下的地级市政府职能，政治统治职能处于绝对主导地位，经济职能采取"集中计划、微观管理"模式。
第二阶段（1980—2002年）	以经济职能为核心	改革开放至财政分权间的地级市政府职能，实施改革开放，将全部重心转移到经济建设中，大力发展生产力，确立社会主义市场经济体制。
第三阶段（2003年至今）	以社会管理和公共服务、经济发展职能为核心	财政分权后的地级市政府职能，在经济职能得到长足发展后，地级市政府逐步重视社会管理、公共服务等职能，建设服务型政府，但经济职能仍然是重要职能。

资料来源：依据相关文献整理而来。

改革开放以来，为了适应党和国家工作重心转移、社会主义市场经济发展和各方面工作不断深入的需要，分别于1982年、1988年、1993年、1998年、2003年、2008年、2013年、2018年、2023年集中进行9次机构改革和职能转变，地级市政府职能转变和机构改革紧随国务院机构改革和职能转变的步伐。经过多次改革之后，地级市政府已经形成较为完善的职能体系。

从实际情况看，地级市政府承担着六个方面主要职能，即宏观调控职能、市场监管职能、社会管理职能、公共服务职能、环境保护职能、对下监管职能（见表3），不同政府职能由相应的政府部门承担。例如，宏观调控职能具体包括贯彻国家宏观调控政策，引导调节经济运行，调整优化经济结构，落实区域协调发展战略，整合工业信息资源、实施城乡工业布局调整和产业升级，推动地方金融业健康发展等，由发展和改革委员会、工业和信息化局、财政局、审计局、商务局、国有资产监督管理委员会、金融工作办公室、司法局等部门承担。

表 3　地级市政府职能体系

序号	职能名称	职能说明	履职部门
1	宏观调控职能	贯彻国家宏观调控政策，引导调节经济运行，调整优化经济结构，落实区域协调发展战略，整合工业信息资源、实施城乡工业布局调整和产业升级，推动地方金融业健康发展等。	发展和改革委员会、工业和信息化局、财政局、审计局、商务局、国有资产监督管理委员会、金融工作办公室、司法局等。
2	市场监管职能	安全领域监管，实施市场准入负面清单制度，推进行业自律，整顿和规范市场经济秩序，质量监督，价格监督，优化投资服务和营商环境等。	市场监督管理局、交通运输局、住房和城乡建设局、国有资产监督管理委员会、发展和改革委员会、农业农村局、公安局、司法局、自然资源局、能源局、林业和草原局等。
3	社会管理职能	建立社会管理体系，推进城乡基层群众性自治组织和社区建设，健全公共安全体系，处理社会矛盾，应急管理，解决社会问题，维护社会安全稳定。	人力资源和社会保障局、民政局、公安局、民族宗教事务委员会、应急管理局、人民防空办公室、外事办公室、住房和城乡建设局等。
4	公共服务职能	建立基本公共服务体系，整合优化公共资源，完善政务信息化基础设施，增强基本公共服务能力，保障民生，推进基本公共服务均等化。	交通运输局、水务局、农业农村局、教育局、科学技术局、人力资源和社会保障局、住房和城乡建设局、民政局、卫生健康委员会、医疗保障局、退役军人事务局、体育局、文体广电和旅游局等。
5	环境保护职能	保护生态环境，构建环境治理体系，保护和开发自然资源，污染防治，山水林田湖草综合治理等。	自然资源局、生态环境局、林业和草原局、农业农村局、能源局等。
6	对下监管职能	对县区政府在经济发展、市场监管、社会管理、公共服务等方面进行指导和监督。	涉及绝大部分地级市政府部门。

（二）调研样本地级市政府职能及机构编制现状

1. 兰州市政府职能及机构编制现状

（1）兰州市政府职能状况

根据《兰州市人民政府关于印发〈兰州市人民政府工作规则〉的通知》规

定,兰州市政府职能主要集中于五个方面:一是经济调节。引导和调控经济运行,转变经济发展方式,推进供给侧结构性改革,调整和优化经济结构。二是市场监管。加强信用体系建设,强化事中事后监管,规范市场执法,规范行政裁量权,维护市场的统一开放、公平诚信、竞争有序。三是社会管理。加强社会管理制度和能力建设,健全公共安全体系、社会治安防控体系、应急管理体系、社区治理体系。四是公共服务。完善公共政策,健全政府主导、社会参与、全民覆盖、普惠共享、城乡一体、可持续的基本公共服务体系,增强基本公共服务能力,加快推进基本公共服务均等化。五是生态环境保护。实行最严格的生态环境保护制度,构建政府为主导、企业为主体、社会组织和公众共同参与的环境治理体系,推进绿色发展,建设美丽兰州。

(2)兰州市机构及编制状况

根据中央和省政府统一部署,兰州市分别于1983年、1997年、2002年、2004年、2010年、2014年、2019年开展7次党政机构改革。在2019年机构改革后,市级层面设置市级党政机构55个,其中:党委工作机关16个、市政府工作部门39个;人大机构1个,政协机构1个;群团机构13个;民主党派机构6个;市委、市政府派出机构3个;事业机构468个。在县区层面,城关区、七里河区、西固区、安宁区、红古区、永登县、榆中县分别设置党政机构37个,皋兰县设置党政机构35个;在乡镇(街道)层面,17个一类乡镇设置"五办五中心一队",32个二类乡镇设置"五办四中心一队",9个三类乡镇设置"四办四中心一队",54个街道设置"五办四中心一队"。

在编制总数方面,2015年兰州市全市编制总数为99393个。其中:行政编制19695个,占19.82%;事业编制79698个,占80.18%。2020年兰州市全市编制总数为95285个,比2015年减少4108个,减少4.13%。其中:行政编制18074个,占18.97%;事业编制77211个,占81.03%。在兰州市本级编制数方面,2015年兰州市本级编制总数为38197个。其中:行政编制8250个,占21.60%;事业编制29947个,占78.40%。2020年兰州市本级编制总数为36170个,比2015年减少2027个,减少5.31%。其中:行政编制7874个,占21.77%;事业编制28296个,占78.23%。在具体领域编制数方面,2020年兰州市本级党政机构编制数为7874个,行政执法领域1005个,科教文卫领域15870个,市场监管领域848个,生态文明领域2555个。

2. 酒泉市政府职能及机构编制现状

(1) 酒泉市政府职能状况

根据《酒泉市人民政府关于印发〈酒泉市人民政府工作规则〉的通知》规定，酒泉市人民政府的主要职能有六项：一是经济调控。引导和调控经济运行，推进供给侧结构性改革，构建适应新常态的产业体系，推动经济结构转型升级。二是市场监管。推进公平准入，加强信用体系建设，强化事中事后监管，规范市场执法，规范行政裁量权，维护市场的统一开放、公平诚信、竞争有序，激发市场活力和社会创造力。三是社会管理。健全公共安全体系、社会治安防控体系、应急管理体系、社区治理体系，打造共建共治共享的社会治理格局，维护社会公平正义与和谐稳定。四是公共服务。健全政府主导、社会参与、全民覆盖、普惠共享、城乡一体、可持续的基本公共服务体系，增强基本公共服务能力，促进基本公共服务均等化。五是生态环境保护。实行最严格的生态环境保护制度，构建政府为主导、企业为主体、社会组织和公众共同参与的环境治理体系，推进绿色发展。六是深化"放管服"改革。推进"互联网＋政务服务"，推行"一窗办、一网办、简化办、马上办"改革，推行行政审批许可"三集中三到位"工作机制。

(2) 酒泉市机构及编制状况

根据中央和省统一部署，酒泉市分别于1983年、1996年、2002年、2004年、2010年、2014年、2019年开展7次不同层级不同范围的党政机构改革。在2019年机构改革后，市级设置党政机构50个，市政府设置工作部门35个。在综合行政执法改革上，市级组建市场监管、生态环境保护、文化市场和交通运输4个综合行政执法队，将农业领域综合行政执法权限下放肃州区。

在编制总数方面，2015年酒泉市全市编制总数为17850个。其中：行政编制3716个，占20.82%；事业编制14134个，占79.18%。2020年酒泉市全市编制总数为17015个，比2015年减少835个，减少4.68%。其中：行政编制3435个，占20.19%；事业编制13580个，占79.81%。在酒泉市本级编制数方面，2015年酒泉市本级编制总数为6942个。其中：行政编制1713个，占24.68%；事业编制5229个，占75.32%。2020年酒泉市本级编制总数为6737个，比2015年减少205个，减少2.95%。其中：行政编制1615个，占23.97%；事业编制5122个，占76.03%。在具体领域编制数方面，2020年酒泉市本级党政机构编制数为 1615 个，行政执法领域 318 个，科教文卫领域 3006 个，市场监管领域 161 个，生态文明领域 611 个。

3. 天水市政府职能及机构编制现状

（1）天水市政府职能状况

根据《天水市人民政府关于印发〈天水市人民政府工作规则〉的通知》规定，天水市人民政府的主要职能有五项：一是经济调节。引导和调控经济运行，转变经济发展方式，推进供给侧结构性改革，调整和优化经济结构，注重开放开发。二是市场监管。推进公平准入，完善监管体系，规范市场执法，建立健全社会信用体系，形成统一开放、公平诚信、竞争有序的现代市场体系。三是社会管理。加强社会管理制度和能力建设，完善基层社会管理服务，形成源头治理、动态管理、应急处置相结合的社会管理机制，维护社会和谐稳定。四是公共服务。完善公共政策，健全政府主导、社会参与、覆盖城乡、可持续的基本公共服务体系，增强基本公共服务能力，促进基本公共服务均等化。五是生态环境保护。严格实施生态环境保护制度，构建政府为主导、企业为主体、社会组织和公众共同参与的环境治理体系，推进绿色发展。

（2）天水市机构及编制状况

根据中央和省统一部署，天水市分别于 1986 年、1996 年、2002 年、2004 年、2010 年、2014 年、2019 年开展了 7 次不同层级不同范围的党政机构改革。在 2019 年机构改革后，市级设置党政机构 50 个，市政府设置工作部门 35 个。

在编制总数方面，2015 年天水市全市编制总数为 92091 个。其中：行政编制 11845 个，占 12.86%；事业编制 80246 个，占 87.14%。2020 年天水市全市编制总数为 88343 个，比 2015 年减少 3748 个，减少 4.07%。其中：行政编制 10704 个，占 12.12%；事业编制 77579 个，占 87.82%。在天水市本级编制数方面，2015 年天水市本级编制总数为 12641 个。其中：行政编制 2485 个，占 19.66%；事业编制 10156 个，占 80.34%。2020 年天水市本级编制总数为 12852 个，比 2015 年增加 211 个，增长 1.67%。其中：行政编制 2377 个，占 18.50%；事业编制 10475 个，占 81.50%。在具体领域编制数方面，2020 年天水市本级党政机构编制数为 2014 个，行政执法领域 524 个，科教文卫领域 5189 个，市场监管领域 231 个，生态文明领域 923 个。

四、地级市政府职能定位及机构编制的主要问题

目前学界对于地级市政府职能定位及机构编制存在问题已经形成共识,但是具体问题是什么、有哪些表现,有待深入分析。课题组于2021年9—10月对甘肃省兰州市、酒泉市、天水市进行深入调研,在调研基础上对地级市政府职能定位及机构编制存在的主要问题进行全方位、多角度分析,力图真实揭示地级市政府职能定位及机构编制的困境。根据甘肃省兰州市、酒泉市、天水市调研情况,以及从其他省地级市政府职能定位情况看,地级市政府职能的划分基本合理,地级市政府主要承担宏观调控、市场监管、社会管理、公共服务、环境保护五大职能,这已经得到认可。地级市政府职能定位存在的主要问题是地级市政府职责定位问题,包括地级市政府职责划分标准、纵向职责配置、部门编制数确定标准等方面存在不足,以及不合理之处。地级市政府职责定位问题是地级市政府职能定位的焦点问题和难点问题。

(一)地级市政府职责划分相对粗糙

1. 地级市政府职责划分缺乏统一标准

地级市政府职能通过职责细化来具体落实,而政府职责分配到不同的政府部门中,形成部门职责,由相应的政府部门履行不同的部门职责。在地级市政府职责的划分和梳理过程中,通常以地级市政府部门为主,由于缺乏统一标准,不同地级市政府部门对部门职责内容的把握和理解不同,出现部门职责划分、职责名称、职责数量、责任事项、追责情形,以及工作流程等要素均存在差异。以甘肃省兰州市、酒泉市、天水市民政局部门职责为例,三个地级市民政局都设置社会组织管理、社会救助、城乡社区治理、行政区划管理、殡葬管理、婚姻、社会工作人才队伍建设等职责,但是,兰州市民政局没有设置"拟订全市民政工作的地方性规章"职责,而酒泉市、天水市民政局设置这项职责;兰州市、天水市设置"农村留守儿童关爱"职责,但酒泉市没有这项职责。

2. 职责清单不够完整

在部门权责清单中,只是对权责清单的事项进行明确列举,即对涉及行政

许可、行政处罚、行政强制、行政征收、行政给付、行政裁决、行政确认、行政奖励、行政监督、其他行政权力等与行政权力行使有关的职责进行明确列举。例如,在酒泉市政府部门权责清单中,酒泉市教育局的权责清单包括教师资格认定、校车使用许可、民办学校聘任校长核准、民办学校筹设审批、民办学校分立审批等26项,① 对于每项权责,还列出责任事项和追责情形,但是,对于没有涉及权力行使的教育部门职责则没有明确列举出来。再如,在兰州市财政局的权责清单中,列出政府采购投诉处理、非营利组织免税资格认定、财政票据监督等20项,② 但是,与权力行使无关的职责则没有明确列举出来,如预算审批和调整、市级部门支出标准体系建设及项目库管理、政府性债务资金的绩效评价、企业财务信息管理等。目前,地级市政府只有各个部门的权责清单,还没有完整的职责清单。权责清单只是职责清单的一部分内容,这表明地级市政府职责清单还不够完整。

(二) 省市县政府纵向职责配置不够合理

从整体来看,在省、市、县三级政府职能配置上,基本包括宏观调控、市场监管、社会管理、公共服务、生态环境保护五大职能,在每种政府职能领域中,从决策—执行—监督的角度看,每个层级政府承担着不同层面的具体职责。省政府更多地承担政府职能中的决策职责,地级市政府更多地承担着政府职能中的督导和监管职责,县政府更多地承担着政府职能中的具体执行和实施职责。但是,在实际中,"每一级都管理所有的事情",在整体上表现出一种上下对口和职责同构特征,趋同性明显,"大家都在眉毛胡子一把抓,没有实行区别性发展",由此导致的问题是,市、县政府在具有区域特色的事务上承担职能不足,市、县政府在职能定位上与地区经济社会发展实际不相协调。

1. 省、市政府纵向职责同构

省、市政府纵向职责同构现象普遍存在,以甘肃省市场监督管理局、兰州市市场监督管理局为例,甘肃省市场监督管理局、兰州市市场监督管理局都承

---

① 参见2019年《酒泉市教育局权责清单》,http://jiuquan.gsjgbz.gov.cn/jqbb_xzsp/202006/P020200609362075213645.pdf。
② 参见2019年《兰州市财政局权责清单》,http://lanzhou.gsjgbz.gov.cn/lz_sjbmqzqd/202005/t20200518_183301.html。

担"负责市场综合监督管理""负责市场主体统一登记注册""负责组织和指导市场监管综合执法工作""负责反垄断统一执法""负责监督管理市场秩序"等职责，并且职责之下的具体任务也基本相同。例如，在"负责监督管理市场秩序"职责中，甘肃省市场监督管理局、兰州市市场监督管理局都设有"组织指导查处价格收费违法违规、不正当竞争、违法直销、传销、侵犯商标专利知识产权和制售假冒伪劣行为"等具体任务。再以甘肃省民政厅、酒泉市民政局为例，甘肃省民政厅、酒泉市民政局都承担"拟订民政工作发展规划""按照管理权限对社会组织进行登记管理和执法监督""负责城乡居民最低生活保障""城乡基层群众自治建设和社区治理""行政区划管理工作"等职责，甘肃省民政厅与酒泉市民政局的职责雷同度比较突出。

省级政府与市级政府职责同构现象在某种程度上使得省级政府职能转变跟不上经济社会发展需要，制定政策调整不及时，政策科学性、合理性和针对性存在不足，指导基层实践脱离实际。地级市政府职责和省级政府职责基本保持一致，导致其往往作为"二传手"将省级政策指令下发给所属区县，或者将区县的相关信息整合向省汇报，不能充分发挥其特殊功能，也容易出现职责与权力、能力、资源、利益等诸多不匹配和不协调问题。

2. 市、县政府纵向职责同构

市、县政府纵向职责同构现象也普遍存在，以兰州市市场监督管理局、榆中县市场监督管理局为例，兰州市市场监督管理局、榆中县市场监督管理局均承担"负责市场综合监督管理""负责市场主体统一登记注册""负责组织和指导市场监管综合执法工作""负责反垄断统一执法""负责监督管理市场秩序""负责宏观质量管理""负责产品质量安全监督管理"等职责，并且职责之下的具体任务也基本相同。例如，在"负责产品质量安全监督管理"中，兰州市市场监督管理局、榆中县市场监督管理局都设有"产品质量监督抽查和风险监控工作，组织实施质量分级制度、质量安全追溯制度。负责工业产品生产许可证后监管工作"等具体任务。再以酒泉市民政局、敦煌市民政局为例，酒泉市民政局、敦煌市民政局都承担"拟订民政工作发展规划""承担对全市社会团体、民办非企业单位、基金会及其分支机构、代表机构的登记管理和监察职责""拟订社会救助规划及相关规范性文件""指导城乡社区服务体系建设""行政区划管理工作"等职责，酒泉市民政局、敦煌市民政局的职责雷同度比较高。

从地方层级行政体制看,地级市领导县级政府,但领导手段却比较模糊,在地级市政府职能部门中,对下级业务部门的指导、协调和监管的手段明显不足,主要通过发通报、评比等方式进行领导,领导和管理力度较弱。在这种情况下,加之县政府在履职中面临着权力、编制、人员、专业能力、财力等资源不足难题,导致县级政府职责履行不尽如人意,履职效果和服务水平受到限制。

3. 市、区政府纵向职责同构且模糊不清

在市、县级政府职责同构中,还需要提及地级市政府与市辖区政府职责同构问题。县与市辖区不同,县一般离市中心较远,是一个相对独立的实体,而市辖区是城市的中心区域,在各方面比县政府与地级市政府有着更为密切的联系。恰恰是这种更为密切的联系,导致市辖区与地级市的职责不仅同构,还难以划清。

一方面,市、区"职责同构"问题更为突出。市辖区的职责与市级政府有关部门职责复杂交叉,地级市政府与市辖区政府部门设置、行使的职能和提供的公共服务基本相同,由于在同一行政区域内存在两个行政主体,重大项目、重要审批权限往往集中在市级部门,市辖区很多具体事务往往需要地级市审批,极大影响市辖区的积极性。市级职能部门领导成分往往大于指导成分,例如,在城市管理方面,区级政府的管理职能弱化,市级政府又因力量有限管不到底,区级政府则因为权力有限管不到边,导致条块之间往往相互推诿扯皮,无法有效履行市、区两级政府职责。

另一方面,地级市和市辖区争利让责现象严重。长期以来,由于市政府与区政府的关系上过分强调集中统一,使区政府在行使某些职责方面处于被动地位,市辖区无权完整地规划、安排本区的发展,随着财政分灶体制的推行,地级市与市辖区作为相对独立的利益主体,基于自身利益最大化的需求,双方在权力、利益、资金、项目等方面的争夺也日趋激烈,但是,在义务教育、文化、环境卫生、市政公用等关系民生的城市基础设施建设等方面,由于需要大量财政资金予以保障,地级市与市辖区往往更加强调对方责任。这些问题不仅影响"放管服"改革深入开展,而且制约地方经济和社会事业发展。

> "从收入上看,转移支付、地方税收和土地增值收益等,绝大部分被上级财政层层截留,使得市辖区财政收入有限。特别是在经济下行和融资严控的双重制约下,财政收入增长乏力。从支出上看,市辖区在城市建设

和公共服务等方面承担了大量的支出任务,资金缺口巨大,财力严重不足。现有财力仅能保障财政供养人员的工资和行政事业单位基本运行,无法保障民生领域、基础设施和重大项目资金需求。即使在最基本的工资福利待遇方面看,市级政府部门和区级政府部门同城不同酬、同工不同酬的现象长期存在。"(访谈编号:GZ01—20211012)

(三)省直管县下的市县两级政府职责配置问题

省直管县体制与"省-市-县"管理体制具有明显差异,省直管县已经实施比较长时间,并且实施范围不断扩大,省直管县的数量不断增多。省直管县主要侧重于财政方面的直管,即省直管县财政管理体制,对增强县级财力、减少资金调拨环节、提高财政资金利用效率、缓解县级资金调度压力、调动县级政府积极性、促进县域经济发展具有积极作用。但是,在实际运行过程中,省直管县下的市县两级政府职责配置存在不少难点问题。

1. 市县职责模糊不清

在省直管县体制下,政府层级和财政层级不一致,市县政府工作不够协调。由于市级与县级间财政上是平行关系,行政上又是隶属关系,事权和财权分离,造成市县两级政府间事权划分不够清晰,财政支出责任不够明确。省政府将财权直接下放给县级政府,但市级政府还有事权。市级政府有事权但却没有财权,那么,市级政府该不该管县政府?如果管的话,哪些该管,哪些不该管,都不是特别明确。

2. 市级政府统筹调控职责弱化

在省直管县体制下,由于市级财政明显弱化,降低地级市对县的统筹调控能力。同时,市级财政对直管县的公共基础设施投入相对减少,影响直管县的经济建设与发展。例如,天水市省财政直管五县均属于自然条件差、经济欠发达地区,财政自给率低,各县可用财力除能保证职工基本工资、津贴补贴、住房公积金、个人医疗保险外,建设和发展支出全部依赖于上级补助,实施省直管县之后,天水市政府对各县的投入明显减少,不利于县域经济发展。再如在酒泉市,在原来"市管县"行政体制下,农业、农村、农民等具体事务由县级政府来落实,地级市作为省与县的衔接层级,涉农资金、项目和政策都由市来过渡和管理,市政府可以进行全市统筹。在省直管县之后,由于涉农项目和资金直接下达县政府,市政府对于涉农部门的指导和协调作用明显减弱。

3. 市级政府监管职责难以有效履行

在省直管县体制下,省级政府又要求市级政府在日常管理方面既"补位",又不能"越位",由于缺乏相关配套制度,市级政府对县财政的资金规模、结构以及资金使用情况了解和把握受到限制,在信息不对称的情况下,市级政府对县政府的监管职责很难得到有效的履行。

(四)部门内设机构设置差异明显

政府部门内设机构是政府部门的内部组织,政府部门所承担的职能和职责是通过分配给各个不同的内设机构来实施的,不同内设机构承担着该政府部门的不同职责。只有内设机构分工明确、运转协调,才能保证政府部门的职能和职责得到有效履行。一般来讲,在职责同构的条件下,由于不同层级政府承担着基本相同的职责,因此,不仅政府部门设置基本相同,而且政府部门内设机构设置也基本相同,但通过调研发现,不但纵向政府部门内设机构设置存在差异,而且横向政府部门内设机构也存在着差异。

在纵向政府部门内设机构设置方面,以工信部门为例,甘肃省工信厅内设机构(含下属单位)22个,兰州市工信局内设机构(含下属单位)20个,城关区工信局内设机构(含下属单位)8个,省、市工信部门内设机构数量基本相同,但市、区工信部门内设机构差异非常明显。从内设机构具体设置看,除了规划发展处、经济运行处、中小企业处、电子信息与软件服务业处等内设机构在省、市、区三级机构中基本相同外,三级工信部门内设机构各有不同。例如,甘肃省工信厅内设机构有产业合作处、安全生产处、循环经济发展处、无线电管理处等,而兰州市工信局、城关区工信局都没有设置这些内设机构;兰州市工信局内设机构设置化工产业科、绿色发展与工业节能科、国防工业发展科等,但甘肃省工信厅、城关区工信局都没有设置这些内设机构。再以教育部门为例,甘肃省教育厅(含下属单位)内设机构25个,天水市教育局内设机构(含下属单位)12个,甘谷县教育局内设机构(含下属单位)9个,三级教育部门内设机构差异非常显著。从三级教育部门内设机构具体设置看,除办公室、发展规划处、人事处、财务处、学校安全稳定与应急工作处、职业教育与成人教育处、体育卫生与艺术教育处等相同外,三级教育部门内设机构各有不同,甘肃省教育厅内设机构有教育协作办公室、省政府教育督导委员会、民族教育处、民办教育管理处、科学技术处、学生工作处、省学位委员会办公室、语言文字管理处(省语言文字工作委员会办公室)、国际合作与交流处等,但天水市教育局、甘谷县教育局均没有这些内设机构;天水市教育局内设机构有项目管理科,但甘肃省教育厅、甘谷县教育局均没有这个内设机构;甘谷县教育局内设机构有法纪股,而甘肃省教育厅、天水市教育局均没有这个内设机构。

在横向政府部门内设机构设置方面,以工信部门为例,兰州市工信局内设机构(含下属单位)20个,酒泉市工信局13个,天水市工信局15个,内设机构数量存在差异。从内设机构具体设置看,除了办公室、政策法规科、规划发展科、技术创新科、电子信息产业科、中小企业科等相同外,三市的工信局内设机构各有不同,兰州市工信局设置有色冶金建材产业科、先进制造与装备工业科、国防工业发展科、融合推进科等科室,而酒泉市工信局和天水市工信局则没有设置。酒泉市工信局设置数据信息产业科,而兰州市工信局和天水市工信局则没有设置该科室。天水市工信局设置综合科、服务体系建设科,而兰州市工信局和酒泉市工信局则没有设置。再以民政部门为例,兰州市民政局内设机构(含下属单位)26个,天水市民政局内设机构(含下属单位)20个,而酒泉市民政局只有8个,差异非常明显。从内设机构具体设置看,办公室、社会救助科、基层政权和社区治理科、区划地名科、社会事务科等科室相同外,三市民政局的内设机构各有不同,兰州市民政局设置兰州市民政局信息中心、兰州市社会组织服务中心,而酒泉市、天水市则没有设置;酒泉市民政局的内设机构数量明显少于其他两市民政局,但却设置救灾科、优抚安置科,而其他两市民政局没有设置这些内设机构。

各地经济因发展水平不同,经济类政府部门,如工信部门的内设机构设置存在差异,属于合理情况,但是,公共服务类政府部门,如民政部门的内设机构却存在较大差异,则比较难以解释,这表明市级政府部门在内设机构设置时,内设机构设置的依据、标准不明确。

(五)编制配置存在的问题

1. 部门编制数确定的标准不明确

部门编制数确定的标准是确定政府部门编制的核心问题,但是,从当前部门编制数量的确定过程看，尚未有明确的编制确定标准。例如，在《天水市民政局职能配置、内设机构和人员编制规定》（2019年）中，对民政局的职责、内设机构进行规定，同时规定民政局机关行政编制27名，后勤服务事业编制7名。但是，对于按照何种标准确定27名行政编制和7名事业编制，则没有说明。再如，在《天水市住房和城乡建设局职能配置、内设机构和人员编制规定》（2019年）中，对住房和城乡建设局的职责、内设机构进行规定，同时规定住房和城乡建设局机关行政编制28名，而对于按照何种标准确定28名行政编制，也没有明确说明。其他绝大多数政府部门在确定部门编制数量时，也属于这种情况。从调研情况看，政府部门申报部门编制数量，以及编制机构在审批部门编制数量时，主要考虑部门编制的历史情况，尊重部门编制数量的历史事实，同时，也考虑部门职能、部门职责情况来确定编制数量。在部门编制数量确定过程中，依据是什么、标准是什么，并不明确。从经济总量看，酒泉市和天水市的经济总量非常相近，按道理，与经济有关的部门，编制数量应当大体一致，但两市发展和改革委员会编制数存在差异，酒泉市50个，天水市44个；工业和信息化局编制数量，酒泉市31个，天水市44个，相差较为悬殊；科技局编制数量，酒泉市14个，天水市25个，相差同样悬殊；市场监督管理局编制数量，酒泉市58个，天水市91个，相差更为悬殊。这表明，在部门编制数量确定方面尚未有明确、科学合理的标准。

2. 部门间编制分配不均衡

由于部门编制数量确定的标准不明确，导致部门间编制呈现分配不均衡状况。从酒泉市主要政府部门的行政编制数与职责任务数之比来看，两者比例最高为科技局的0.93（一个职责任务配置0.93个编制），比例最低为财政局的0.24，相差比较明显。从三市横向对比看，兰州市行政编制数与职责任务数之比的平均值为1.27，明显高于酒泉市的0.47和天水市的0.54。从具体政府部门看，兰州市民政局行政编制数与职责任务数之比为1.19，而酒泉市仅为0.48，天水市为0.71，三者相差比较明显；再如，兰州市审计局行政编制数与职责任务数之比为2.06，而酒泉市为0.77，天水市为0.73，酒泉市和天水市比较接近，但两市与兰州市相差较为明显。由于政府部门编制的配置标准不够明确，使得部门间编制数量分配不均衡，导致政府部门缺编、满编和超编现象并存，有些政府部门满编运行，甚至实际在编人数超过编制数；有些政府部门则有编缺人。兰州市、天水市工业和信息化局缺编运行,酒泉市工业和信息化局满编运行;酒泉市、天水市民族宗教事务委员会均为超编运行。另外,政府部门人员编制、各内设机构人员编制没有充分考虑岗位工作量,导致人员编制数量与实际工作量不匹配,在现场调研中发现,有些部门人员工作量少,工作轻松;而多数政府部门负责人反映,工作人员很忙碌,经常要加班加点工作。

3. 县区政府部门编制供求矛盾突出

县区政府部门是政府各项政策和各类公共事务的具体执行机构,需要大量的人力资源作为支撑,但县区政府部门编制供求矛盾更为突出。如表4所示,比如,兰州市榆中县行政编制数与职责任务数之比的平均值为0.20,远低于兰州市的1.27;酒泉市敦煌市行政编制数与职责任务数之比的平均值为0.36,低于酒泉市的0.47;天水市甘谷县行政编制数与职责任务数之比的平均值为0.22,低于天水市的0.54。从具体政府部门看,大多数县级政府部门的行政编制数与职责任务数之比都低于市级政府部门。以人力资源和社会保障局为例,酒泉市敦煌市、天水市甘谷县行政编制数与职责任务数之比分别为0.36、0.15,均低于酒泉市、天水市的0.58、0.41。以教育局为例,兰州市教育局行政编制数与职责任务数之比为0.65,而兰州市榆中县为0.22;天水市教育局行政编制数与职责任务数之比为0.48,而天水市甘谷县为0.17。在职责任务数所对应的行政编制数上,县区政府部门明显少于市级政府部门。绝大多数县区政府部门的行政编制数集中在10—20,而市级政府部门行政编制数集中在20—40,兰州市作为省会城市,绝大多数政府部门的行政编制数在40以上。酒泉市全市行政编制的29.63%集中在市本级政府,而7个县区仅占70.37%。(见表5)随着城镇化率提高和流动人口增加,教育、卫生、应急管理、社会治安等行业压力逐渐增大,县区政府承担的审批服务和执法任务将越来越繁重,编制不足的矛盾将越发突出。在调研过程中,大多数县区受访部门的主要党政领导在谈到履职过程中遇到的问题时,认为最大困难就是部门人员设置与职能不匹配,编制资源短缺。目前,行政编制方面存在严重的"倒金字塔"现象,国家层面与省级层面编制相对富裕;市县甚至到乡镇层面,编制就更加紧张。基层政府部门承担事务多、编制少、人员紧缺,尤其是在教育、卫生、综合管理等领域这一问题尤为凸显,随着"放管服"改革的深入推进,县区承接大量的政务服务事项，但行政编制没有相应增加，现有行政编制数量难以满足工作需要。

表4 榆中县、敦煌市、甘谷县主要政府部门行政编制数与职责任务数之比

	兰州市榆中县			酒泉市敦煌市			天水市甘谷县		
	职责任务数	行政编制数	行政编制数与职责任务数之比	职责任务数	行政编制数	行政编制数与职责任务数之比	职责任务数	行政编制数	行政编制数与职责任务数之比
工信局	*	8		28	9	0.32	46	13	0.28
教育局	32	7	0.22	25	10	0.40	96	16	0.17
科技局	22	*		42	7	0.17	23	6	0.26
民政局	*	10		26	8	0.31	36	10	0.28
人力资源和社会保障局	42	18	0.43	44	16	0.36	95	14	0.15
市场监管局	*	*		111	31	0.28	122	20	0.16
自然资源局	110	12	0.11	45	16	0.36	102	11	0.11
住建局	10	15	1.50	61	13	0.21	63	13	0.21
发展改革委	*	*		59	14	0.24	74	16	0.22
水务局	33	9	0.27	17	11	0.65	60	10	0.17
财政局	47	26	0.55	56	24	0.43	126	13	0.10
文旅局	17	6	0.35	30	16	0.53	75	11	0.15
审计局	56	*		29	12	0.41	33	9	0.27
卫健委	69	*		55	11	0.20	62	16	0.26
农业农村局	11	*		26	14	0.54	73	16	0.22
司法局	81	*		38	13	0.34	37	22	0.59
应急管理局	*	8		38	12	0.32	46	10	0.22
平均值			0.20			0.36			0.22

表5 酒泉市行政事业编制分布情况

层级	行政编制数	事业编制数
全市共有	5450	31119
市本级占有	1615（29.63%）	5122（16.46%）
7县（市、区）共有	3835（70.37%）	25997（83.54%）

资料来源：根据甘肃省机构编制管理信息系统整理计算所得。

4. 领导职数问题

目前，绝大多数市级政府部门不分职责多寡、编制大小，领导班子职数均为一正二副。同样，县级政府部门不论职责多寡、编制大小，则都按照一正两副来配置领导职数。虽然部门领导职数得到有效控制，但是，不同政府部门，职责数量不同，任务数量不同，实际工作量不同，导致有些政府部门领导比较清闲，而有些政府部门领导比较繁忙。比如，教育局、农业农村局、住建局、自然资源局、应急管理局、水务局、市场监管局等部门职责较多，任务繁重，现行领导职数难以满足实际工作需要。

"2019年酒泉市机构改革以后，酒泉政府的每个部门的领导职数都是一正三副，300人的机关是一正三副，30人的部门也是一正三副，致使一些部门的几个副局长连开会都应付不过来，住建局、发改委等部门的这些问题都很突出，尽管酒泉市已经进行多次协调，但始终未得到有效突破。特别希望上级政府能在总职数不突破的情况下，根据部门大小与职能对领导职数进行适当调整。"（访谈编号：JQ03—20211011）

（六）综合行政执法队伍的改革有待深化

在2019年机构改革中，根据《综合行政执法改革的指导意见》，各地组建市场监管、生态环境保护、交通运输、文化市场、农业5支综合执法队伍，综合执法队伍整合了相关领域的执法资源，加大综合执法力度。在《综合行政执法改革的指导意见》中指出，执法队伍暂不定性质，编制保持现状，待中央统一明确政策意见后，逐步加以规范。从调研中发现，虽然各地组建了5支综合执法队伍，但由于相关配套政策跟进还不到位，导致在实际中出现一定问题。

一是综合执法队伍的机构性质未确定，人员构成复杂。综合行政执法改革整合调整力度大、涉及人员多、情况复杂，改革之后，综合执法队伍的机构性质、人员编制等政策还不明确，综合执法队中包含了行政编制、事业编制、事业工人、行政工人四种不同类型人员，结构复杂，队伍建设、班子建设、制度建设特别是"局队合一"体制，还需要在工作实践中探索完善。

"机构改革中组织了5支队伍，农业、交通、市场监管、文化、生态环保，现阶段改革还未到位，体制上还没有达到预期效果，存在部分问题没有理顺，监管工作存在薄弱环节，部分领域未曾渗透到，职能发挥得不够充分。比如监管力量，对于乡镇的监督面较为广泛，但只配备一两个编制人员，导致监管力量不足，显然人员力量都聚集在县一级，但是县一级在监管乡镇时管辖范围半径较长，导致一些偏远地区无法顾及造成监管盲区。"（访谈编号：GZ02—20211012）

二是综合执法队伍管理难度大。从机构编制角度看，由于综合执法队伍包含着行政编制、事业编制等不同类型人员，造成综合执法队伍存在混编混岗现象，执法队伍中人员身份多重，增加机构运作和管理难度。

"五大领域综合行政执法改革后续政策不够明朗具体，截至目前，机构性质是否参公等问题尚未明确，给运行管理带来一定困难。"（访谈编号：DH02—20211013）

从人事管理和社保角度看，综合执法队伍的干部入口和晋级等无法及时兑现和调整，中层干部的调动、社保都受到一定程度限制。从财政管理角度看，综合执法队伍性质不定，单位的财政预算、公用经费、人员工资等只能按照改革前原单位来核算核拨，不利于综合执法队伍财政收支管理。

"锁定多种供给形式编制无法在系统中划转。执法队伍改革时，中央《关于深化综合行政执法体制改革的指导意见》以及地方实施意见中对人员划转锁定只提出框架原则精神，人员编制锁定划转后，中央就五大领域执法改革政策答复也是5个执法领域，机构性质、人员编制、经费供给渠道等均保持不变。根据实名制数据统计要求，执法队伍只能统计全额拨款事业编制，致使已锁定的差额拨款和自收自支事业编制因无相应的政策依据而无法划转统计。"（访谈编号：JQ06—20211011）

三是市级与县级执法机构职责划分仍有模糊地带。组建市场监管、生态环境保护、交通运输、文化市场、农业5支综合执法队伍，有效地解决了市级与市辖区之间重复设置执法队伍的问题。但是，市级、县（区）仍有自然资源、建设、水利、粮食、城市管理、应急管理、卫生健康等领域综合执法队伍尚未得到整合，在这些领域，市、县两级执法机构仍存在职责划分不够明确的问题，存在互相推责、执法缺位、重复执法等问题。

> "在体系建设方面，卫生监督机构性质和职责界定仍然不够清晰，在综合执法改革中，卫生监督执法未列入执法系列，监督执法车辆亦未列入执法执勤用车序列，与新时代改革完善医疗卫生行业综合监管制度的要求不相适应，与当前承担的监督执法任务不相适应。"（访谈编号：GZ03—20211012）

（七）政府职能向社会转移还不到位

政府向社会组织购买服务，不仅是解决公共服务质量偏低、效率不高、规模不足、发展失衡等问题的重要途径，也是转变政府职能、加快机构编制改革的重要方式。《国务院办公厅关于政府向社会力量购买服务的指导意见》明确提出向以社会组织为主体的社会力量购买服务，以创新公共服务提供方式，推动政府职能转变。在政府购买社会组织服务过程中，有一项非常重要的基础内容，即社会组织的数量和能力，如果某些地区的社会组织数量多、能力强，那么，政府向社会组织购买服务开展就会比较顺利，政府职能转变比较到位；反之，如果某些地区的社会组织数量少、能力弱，那么，政府向社会组织购买服务开展就会比较困难，政府职能转变将比较滞后。总体而言，甘肃省社会组织发展和发育程度较为落后，根据《中国民政统计年鉴（2021年）》，2020年广东登记在册社会组织71845个，江苏97930个，而甘肃仅为22820个，不仅远远少于广东、江苏，也少于陕西（31074个）、广西（28921个）等西部地区。从兰州市、酒泉市、天水市社会组织发展情况看，社会组织数量偏少，2020年兰州市社会组织3015个，天水市3725个，酒泉市仅1069个，而深圳市在2017年社会组织数量就达到9578个，2020年广州市社会组织8095个，数量差距比较明显。并且，兰州市、酒泉市、天水市三地社会组织发展增速较为缓慢，2020年兰州市社会组织增长率仅为2.27%，酒泉市为0.75%，天水市为1.39%。由于兰州市、酒泉市、天水市的社会组织发育不成熟，社会组织数量较少，能力不足，尚未真正成为承接政府转移出来的职能的有效载体。在酒泉市、天水市调研过程中，不少部门负责人都提到"社会组织数量少，难以承接政府职能转移"。由于社会组织无法承担政府职能转移，使得行业资质认定、等级评定、产品检验检测、行业调查统计、咨询服务、培训、考核、社区服务等诸多事项，要么由政府部门承担，要么由政府部门所属的事业单位承担，导致很多政府职能、政府职责始终在体制内循环，无法向社会转移，不利于政府职能转变和机构编制改革的推进。

五、优化地级市政府职能定位及机构编制配置的建议

地级市处于中央、省和县、乡之间,具有不可替代的作用,加之我国地理环境、资源禀赋差异大,经济社会发展水平存在严重不平衡,无论是"省管县体制",还是"市管县体制",均不能采取"一刀切",两种体制在我国一定时期内将会并存。换言之,地级市政府在未来很长一段时间内仍然会存在,但是,鉴于地级市政府职能、职责方面存在的问题,需要进行改革、调整和优化。本文在前面的现状、问题和因素分析的基础上,对优化地级市政府职能定位、职责划分、机构编制配置等进行探索。基本逻辑思路是:"地级市政府职能定位→地级市政府职责定位→部门职责分工及内设机构→机构编制数量",具体而言,先探索如何优化地级市政府职能,然后对地级市政府职责进行合理定位,接着对部门职责分工及内设机构设置进行探索,最后提出机构编制数量配置的建议。根据党的二十大报告提出的"转变政府职能,优化政府职责体系和组织结构,推进机构、职能、权限、程序、责任法定化"的要求,地级市政府的职能定位、职责定位,以及地级市政府机构设置、部门内设机构设定、人员编制数量配置等都要形成体系化、合理化和法定化。

(一)地级市政府职能定位优化

在关于地级市存在必要性问题的访谈中,几乎没有访谈对象主张撤销地级市,普遍认为地级市作为一个层级的存在是必要的,地级市不仅是一个物理空间,更是一个管理空间,地级市的存在有利于防止各县区各自为政而导致"大而全""小而全"发展模式,能够将各县区糅成一个整体,实现各项功能系统化。在"省直管县"问题上,访谈对象认为,省市县三级的行政体制是一个相对稳定的结构,但"省直管县"加大省级政府的行政压力,也不利于县域发展。"省直管县"在地小人稠、县域经济强大的东部地区具有可行性,但在地广人稀、县域经济落后的西部地区,除了财政上"省直管县",在行政体制上并无多大意义。换言之,即便在"省直管县"体制下,地级市依然有存在的必要性。当然,地级市具有必要性并不意味着不需要改革优化。在省市县职能关

系的框架中,地级市政府职能体系基本合理,但在新的历史发展时期,为应对新的问题、新的挑战,地级市政府职能需要进行优化。地级市政府职能定位:地级市范围内的区域经济发展中心,突出城市发展功能,发挥城市辐射效应和产业带动作用。地级市政府作为地方行政体制中的中观管理层级,对上连接省级政府,对下连接县级政府,在中间连接点上的地级市政府,应根据省级政府政策和要求,制定市域范围内的经济和社会发展规划,通过城市发展带动县域经济和社会发展,整合市场监管、社会管理、公共服务、环境保护等职能,进而推进全市经济、社会、文化、环保等各项事业一体化和系统化发展。鉴于地级市政府职能这种定位,地级市政府有些职能的范围和内容要扩大和增强,有些职能的范围和内容要缩小和弱化。例如,城市建设与发展职能要强化,涉农职能要弱化;经济社会事务的直接管理职能要弱化,协调和监督职能要强化。当然,不同地区的地级市在职能设置上应当体现"区域性"和"差异性",根据本区域的实际情况和特点,设置相应的政府职能。

表6 地级市政府职能体系

序号	职能类型	职能名称	是否新职能	职能说明
1	基本职能	宏观调控职能	已有职能	贯彻国家宏观调控政策,引导调节经济运行,调整优化经济结构,整合工业信息资源、实施工业布局调整和产业升级,推动地方金融业健康发展等。
2		市场监管职能	已有职能	安全领域监管,实施市场准入负面清单制度,推进行业自律,整顿和规范市场经济秩序,质量监督,价格监督,优化投资服务和营商环境等。
3		社会管理职能	已有职能	建立社会管理体系,推进城乡基层群众性自治组织和社区建设,健全公共安全体系,处理社会矛盾,应急管理,解决社会问题,维护社会安全稳定。
4		公共服务职能	已有职能	建立基本公共服务体系,整合优化公共资源,完善政务信息化基础设施,增强基本公共服务能力,保障民生,推进基本公共服务均等化。
5		环境保护职能	已有职能	保护生态环境,构建环境治理体系,保护和开发自然资源,污染防治,山水林田湖草综合治理等。

续表

序号	职能类型	职能名称	是否新职能	职能说明
6	特色职能	区域经济发展职能	新增职能	促进城市建设与发展，形成区域中心城市，发挥城市辐射带动效应；克服县域经济的各自为政和恶性竞争，促使区域经济协调发展；促进城乡融合发展

如表6所示，地级市政府职能体系中包括宏观调控职能、市场监管职能、社会管理职能、公共服务职能、环境保护职能、区域经济发展职能，其中，前五项政府职能属于已有职能，在省市县三级的行政体制中，省、市、县三级政府都必须承担经济调控/调节职能、市场监管职能、社会管理职能、公共服务职能、生态环境保护职能五方面，这点不能改变。不同之处在于，省、市、县三级政府职能履行范围不同，省级政府在省域范围内履行五项职能，市级政府在市域范围内履行五项职能，县级政府在县域范围内履行五项职能。

地级市政府职能与省级政府职能、县级政府职能最大的差别在于，地级市政府应承担起区域经济发展职能。从实际情况看，区域经济发展离不开县域经济的发展，但是，县域经济的发展却有可能导致县域之间的过度和恶性竞争，造成资源的浪费，因此，需要地级市政府从区域经济整体发展的角度进行协调。同时，县级政府的产业发展政策可能会出现误判，需要市级政府来协调。地级市政府既要发挥"有形之手"作用，通过经济和法律手段，优化区域产业结构，推动区域经济发展；又要通过城市基础设施建设与人才引进等多种举措，形成区域中心城市，以区域中心城市的市场资源和要素的聚集效应，辐射和带动周边县区经济发展，促进城乡融合发展，防止各个县区各自为政，形成"孤岛"。地级市政府是城乡统筹发展的"着力点"，这是地级市设立的初衷所在。因此，区域经济发展职能既是特色职能，也是地级市政府职能的原本之义。

（二）地级市政府职责定位

省、市、县三级政府职能基本相同，即基本上都承担着经济发展、市场监管、社会管理、公共服务、环境保护等职能，但是，三级政府职责却存在着差异。政府职能是政府的主要功能和作用，政府职责是政府的具体工作任务、工作分工和工作事项，政府职责是政府职能的细化，同一政府职能可以细分出数量庞大、层次不同的政府职责。比如，公共服务职能可以划分为教育、医疗、社会保障、就业、住房等一系列政府职责，在每项政府职责中，又可以细分出更多的政府职责。例如，教育职责可以划分为教育事业发展规划、基础教育、职业教育、成人教育、社区教育、民办教育、特殊教育、民族教育、学前教育、教师队伍建设、招生考试、教育信息化、教育合作交流等一系列复杂的职责。在这样一个数量庞大、结构复杂的职责体系中，地级市应当承担哪些政府职责，目前来看尚未非常明确，存在着地级市政府职责划分缺乏统一标准、归类不够明确、省市县政府纵向职责配置不够合理等问题。政府职能决定着政府部门设置，如发展和改革部门、教育部门、财政部门、人社部门、民政部门等，而政府职责与政府部门中的内设机构相对应，决定着内设机构的设置和编制数量。因此，要有意识地将政府职能和政府职责分开，充分认识到两者的相同点，尤其是差异点，对于地级市政府职责定位应当给予高度重视，在现有政府职能定位和职责划分基础上，不断优化地级市政府职责体系。

1. 地级市政府职责整体定位

地级市政府职责整体定位可以借鉴"决策—执行"理论来确定，但是，考虑到地级市所处的层级特点和区位特点，地级市政府职责整体定位更加适合"决策—监督—执行"这种模式。具体而言，省级政府主要职责是负责决策，县级政府职责是负责执行，而地级市政府处在省级政府和县级政府之间，对上连接省级政府，对下连接县级政府，因此，地级市政府职责整体定位就在于：如何将省级政府与县级政府有机、有效地联系起来，在省级政府与县级政府之间发挥桥梁和纽带作用，乃至润滑作用。在调研中，部分调研对象将地级市政府的职责总结为四点：一是承上启下职责；二是统筹职责，统筹各方面资源，统筹各方面政策；三是督导职责，指导和督促县区落实工作任务；四是考核职责，对县区落实工作任务情况进行考核。根据调研情况和地级市政府的特点，地级市政府职责整体定位的内容主要包括四方面职责，即枢纽职责、统筹协调职责、监督考核职责、探索创新职责（见表7）。

表7　地级市政府职责整体定位

序号	职责名称	职责说明
1	枢纽职责	作为沟通省级政府与县级政府的纽带，做到上情下达，下情上传，消解信息不对称。
2	统筹协调职责	对市域范围事项进行统筹，对于各县区无法解决的事项进行协调。

续表

序号	职责名称	职责说明
3	监督考核职责	对县、区政府在经济发展、市场监管、社会管理、公共服务,以及在执行省级政府政策方面进行指导、考核和监督。
4	探索创新职责	根据本市实际情况,对于省级政策进行补缺和完善,以便在市域内更加有效执行。

(1) 枢纽职责

地级市政府处于省级政府与县级政府之间,负责上情下达、下情上传,是沟通省级政府与县级政府的纽带。但是,发挥这种纽带作用,并不是要地级市政府简单地做一个"二传手"。相反,在下情上传的过程中,要求地级市政府承担相应的总结梳理职责,能够向省级政府提供一定的结论性信息以促进科学决策;在上情下达的过程中,地级市政府要因地制宜,根据本地区的实际情况将上级相对宽泛和宏观的政策做有针对性的细化,对县级政府切实发挥指导作用。作为沟通省级政府与县级政府的纽带,向下是向县政府准确传达省政府政策要求,向上是向省级政府提供各类资料和信息,消解信息不对称问题,确保省级政府科学决策。

(2) 统筹协调职责

地级市所辖的区县数量较多,各县区资源禀赋、经济发展和社会发展存在差异,地级市需要承担起对于市域范围各种事项进行统筹的职责。对于各县区无法解决的事项、区县之间存在矛盾的事项进行协调,保证市内各县区协调发展。

(3) 监督考核职责

县级政府是中央和省级政府政策的主要执行者,需要有强有力的监督考核才能够确保中央和省级政府政策得到有效执行。如果由省级政府进行监督考核的话,则省级政府监督考核工作量非常大,监督考核时效较差,因此,地级市政府作为连接省级政府和县级政府的中介,对所属区县政府进行监督考核,就顺理成章成为其职责之一。从监督考核对象看,既监督考核县区政府机构,也监督县区政府公职人员尤其是领导者;从监督考核内容看,主要监督区县政府是否履行了属地职责、是否合理行使权力、是否依法行政,既有实体方面的监督考核,也有程序方面的监督考核。对于监督考核中发现的问题,地级市政府则向区县政府问责。通过对县区开展监督考核,保证省级政府的政策在县区层面得到有效贯彻执行。

(4) 探索创新职责

省级政府政策是面向全省各市，但省内各市存在着区位、资源、经济发展和社会发展的差异，从这个角度而言，省级政策可能存在不足之处，因此，地级市需要根据本地实际情况，对于省级政策进行创新和完善，以便在市域内得到更加有效执行。

以环境保护职能为例，省级政府、地级市政府、县级政府都承担环境保护职能，但是，在环境保护的职责分工上，地级市政府环保职责与省级政府、县级政府的环保职责既有相同之处，又存在一定差异。省政府环保职责主要是"决策与统筹协调"，包括制定省级生态环境保护地方性法规，制定全省重大生态环境保护目标，负责省内重大生态环境问题的统筹协调，负责全省生态环境监管和重要生态环境事项监管；县级政府环保职责主要是"贯彻与执行"，主要包括执行和落实省市生态环境保护法规政策，具体开展各项生态环境保护工作，执行和完成省市设定的生态环境保护目标。地级市政府环保职责主要是"枢纽和监管考核"，根据地级市政府职责整体定位，地级市政府环境保护的重要职责包括以下几个方面：一是根据省级生态环境保护法规和政策制定市级生态环境保护地方性法规和政策；二是制定本市生态环境保护相关目标，如减排目标、生态保护修复目标、生态环境科技；三是负责市内重大生态环境问题的统筹协调；四是负责对县区落实省市生态环境法规政策、任务等情况进行监管和考核；五是根据本地实际情况对省级政策进行创新和完善，向省级环保部门提供资料和信息（见表8）。地级市政府通过履行"枢纽和监管考核"职责，在省级政府与县级政府之间搭建起有效的桥梁和纽带，确保省级政府的法规和政策、目标和任务能够在县级政府层面上得到切实贯彻与执行。

表8 省级、地市级、县级政府主要环境保护职责

省级政府环保职责	地市级政府环保职责	县级政府环保职责
（一）建立健全生态环境制度，制定省级生态环境保护地方性法规	（一）根据省级环保法规政策制定市级生态环境保护地方性法规和政策	（一）执行省市生态环境保护法规政策
（二）制定全省重大的生态环境保护目标，如减排目标、生态保护修复目标、生态环境科技	（二）制定本市生态环境保护相关目标，如减排目标、生态保护修复目标、生态环境科技	（二）执行和完成省市设定的生态环境保护目标

续表

省级政府环保职责	地市级政府环保职责	县级政府环保职责
（三）负责省内重大生态环境问题的统筹协调	（三）负责市内重大生态环境问题的统筹协调	（三）完成省市下达的具体任务，解决辖区内重要环境生态问题
（四）负责全省生态环境监管和重要生态环境事项监管（如生态环境准入监管、环境污染防治监管、民用核与辐射安全监管等）	（四）负责对县区落实省市生态环境法规政策、任务等情况进行监管和考核	（四）根据省市要求开展辖区内有关生态环境保护方面的督察整改、信用评价、普查统计、宣传教育等工作
（五）生态环境法规政策创新、生态环境保护方式方法创新	（五）根据本地实际情况对省级政策进行创新和完善，向省级环保部门提供资料和信息	（五）向省市级环保部门提供一手环境保护资料和信息

注：本表只列出省级、地市级、县级政府主要环境保护职责，未列出全部的环境保护职责。

2. 地级市职责定位的主要原则

地级市职责非常庞杂，数量非常多，地级市政府职责整体定位只是为地级市政府职责定位提供主要方向。在宏观调控职能、市场监管职能、社会管理职能、公共服务职能、环境保护职能五类政府职能履行中，地级市政府应当分别履行什么职责？合理确定地级市政府承担何种职责，既是非常重要的问题，也是非常复杂和难解的问题。基于当前中国的现实条件和发展要求，地级市政府的职责很难继续"同构"，但也不可能完全"异构"，地级市政府职责定位应该是既有"同构"要求，也有"异构"成分。地级市政府应在充分进行理论研究和总结历史经验教训的基础上，合理确认本级政府究竟应当履行何种职责。地级市政府职责定位除了要考虑整体定位外，还应当遵守以下四项原则。

（1）以公共问题为导向原则

所有的政府改革都是以解决公共问题为目的，合理的政府职责定位是为更有效地解决公共问题。从这个角度而言，地级市政府职责定位应当以公共问题为导向，根据解决公共问题的实际需要来设置地级市政府职责。从公共问题涉及的范围看，有不同范围和层次的公共问题，包括全国性公共问题、省域公共问题、市域公共问题、县域公共问题、乡镇公共问题等。全国性公共问题是指影响范围和外部性覆盖全国的公共问题，如国家统一问题、社会稳定问题等；省域公共问题是指影响范围和外部性覆盖某个省的公共问题，如省内环保问题、经济发展问题等；市域公共问题是指影响范围和外部性覆盖某个地级市的公共问题，如市内的公共交通、区域发展规划、地方治安等问题；县域公共问题是指影响范围和外部性覆盖某个县区的公共问题，如辖区内的垃圾清理等；乡镇公共问题是指影响范围和外部性覆盖某个乡镇的公共问题。不同层级政府，面临着不同层次的公共问题，因而，承担着不同类型的政府职责。从央地关系视角看，政府职责分为两种类型，一类是纵贯型职责，是各级政府都应该承担的职责；另一类是层次型职责，是不同层级政府承担的具有差异的职责。（见图2）纵贯型职责主要解决中央政府的权威和整体性职责的安排问题，层次型职责面对的是地方政府的自主性问题。①地级市政府既面临着全国性公共问题，即全国性公共问题会在地级市政府层面上体现出来，又面临着本级政府所面临的区域性公共问题，并且，不同地方的地级市政府所面临的区域性公共问题又存在着差异。因此，地级市政府应当系统理顺本级政府所面临的公共问题，既理顺全国性公共问题，又梳理区域性公共问题，尤其注意地级市公共问题与省级、县区公共问题之间的边界，形成公共问题清单，在公共问题清单中，标明公共问题的名称、属性、影响范围、严重程度等。以公共问题清单为基础，设置地级市政府职责清单（见图3）。

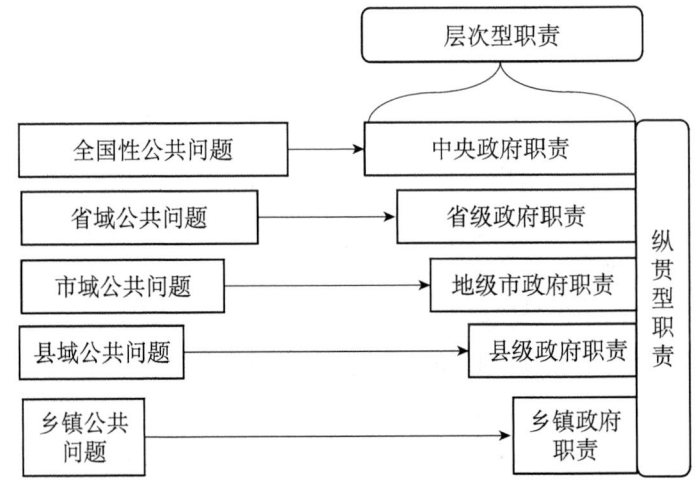

图 2　公共问题层级与各级政府职责

---

① 朱光磊、杨智雄：《职责序构：中国政府职责体系的一种演进形态》，《学术界》2020年第5期。

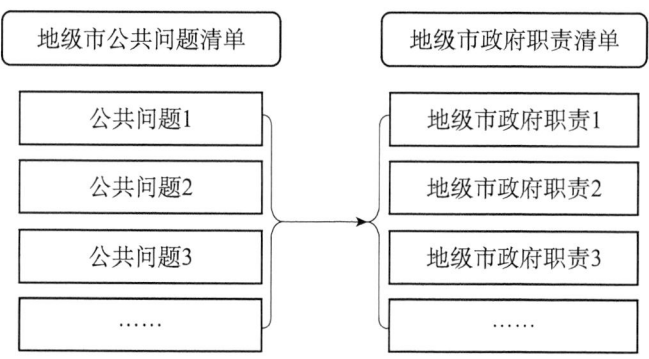

图 3　地级市公共问题与政府职责清单

（2）职责边界清晰原则

任何一级政府都是有限政府，相应的职责权限也是有限的，职责有限性主要是要明确职责边界，每一层级政府职责的边界应当比较清晰。对于地级市政府而言，在职责定位过程中，同样要清晰划定职责边界。地级市政府职责边界划定主要是两方面，一方面是纵向职责边界，即地级市政府与省政府职责边界、地级市政府与县级政府职责边界；另一方面是横向职责边界，包括地级市政府与市场边界、地级市政府与社会边界（见图4）。对于纵向职责边界，主要依据公共问题、公共事务的范围来划定，市域公共问题和市域公共事务，就属于地级市政府职责范围。对于横向职责边界的划定，地级市政府应当弥补市场失灵，承担相应的政府职责；地级市政府与社会边界划分标准是"社会失灵"标准，社会失灵是指社会组织、居民无能力做或做不好的社会事务，政府应弥补社会失灵，承担相应的政府职责。

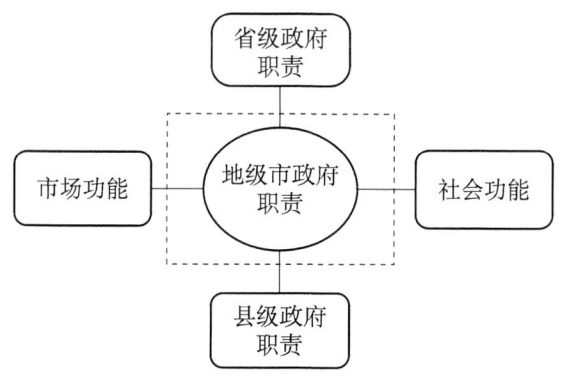

图 4　地级市政府职责边界

(3) 职责法定化和标准化原则

为了更好规范地级市政府职责，地级市政府职责定位应遵循"职责法定"原则，遵循"职责法定"基本要求，将职责清单制度建设纳入法律法规之中。中央制定职责清单有关法律法规，明确规定职责清单的地位和性质、制定依据、制定主体、编制程序，以及后续行使程序和监督惩戒机制等制度。地级市政府在遵循上位法的前提下，按照职责法定的原则，明确地级市政府职责。地级市政府职责定位标准化原则主要包括：一是制定统一的职责清单编制标准，按照统一和明确的标准，界定地级市政府职责；二是明确规定职责清单的结构及覆盖主体。在符合相关法律法规和规章的前提下，对责任清单的内容进行细致设计，职责清单的内容应包括职责类型、职责名称、职责岗位、行使依据、追责情形等。

(4) "刚性"与"弹性"相协调原则

政府职责体系建设是地级市行政体制完善与发展的重要内容，地级市政府职责定位具有明确的法律依据、流程和规范性，因此，具有较强的"刚性"。在地级市政府职责定位中，要遵循刚性原则，按照相关法律、流程及要求开展职责定位。刚性原则是地级市政府职责定位的重要原则，但是，地级市政府职责体系的现实运行蕴含于动态的行政过程之中，因此也具有行政"弹性"。[①] 地级市政府职责定位的弹性原则，是指应根据实际情况的变化对地级市政府职责进行调整，应建立常态化的职责清单动态调整机制。随着地级市经济社会发展、群众需求变化、机构职能和法律法规的调整，地级市政府职责清单需作出相应的调整优化。一方面，根据不断变化的客观需要，明确地级市政府和职能部门职责清单的动态调整方式、调整周期、调整程序等，以便定期对职责清单进行修订，确保职责清单的时效性和有效性；另一方面，要结合经济社会主体对公共服务的体验和政策评价，精准把握公共问题及公共需求，适时调整优化职责清单内容。

3. 构建地级市"职责清单"制度

党的十九届四中全会明确使用"政府职责体系"这一概念，切入了职能转变乃至府际关系调整的核心。政府职责配置结构需要调整，科学的政府职责体

---

① 邱实：《同构视阈下的政府职责体系构建——理念转向、支撑条件与路径探索》，《南开学报（哲学社会科学版）》2021 年第 6 期。

系需要建立，这一观点正在成为共识。[①]从实践看，当前我国地方政府陆续建立并实行"权责清单"制度，用以明确职责的边界和政府应履行的职责及履行方式，推进政府职责体系的构建进程。但是，"权责清单"制度存在着三点不足：一是"权责清单"多数是对相关法律法规中明确的政府职责进行"文本转述"或"细化解释"，并没有真正实现对各级政府及各政府部门在具体职责履行中的分工、合作和协同的具化规定。[②]二是很多"权责清单"只是对粗线条的职责框架进行了说明，并没有明确政府职责的边界及履行程序，对职责体系建设的总体推动力不足。三是"权责清单"并不等同于"职责清单"，"权责清单"只是"职责清单"的部分内容，"权责清单"制度建立并不意味着"职责清单"制度建立。针对存在的问题，应当在"权责清单"制度基础上，逐步建立和完善地级市"职责清单"制度。

（1）完善职责清单的构成要素

地级市"职责清单"是"权力清单"制度的补充机制，通过责任更为细化的"职责清单"＋"权责清单"，可以基本覆盖政府绝大多数职责，从而构成完整的职责体系。职责清单的构成要素应包括职责事项名称、职责事项类型、法定依据、实施机构、职责边界、运行流程、运行要件、监督方式等内容，通过明确职责清单的构成要素，为地级市政府职责清单建设搭建制度框架，进而推进地级市政府职责清单制度建设。

（2）建立"政府职责配置表"

地级市政府职责清单制度的核心内容是构建完整的地级市"政府职责配置表"，在"政府职责配置表"中，将归属于地级市的政府职责一一列出来，实现地级市政府职责归位或"确责"。由于地级市政府职责非常庞杂，在"政府职责配置表"中将职责一一列出来，是庞大的系统性工程。要注意如下事项：一是在"政府职责配置表"中，应对政府职责进行分类分级，分成一级职责、二级职责、三级职责（见表9），有需要的话，甚至划分出四级职责、五级职责等，通过职责分类分级，明确职责之间的归属关系和层级关系；二是"政府职责配置表"的构成要素应完整，包括职责名称、职责类型、实施机构、运行

---

① 朱光磊、杨智雄：《职责序构：中国政府职责体系的一种演进形态》，《学术界》2020年第5期。
② 唐亚林、刘伟：《权责清单制度：建构现代政府的中国方案》，《学术界》2016年第12期。

要件、执行流程、职责监督等;三是地级市"政府职责配置表"的设置,哪些职责应归入地级市政府职责配置表,应当主要遵循前面所提出的地级市政府职责整体定位原则、以公共问题为导向原则、职责边界清晰原则、职责法定化和标准化原则、"刚性"与"弹性"相协调原则。通过统筹考虑这些原则,明确地级市政府职责,并将政府职责逐一列入"政府职责配置表"中。

表9　政府职责配置表及其构成

一级职责名称	二级职责名称	三级职责名称	职责类型	实施机构	运行要件	执行流程	职责监督
公共服务	社会组织管理	社会组织登记、注销、变更					
		社会组织活动监管					
		……	……				
……							

(3) 组建职责协调机构,保障政府职责体系有效运行

我国各级政府职责不是西方国家的"职责异构",从现在情况来看,也不能完全"职责同构",而是介于"职责同构"和"职责异构"之间,准确来讲,是在"职责同构"基础上的"职责异构"。从这个角度而言,地级市政府职责体系构建具有显著复杂性,因此,有必要建立专门的职责协调机构来保障地级市政府职责体系构建及运行的整体性和有效性。[①] 地级市政府职责协调机构以党的领导为核心,以同级党委或党组为主体进行构建,并与政府相关机构合署运行,充分发挥党政统筹的作用。职责协调机构的主要任务,不仅要科学划定纵向间政府职责分配,还要科学划定横向政府部门之间的职责分工,合理协调政府职责划定和运行中出现的争议。为提高职责协调机构的专业性,除了党政机关相关工作人员外,还需要引入专家学者和行业代表,充分实现信息获取的全面性和真实性,强化机构的行政有效性。

(三) 部门职责分工及内设机构设置

从纵向角度看,地级市政府应厘清与省级政府、县级政府的职责关系,明

---

① 邱实:《同构视阈下的政府职责体系构建——理念转向、支撑条件与路径探索》,《南开学报(哲学社会科学版)》2021年第6期。

确地级市政府职责定位。当界定地级市政府纵向职责定位后，就面临着地级市政府职责的横向分配问题，即地级市政府职责如何分配到各个不同的政府部门，科学合理的分配有助于各政府部门有效地履行其职责，减少相互推诿，提高履职效率和效果。此外，分配到每个政府部门的职责数量比较多，不同职责需要由部门的不同内设机构来执行，内设机构设置的合理与否，同样会影响政府部门的履职效果。目前，地级市政府部门间职责分工仍然存在一定程度的交叉重叠，政府部门在内设机构设置中存在设置依据不统一、标准不明确等问题。因此，应在现有地级市政府部门职责分工及内设机构基础上，不断优化和完善政府部门间职责分工和内设机构设置。

1. 部门职责分工

部门职责是政府部门为履行一定职能或完成工作使命所负责的范围和承担的一系列工作，以及完成这些工作所需承担的相应责任。为了促使政府部门有效履行职责，需要构建与职责清单相配套的"边界清晰、分工合理、权责一致、运转高效"的地级市政府部门职责体系。

（1）部门职责法定原则

地级市政府在为各政府部门分配职责过程中，要依据相关法律法规及政策文件进行分配，包括：一是有关法律法规规章，以及党中央国务院、省委省政府和市委市政府规范性文件。二是近年来机构编制部门批复调整的职责事项。上级业务部门的文件和领导讲话，以及上级交办的临时性事项、阶段性任务和部门的规范性文件，不作为确定部门职责的法定依据。对一些新增和强化部门职责，要有充分法定依据，不能使部门职责和权力随意扩张。

（2）部门职责概念清晰

政府部门之间出现职责不清晰，其原因之一在于职责相关的概念界定不清晰。因此，地级市政府在部门职责划定过程中，应尽量对职责描述常用概念的内涵进行分析，开展专题研究，使得相关部门取得共识，为职责履行中有关纠纷的解决打下坚实的基础。例如，水利部门"牵头做好荒山、荒丘、荒滩、荒沟治理开发的管理工作"中的"牵头""管理"到底取其什么含义？自然资源部门"负责林业、湿地和草原（地）生态保护修复工作"中的"保护"如何确定具体含义？"管理"中有无"保护"含义？生态环境部门"监督野生动植物保护、湿地环境保护、荒漠化防治等工作"中的"环境保护"与上述"管理"

"保护"内容是否有重叠之处?这些内容,在部门"三定"规定制定中应当给予充分的关注,能明确的尽量明确。① 地级市可以借鉴中央编办的做法,编辑类似《部门职责词语释义》等参考资料,以利于推进部门职责划定工作规范化。

(3) 部门职责边界清晰原则

部门职责交叉和关系不顺是地级市政府运行中存在的突出矛盾和问题,要解决好这些问题,在地级市部门职责分配过程中,要切实贯彻职责边界清晰原则,包括:一是坚持一件事情原则上由一个部门管理,例如,对于教育事项,由教育部门统一负责。二是确需多个部门管理的事项,明确牵头部门,分清主次责任和主办、协办关系,避免职责交叉。三是建立部门职责协调机制,形成工作合力。对于实际运行中出现的职责交叉重叠问题,应及时进行协调,通过协商划分清楚部门之间职责界限,明确职责归属。例如,自然资源局、生态环境局、农业农村局在管理对象上有重叠之处,容易出现职责交叉问题,需要进行协调。

(4) 完善政府部门职责清单

地级市政府"部门职责清单"是地级市"职责清单"的细化,即将地级市政府职责配置到各政府部门的清单。通过部门职责清单,可以明确各部门的职责内容以及部门之间的职责边界。在部门职责清单中,将职责名称与其相对应的工作事项(内容)、数量、运行要件、执行流程、追责情形等列出来,通过标准化、图示化的方式,将部门承担的全部职责完整地展示出来,可以明确划分部门职责界线,增强其科学性。在编制部门职责清单中,采取统一标准,尽可能减少抽象的职责表述,例如"承担上级交办的任务"等,为履行地级市政府部门职责以及相应的监督工作提供可行的依据。

(5) 实行部门职责清单动态管理

随着经济、社会、环境等方面变化,将对地级市政府职责及部门职责提出新的要求,因此,需要对地级市政府部门职责清单实行动态管理。职责清单动态管理的情形包括:一是因法律法规规章等颁布、修改或者废止,导致职责事项发生变化的;二是地级市职能调整导致部门职责发生变化的;三是实际工作

---

① 王兴凤、田志龙:《部门职责分工存在的问题及优化建议》,《机构与行政》2020年第1期。

需要并经相关部门协商一致确需调整职责边界事项的。地级市政府部门对于职责边界事项需要增加、取消或者变更，应按照程序审核调整。

2. 内设机构调整与优化

学界对于政府职能、政府职责的关注度比较高，但对于政府部门中的内设机构关注度则非常低，政府部门内设机构的改革也相对滞后。殊不知，内设机构是履行政府职责和部门职责的最基础的组织，"政府部门内设机构实际上是整个政府过程中的'细胞'"①。目前，政府部门内设机构存在设置不合理问题，造成部门行政效率偏低，无法有效履行政府职责。"政府部门内设机构优化是机构改革的关键内容，关系改革的现实成效。"②党的十九大报告提出"科学配置党政部门及内设机构权力，明确职责"，十九届三中全会通过的《中共中央关于深化党和国家机构改革的决定》再次明确"精干设置各级政府部门及其内设机构，科学配置权力，减少机构数量，简化中间层次，推行扁平化管理，形成自上而下的高效率组织体系"。这表明中央高层充分认识到政府部门内设机构改革已经成为行政体制改革的关键。针对当前地级市政府部门内设机构存在的设置差异明显、设置依据不明确、设置标准不统一等问题，需要在现有内设机构基础上进一步调整和优化。

（1）对政府部门职责进行合理分类

从总体而言，政府职能决定着机构设置，即有什么样的政府职能，就需要设立相对应的政府部门。同理，在政府部门内设机构上也是一样，即政府部门职责决定着内设机构的设置，有什么样的部门职责，就需要设置相应的内设机构。正如前文所述，一个政府部门也承担着较为复杂的部门职责，为了设置分工明确、内部职责界线清晰、运行高效的内设机构体系，其重要前提是要对政府部门职责进行合理分类。从功能角度看，政府部门职责可以分为五种类型：决策类职责，即政府部门中进行重大事项决定和决策的职责；参谋类职责，即为部门决策和业务开展提供调研、咨询、建议的职责；业务类职责，即部门中具体开展各项业务的职责，这是部门职责的核心内容；服务类职责，即为部门决策和各项业务正常开展提供后勤保障的职责；专业类职责，即部门中专门处

---

① 邱实、韩淼：《功能分类与职责重构：政府部门内设机构的优化进路》，《天津行政学院学报》2021年第5期。

② 同上。

理某项专业事务的职责。根据这五类职责，政府部门相应设置为五种内设机构。一是决策型机构：决策型机构是政府部门内设机构的领导层，主要负责部门事务的决策部署工作，是政府部门的"大脑"，如民政局的局务会议。二是参谋型机构：主要是根据部门业务的范畴为决策机构提供调研、咨询、建议等服务，并可以在适当特定情况下参与到部门决策过程中来，是政府部门决策机构的重要辅助性机构，如民政局的办公室。三是业务型机构：主要负责政府部门具体事务，是政府部门行政职责履行及业务办理的主体，具有较强的执行和监督执行的特征，如民政局的社会救助科、基层政权和社区建设科、区划地名科、社会福利和社会事务科等。四是服务型机构：主要是为政府部门日常工作中的各类业务性机构做好服务保障工作的机构，同时也具有统筹各类事务的职责，如民政局的人事科、财务审计科；五是专业型机构：主要是承担政府部门中专业技术性事务的机构，也负责政府部门业务延伸范畴内的各类专业型业务，专业型机构通常是政府部门的下属单位，如民政局下属的社会福利院、救助管理中心、社会组织服务中心等。

（2）推行大科室制

地级市政府部门应当推行大科室制，主要是对部门职责进行梳理和归类，将相同或相近的职责归纳成为一个大类职责，一个大类职责由一个内设机构承担，将职责相近相似或程序上接近的职责整合到同一个内设机构，统一协调管理相关领域的职责和事务，这样不但可以减少内设机构数量，也减少内设机构职责交叉的可能性。并且，将相关职责合并之后，可以减少审核环节，减少部门内部由于过细的职责分工和过多的内设机构所导致的协调沟通任务，提高办事效率。例如，在民政部门，与社会组织管理相关的职责都纳入社会组织管理科；在人社部门，与人才引进和人才政策有关的职责可以设置人才开发管理科。鉴于地级市政府的主要职责是在省级政府与县级政府之间发挥桥梁和纽带作用，并不负责实际事务，因此，地级市政府部门内设机构更应当精简，主要根据枢纽职责、统筹协调职责、监督考核职责、探索创新职责的需要，设置相应的政府部门内设机构。

（3）内设机构设置标准应统一

当前不同地级市的同一性质的职能部门在内设机构设置的数量和内容方面存在显著差异，虽然不同地级市因实际情况不同，内设机构设置必然有差异,但是内设机构设置差异过于明显,表明内设机构设置缺乏标准和规范。因此,建议省级机构编制管理部门制定全省统一的内设机构设置标准,包括内设机构类型、内设机构名称、内设机构数量、内设机构职责、内设机构编制数等,使得各地级市政府部门按照统一标准规范设置内设机构,避免随意性。

(4) 省、市、县政府部门内设机构应适当"异构"

地级市政府部门内设机构设置应当依据政府部门职责来确定。省级政府部门重点职责是决策、统筹、协调、业务指导,内设机构以决策、统筹协调、业务指导类内设机构为主,由于省政府部门面向全省,因此职责数量多,内设机构数量也多。县级政府部门重点职责是具体执行和落实上级政策要求和任务,内设机构以执行类内设机构为主,职责数量适中,内设机构数量适中,换言之,县级政府部门职责数量比省级政府部门少,但比地级市政府部门多,内设机构数量比省级政府部门少,但比地级市政府部门多。地级市政府部门处在省级政府部门和县级政府部门之间,对上连接省级政府部门,对下连接县级政府部门,地级市政府部门重点职责是将省级政府部门的决策和政策下达给县级政府部门,在省级政府部门与县级政府部门之间发挥桥梁和纽带作用,同时,对于县级政府部门落实工作和任务情况开展监督考核。因此,地级市政府部门内设机构以枢纽、统筹、协调、监督考核类内设机构为主,可以减少业务类内设机构,减少执行类内设机构。地级市政府部门职责将明显瘦身,其职责数量比省级政府部门和县级政府部门都少,内设机构数量也比省级政府部门和县级政府部门少(见表10)。

表10 省、市、县政府部门的重点职责及内设机构

对比项	省级政府部门	地级市政府部门	县级政府部门
重点职责	决策、统筹、协调、业务指导	枢纽、统筹、协调、监督考核	具体执行
职责数量	多	少	适中
内设机构类型	以决策、统筹协调、业务指导类内设机构为主	以枢纽、统筹、协调、监督考核类内设机构为主	以执行类内设机构为主
内设机构数量	多	少	适中

(四) 机构编制数量配置

这是本课题研究的最终目的。在该部分，将对地级市政府的机构编制数量配置进行分析，包括地级市政府机构配置及数量、地级市政府部门内设机构配置及数量、地级市人员编制数量配置三个方面。

1. 地级市政府机构配置及数量

地级市政府作为连接省级政府与县级政府的中间环节，起到承上启下的作用，从这个角度而言，地级市政府部门的设置应当与省级政府部门设置基本保持一致，通过政府部门设置的一致性，确保中央、省、市三级政府行政体系完整性和统一性，从而实现政令统一。但是，考虑到省级政府管辖范围比较大，而市级政府管辖范围明显小于省级政府管辖范围，在某些政府职能领域，省级政府职能任务比较重、比较多，而市级政府职能任务比较轻、比较少，对于这些职能领域，在地级市政府层面上，可以考虑将相关机构进行合并。在对同类、相近职能的政府机构进行合并时，应充分考虑三点因素：一是这些职能是同类、相近的职能，例如，广播电视、文化、旅游、体育属于同类职能，在省级政府层面分别有省文化和旅游厅、省广播电视局、省体育局，在地级市层面可以合并为市文体广电和旅游局。非同类、非相近职能，不宜将其机构进行合并，如果强行将其合并，可能会导致职能履行出现问题。二是考虑职能任务大小。如果在地级市政府层面上，某项职能任务很小，可以将该部门与其他职能部门合并。例如，地级市的统计职能较少，可以将统计局并入市发展和改革委员会。三是重要政府部门不能进行合并。例如，教育局和民政局是两大重要政府机构，不能将两者合并。如表11所示，可以合并的职能相近的机构包括：将粮食和物资储备局、统计局并入市发展和改革委员会；将市自然资源局、市生态环境局、市林业和草原局合并为市自然资源生态环境局；将广播电视局、体育局、文物局并入市文化和旅游、广电、体育局；将乡村振兴局、畜牧兽医局并入市农业农村局；等等。从表11可以看出，可以进行职能和机构合并的主要是直属机构和部门管理机构两大类型，合并之后，地级市政府机构中组成部门的数量与省级政府机构中的组成部门数量基本一致，但直属机构、部门管理机构的数量大幅度减少。具体而言，地级市政府机构中的组成部门数量为23个，直属特设机构1个，直属机构4个，部门管理机构0个，地级市政府机构数量合计为28个。值得注意的是，同类职能、相近职能的政府机构进行合并，是地级市政府机构调整的基本思路，具体如何进行合并和调整，还需要根据各地级市的实际情况而定。

表11 地级市政府机构设置

类型	序号	省级政府机构	市级政府机构	说　明
组成部门	1	省人民政府办公厅	市人民政府办公室	
	2	省发展和改革委员会	市发展和改革委员会	含粮食和物资储备局、统计局
	3	省教育厅	市教育局	
	4	省科学技术厅	市科技局	
	5	省工业和信息化厅	市工业和信息化局	
	6	省民族事务委员会	市民族事务委员会	
	7	省公安厅	市公安局	
	8	省民政厅	市民政局	
	9	省司法厅	市司法局	
	10	省财政厅	市财政局	
	11	省人力资源和社会保障厅	市人力资源和社会保障局	
	12	省自然资源厅	市自然资源生态环境局	将自然资源局和生态环境局林业和草原局进行合并
	13	省生态环境厅		
	14	省住房和城乡建设厅	市住房和城乡建设局	
	15	省交通运输厅	市交通运输局	
	16	省水利厅	市水利局	
	17	省农业农村厅	市农业农村局	含乡村振兴局、畜牧兽医局
	18	省商务厅	市商务局	
	19	省文化和旅游厅	市文化和旅游、广电、体育局	含广播电视局、体育局、文物局
	20	省卫生健康委	市卫生健康委	含医疗保障局
	21	省退役军人事务厅	市退役军人事务局	
	22	省应急管理厅	市应急管理局	含人民防空办公室
	23	省审计厅	市审计局	
	24	省人民政府外事办公室	市人民政府外事办公室	

续表

类型	序号	省级政府机构	市级政府机构	说明
直属特设机构	25	省国有资产监督管理委员会	市国有资产监督管理委员会	
直属机构	26	省林业和草原局	不设	
	27	省市场监督管理局	市场监督管理局	含药品监督管理局
	28	省广播电视局	不设	合并到市文化和旅游、广电、体育局
	29	省体育局	不设	
	30	省统计局	不设	合并到市发展和改革委员会
	31	省人民政府研究室	市人民政府研究室	
	32	省人民防空办公室	不设	合并到市应急管理局
	33	省乡村振兴局	不设	合并到市农业农村局
	34	省地方金融监督管理局	市地方金融监督管理局	
	35	省机关事务管理局	市机关事务管理局	
	36	省医疗保障局	不设	合并到市卫生健康委
部门管理机构	37	省人民政府参事室	不设	
	38	省粮食和物资储备局	不设	合并到市发展和改革委员会
	39	省监狱管理局	不设	合并到市司法局
	40	省畜牧兽医局	不设	合并到市农业农村局
	41	省文物局	不设	合并到市文化和旅游、广电、体育局
	42	省药品监督管理局	不设	合并到市场监督管理局

2. 地级市政府部门内设机构配置及数量

政府部门的正常运转依赖其内部的一个个内设机构，在地级市政府中，合理的内设机构配置不仅能够保障政府部门有效运转，充分发挥职能作用，而且是确定政府部门人员编制的重要依据。内设机构数量与人员编制数量属于正相关关系，内设机构数量增多，人员编制就增多；反之，内设机构数量减少，人员编制也随之减少。那么，一个政府部门需要配置多少个内设机构才是合理的呢？综合机构和业务机构之间应该是什么样的比例呢？回答这些问题，是机构编制管理和确定人员编制的"基本功"。

在确定地级市政府部门内设机构数量中，首先要考虑的是政府部门的职责任务数量，如果职责任务数量多，那么内设机构的数量就多；反之，如果职责任务数量少，那么内设机构的数量就少。例如，教育局、人力资源和社会保障局、市场监管局等职责任务数量比较多，内设机构数量相应越多；审计局、退役军人事务局等职责任务数量比较少，内设机构数量相应比较少。

其次，应对政府部门的内设机构进行分类，在分类基础上确定内设机构数量。如前面所述，可以将政府部门职责分为决策类职责、参谋类职责、服务类职责、业务类职责、专业类职责五大类，相应地，政府部门的内设机构可以分为决策型机构、参谋型机构、服务型机构、业务型机构、专业型机构五大类。一般而言，决策型机构作为政府部门的领导层，由部门的主要领导组成，如教育局的局务会议，这类机构不占用政府部门的人员编制，不纳入政府部门内设机构数量计算范围。参谋型机构属于政府部门决策机构的辅助性机构，如教育局办公室、政策法规科等，这类内设机构数量通常控制在1~2个。服务型机构是保障政府部门日常工作、各类业务工作正常开展的机构，如民政局的人事科、财务审计科等，这类内设机构数量通常1~2个，部分比较大的政府部门，数量控制在3~4个。业务型机构是政府部门最为核心的机构，负责政府部门的具体业务事项，是政府部门履行部门职责及业务办理的主体，因此，业务型机构是政府部门中数量最多的内设机构，如果一个政府部门的职责任务比较多，那么业务型机构还要相应地增多。如前面所述，在省—市—县三级行政体系中，省级政府主要职责是决策，县级政府主要职责是执行、落实各项工作任务，而处在省级政府和县级政府之间的地级市政府，主要职责是承上启下、监督考核。由于地级市政府部门较少从事具体的业务执行和落实，因此，业务型机构可以推行大科室制，即将相近职责的内设机构进行合并，从而可以减少业务型机构的数量。通常而言，业务型机构数量一般在5个左右，比较大的政府部门内设机构数量可以增加到10个左右。专业型机构是承担政府部门中专业技术性事务的机构，同时负责政府部门业务延伸范畴内的各类专业型业务，专业型机构是政府部门的下属单位。专业型机构根据政府部门实际需要进行设置，有些政府部门不需要设置下属单位，有些政府部门则需要设置下属单位，数量不等，但一般不超过 3 个。总体而言，各个政府部门职责分工、任务量大小不同，内设机构数量差异比较明显。对于地级市政府部门内设机构的数量，一般需要控制在 15 个以内，其中，决策型机构 1 个，参谋型机构控制在 1～2 个，服务型机构控制在 2～3 个，业务型机构控制在 5～10 个，专业型机构控制在 0～3 个。

表 12 地级市政府部门内设机构设置

序号	内设机构类型	内设机构举例（以市工信局为例）
1	决策型机构	局务会议
2	参谋型机构	局办公室
3		政策法规科
4	服务型机构	人事科
5		财务审计科
6	业务型机构	经济运行科
7		技术创新科
8		资源综合利用和电力科
9		新兴产业科
10		信息化和软件服务业科
11		装备材料消费品工业科
12	专业型机构	中小企业服务中心

3. 地级市人员编制数量配置

地级市政府人员编制数量是本课题研究的最终目的。根据"职能—职责—机构—编制"动态理论，地级市政府职能/职责决定着政府机构设置，机构设置决定着人员编制，但是，这只是理论上的逻辑推演，事实上，地级市政府人员编制数量的测算是一个较为复杂的过程，涉及测算因素、测算指标以及测算公式等系列内容。

（1）测算编制数的指标及权重

第一，测算编制数的关键要素及指标体系。

测算编制数的关键要素是什么呢？如何确定测算编制数的关键要素呢？我们可以这么问：为什么有些政府部门工作人员数量比较多，而有些政府部门工作人员数量比较少？例如，公安局工作人员数量非常多，而退役军人事务局工作人员数量比较少，主要原因在于，公安局的工作量比较大，而退役军人事务局的工作量比较小。这表明,"工作量"是确定政府部门工作人员数量的关键要素。我们接着问:为什么有些政府部门工作量比较大,而有些政府部门工作量比较小呢?这表明政府部门工作量受到不同因素影响,那么,影响政府部门"工作量"的因素有哪些呢?只要找到影响因素,就能确定政府部门"工作量",进而确定政府部门人员编制。经课题组的充分论证,以及参考现有研究成果,区域人口、区划、国内生产总值、财政收入、城市化水平、信息化水平6个方面为影响政府部门工作量的主要因素。我们将这6个因素视为一级指标,为了更加准确和具体衡量一级指标,在一级指标之下设置了相应的二级指标,进而组成测算编制数的指标体系(见表13)。

表13 测算编制数的指标体系

序号	一级指标	二级指标
1	区域人口	常住人口、流动人口、少数民族人口
2	区划	地级市区划、县级区划、乡镇级区划、国家级园区
3	国内生产总值	该地区在一定时期内生产的全部最终产品和服务价值的总和
4	财政收入	政府在一定时期内(一般为一个财政年度)所取得的货币收入
5	城市化水平	城镇人口占总人口(包括农业与非农业)的比重
6	信息化水平	信息产业生产总值在整体产业总值中的占比

第二,指标权重。

指标权重是指各指标相对重要性的一种量度。指标权重越大,对编制核定的影响度越高。通过层次分析法、方差法,并借鉴现有的成果,分别确定6个一级指标的权重:区域人口为45,区划为20,国内生产总值为8,财政收入为10,城市化水平为10,信息化水平为7。二级指标的权重为:在区域人口指标的二级指标中,常住人口权重为75.5,流动人口权重为16.5,少数民族人口权重为8;在区划指标的二级指标中,地级市区划权重为2,县级区划权重为0.5,乡镇区划权重为91,国家级园区权重为0.5。由于权重测算的方法和计算比较复杂,提出的各种供测算使用指标的权重不是一成不变的,因用途的不同、侧重点的不同、应用区域的不同均可以进行调整改变。

(2)编制总量测算方法

第一,测算编制总量指数。

在公式中,人口数、区划数、GDP、财政收入、城市化水平、信息化水平为变量,其他指标均为常量。

其中,人口数=常住人口数×75.5%+流动人口数×16.5%+少数民族人口数×8%,区划数量=地级市区划数×2%+县级区划数×6.5%+乡镇区划数×91%+国家级园区数×0.5%。

$$编制总量指数=\left(\frac{人口数-全国人口数平均值}{全国人口数标准差}+2\right)×45$$

$$+\left(\frac{区划数-全国区划数平均值}{全国区划数标准差}+2\right)×20$$

$$+\left(\frac{GDP-全国\ GDP\ 平均值}{全国\ GDP\ 标准差}+2\right)×8$$

$$+\left(\frac{财政收入-全国财政收入平均值}{全国财政收入标准差}+2\right)×10$$

$$+\left(\frac{城市化水平-全国城市化水平平均值}{全国城市化水平标准差}+2\right)×10$$

$$+\left(\frac{信息化水平-全国信息化水平平均值}{全国信息化水平标准差}+2\right)×7$$

第二,测算编制总量。

各省份编制总量=各省份编制总量指数/全国编制总量指数×全国编制总量。如果测算省内各地市级编制总量,按照相应口径,用全省或全市指标数据进行替换;如果测算地市内各县级编制总量,按照相应口径,分别用全市或全县指标数据进行替换。

(3)统计分析,建立数理参数模型

采用 SPSS"统计产品与服务解决方案"软件进行统计分析,SPSS 的统计分析功能包括描述性统计、均值比较、一般线性模型、相关性分析、线性回归分析、对数线性模型、聚类分析、数据简化、生存分析、时间序列分析、多重响应等,根据实际需要,主要采用相关性分析、线性回归分析进行统计分析,在统计分析基础上,建立编制总数测算数理参数模型。

第一,数据收集,建立数据库。

对 2021 年甘肃省三市六县区调研的数据、《2021 年甘肃省国民经济和社会发展统计公报》相关数据进行初步整理,作为原始数据,根据前面设定的指标体系,建立 Excel 表格,在 SPSS 统计分析软件"变量视图"中设定指标属性,在"数据视图"中导入 Excel 表格数据,得到编制核定数据库(见表14)。

表 14 甘肃省三市六县情况统计

序号	城市	年度	人口（万人）	国内生产总值(亿元)	财政收入（亿元）	城市化水平（%）	信息化水平（%）	核定在编数（人）
1	兰州市	2020	437.18	2886.74	247.13	83.1	0.66	36170
2	城关区	2020	148.74	1061.23	37.32	98.76	0.85	13499
3	榆中县	2020	47.45	171.74	8.04	49.23	0.42	9304
4	酒泉市	2020	105.5	657.74	36.16	64.2	0.42	6737
5	瓜州县	2020	12.9	96.68	3.49	39.96	0.36	4975
6	敦煌市	2020	18.52	77.77	3.77	70.1	0.64	5303
7	天水市	2020	298	666.9	53.91	45.57	0.57	12852
8	秦州区	2020	65.69	206.22	11.1	65.61	0.61	12841
9	甘谷县	2020	50.59	79.31	3.78	36.26	0.57	12431

第二，相关性分析。

将因变量"在编数"与自变量"人口、国内生产总值、财政收入、城市化水平"之间进行相关性分析，得到因变量与自变量之间的相关情况及关系的密切程度，具体结果如表 15 所示。相关性分析结果显示：人口、国内生产总值、财政收入、城市化水平与在编数呈正相关，且人口、国内生产总值、财政收入、城市化水平与在编数在 0.01 水平上显著正相关。

表 15 相关性分析结果

		人口	区划	国内生产总值	财政收入	城市化水平	信息化水平	在编数
人口	皮尔逊相关性	1	.882**	.898**	.905**	.371	.363	.863**
	Sig.（双尾）		.002	.001	.001	.326	.337	.003
	个案数	9	9	9	9	9	9	9
区划	皮尔逊相关性	.882**	1	.677*	.704*	.124	.043	.577
	Sig.（双尾）	.002		.045	.034	.750	.913	.104
	个案数	9	9	9	9	9	9	9
国内生产总值	皮尔逊相关性	.898**	.677*	1	.976**	.590	.408	.921**
	Sig.（双尾）	.001	.045		.000	.094	.276	.000
	个案数	9	9	9	9	9	9	9

续表

		人口	区划	国内生产总值	财政收入	城市化水平	信息化水平	在编数
财政收入	皮尔逊相关性	.905**	.704*	.976**	1	.448	.291	.942**
	Sig.（双尾）	.001	.034	.000		.227	.448	.000
	个案数	9	9	9	9	9	9	9
城市化水平	皮尔逊相关性	.371	.124	.590	.448	1	.761*	.427
	Sig.（双尾）	.326	.750	.094	.227		.017	.252
	个案数	9	9	9	9	9	9	9
信息化水平	皮尔逊相关性	.363	.043	.408	.291	.761*	1	.426
	Sig.（双尾）	.337	.913	.276	.448	.017		.253
	个案数	9	9	9	9	9	9	9
在编数	皮尔逊相关性	.863**	.577	.921**	.942**	.427	.426	1
	Sig.（双尾）	.003	.104	.000	.000	.252	.253	
	个案数	9	9	9	9	9	9	9

**. 在 0.01 级别（双尾），相关性显著。

*. 在 0.05 级别（双尾），相关性显著。

第三，线性回归分析。

采用线性回归分析，得到编制核定数理参数模型。线性回归分析结果如表 16 所示。模型确定系数 R^2 为 0.979，调整后的确定系数为 0.958，标准误差为 0.833。R^2 值越大所反映的自变量和因变量的共变量比率越高，R^2 越接近于 1，模型与数据的拟合程度越好，说明本次回归模型与数据拟合程度较好。回归平方和为 7.666，残差平方和为 0.334，总平方和为 8.000，F 统计量的值为 7.651，Sig<0.05，可以认为所建立的回归模型有效，具体见表 17。

表 16 模型摘要表

模型摘要[b]

模型	R^2	R^2	调整后 R^2	标准估算的错误
1	.979[a]	.958	.833	.40864577

a. 预测变量：(常量)，城市化水平，人口，信息化水平，区划，财政收入，国内生产总值。

b. 因变量：在编数。

表 17 方差分析

ANOVA[a]

模型		平方和	自由度	均方	F	显著性
1	回归	7.666	6	1.278	7.651	.012[b]
	残差	.334	2	.167		
	总计	8.000	8			

a. 因变量：在编数。
b. 预测变量：(常量), 城市化水平, 人口, 信息化水平, 区划, 财政收入, 国内生产总值。

在编数对人口、区划、国内生产总值、财政收入、城市化水平、信息化水平的回归系数分别为 37.068，−93.114，0.670，91.233，−103.449，10527.529（见表18），得到回归方程，即编制核定数理参数模型，如下：

政府部门"公务员在编制数"＝37.068×人口＋−93.114×区划＋0.670×国内生产总值＋91.233×财政收入＋−103.449×城市化水平＋10527.529×信息化水平＋8281.394。

通过残差分析，检验回归方程。标准化残差呈正态分布，散点在直线上方或下方附近，且靠近直线，说明变量之间呈线性分布，回归方程满足线性以及方差齐次的检验。

表 18 回归系数

系数[a]

模型		未标准化系数		标准化系数	t	显著性
		B	标准错误	Beta		
1	（常量）	8281.394	9476.858		.874	.474
	人口	37.068	84.800	.567	.437	.705
	区划	−93.114	134.722	−.477	−.691	.561
	国内生产总值	.670	13.027	.064	.051	.964
	财政收入	91.233	125.062	.754	.730	.542
	城市化水平	−103.449	208.224	−.228	−.497	.669
	信息化水平	10527.529	29111.559	.168	.362	.752

a. 因变量：在编数。

（4）"理想编制数"的核定

通过等比例转换和调控数校正，得到甘肃三市六区各区域"理想编制数"（见表19）。

表 19 甘肃三市六区编制核定情况

城市	年度	人口（万人）	国内生产总值（亿元）	财政收入（亿元）	城市化水平（%）	信息化水平（%）	核定在编数（人）	理想编制数（人）	调控数（人）
兰州市	2020	437.18	2886.74	247.13	83.1	0.66	36170	36111	−59
城关区	2020	148.74	1061.23	37.32	98.76	0.85	13499	14068	569
榆中县	2020	47.45	171.74	8.04	49.23	0.42	9304	8098	−1206
酒泉市	2020	105.5	657.74	36.16	64.2	0.42	6737	5843	−894
瓜州县	2020	12.9	96.68	3.49	39.96	0.36	4975	8445	1470
敦煌市	2020	18.52	77.77	3.77	70.1	0.64	5303	6965	1662
天水市	2020	298	666.9	53.91	45.57	0.57	12852	13765	913
秦州区	2020	65.69	206.22	11.1	65.61	0.61	12841	10393	−2448
甘谷县	2020	50.59	79.31	3.78	36.26	0.57	12431	11389	−1042

（5）比较及分析

通过线性回归分析、模型确定、调控数校正得到的"理想编制数"与部门原控编数存在一定差异。可能的主要原因是，由于种种条件限制，主要选择2020年的数据作为样本，而2020年由于新冠疫情暴发的影响，甘肃省多数市县财政收入大幅下降，与往年相去甚远，对模型整体的预测性有所影响。但从核定结果与各部门职能变化的评估对比，"理想编制数"基本体现未来公务员人数减少的趋势。如：随着城市化水平的提高，政府市政基础建设不断完善，更多的行政流程智慧化、智能化，机器换人的趋势更加明显，所核定的"理想编制数"较原控编数整体减少。近年来，甘肃省积极推进信息化建设进度，建设数字化政府工程，实现国内生产总值不断提升，随着生产总值的提升，政府又会进一步加大数字化基础设施建设投入，城市化水平不断提升，政府部门工作效率有所提升，所需岗位逐渐减少。总体来看，编制总数核定的结果大致反映出甘肃省三市六区（县）70%以上职能变化规律和编制发展规律，如果在2021年、2022年追加年度指标数据回归，核定编制结果将更加准确，预计通过3—5年数据进行回归分析，可使机构编制与职能职责匹配度达到80%—90%的可信度。但是，不管如何，从现有模型推导结果看，地级市政府编制有一定的调减空间，例如，兰州市可以调减59个编制，酒泉市可以调减894个编制。

(6) 地级市人员编制调整的建议

在机构编制规模上，地级市政府机构编制总量已然不小，继续扩大编制规模的空间不大、可行性很小。因此，优化机构编制，总的原则是，在编制总量既定的条件下，坚持系统思维、效益导向，优化编制结构。①

第一，明确政府部门编制数确定的标准和依据。

按照部门承担的职责性质、复杂程度、服务对象数量、履职半径等因素合理测算岗位与部门的工作量，然后根据工作量饱满的原则确定岗位职责、部门内设机构职责与部门职责，在此基础上确定机构人员编制数量。从地级市政府职能优化的取向上来看，地级市政府弱化了涉农职能，强化了城市建设与发展职能；弱化了微观管理职能，强化了宏观调控职能。在总体上，地级市政府的职能边界有所收缩，所承担的职责和工作量有所缩小，与此相适应，在地级市政府编制总体规模和数量上，也应当有所缩减。

第二，均衡分配各部门及内设机构编制数量。

着力解决政府部门缺编和超编现象并存的不均衡问题，缓解部门职责与编制人员之间的矛盾，即"忙闲不均"的状态。建立工作职责、工作量与编制数量、人员数量配置之间的对应关系，坚持"编由事定，人随事转"的原则，坚持"编制"的公共属性，解决编制资源"部门化"的问题，促进编制资源的有效流动和均衡分配。从地级市政府各部门间的编制配置上来看，要根据各部门优化后的职能职责以及相应的工作量，调整现有的部门编制，对于部分部门，要适当增加编制，如教育局；对于部分部门，要适当缩减编制，如科技局等。在此基础上，可以探索建立动态调整、周转使用的"编制周转池制度"。

第三，科学配置领导职数。

领导职数不应当一刀切，应在统筹地级市政府部门领导职数总量的情况下，根据部门大小以及职责多寡、工作难易程度等来核定领导职数。在科学配置领导职数的过程中，关键是要能够建立较为合理的管理幅度标准，即明确一个领导人员能够直接领导的下属数量。

---

① 朱建华：《数据赋能分类统筹更高效益配置编制资源》，《中国机构改革与管理》2021年第12期。

第四，解决混岗混编问题。

坚持"编由事定，人随事转"的原则，对于借调到行政编制岗位上的事业编制人员，在摸清总量的基础上，设定必要的遴选条件和合理的遴选比例，将其中优秀的人员转为行政编制，其余的事业编制人员则回归原事业单位的本职工作或在事业编制系统内重新分配使用。由这部分人承担的某些工作可以采用政府购买服务的方式来予以解决。

（本课题在调研过程中，得到了甘肃省委编办和三个调研样本市委编办领导的大力支持，省委编办副主任陈贵辉、处长王成军、副处长余恩直接参与调研）

（课题负责人：张文礼；课题组成员：王达梅、刘海兵、白列湖、马龙军、王志祥）

第二篇

机构编制法定化

机构编制法治建设研究

"机构编制法治建设"课题组

一、我国机构编制法律制度体系

(一) 机构编织相关的国家政策

1975年,邓小平在军委扩大会议上指出,编制要严格搞,要切实遵守编制。可以说编制就是法律。在邓小平编制思想中,人员编制具有规范性、普遍性、强制性的法律规范基本特征,编制不能随意变动。[①] 国家机构经过几轮改革,机构编制陷入"精简—膨胀—再精简—再膨胀"的怪圈,机构编制缺乏法律的约束。

党的十三大报告提出:"要完善行政机关组织法,制定行政机关编制法,用法律手段和预算手段控制机构设置和人员编制。"这是我国首次提出制定行政机关编制法的构想。党的十五大报告提出:"深化行政体制改革,实现国家机构组织、职能、编制、工作程序的法定化,严格控制机构膨胀,坚决裁减冗员。"党的十六大报告指出:"按照精简、统一、效能的原则和决策、执行、监督相协调的要求,继续推进政府机构改革,科学规范部门职能,合理设置机构,优化人员结构,实现机构和编制的法定化,切实解决层次过多、职能交叉、人员臃肿、权责脱节和多重多头执法等问题。"党的十六届三中全会通过了《中共中央关于完善社会主义市场经济体制若干问题的决定》,其中指出:"进一步调整各级政府机构设置,理顺职能分工,实现政府职责、机构和编制的法定化。"党的十七届二中全会通过的《关于深化行政管理体制改革的意见》指出,要"建立健全机构编制管理与财政预算、组织人事管理的配合制约机

[①] 吴翔:《邓小平编制管理思想的历史贡献与现实意义》,《邓小平研究》2017年第5期。

制,加强对机构编制执行情况的监督检查,加快推进机构编制管理的法制化进程"。

党的十八届三中全会通过的《中共中央关于全面深化改革若干重大问题的决定》指出,要"推进机构编制管理科学化、规范化、法制化"。2018年,党的十九届三中全会通过的《中共中央关于深化党和国家机构改革的决定》提出:"机构编制法定化是深化党和国家机构改革的重要保障。要依法管理各类组织机构,加快推进机构、职能、权限、程序、责任法定化",并且在"完善党和国家机构法规制度"这一要求中明确指出要"完善党和国家机构法规制度。加强党内法规制度建设,制定中国共产党机构编制工作条例。研究制定机构编制法"。2019年7月5日,习近平总书记在深化党和国家机构改革总结会议上再次强调:"要推进机构编制法定化,依法管理各类组织机构,继续从严从紧控制机构。"

(二) 机构编制相关的党内法规

2019年中共中央印发《中国共产党机构编制工作条例》(以下简称《条例》),《条例》的制定和实施对于落实党管机构编制原则,推进机构编制法定化,提升机构编制工作水平,巩固党治国理政的组织基础具有重要意义。四川、江苏等地党委已经制定了贯彻《条例》的实施办法,落实党对机构编制工作的集中统一领导,加强和规范机构编制工作。《条例》是党管机构编制工作的总的制度规范,党还在多方面颁布了关于机构编制管理的党内法规、党内规范性文件等。

关于机构编制严格控制方面,2007年中共中央办公厅、国务院办公厅联合印发了《关于进一步加强和完善机构编制管理严格控制机构编制的通知》,严格执行中央有关机构编制工作的方针政策,进一步加强和完善机构编制管理,严格控制机构编制。2011年中共中央办公厅、国务院办公厅联合印发了《关于严格控制机构编制的通知》,进一步严格控制机构编制、严肃机构编制纪律。

关于机构编制管理监督方面,2007年中央编办监察部联合印发了《机构编制监督检查工作暂行规定》,规范机构编制监督检查工作,严肃机构编制的纪律;2009年,中央纪委印发了《机构编制违纪行为适用〈中国共产党纪律处分条例〉若干问题的解释》，明确了机构编制违纪行为中，负有责任的人员中的共产党员适用《中国共产党纪律处分条例》的条件和方式，保障中央有关机构编制方针政策和法律法规的贯彻实施；2017年，中央编办印发了《关于加强机构编制违规违纪行为预防工作的意见》，进一步严肃机构编制纪律，坚持惩防并举，在坚决查处违规违纪问题的同时，进一步加强机构编制违规违纪行为预防工作，从源头上杜绝违规违纪问题发生；2020年中共中央办公厅制定了《机构编制监督检查工作办法》，规范机构编制监督检查工作，严格机构编制管理，严明机构编制纪律。

关于机构编制工作的其他具体制度方面，2010年，中央编办印发了《机构编制统计工作规定（试行）》，对机构编制统计工作的内容作出规定；2011年中央编办印发了《中央和国家机关部门职责分工协调办法》，对部门职责分工协调作出规定。2013年中央编办印发《机构编制事项备案办法》，对机构编制事项备案制度作出规定；2016年发布的《中央机构编制委员会关于中央和国家机关实行机构编制实名制管理的意见》则是对中央和国家机关进行机构编制实名制管理的相关问题作出规定；2020年中共中央办公厅制定了《"三定"规定制定和实施办法》，对部门职能配置、内设机构和人员编制的制定和实施作出规定。

（三）机构编制相关国家法律制度

在中央层面，机构编制形成了由宪法、法律、行政法规、部门规章、行政规范性文件等组成的多层级的规范体系。宪法第三章专门对国家机构的设置及其职能作出规定；在法律层面，全国人民代表大会组织法、国务院组织法、监察法、人民法院组织法、人民检察院组织法、地方各级人民代表大会和地方各级人民政府组织法组成了关于机构编制法律制度的主体；在行政法规层面，《国务院行政机构设置和编制管理条例》《地方各级人民政府机构设置和编制管理条例》是中央和地方各级政府机构编制管理的主要法规；在部门规章层面，《行政机关机构编制违法违纪行为政纪处分暂行规定》专门对行政机关及其工作人员的各类机构编制违法违纪行为和量纪标准作出了明确规定；在规范性文件层面，每次机构改革之后国务院印发的《国务院工作规则》都对其组成人员以及职能等问题作出了规定。

在地方层面,主要由地方性法规、地方政府规章构成地方机构编制规范体系的主体(见表1)。

表1 地方层面法律法规文本梳理(部分)

效力级别	名称	发布时间	适用范围
地方性法规	《青海省行政机构设置和编制管理条例》	2004年	行政机构的职能确定、机构设置、人员编制、领导职数的管理和监督
	《云南省机构编制管理条例》	2007年	国家机关、事业单位的机构设置、编制管理以及监督检查
	《广东省行政机构设置和编制管理条例》	2009年	行政机构设置、职责配置、编制核定以及对机构编制工作的监督管理
	《海南省各级国家机关、事业单位机构设置和编制管理条例》	2009年	国家机关、事业单位的机构设置、编制管理以及监督检查
地方政府规章	《河南省机构编制监督检查办法》	2006年	行政机构、事业单位机构编制的监督检查
	《上海市行政机构设置和编制管理办法》	2013年	行政机构的设置、职责配置、编制核定以及对机构编制工作的监督管理
	《安徽省行政机构设置和编制管理规定》	2014年	行政机构的职责配置、机构设置、编制核定以及对机构编制工作的监督管理
	《山东省事业单位机构编制管理规定》	2016年	事业单位的机构编制管理

在机构编制领域,通过分阶段梳理政策文本、分内容梳理党内法规和分层级梳理国家法律的表现,并对其特点进行分析,可基本得出以下几点认识。

首先,从仅仅强调编制权威性到编制法治化的转变。邓小平所说的"编制就是法律"主要是从编制不能随意变动的角度强调了编制本身的权威性。党的十三大开始强调以法律的权威性实现编制的权威性,以法律手段约束机构编制。党的十九届三中全会以来,随着党和国家机构改革的深入,强调发挥党内法规的调整作用,与国家法律共同推进机构编制的法治化建设。

其次,从行政编制到党政群编制的转变。党的十八届三中全会以前,机构编制法定化主要是指行政编制的法定化,属于行政组织法范畴。[①] 党的十八届

---

① 秦奥蕾:《党内法规与国家立法关系中的机构编制法定化》,《法学论坛》2021年第6期。

三中全会通过的《中共中央关于全面深化改革若干重大问题的决定》在"统筹党政群机构改革,理顺部门职责关系"的段落中提出"推进机构编制管理科学化、规范化、法制化",这意味着机构编制中"机构"范围的扩展。党的十九届三中全会明确,"要依法管理各类组织机构,加快推进机构、职能、权限、程序、责任法定化","各类组织机构"包括党和国家机构。换言之,机构编制法定化中"机构"的内涵从行政机关扩大到党和国家机构。

再次,从国家法律到党规国法的转变。党的十八届三中全会以前,机构编制主要是在国家法律的维度上实现法定化的。党的十九届三中全会要求制定中国共产党机构编制工作条例和机构编制法,明确了党内法规和国家法律在机构编制法治建设中共同发挥作用。国家法律和党内法规共同构成中国特色社会主义法治体系,共同服务于全面依法治国的实践需求。在这两个层面推进机构编制法治建设对应着深化党和国家机构改革,即与"机构"的内涵扩大相契合,机构编制法定化中"法"的内涵也从国家法律扩大到党规国法。

最后,从注重控制行政权力到注重国家治理成效的转变。党的十八届三中全会以前,主要是从行政管理体制的层面强调编制法定,从而形成对行政权力的规制。党的十八届三中全会从国家治理体系和治理能力现代化的目标出发,强调编制法定,在法治轨道上提高国家治理成效。党的十九届三中全会提出深化党和国家机构改革是推进国家治理体系和治理能力现代化的一场深刻变革,并明确机构编制法治化对机构改革的保障作用。简言之,机构编制法定化的基本理念从行政管理转变为注重治理成效。

二、机构编制的基本法理

(一)机构编制的概念及属性分析

党的十九届三中全会对新的一轮党政机构改革进行了全面战略部署。机构编制改革作为党和国家机构改革目标的重要组成部分,单独写入了全会通过的《中共中央关于深化党和国家机构改革的决定》,标志着机构编制改革进入了全新阶段,赋予了全新的价值和要求。从机构编制改革的历史变迁来看,改革经历了从"法制化"到"法定化"的演变过程。机构编制资源是重要的政治资源、执政资源,机构编制工作是党的一项重要工作。在新时代中国特色社会主义法治视域下审视机构编制改革，必须以"大法治"思维研究其属性问题，兼顾机构编制的法律属性与因强烈政治属性而具备的党内法规属性。

1. 机构编制法定化的概念界定

"机构编制法定化"本身是一个复合型概念，由"机构""编制""法定化"三个要素组成。其中，"机构"和"编制"是概念构成的基本要素，"法定化"是伴随基本要素发展与改革的变量要素。

（1）机构

"机构"作为概念的基本要素，是机构编制法定化的主体要素之一。根据《现代汉语词典》的解释，所谓"机构"，是指机关、团体等工作单位，也指其内部组织。"从机构改革的特定语境来理解，机构既指具有公权力的机关，也指这些机关的内设机构。"① 既往谈及机构编制法定化往往限于行政机关而言，实际上是政府机构编制法定化事宜。机构编制工作在加强党和国家机构职能体系建设、深化机构改革、优化党的执政资源配置等方面发挥着至关重要的作用，对推进国家治理体系和治理能力现代化具有重大意义。新时代中国特色社会主义法治建设背景下，需要对"机构"作出更为广泛的理解和阐释，即不能仅限于国家行政机关。对此，《条例》第四条明确规定："党和国家机构改革、体制机制和职责调整，各类机关和事业单位的机构、编制、领导职数的配备和调整，适用本条例。前款所称各类机关是指党的机关、人大机关、行政机关、政协机关、监察机关、审判机关、检察机关和各民主党派机关、群团机关。"不难发现，《条例》将"机构"定义为除军事机关以外的其他各类党和国家机关。

（2）编制

"编制"作为概念的另一基本要素，学界对其的定义并未达成一致，目前主要有"一要素说"、"四要素说"以及"五要素说"等多种观点。"一要素说"指出，"编制有广义和狭义之分，狭义的'编制'仅指机构的人员定额和职位分配"；"四要素说"认为，"编制包括机构设置、职责权限、各类工作人员的结构比例及定员等"；"五要素说"则指出，"编制包括机构设置、机构职能、人员定额、职位设置、人员配备标准五个要素"。值得关注的是，官方文件中也对编制作出了较为严格的限定。《地方各级人民政府机构设置和编制管理条

---

① 秦奥蕾：《党内法规与国家立法关系中的机构编制法定化》，《法学论坛》2021年第6期。

例》第二十八条规定:"本条例所称编制,是指机构编制管理机关核定的行政机构和事业单位的人员数额和领导职数。"① 这对编制的限定具有较强的指导性,避免对于编制内涵的误解与随意扩张。

(3) 法定化

"法定化"作为概念构成要素的变量,其经历了"法制化"到"法定化"的名称变迁,也经历了"法定化"内涵的深化更新。所谓机构编制管理的法制化,就是要求涉及机构编制管理工作的各项环节与内容严格遵守国家法律的制定,并强调国家立法与法律监督对机构编制工作的重要性。"法定化"的原意也应当指向建立健全国家机构编制方面的法律体系,强调国家立法的重要性。党的十八届四中全会作出的《中共中央关于全面推进依法治国若干重大问题的决定》中提出,"依法执政,既要求党依据宪法法律治国理政,也要求党依据党内法规管党治党",明确了"依法执政"中的"法"范畴的二元化。同时,进一步明确将"形成完善的党内法规体系"与"形成完备的法律规范体系"等一道确立为建设中国特色社会主义法治体系的重要内容。新时代中国特色社会主义法治体系背景下,"法定化"的内涵应当进行必要完善与扩充,不再限定于国家法律法规,而是包括了国家法律和党内法规的系统名称。推进国家治理体系与治理能力现代化背景下,只有坚持党的全面领导才能得以实现宏伟目标,机构编制法定化也只有在国家法律和党内法规两个层面展开,才可能真正实现党和国家机构全面法治化。

2. 机构编制的属性特征

机构编制是党和国家的重要执政资源。自党的十三大起,"机构编制法定化"便已被确立为机构改革的目标和方向,机构编制的法制化建设逐步完善。党的十八大以来,中国特色社会主义法治体系被赋予了全新内涵,机构编制的法定化属性融入了新的理解。对机构编制属性特征的准确把握,是强化二者属性定位,科学规范配置机构权力,统筹制定机构编制党内法规与法律法规的前提保证。

(1) 机构编制的行政属性

机构编制的行政属性是其基本属性,从机构编制的工作特征来看,其本身

---

① 王志颖、杨福忠:《机构编制管理法制化研究》,《河北法学》2018年第1期。

属于行政管理的工作范畴。机构编制的行政属性内涵丰富，包括了机构编制工作要科学配置资源、清晰明确规范、严格程序运行、法律强制保障。

第一，科学配置资源。

机构编制工作是党和国家配置执政资源的一项基础性工作。伴随社会经济的日益发展，必须配置好机构编制这一特殊的执政资源，实现机构编制资源配置满足巩固执政地位、为发展经济服务、维护国家安全等现实需要。党的十九届三中全会明确提出，要统筹使用各类编制资源，加大部门间、地区间编制统筹调配力度。统筹使用和调配机构编制资源，要加大创新挖潜力度，想方设法打破层级领域壁垒，优化编制资源结构，提高使用效率。要建立健全机构编制动态调整和管理评估机制，全面推行实名制管理，发挥好机构编制在管理全流程中的基础性作用。机构编制资源的科学配置，必然涉及对机构编制的总量控制和动态调整。党的十八届三中全会通过的《中共中央关于全面深化改革若干重大问题的决定》提出了控制编制总量的具体要求，指出："严格控制机构编制，严格按规定职数配备领导干部，减少机构数量和领导职数，严格控制财政供养人员总量。"对机构编制数量的控制，是确保机构编制有效管理，提升机构编制整体质量的重要前提。动态调整作为机构编制总量"静态控制"下的"动态平衡"机制，目的是适应社会治理的需要，提高治理能力，保证治理水平。动态调整就是要在保证机构编制总量一定的前提下，通过优化结构，盘活存量，使机构编制的管理和设置符合客观实际，满足改革需要。

第二，清晰明确规范。

清晰明确规范是保证机构编制行政属性得以凸显的基础和前提。建党初期，中国共产党就把健全各级组织机构作为急需做好的一项重点工作。[1] 1930年党的六届三中全会扩大会议决定在苏维埃区域建立中央局，以统一各苏区党的领导。1931年正式成立中华苏维埃共和国临时中央政府并设立中央委员会后，其颁布了一系列法律法规以规范机构编制管理。例如，《地方苏维埃政府的暂行组织条例》《中华苏维埃共和国地方苏维埃暂行组织法》等规范性文本，均对各级苏维埃政府的机构设置、职责任务、人员规模、运行流程等内容进行了规范。改革开放以来，机构编制法制化进程持续加速。20世纪70年代末80

---

[1] 中共中央党史研究室：《中国共产党历史》第一卷（1921—1949），中共党史出版社2011年版，第72页。

年代初开始,全国人大先后制定《中华人民共和国地方各级人民代表大会和地方各级人民政府组织法》《国务院组织法》等宪法性法律,其中《地方各级人民代表大会和地方各级人民政府组织法》经历了多次修改。1997年、2007年《国务院行政机构设置和编制管理条例》《地方各级人民政府机构设置和编制管理条例》等行政法规出台。① 与此同时,部分省、自治区、直辖市制定了机构编制方面的地方性法规或地方政府规章,国务院部分部委也配套制定了专门的部门规章来规范机构编制工作。总体来说,规范性特征是机构编制具有法律属性的重要特征,机构编制的规范性对推动机构编制法定化作出了重要贡献。当然,这并不意味着目前机构编制的规范效果已经达到了高质量水平。调整对象的单一性、规范内容的滞后性、规定表述的原则笼统性,都是现阶段机构编制法定化仍存在的突出问题。2018年2月,《中共中央关于深化党和国家机构改革的决定》对于现阶段机构编制管理中存在的突出问题明确指出,"机构编制科学化、规范化、法定化相对滞后,机构编制管理方式有待改进",并进一步强调了"机构编制法定化"的紧迫性与重要意义。

第三,严格程序运行。

程序性作为行政行为的重要属性,决定了严格程序运行是机构编制行政属性的重要特征。党的十八届三中全会就提出了机构编制管理科学化、规范化、法制化的要求。我国对机构编制依法进行管理,表现出其程序性的特征。本研究经过对相关法律法规的梳理,分析了我国机构编制管理的立法体系。关于机构编制管理的法律、行政法规、地方性法规、政府规章等都按照立法法的法定程序予以制定并颁布。不仅如此,机构编制的管理也具有程序性特征。我国机构编制的相关法律法规中对机构的设置、编制的确定以及相关的监督工作都作出了程序性的规定。以《国务院行政机构设置和编制管理条例》为例,其第五条规定:"国务院行政机构的设立、撤销或者合并,由国务院机构编制管理机关事先组织有关部门和专家进行评估和论证。"在机构设置中加入了专家评估和论证程序。第十九条规定:"国务院行政机构增加或者减少编制,由国务院机构编制管理机关审核方案,报国务院批准。"对编制的确定规定了审核批准程序。第二十二条第二款规定:"国务院行政机构应当每年向国务院机构编制

---

① 秦奥蕾:《党内法规与国家立法关系中的机构编制法定化》,《法学论坛》2021年第6期。

管理机关提供其机构设置和编制管理情况的报告。"明确了机构编制的报告程序。

第四，法律强制保障。

机构编制的强制性是指规范机构编制的法律法规由国家强制力保障实施，违反法律规范的主体应当受到相应的处罚，承担一定的法律责任。从机构编制主体责任追究的角度来看，机构编制具有明显的法律强制性。国家立法层面对机构编制的规范主要"是以法律法规形式调整机构编制的具体管理工作，明确机构编制管理的主体、权限、程序和法律责任"[①]。首先，机构编制的管理有明确的责任主体。例如《国务院行政机构设置和编制管理条例》中第三条第二款规定："国务院机构编制管理机关在国务院领导下，负责国务院行政机构设置和编制管理的具体工作。"再如《地方各级人民政府机构设置和编制管理条例》第五条规定："县级以上各级人民政府机构编制管理机关应当按照管理权限履行管理职责，并对下级机构编制工作进行业务指导和监督。"上述条例对中央和各级地方政府的机构编制管理责任主体作出明确的规定。其次，机构编制的管理有清晰的工作权限。在《深化党和国家机构改革方案》明确机构编制的责任主体后，对责任主体的工作权限作出了严格限制。"凡涉及职能调整，机构、编制和领导职数增减的，统一由机构编制部门审核，按程序报同级机构编制委员会或党委、政府审批，其他任何部门和单位无权决定机构编制事项"，明确了机构编制部门对机构编制资源的专属管理权，是一项排他性权力，避免政出多门和机构编制无序增长，在机构编制法定化过程中，这方面尤其需要强化体现。[②] 最后，机构编制的管理有严格的责任承担。例如《地方各级人民政府机构设置和编制管理条例》第二十七条规定："机构编制管理机关工作人员在机构编制管理工作中滥用职权、玩忽职守、徇私舞弊，构成犯罪的，依法追究刑事责任；尚不构成犯罪的，依法给予处分。"明确了机构编制管理的法律责任。

（2）机构编制的政治属性

机构编制的政治属性是其作为本土资源前提下与生俱来的根本特质。机构

[①] 秦奥蕾：《党内法规与国家立法关系中的机构编制法定化》，《法学论坛》2021年第6期。
[②] 郝颖钰、刘鹏飞：《机构编制法定化的路径思考与建议》，《中国机构改革与管理》2018年第11期。

编制工作是党的一项重要工作。从根据地时期开始,机构编制工作就是在党的领导下进行的。机构编制资源是重要政治资源、执政资源,应该由党中央根据党和国家事业全局需要进行科学配置。2019年,中共中央以党内法规形式颁布了《中国共产党机构编制工作条例》,明确机构编制是重要的政治资源、执政资源,机构编制是党的重要工作,在推进机构编制法定化进程中赋予其全新政治属性的价值内涵。

第一,强调党的领导。

党的领导作为机构编制管理工作的根本特征,体现出机构编制本身的高度政治属性。为加强对机构编制委员会和机构改革的集中领导,理顺机构编制管理和干部管理的体制机制,2018年《中共中央关于深化党和国家机构改革方案》调整优化了机构编制管理的领导体制,将中央机构编制委员会办公室归口中组部管理,作为党中央决策议事协调机构,统筹负责党和国家机构职能编制工作。总之,机构编制工作是为党所有、为党服务的,这高度体现了机构编制所具有的政治属性,这一属性决定了它是一种重要的执政资源。只有将这一重要的执政资源进行合理与科学的配置,才能够使党的执政效能不断提升,执政地位持续巩固。而党内法规作为管党治党的重要依据和理论来源,必须严格规范机构编制的相关工作,通过党内法规的科学制定,强化党对机构编制的绝对领导。正如有学者所指出的,机构编制以国家法律和党内法规为规范基础,主要在于党内法规的任务是落实党管机构编制原则,将党的领导贯彻到机构编制工作中。

第二,强调"三定"权威。

2018年党和国家机构改革取得的重要成果,主要就是对新组建部门和职责调整变化较大部门的"三定"规定。党和国家高度重视"三定"规定的具体落实,强调了"三定"规定的权威性和严肃性问题。"没有规矩,不成方圆。'三定'规定是党内法规,对明确部门职能定位、规范部门权力运行、强化机构编制刚性约束具有重要意义。"2019年8月,《中国共产党机构编制工作条例》从机构编制管理的基本原则、领导体制、管理程序和监督问责等制度规范层面为建立健全机构编制管理体系奠定了基础。这意味着,今后党内法规对某一具体机关职能机构编制的约束,将从以往传统上使用的"三定"方案和机构改革方案统一调整为"三定"规定,以进一步增强其规范性和约束力,更好适应机构编制法定化的要求。纵观机构编制关于"三定"规定的历史，不难发现，"国务院部门的机构编制在实践中经历了由国家立法规定向由党内法规规定的转变"①。过去机构编制管理涉及"三定"的规定主要是由国务院部门以国务院办公厅文件形式发布，如《国务院办公厅关于印发〈司法部主要职责内设机构和人员编制规定〉的通知》等。直至2018年党和国家机构改革中，"三定"规定在形式上不再以国务院名义或以国务院办公厅文件形式发布，而是以中共中央文件形式发布。究其原因，一是由于部门职责机构编制的部分调整，二是因为涉及某一部门"三定"规定的上位依据属于党内法规，故不再适合以国办文件发布。

第三，强调党政融合。

党政机构融合是当下我国党和国家机构改革的主要形式，党政机构融合中的合署办公在我国具有一定的历史传统。党的十九届三中全会召开，党政机构融合在合署办公的基础上进行了突破，根据治理需求形成了多种类型的党政机构融合形式。党的十九届三中全会通过了《深化党和国家机构改革方案》，突破了党政合署办公的形式，开拓了多种党政机构融合的新形式。对此有学者进行了分析，并总结出五种党政机构融合的类型。第一种类型是党的统领。对深化改革、依法治国等关系党和国家事业全局的重大工作，党中央设置决策议事协调机构，如中央组建全面依法治国委员会。第二种类型是党政合并设立，也有学者将其称为"机构并入型"党政机构融合。在涉及党的组织、意识形态、民族宗教事务等方面的工作中党政机构合并设立。例如将国家公务员局并入中央组织部，但中央组织部对外保留国家公务员局牌子。第三种类型是归口管理，也有学者将其称为"归口领导型"党政机构融合。此种形式把某一政府机构置于党的机构直接领导之下，但仍保留自身的组织完整性，该机构无论在形式上还是实质上都是行政机关。如将国家民族事务委员会归口中央统战部领导。第四种类型是合署办公，即传统党政机构融合的形式。第五种类型是"党政合一型"，即一个机构、一块牌子，同时作为党和政府的机构，如部分地区的信访机构，其名称便直接表述为"××党委××人民政府信访办公室"。②

---

① 秦奥蕾：《党内法规与国家立法关系中的机构编制法定化》，《法学论坛》2021年第6期。
② 金国坤：《党政机构统筹改革与行政法理论的发展》，《行政法学研究》2018年第5期；林鸿潮：《党政机构融合与行政法的回应》，《当代法学》2019年第4期。

党政机构融合是体现机构编制政治属性特征的直接表现。首先，党政机构融合加强了党的全面领导。当前的党政机构融合突破了原有机构改革限制在行政机构内的界限，通过党委主管突出党的领导。尤其是在组织、宣传、纪律检查等重点方面，通过党政关系的调整，为实现党的全面领导进行了改革。其次，党政机构融合以职能中心主义为导向，促进党的机构和政府机构双向协同。党政机构融合形式上是机构间的合并或者合署，实质上是针对不同机构同类职能的调整，是职权与职责的调整。最后，党政机构融合是职能、机构、人员的三重整合。

（二）机构编制管理的基础理论分析

1. 机构编制法治建设中研究科层制的原因

机构编制属于行政组织学的研究范畴，对其进行研究离不开行政组织理论。所谓编制是指一个单位或系统内部的机构设置、职责权限、各类工作人员的结构比例及定员等。[①] 单从核心概念来看，机构编制主要涉及机构和人员的数量问题，关注的核心是行政组织理论中的静态内容。但是行政组织不只是一个静态的躯壳，而是一个活生生的整体，需要在行政活动过程中表现它的功能。[②] 对于机构编制而言，机构编制管理是一种权力行使的活动，表现为动态的过程。因此，研究机构编制应当从政府组织运行模式的理论分析入手，从整体到局部对机构编制及其管理的理论基础进行探讨。

在行政管理学基础理论中，从伍德罗·威尔逊的《行政学之研究》到古德诺的《政治与行政》，政治与行政二分法的体系被系统性地确立，政治通过政策对国家意志进行表达，而行政主要对政策予以执行，由此使行政学更具备了科学性、技术性。在行政组织方面，韦伯通过社会学的理想类型的研究方法将合法权威分为传统型权威、魅力型权威以及法理型权威，其中法理型权威的统治又以行政团队基于科层制的统治为最理想的类型。机构编制管理作为以机构设置、人员比例及定额为管理对象的行政管理学内容，其理论研究自然应当关注行政团队组织理论。具体到中国行政组织运行的现状而言，现代中国运行着世界上最为庞大的官僚制度，这是中国特色社会主义制度发挥显著优势的基

[①] 孟鸿志等：《中国行政组织法通论》，中国政法大学出版社2001年版，第137页。
[②] 徐晓林、田穗生：《行政学原理》，华中科技大学出版社2004年版，第100页。

础;中国能够实行全国"一盘棋"和集中力量办大事,能够取得经济快速发展和社会长期稳定两大奇迹,与此制度安排密不可分。① 因此,科层制的研究应当成为探究机构编制中行政组织理论的重要内容。

2. 科层制的特征、优势与弊端

科层制中的"科"是业务的类别,而"层"是上下之间的等级。科层制是依据职能对组织内部进行分工,依据职位对其进行分层,以规则作为管理主体的组织模式和管理方式。在韦伯的研究中,"合法"和"理性"作为其政治社会学的核心概念。其中合法性规定了机构中权威的特征性基础,这种权威产生于正当程序。② 理性或者是合理性则被韦伯分为目的—价值合理性以及形式—实质合理性,而理性科层制是指现代科层制在目的合理性和形式合理性方面的发展,而传统管理形式恰恰是价值合理性和实质合理性的体现。③

(1) 科层制的特征

科层制是一种理想的组织形式,应当具备如下特征:第一,组织内部分工明确。在组织中横向的权力上有清晰明确的分工,部门间的职权、职责有各自的范围。组织任务明确且部门间能够相互配合,从而减少摩擦,提高组织的工作效率。第二,职位或权力的分层。此种特征表现为组织中成员的等级制,即在纵向的依据层级而划分的劳动分工中,不同职位上的成员之间也需有明确的权限。上下级职位之间形成权威体系,下级在履行职责的过程中对上级负责,接受上级的指挥;上级则对下级实施管理,形成一种金字塔式的组织等级结构。第三,按正式规章进行工作的非人格化。在科层制组织内部有一套正式的规章制度,这些正式规章按照实现组织目标、完善组织功能的要求而建立。成员们的活动或工作需按照规章中的规定进行,不受个人偏好的影响,排除个人感情和任意的因素。第四,成员的职业化。科层制中行政管理人员是一种专门的职业,这种职业即是其在组织中的职务。并且科层制中的人员通过考试进行录用,领取薪金,是职业化的公职人员。第五,成员的专业化。成员是因为具有专业技术资格而被选中,并依据职责进行培训。第六,统一的晋升标准。科

---

① 王亚华:《国家治理现代化新要求与机构编制管理改革》,《中国机构改革与管理》2020年第1期。
② 戴维·比瑟姆:《马克斯·韦伯与现代政治理论》,徐鸿宾、徐京辉、康立伟译,浙江人民出版社1989年版,第66页。
③ 张建平:《马克斯·韦伯科层制思想解析》,《社会科学论坛》2016年第4期。

层制中的人员晋升有统一的标准,其薪金应与责任和工作能力相适应,其升迁是根据年资和政绩进行评定。

(2) 科层制的优势

通过对科层制特征的分析可以总结出其优势之所在。首先,科层制可以保障组织的严密性和高效性。科层制中权力的分层结构,下级对上级负责,上级对下级的指导、监督等特征保障了组织成为一个严密的体系。并且组织为能人结构,成员为具有专业资格、能够胜任本职位的人员,这些人员照章办事,组织通过规章进行管理,如此便减少了成员间的摩擦,提升了组织运行效率。其次,科层制保障组织结构具有合理性。科层制的组织结构和管理方式遵循事本主义原则,将工作作为核心进行构建和管理。在管理方式上采用正式规章进行管理,如此便排除了个人因素的影响,形成一种非人格化的、具有工具理性的组织结构和管理方式。最后,科层制组织具有稳定性和普遍性。第一,"借助于提供有规则的晋升机会的职业结构,公职成为一种专职的、领薪的职业"[1],如此便形成组织成员的职业化。再加之专业知识的运用以及标准化的晋升渠道,使得组织能够稳定运行。第二,科层制在不同地区经过多年的实践,已经具有一定的普遍适用的价值。

(3) 科层制的弊端

与"家长制"这种传统的组织形式相比,科层制在效率、稳定、平等等方面具有较大的优势。但是科层制的负面功能也同样不能忽视。首先,科层制会影响、限制政府公务人员的积极性。科层制对目的理性的追求排除了个体的情感因素,用事本主义将组织成员限制在固定的工作范围,成员照章办事、行为僵化,只关注程序,做官样文章,对外界的变化不能够迅速有效地面对并作出回应。其次,科层制会造成形式主义,影响效率。严密的层级和职能分类以及严格的规则适用使科层制组织中成员之间的沟通变得烦琐,影响效率。一些组织成员把规则当成组织目标,出现"目标置换"现象,在实践中则会出现为执行规则而产生的文山会海、人浮于事等现象,并且容易形成"官僚主义人格"。最后,科层制模式带来组织的自我扩张。在科层制模式下的西方政府组织几乎

---

[1] 戴维·毕瑟姆:《官僚制》,韩志明、张毅译,吉林人民出版社2005年版,第4页。

都经历了机构臃肿、人员膨胀、财政开支增加的问题。这些问题与社会的发展有关，但也有科层制自身的原因，以细致的劳动分工为基础的分层设科的组织形式使得科层制出现了自我扩张的运动趋势。

3. 克服科层制弊端的中国实践

随着市场经济的确立与社会的不断发展，科层制所带来的弊端在我国也逐渐显现。改革开放以来，我国进行了多次政府机构改革，都围绕着对政府规模的控制以及政府职能的转变进行。在多年的实践中，我国探索出一条适合自身特点的道路，克服了科层制发展中的弊端。这一道路主要分为两个方面：第一，在党的全面领导下，我国政府的组织形式和管理模式并非完全依照科层制的体系架构进行构建，而是探索建立了属于中国的政府组织和治理模式。第二，在多次机构改革中，我国不断强调通过法治建设的方式对机构编制的扩张进行控制。

（1）以中国的组织和治理模式克服科层制的消极僵化和形式主义

党的十八大以来，中国政府在增加民生福祉等方面取得的成就在实践层面证实了党和政府在克服科层制消极僵化、形式主义等弊端所选择的道路和方式的正确性，这导致在学理层面的研究发生变化。学者们对中国政府组织体制的研究逐步转向，从套用韦伯科层制标准的研究转变为面向中国治理实际，试图探索属于中国的组织和治理模式的研究。有学者从中国官员的激励考核机制这一微观视角入手，认为中国的政府组织体制融价值理性与工具理性于一体，既有现代官僚制的组织形式，又有现代官僚组织所不具有的价值精神。而这种价值理性的强化是中国共产党的领导所带来的。该学者认为这种组织体制是一种复合官僚制。[1] 瑞典学者博·罗斯坦也同样意识到了中国共产党的领导在政府组织中的重要作用。他提出，尽管表面看来中国反腐败在国际组织评分中不高，似乎缺乏符合西方价值的"民主"，但中国政府仍有能力提高税收，从而能够对教育、卫生设施与基础设施等公共产品进行大量投入，这种现象即为"中国式悖论"。博·罗斯坦认为韦伯式官僚才是推动国家发展所需的核心制度因素这一理论并不适用于中国。在中国的国家治理中，中国共产党的影响显著

---

[1] 张璋：《复合官僚制：中国政府治理的微观基础》，《公共管理与政策评论》2015年第4期。

存在于政府部门，公务员接受一种意识形态与政策目标混合的政绩考核方式。这种组织方式被其归为"干部制"，并且干部制的组织形式正是文章所提出的"中国式悖论"的答案。① 上述理论分析是对中国治理实践的总结，无论是"复合官僚制"的提出，还是"干部制"的分析，都在理论上准确抓住我国破解科层制困境的关键因素，即党的领导。党管干部、党管人才等原则在政府机构中的贯彻为政府的组织模式和治理模式注入了价值理性，由此，为政府组织内的领导干部及成员，特别是党员领导干部明确了其所要追求的目标。这种模式以使命感增加组织成员的积极性和责任感，关注治理的实际效果，克服科层制中的消极僵化和形式主义。

（2）以机构编制法治建设控制政府组织的膨胀趋势

自"编制就是法律"提出以来，我国便确立了通过法治建设来控制机构膨胀的道路。在实践中，党的政策要求以"法定化"或"法制化"来对机构编制进行管理，以解决机构编制"精简—膨胀—再精简—再膨胀"的问题。而在机构编制法治建设的实践中始终体现着法律控权论这一理论在限制机构膨胀中的作用。首先，机构编制的法定化以法律明确机构的职权、人员数额与比例。机构编制是机构中人员的定额与比例，也是机构的设置及职责权限，机构编制法定化是将机构的职责、人员定额与结构比例以法律的形式确定下来，但这里的"确定"是指对机构编制的控制。② 机构编制法制化是将机构编制的管理与控制纳入法制轨道，而机构编制法制化之所以能够控制权力也与其控制机构的职能权限有关。"因事定人"是机构编制管理的一项重要原则。以德国为例，最常用的是以职位分析的方法来确定机构编制。德国将政府的管理职能分解为若干项，将这些职能和职位进行归大类，在此基础上决定管理机构的设置。因而只有在依法扩大职能、增加任务和相应增加职位的情况下，才能增加编制。③ 因此，机构编制法定化虽然看上去是人员定额和结构比例依法确定，但实质上却是机构职权的法定化，就是在法治轨道上控制机构的职能权限。其次，机构编制法治建设除控制机构的职权、人员等内容外，还包含有对机构编制管理本

---

① 博·罗斯坦：《经济增长与政府质量的中国式悖论——"韦伯式"科层制与中国特色"干部制"》，臧雷振编译，《经济社会体制比较》2016 年第 3 期。
② 应松年：《行政机关编制法的法律地位》，《行政法学研究》1993 年第 1 期。
③ 王芳、谭景辉：《德国机构编制管理及其借鉴意义》，《行政管理改革》2020 年第 7 期。

身这项权力的控制。实践工作中机构编制管理"人治"现象严重的问题一直以来被理论界与实务界所诟病。"人治"背后所隐藏的正是机构编制管理权力的不受控制,从而带来机构臃肿、权力交叉重叠、权责不清等一系列连锁反应。而纠正"人治"及其所带来的负面影响的方式正是法治。法治的明确性、可预期性、科学性、稳定性、社会凝聚力以及统一性和普遍适用性①都能成为消除"人治"弊端的有力武器。在这中间,法治的明确性使机构编制管理的内容以法律的形式予以确定并公布,杜绝了人治的不可知性;法治的可预期性为机构编制管理者制定了行动的方案,为对其监督提供了基础;法治的科学性使机构编制管理工作更具专业性,限制了权力乱作为的可能;法治的稳定性则限制了机构编制管理中人治的随意性;法治的统一性和普遍适用性则确保机构编制相关规范制定并实施的公平和公正性。综上所述,机构编制法治建设中蕴含着控权的思想,同时,在不断加强法治建设的进程中又保障控权目的的实现。

4. 在机构编制法治建设中贯彻党的全面领导

如上文所述,我国通过党的领导以及机构编制的法治建设的方式克服科层制的弊端。但二者并非是相互割裂的,而是应该在机构编制法治建设中贯彻党的领导。党的十九届三中全会为此提出了具体的要求:"加强党内法规制度建设,制定中国共产党机构编制工作条例。研究制定机构编制法。"通过党内法规和国家法律共同管理机构编制。从党政机构改革角度来看,在党的领导下,党规国法共管机构编制在本质上是党政关系问题。而在具体的制度体系建设方面则应落脚于党内法规与国家法律二者的关系上。机构编制法治建设的过程中,在"党的全面领导""依规治党""党管干部""党管人才"等原则指导下不能"抛弃"法律单纯建设党内法规体系。同时在机构编制法定化的要求下也不能简单地将"党内法规纳入国法体系"。那么就需要党内法规与国家法律的衔接协调来保障二者相辅相成、相互促进、相互保障,共同在机构编制法治建设中发挥作用,起到"一加一大于二"的效果。

如将机构编制法治建设中贯彻党的全面领导聚焦于党内法规与国家法律的衔接协调,那么法律控权理论则不能较为全面地为机构编制法治建设提供理论支撑。因为其不能全面阐释党在机构编制管理中的重要作用,正如有学者所提

---

① 王利明:《迈向法治——从法律体系到法治体系》,中国人民大学出版社2015年版,第60—62页。

出的,若以系统主义的眼光和视角来考量"中国特色社会主义法治体系",即可发现,在这一体系内部存在着诸多的子元素。传统意义上国法构成的体系无法完全满足社会治理的实际需求。① 因此,在机构编制法治建设研究中应当引入系统法学理论作为理论基础。具体而言,在系统法学研究方面,有学者在时间维度上梳理、总结了相关研究的三种理想类型:党内法规和国家法律二元界分的"性质-归属"范式,党内法规和国家法律规范体系衔接的"功能-结构"范式,法治和系统语境下党内法规与国家法律一体化的"规范-系统"范式。② 而对于机构编制法治建设这一内容来说,法治和系统语境下的"规范-系统"范式无疑能够更加全面地阐释当前机构编制法治建设中的机理。其原因如上文所述,中国的国家治理模式和政府组织模式有着自身鲜明的特点,并不是单纯的西方式理论能够完全阐述清楚的,而这一特征最主要的表现就是党的全面领导,在具体方式上体现为依规治党与依法治国的有机统一。在"规范-系统"范式下分析具有中国特色的治理模式和政府组织模式的破题点就在于其关注党内法规体系与国家法律体系作为中国法治体系这一系统下的两个子系统的相互作用。在面向实践的机构编制管理方面,由于党和国家机构改革实践的不断推进以及相关政策文件的明确要求,党内法规与国家法律双系统的交叉与互动表现尤为明显,也亟待理论的完善与回应。因此,在机构编制法治建设的研究中,应当注重以系统法学理论的视角研究党规与国法的关系,如此才能更好发挥二者在机构编制管理中的作用。

三、机构编制管理机构的法定化进程

(一)机构编制管理机构的历史演进

有国家机关和国家行政管理,就有机构编制管理工作,但有关专门负责机构编制的机构,我国是在新中国成立后才出现并不断发展演变的(见表2)。具体来讲,我国机构编制管理机构的发展主要分为如下阶段。

---

① 高鹏怀、廉睿:《国家治理现代化视阈下"党内法规"与"国家法"良性共存机制的建构路径》,《保定学院学报》2018年第1期。
② 牟利成、肖金明:《从性质"二元"到系统关联:党内法规与国家法律关系研究的范式转换》,《当代世界社会主义问题》2021年第2期。

表 2 中央机构编制管理部门的简要变迁史①

时间	机构设置	职能与备注
1949 年 12 月	政务院编制审查委员会	中央政府各部门及其所属单位的机构和人员编制
1950 年 3 月	全国编制委员会	全国地方国家机关编制（办事机构隶属财政部，1952 年转入人事部）
1954 年 12 月	国务院编制审查委员会	1955 年 1 月更名为国务院编制工资委员会
1955 年 2 月	国务院编制工资委员会	中央和地方国家机关行政/事业编制，制定人员工资标准和工资制度。1955 年 3 月成立省级编制委员会，统一管理所属各级行政、事业编制和企业机关的编制
1956 年 9 月	国务院编制委员会	国务院编制工资委员会更名为国务院编制委员会
1963 年 5 月	国家编制委员会	国务院直属机构（下设办公室、中央编制处、地方编制处、事业编制处）
1970 年 6 月	—	国家编制委员会被撤销，工作交由国务院办公室管理
1978 年 10 月	国家编制委员会	国家编制委员会恢复设立，1982 年机构改革后并入劳动人事部（内设编制局）
1988 年 6 月	国家机构编制委员会	机构编制管理和机构改革的综合协调监督机构，与人事部合署办公
1991 年 7 月	中央机构编制委员会	中央直属机关编制委员会及其办事机构、国家编制委员会合并
2018 年 3 月	中央机构编制委员会	中央机构编制委员会及其办事机构归口中组部

1. 第一阶段：1949—1955 年

1949 年 12 月，政务院成立了政务院及其所属单位机构编制审查委员会，负责了解和审核政务院各行政部门以及所属企事业单位的机构设置和人员编制。至 1950 年 3 月，政务院为争取财政收支平衡，节约行政开支，紧缩军政公教人员的编制，成立全国编制委员会，主要是负责管理全国地方编制，办事机构设在财政部。1950 年 9 月，中央人民政府委员会第九次会议决定成立人事部，政务院及其所属单位机构编制审查委员会的日常事务即由人事部承担。

为了进一步促进机构编制的规范化，1954 年 12 月，国务院决定成立国务院编制审查委员会（1955 年 1 月更名为国务院编制工资委员会），负责管理中

---

① 杨志云：《新时代的机构编制管理：战略定位、辩证关系与改革路径》，《天津行政学院学报》2020 年第 1 期。

央和地方国家机关的行政、事业编制,制定国家机关工作人员的工资标准及各自制度。

2. 第二阶段：1956—1966 年

1956 年，国务院决定，各项行政编制从 1957 年起实行分级统一管理，各级行政机构的机构编制调整方案应分级统一进行规划。此后，编制管理体制从"集中统一"变为"统一领导、分级负责"的体制，基本上采取条块结合、以块为主的方式，实行中央和省（区、市）两级管理的体制，中央和省（区、市）均设置编制管理机构。1962 年 2 月，国务院编制委员会办公室拟订了各级国家机关的机构和人员的精简方案，经党中央、国务院批准下达执行。中共中央在这个文件的批示中指出：为了加强编制的管理，各省、市、自治区必须建立、健全编制委员会，加强领导，建立严格的审批制度。根据过去的经验，各级编制委员会不仅要管好行政编制，也要把事业编制管起来，以便统一管理、严格控制。今后各级国家机关及其所属事业单位增设机构、增加编制，必须经过编制委员会审核，专报党委和政府批准。同时中央决定成立国家机关编制小组，负责调查研究有关全国行政编制方面的问题，随时向中央反映情况，提出意见，处理这方面的日常事务。1963 年 5 月，第二届全国人大常委会第九十七次会议批准将国家编制委员会作为国务院直属机构的方案，列入国务院常设机构序列，具体负责机构编制管理工作。

3. 第三阶段：1978—1991 年

1978 年 10 月，党中央、国务院批准《关于恢复国家编制委员会的建议》，即此时全国行政机构编制工作仍由之前被撤销的国家编制委员会予以管理。直至 1982 年 5 月，国家编制委员会被撤销，其与国家劳动总局、国家人事局、国务院科技干部局合并组成劳动人事部，内设编制局。随着改革开放的进行，1987 年 12 月，为组织制定和实施国务院机构改革方案，中央决定成立国务院机构改革办公室。次年 6 月，国务院决定成立国家机构编制委员会，与国务院机构改革办公室一个机构、两块牌子。办公室的日常工作由人事部中央机构编制管理司和地方机构编制管理司承担。

到 1991 年，为了加强中央对全国机构编制的领导，理顺各方面的关系，加强集中统一管理，严格控制机构编制膨胀，推进机构改革和行政管理体制改革，党中央、国务院决定成立中央机构编制委员会。中央编委是党中央的议事协调机构，在党中央、国务院领导下负责全国行政管理体制和机构改革以及机构编制工作，统一管理全国党政机关，人大、政协、法院、检察院机关，各民主党派、人民团体机关及事业单位的机构编制工作。中央机构编制委员会办公室是中央编委的常设办事机构，在中央编委领导下负责全国行政管理体制和机构改革以及机构编制的日常管理工作。

（二）机构编制管理工作的发展趋势

首先，机构编制的变革是随着社会和行政发展需要而展开的。通过上述历史发展进程，可以发现机构编制的变革与国家机构改革密不可分。改革开放以来，中央部门集中进行了4次改革，国务院机构则集中进行了7次改革。而2018年以来的党和国家机构改革更是一次全方位、大力度、深层次的重大改革。机构改革的持续深入推进和机构职能的合理有效配置都离不开科学化、规范化的机构编制。因此，加强机构编制法定化，通过国家立法与党内法规的制定尽可能实现机构编制制度的总体稳定，有利于执政能力的现代化和行政的高效化，同时也有利于为后续的机构改革留下必要空间。①

其次，机构编制的管理权逐渐由行政机关转向党政机关。自新中国成立以来，国家机构经过多轮改革，但改革中行政权主导下的机构编制管理不能完全到位，改革后机构编制人员数额反弹，机构、职能、权限、程序、责任缺乏有效约束的情形难以得到解决。因此，自20世纪90年代后，为了更好地利用机构编制这一政治资源和执政资源，实现对国家的有效治理，机构编制的管理权逐渐由行政主导变为党的领导与统筹。

最后，机构编制逐步走向法定化、规范化道路。就国家立法方面来看，《中华人民共和国地方各级人民代表大会和地方各级人民政府组织法》经历多次修改。1997年《国务院行政机构设置和编制管理条例》、2007年《地方各级人民政府机构设置和编制管理条例》等行政法规出台。同时，一些省、自治区、直辖市制定了机构编制方面的地方性法规或地方政府规章，有的国务院组成部门制定了专门的部门规章。这些立法的出台，对推动机构编制法定化发挥了重要作用。而从党内法规上来看，2007年中共中央办公厅、国务院办公厅

---

① 秦奥蕾：《党内法规与国家立法关系中的机构编制法定化》，《法学论坛》2021年第6期。

《关于进一步加强和完善机构编制管理严格控制机构编制的通知》，2011年中共中央办公厅、国务院办公厅《关于严格控制机构编制的通知》都对机构编制作出了相应规定。2018年党和国家机构改革后，2019年8月5日中共中央印发的《中国共产党机构编制工作条例》作为兼具实体性与程序性内容、统领机构编制领域各项法规制度的基础主干党内法规，为机构编制工作建立了基本制度遵循。

（三）发展变革的原因分析

首先，是推进国家治理体系和治理能力现代化的必然要求。机构设置和人员编制属于影响制度执行能力的中观和微观方面，是影响国家治理能力现代化的重要因素。[①] 新时代国家治理现代化建设的鲜明特色是，把系统构造国家治理的制度体系作为总抓手，加强总体谋划和统筹安排，力求为国家长治久安提供一整套更完备、更稳定、更管用的制度体系。[②] 因此，为更好地推进机构编制管理适应国家治理体系和治理能力的现代化发展，就必须既改革不适应实践发展要求的体制机制，又不断构建新的体制机制，使之更加科学合理、更加完善。自党的十八大以来，机构编制工作主动融入国家治理现代化的大格局，系统谋划推进机构改革，统筹配置机构编制资源，通过进一步完善党和国家机构职能体系，为新时代事业发展取得历史性成就、发生历史性变革提供了有力的体制支持。

其次，有利于有效解决我国机构编制管理工作中存在的难点问题。自改革开放以来，我国几乎每隔五年就进行一次机构改革，每次机构改革中都试图通过精简机构压缩编制来解决机构交叉、膨胀等问题。但每次改革后又会出现新的机构，进而使得机构编制始终走不出"精简—膨胀—再精简—再膨胀"的怪圈，而造成以上现象的主要原因就在于行政主导的机构编制管理其自身存在固有缺陷。因此，为了从根本上解决机构编制不规范的问题，应当加强党对机构编制的领导和统筹。随着新时代事业发展变化，严控机构编制与满足事业发展需要的矛盾日益突出。为了实现机构编制"严控总量、统筹使用、有减有增、

---

① 王志颖、杨福忠：《机构编制管理法制化研究》，《河北法学》2018年第1期。
② 梁远：《治理变革体制保障——在国家治理发展进程中放眼党的机构编制工作》，《中国机构改革与管理》2021年第10期。

动态平衡、保证重点、服务发展"的目标,加强党对机构编制管理的全面领导和统筹协调、加大编制保障力度,通过大幅调整充实了纪检监察机关及其派驻机构、巡视机构的编制配备,从而使机构编制管理适应党和国家重大工作部署的新要求。

最后,能够有效巩固和保障机构编制改革的成果。要解决改革中遇到的机构设置、职能配置中的深层次矛盾和问题,巩固发展已经取得的改革成果、建立新的机构职能体系,需要推进落实机构编制法定化,① 加快推进机构、职能、权限、程序、责任法定化,全面梳理现有的机构编制法规制度,做好"立改废释"并细化完善"三定"规定以充分发挥党内法规的作用是巩固和保障机构改革成果的有效措施。我国机构改革工作的持续深入推进,使得其对机构设置、职能配置更加科学合理有了更加迫切的需求,为保证改革成果并推动未来机构改革的进行,应大力推进机构编制法定化和机构编制管理的规范化。

(四)党领导统筹下机构编制管理的法治化路径

在当前社会发展过程中,机构编制资源是重要的政治资源和执政资源,在全面深化改革的新时代,机构编制管理需要站在巩固党治国理政的战略高度,实现"管牢"和"管活"的双重目标。面对机构改革和现代化治理所带来的严峻挑战,进一步推进机构编制法定化是全面依法治国和深化行政体制改革的必然要求,也是统筹使用各类编制资源、创新机构编制管理、提高机构管理效能的重要举措。

首先,加快党内法规的制定和国家立法以保障机构编制管理的规范性。《中共中央关于深化党和国家机构改革的决定》提出完善党和国家机构法规制度,以增强"三定"规定严肃性和权威性。2019年8月,《中国共产党机构编制工作条例》从机构编制管理的基本原则、领导体制、管理程序和监督问责等制度规范层面为建立健全机构编制管理体系奠定了基础。坚持依法治国和依规治党有机统一是依法执政的重要原则,是全面依法治国的重要内容,也是推进国家治理体系和治理能力现代化的必然要求。对机构编制的国家立法和党内法规建设进行统筹考虑的目标,使机构编制国家立法和党内法规建设相互协调,

---

① 秦奥蕾:《党内法规与国家立法关系中的机构编制法定化》,《法学论坛》2021年第6期。

使党内法规和国家立法两个方面的功能在机构编制工作都得到充分发挥,并且形成有效互补。

其次,党要在顶层设计方面统筹机构编制配置,从而提高编制资源有效性。《中共中央关于深化党和国家机构改革的决定》提出"强化党对机构编制工作的集中统一领导,统筹使用各类编制资源,加大部门间、地区间编制统筹调配力度,满足党和国家事业发展需要"。在全新的历史发展方位,机构编制的管理和配置不再是单向维度下行政权一家之事,其涉及社会、政治和行政等多个维度,因此需要党在更高层次上对机构编制的内外、党政、不同层级及不同地区等多个维度实现对机构编制的有效统筹和配置,从而促进国家治理体系和治理能力的现代化发展。

最后,加强党的监督,从而保证机构编制管理工作的法治化发展。加强党内政治监督,推进党的纪律检查体制和国家监察体制改革。当前新一轮的机构改革呈现出党政融合的突出特征,这一特征很容易使机构编制的配置和管理脱离法治轨道,因此为了保证机构编制的法治化道路,有效制约党内政治权力运行,健全党内政治监督机制,推动党内政治监督的规范化、制度化、程序化是题中应有之义。

四、机构编制法治建设中党规和国家法律的衔接

本文在明确党内法规与国家法律的独立性与一致性的基础上,对党内法规与国家法律的关系进行类型化构建,为具体探讨机构编制中党规与国法的关系提供一般性框架。具体到机构编制领域,机构编制法治建设中党规与国法应确立为并行关系,并从立规立法、执规执法和监督保障三个方面推进二者之间的衔接与协调。

(一)党内法规和国家法律的关系

1. 党内法规与国家法律的独立性

党内法规与国家法律统一于中国特色社会主义法治体系,但就各自的性质以及体系特征来看,二者具有明显的区别,相互之间具有一定的独立性,因此二者不能混淆。党内法规与国家法律的独立性主要体现在制定主体、调整对

象、制定程序、实施保障等方面。首先,在制定主体上,党内法规的制定主体为党的中央组织,中央纪律检查委员会以及党中央工作机关和省、自治区、直辖市党委。即使是更广泛意义上的党内规范性文件,其制定主体也是各级党组织。而广义的国家法律体系则包括法律、行政法规、部门规章、地方性法规、地方政府规章以及行政规范性文件等,各自具有不同的制定主体,总体上来看,分别由立法机关和行政机关予以制定。其次,在调整对象上,党内法规规范的是中国共产党的组织、领导、自身建设以及监督保障等方面的内容,调整的是党务关系,目的在于规范党组织的工作、活动和党员的行为,而国家法律调整的是特定的社会关系,适用于全体公民及非自然人组织。再次,在制定程序上,党内法规的制定程序大体包括规划与计划、起草、审批与发布等环节,而国家法律的制定程序则包括提议、起草、提案、审议、表决和公布等法定程序。最后,在实施保障上,党内法规以党的纪律保障实施,而国家法律则由国家强制力保障实施。

2. 党内法规与国家法律的一致性

党内法规与国家法律之间的独立性否定了将二者进行混同的观念,但在二者相对独立的基础上不能忽视一致性,而这种一致性正是党内法规与国家法律进行衔接、协调和转化的基础。党内法规与国家法律的一致性表现在内在基础和外在表现两个方面。所谓内在基础,是指党内法规与国家法律具有共同的政治基础、理论基础和价值基础。政治基础是指党内法规与国家法律都是为了贯彻、执行和落实党的理念、方针和政策,都是中国特色社会主义法治体系的构成部分,是推进中国治理体系和治理能力现代化的制度支撑;理论基础是指党内法规与国家法律适用主体虽然存在差别,但均主要是通过规范、指引和惩戒适用对象的行为来发挥作用的;价值基础是指党内法规和国家法律都以法治作为价值追求,以公平正义、自由平等作为实质价值,以普遍性、平等性、稳定性和可预期性作为形式价值。所谓外在表现,即党内法规与国家法律在制定与实施过程中存在同一、相似或重叠现象,如在表现形式上,党内法规的名称为党章、准则、条例、规定、办法、规则、细则,而国家法律采用"法""条例""办法""规定""细则"等名称,二者有相似之处。又如在调整对象上,党章要求党必须在宪法和法律的范围内活动,而党员则需要遵守国家的法律法规。换言之,党员和党组织都是党内法规和国家法律调整和规范的对象。

3. 党内法规与国家法律关系的类型

根据调整事项的不同,以及现行党内法规和国家法律针对某一领域进行规范的现实表现,党内法规与国家法律的关系可类型化为并行关系、交叉关系和一体关系。第一,并行关系。并行关系侧重于党内法规与国家法律因调整领域的不同而呈现出的"各自规范、并行不悖"的样态,换言之,党内法规调整纯粹的党内事务,主要是指党的自身建设领域,而国家法律也仅调整纯粹的国家事务,如《中华人民共和国立法法》第八条规定的应当通过制定法律来调整的事项。第二,交叉关系。交叉关系侧重于党内法规与国家法律对同一事务进行调整的状态,包括先后关系、互补关系和转化关系。先后关系是指党内法规与国家法律对同一事务进行调整时在阶段或环节上有先后之分,两类规范前后衔接共同构成一个系统完备的制度闭环。以领导干部选拔任用为例,《党政领导干部选拔任用工作条例》等党内法规对党政领导干部的推荐提名等前置事项作出规定,后由国家法律对该推荐人选按照法定程序进行选举、任职、考核和罢免。互补关系是指党内法规对国家法律制度文本或理念的细化补充,反之亦然。以监察体制改革进程为例,中共中央办公厅先后印发国家监察体制改革试点方案和决定,确立了国家监察体制改革的方向和目标,后监察法、监察法实施条例等国家法律对国家监察体制的建立与运行作出细化规定。转换关系是指党内法规对应由国家法律调整的事项进行先行先试,待条件成熟后再将党内法规转化为国家法律。以国家官员个人财产申报制度为例,由于立法条件尚不成熟,先以《领导干部报告个人有关事项规定》等党内法规的形式建立起领导干部收入、房产、投资等事项的报告制度,待条件成熟后,再制定国家官员财产申报法律规范。第三,一体关系。一体关系是指通过党政联合发文的方式对特定领域或事项进行统一规定所形成的党规与国法关系样态。如在安全生产等特定领域,《地方党政领导干部安全生产责任制规定》《地方党政领导干部食品安全责任制规定》等党政联合制定发布的规定成为该领域的制度性规范。

(二)机构编制中党内法规与国家法律的衔接

机构编制中党内法规与国家法律的衔接,有两项前提条件:一是厘清目前机构编制中党内法规与国家法律的关系,这是就实然层面而言;二是从应然层面即理论上明晰机构编制中党内法规与国家法律的关系。首先,如上所述,党内法规与国家法律的关系主要取决于调整事项的性质内容。在机构编制中探讨党内法规与国家法律的关系，首先要明确机构编制中"机构"的范围，即该机构仅限于国家机构，还是也包括党的机构。党的十九大提出，要"统筹考虑各类机构设置，科学配置党政部门及内设机构权力、明确职责。统筹使用各类编制资源，形成科学合理的管理体制，完善国家机构组织法"；党的十九届三中全会通过的《中共中央关于深化党和国家机构改革的决定》进一步强调，要"完善党和国家机构法规制度"，因此，在推进机构编制法定化背景下，应将各类党和国家机关的机构编制工作作为一个整体纳入法治化轨道中。

与此同时，机构编制的现行制度规范既包括国家法律，也包括党内法规，且由党内法规而不是国家法律来进行调整是一个明显的趋势。在国家法律方面，主要包括《地方各级人民代表大会和地方各级人民政府组织法》（1979）、《国务院组织法》（1982）、《国务院行政机构设置和编制管理条例》（1997）、《地方各级人民政府机构设置和编制管理条例》（2007），主要规范行政机构编制工作，且规定较为笼统；在党内法规方面，随着党和国家机构改革的推进，中共中央办公厅、国务院办公厅印发《关于进一步加强和完善机构编制管理严格控制机构编制的通知》（2007）、《关于严格控制机构编制的通知》（2011），中共中央印发的《中国共产党机构编制工作条例》（2019）是机构编制领域的基础主干性党内法规。而在针对特定机关或机构的"三定"规定上，在中央层面也通常是采取中共中央办公厅发文或者中共中央办公厅、国务院办公厅联合发文的形式。可见，机构编制规范形式在实践中经历着由国家法律向党内法规的转变，这与党规国法的功能差异和机构内涵的扩充有关。综上，对照前述党内法规与国家法律的关系类型，在机构编制中党内法规与国家法律的关系为交叉关系或一体关系。这是当前党规与国法关系在机构编制中的现实表现。

然而，在机构编制中，党内法规与国家法律关系的理论建构应综合考虑党规与国法的功能差异与机构编制内涵两个要素。首先，在功能上，应确立党内法规重点在于明确党对机构编制工作的领导，并将党的领导这一原则贯彻到具体工作中，而国家法律则应侧重于机构编制的具体管理工作，包括机构编制管理的主体、权限、程序和法律责任等；其次，机构编制的内涵是囊括了各类党和国家机关在内的全面的机构类型，包括党、政府、人大、政协、司法、群团、社会组织、事业单位、跨军地，以及中央和地方各层级机构。有鉴于此，在机构编制法定化要求下，党内法规与国家法律的关系应界定为并行关系，即应明确党内法规与国家法律在功能和调整范围上的差异，党内法规不应对属于国家法律调整范围内的事项作出具体规定，国家法律也不能对应由党内法规调整的事项作出规定。具体来说，在党内法规方面，《中国共产党机构编制工作条例》在党组织内部机构编制工作中居于统领性地位，并对各级党组织机构编制工作发挥规范作用；在国家立法方面可出台机构编制法，作为国家机构编制工作的基础性法律，对各级国家机构的机构编制制度和工作进行调整。这是党内法规与国家法律在机构编制中分工负责的一种表现。在此基础上，应当加强二者的制度衔接。一是应在机构编制法中明确党的领导地位。《中共中央关于加强党的政治建设的意见》中指出，"贯彻落实宪法规定，制定和修改有关法律法规要明确党领导相关工作的法律地位"，在机构编制法中确认党的领导地位不仅是国家立法的一般要求，更是机构编制法与《中国共产党机构编制工作条例》相协调，以党管机构编制、党管人才目标的内在需要。二是对《中国共产党机构编制工作条例》中涉及国家机构编制工作中的部分，以及其他以中共中央办公厅发文或中共中央办公厅、国务院办公厅联合发文的形式涉及国家机构编制工作的内容进行删改，根据需要及时转化为国家法律来进行调整。综上，机构编制中党内法规与国家法律的关系在理论架构上应明确为并行关系。

机构编制中党内法规与国家法律的衔接并不仅仅是静态意义上的文本层面的对接，而应该是构建涵盖立规立法、执规执法和监督保障等多环节的动态衔接机制，才能真正实现在机构编制法定化进程中党规与国法的深度协同和有效联动。

1. 立规立法的联动机制

在立规与立法层面需要建立联动机制。建立联动机制的目的有二：一是在党规与国法的制定阶段分清二者的管辖范围，厘定二者的权力边界，避免出现越位规范的现象；二是通过建立联动机制，使制定内容相协调，制定环节有序进行，避免出现内容或程序冲突的情况。立规立法的联动机制应主要包括三大内容：一是制定主体的沟通协调机制，如在中央层面，可以以中央党内法规工作联席会议制度为平台，由中央办公厅法规局与全国人大常委会法工委等相关部门进行沟通，就综合性中央党内法规的制定工作进行统筹协调；二是备案审查联动机制，要打破传统的各自备案模式，实现党内法规的合法性审查和国家法律的合规性审查共同推进；三是规范冲突处理联动机制，对于党内法规与国家法律内容相冲突，或国家法律与党的方针政策或党内法规相矛盾的现象，要及时协调处理，加以纠正。

在机构编制领域，中共中央已于2019年印发了《中国共产党机构编制工作条例》，作为一项统领机构编制工作的党内法规，还通过中共中央办公厅发文或中共中央办公厅、国务院办公厅联合发文的形式印发了多部党内法规以及党的规范性文件，对机构编制的个别具体事项进行规定。此外，中央机构编制委员会及其办公室也根据自身职权和管理的需要印发了一系列文件，如《关于地方事业编制挖潜创新服务发展的指导意见》（2017）等。如上所述，我国关于机构编制的国家立法年代相对较早，《国务院行政机构设置和编制管理条例》《地方各级人民政府机构设置和编制管理条例》分别于1997年、2007年颁布。在党和国家机构改革的大背景下，上述两部行政法规的立法内容明显滞后于实践发展，且其规定原则性较强，致使在编制管理实践中约束力度成效有限。为此，党的十九届三中全会针对性地提出要"研究制定机构编制法"，解决我国机构编制规范性、统一性不足的问题。无论是机构编制法等一般性法律的制定，还是配套性法律法规制度的建设，从党内法规与国家法律衔接的角度来看，都需要建立健全制定主体沟通协调机制、备案审查联动机制和冲突处理联动机制。

2. 执规执法的互动机制

制度的生命力在于实施，相比于立规立法在制度层面的联动机制，执规执法的衔接因涉及第三方主体的利益和不同的客观环境而更显复杂性和必要性。推动党内法规和国家法律在执行过程中保持良好互动关系，是维护制度权威、提升执行效果与实现公平正义的客观要求。健全执规执法的互动机制应包括三个方面：一是在机构上可探索建立联动执行小组，根据不同层级、领域、部门的实际需要，在科学的横向分权和纵向分级的基础上，在执规主体和执法主体间以执行小组的形式进行配对；二是健全案件移送处理机制，执规主体在作出党纪处分决定并按照规定给予政务处分后，应及时移送执法主体依法处理，反之亦然，要坚决杜绝对涉嫌违法犯罪的党员作出党纪处分后不予移送的情形；三是通过建立信息数据库等方式加强党员违纪违法行为的信息共享，实现资源共享，提高执规执法效率。

在机构编制领域，强化执规执法的互动机制具有突出重要性。第一，各级机构编制委员会为机构编制管理机关，编委会下设办公室，即各级编办。党的十九届三中全会调整中央编办的管理体制，《深化党和国家机构改革方案》明确中央编办作为中央编委的办事机构，列党中央办事机构序列，归口中央组织部管理。地方各级编办作为编委的办事机构，列党委办事机构序列，归口本级党委组织部管理。这一调整改变了以往编办列入党委机构序列，同时也作为政府工作机构的组织设置。在这一背景下，机构编制管理机关及其下设办公室作为党的机构在执规执法时首先要解决党内法规与国家法律的衔接问题。第二，党委和政府在机构编制事项上的权限划分并不明晰，以地方为例，《地方各级人民政府机构设置和编制管理条例》中规定，"行政机构之间对职责划分有异议的，应当主动协商解决。协商不一致的，应当提请本级人民政府机构编制管理机关提出协调意见，由机构编制管理机关报本级人民政府决定"，而《中国共产党机构编制工作条例》又规定"各地区各部门党委（党组）根据规定的职责权限，负责本地区本部门的机构编制工作"。换言之，在机构编制管理过程中，必须合理确定权力主体，协调相关主体的权限划分，实现权责的法定化和相统一。

3. 监督保障的协同机制

党内法规与国家法律的衔接协调成效需要有评判与审查制度，对于衔接不够紧密，甚至出现冲突或不一致的问题要求能够及时有效解决。监督保障的协调机制主要包括两个方面，一是建立联合清理机制。改革开放后我国经历多次较大规模的党和国家机构改革，作为改革依据的党规与国法也不断发生变化，部分内容严重滞后于实践发展需求，因此应尝试建立党规与国法联合清理机制，对与当前政策相违背的党规或国法以及相关条款进行系统性的清理，使党规之间、党规与国法之间、国法之间、党规和国法与政策之间能够做到统一协调。二是要建立立法后联合评估机制。通过建立和运用科学的评估标准、方法和程序，对党内法规和国家法律的制度文本、执行情况和实施效果进行精准评估，发现不衔接不协调的突出问题，并提供针对性的解决方案。

在机构编制领域，尤其要加强对机关编制国家立法的评估和清理，无论是全国人大制定的组织法，还是国务院及其部门制定的行政法规、部门规章，或地方制定的地方性法规或地方政府规章，总体来说制定时间较早，其内容明显滞后于当前党和国家机构改革的实践。因此，应对机构编制国家立法进行全面评估，对欠缺合法性与合理性、滞后于实践发展的法律法规要作出宣布失效或废止的清理决定。除此之外，要注重理顺机构编制中的党纪与国法责任，实现两种责任类型的无缝衔接。如根据《国务院行政机构设置和编制管理条例》《地方各级人民政府机构设置和编制管理条例》的相关规定，对违反机构编制管理相关规定达到法定条件的应依法给予行政处分，机构编制管理机关工作人员在机构编制管理工作中滥用职权、玩忽职守、徇私舞弊，构成犯罪的，依法追究刑事责任。而在《中国共产党机构编制工作条例》中对违反条例的行为可以给予通报批评、责令限期纠正、予以纠正等处理措施。对有关责任人，可以采取约谈、责令说明情况、下达告诫书等处理措施。出现上述规定情况，应按照《中国共产党问责条例》《中国共产党纪律处分条例》追究责任。针对机构编制违法违规行为，纪在法前、纪比法严应确立为党内法规与国家法律衔接的基本原则，在强调纪法相对分离的理论前提下构建完备的纪法贯通机制，实现在机构编制领域中党纪、政纪和法纪的协调联动。

机构编制法定化是党和国家改革的重要目标，实现这一目标的重要前提是理顺机构编制领域中党内法规与国家法律的关系，并在此基础上建构二者的衔接协调机制。衔接机制的构建应是在党内法规与国家法律衔接协调的一般路径上根据机构编制的特点进行系统构建，并根据党和国家机构改革实践需要而不断加以创新与完善。

（课题负责人：王敬波；课题组成员：孟祥瑞、曹诚喜、鲁泽汉、牛姝丽、梁柏栋、于昊）

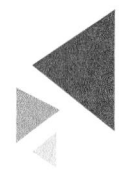

第三篇

重点领域体制机制改革创新

深化综合行政执法体制改革研究

重庆市委编办课题组

行政执法是党重要的执政手段和方式，与发展密切相关，与民心密切相通，与社会稳定密切相连。作为优化行政执法权配置的综合行政执法改革不仅关系到党的长期执政能力建设和党群关系构建，也关系到国家治理体系和治理能力现代化建设和经济社会持续健康发展，对新时代党治国理政具有重要作用。从1996年行政处罚法推行相对集中行政处罚权试点至今已有20多年，综合行政执法改革取得了诸多成效，也面临着不少困难，特别是在党的十九届四中全会将综合行政执法作为构建政府治理体系重要内容的背景下，改革进行到了"关键十字路口"。因此，对综合行政执法相关基础理论进行研究，对改革进程进行总结回顾，对问题进行剖析，并提出有针对性的政策建议，很迫切也很有必要。

本研究贯彻落实党的十九大和十九届二中、三中、四中、五中全会精神及中央全面依法治国工作会议精神，以中央确定的综合行政执法体制改革精神为指导，围绕深化综合行政执法体制改革主题，以"理论溯源—历史沿革—域外经验—问题成因—政策推演"为基本思路，分为"行政执法基本概念和基础理论研究""我国综合行政执法改革的演进及地方特色做法""域外行政执法体制简述和启示借鉴""深化综合行政执法体制改革面临的新要求和现实问题""深化综合行政执法体制改革的对策建议"5个研究部分。

本研究注重理论与实践相结合，强调对行政执法基本概念和基础理论的厘清，从根源上剖析行政执法和综合行政执法体制，搭建起整体理论框架，认为在综合行政执法改革的语境下，行政执法是"行政处罚、行政强制行为的权力综合体"；综合行政执法的本质是在"条块管理"体制下对行政执法权的相对剥离与重新配置。总结分析行政执法改革的历史演变、实践经验，从法律政策等制度层面对行政执法体制进行概括性描述，"点面结合"分析其历史演进过程，提炼其演进逻辑，尽量做到行政执法和综合行政执法体制"发展历程"一目了然。将20多年的综合行政执法改革，分为"相对集中行政处罚权试点阶段""综合行政执法改革小范围试点阶段""综合行政执法改革全面推开阶段""综合行政执法改革深入实施阶段"4个历史阶段，介绍了重庆市、江苏省、四川省成都市、贵州省遵义市的实践经验。

本研究充分学习借鉴域外行政执法的经验教训，着重分析了德国、法国、美国、英国、俄罗斯5个国家行政执法体制及改革特色做法，归纳总结出对我国有借鉴意义的经验和启示。在突出目标导向的同时，以问题导向为重点，注重研究改革推进过程中需要解决的突出矛盾和问题。以行政执法体制、行政执法机构和人员编制、执法职责、违法案件和执法能力为对象，在开展实证研究，作出评估评价基础上，针对各地工作中的矛盾、困难，从法律制度供给、体制机制构建、权限划分、机构编制管理、执法效能和理念等方面对目前综合行政执法体制存在的问题进行分析、揭示成因。以新时代新要求为导向，提出深化改革的政策建议。

一、行政执法基本概念和基础理论研究

（一）行政执法

1. 行政执法概念的法规政策分析

（1）执法界定从"执行刑事法律"到"执行宪法和法律"再到"依法行政"的演进

对执法含义进行追溯，大致可分为三个阶段。第一阶段，将执法等同于司法机关执行刑事法律。改革开放前，为维护新的社会秩序，刑法受到高度的重视。在这种导向下，人们对法律的理解仅停留在刑法上，认为执法机关只有"公、检、法"三部门，执法也仅指执行刑事法律。第二阶段，将执法等同于执行宪法或法律的行为，将立法与执法并列使用。随着经济社会的发展与市场经济的出现，一些调整民事关系和行政关系的法律规范逐步增多，行政机关执行法律的活动也被称为执法，并开始遵循"有法可依、有法必依、执法必严、违法必究"的法治方略。第三阶段，执法主要指依法行政，执法与立法、司法作为并行概念使用。随着依法行政的发展与法治政府建设的加强，国家机关间的分工更加明确。执法中的司法职能逐步剥离,执法主要限定于依法行政领域,主要指行政机关执行行政领域法律,并提出"科学立法、严格执法、公正司法、全民守法"的法治方略(见表1)。

表1 党的全国代表大会、中共中央全会报告中关于"执法"表述的摘录

文件名称	关于"执法"的表述
党的十一届三中全会报告(1978年)	应该集中力量制定刑法、民法、诉讼法和其他各种必要的法律,并且加强检察机关和司法机关,做到有法可依,有法必依,执法必严,违法必究。
党的十二大报告(1982年)	无
党的十三大报告(1987年)	抓紧建立完备的经济法规体系,并加强司法、严肃执法。对企业、市场和各经济部门,都要实行必要的监督、管理,整顿和加强财经纪律,以保护消费者和生产者的合法权益,维护国家的全局利益。
党的十四大报告(1992年)	高度重视法制建设。加强立法工作,特别是抓紧制定与完善保障改革开放、加强宏观经济管理、规范微观经济行为的法律和法规。要严格执行宪法和法律,加强执法监督,坚决纠正以言代法、以罚代刑等现象,保障人民法院和检察院依法独立进行审判和检察。加强政法部门自身建设,提高人员素质和执法水平。
党的十五大报告(1997年)	加强法制建设。坚持有法可依、有法必依、执法必严、违法必究,是党和国家事业顺利发展的必然要求。加强立法工作,提高立法质量,到2010年形成有中国特色社会主义法律体系。一切政府机关都必须依法行政,切实保障公民权利,实行执法责任制和评议考核制。推进司法改革,从制度上保证司法机关依法独立公正地行使审判权和检察权,建立冤案、错案责任追究制度。加强执法和司法队伍建设。
党的十六大报告(2002年)	加强社会主义法制建设。坚持有法可依、有法必依、执法必严、违法必究。加强对执法活动的监督,推进依法行政,维护司法公正,提高执法水平,确保法律的严格实施。推进司法体制改革。建设一支政治坚定、业务精通、作风优良、执法公正的司法队伍。
党的十七大报告(2007年)	全面落实依法治国基本方略,加快建设社会主义法治国家。要坚持科学立法、民主立法,完善中国特色社会主义法律体系。加强宪法和法律实施,推进依法行政。深化司法体制改革,优化司法职权配置,规范司法行为,保证审判机关、检察机关依法独立公正地行使审判权、检察权。加强政法队伍建设,做到严格、公正、文明执法。

续表

文件名称	关于"执法"的表述
党的十八大报告（2012年）	全面推进依法治国。法治是治国理政的基本方式。要推进科学立法、严格执法、公正司法、全民守法，坚持法律面前人人平等，保证有法必依、执法必严、违法必究。完善中国特色社会主义法律体系，加强重点领域立法，拓展人民有序参与立法途径。推进依法行政，切实做到严格规范公正文明执法。进一步深化司法体制改革，坚持和完善中国特色社会主义司法制度，确保审判机关、检察机关依法独立公正行使审判权、检察权。
党的十八届四中全会报告（2014年）	实现科学立法、严格执法、公正司法、全民守法，促进国家治理体系和治理能力现代化。坚持严格规范公正文明执法。明确具体操作流程，重点规范行政许可、行政处罚、行政强制、行政征收、行政收费、行政检查等执法行为。
党的十九大报告（2017年）	科学立法、严格执法、公正司法、全民守法深入推进，法治国家、法治政府、法治社会建设相互促进，中国特色社会主义法治体系日益完善，全社会法治观念明显增强。
党的十九届四中全会报告（2019年）	完善国家行政体制。以推进国家机构职能优化协同高效为着力点，优化行政决策、行政执行、行政组织、行政监督体制。深化行政执法体制改革。
党的二十大报告（2022年）	深化行政执法体制改革，全面推进严格规范公正文明执法，加大关系群众切身利益的重点领域执法力度，完善行政执法程序，健全行政裁量基准。强化行政执法监督机制和能力建设，严格落实行政执法责任制和责任追究制度。完善基层综合执法体制机制。
党的二十届三中全会决定（2024年）	深化行政执法体制改革，完善基层综合执法体制机制，健全行政执法监督体制机制。完善行政处罚等领域行政裁量权基准制度，推动行政执法标准跨区域衔接。

（2）将行政执法界定为"行政机关依法行使职权履行职责的多项具体行政行为"

行政执法被认为是实施法律法规、依法管理经济社会事务的主要途径，将行政执法等同于行政机关依法行使职权、履行职责的多项具体行政行为，包括行政许可、行政处罚、行政强制、行政检查、行政征收、行政确认等，将行政立法、行政司法行为排除在外。常出现于中共中央、国务院发布的系列文件、相关干部人事管理规范之中（见表2）。其中论及行政执法时大多与行政立法、行政决策、行政监督等概念并列。比如，2008年发布的《国务院关于加强市县政府依法行政的决定》、2019年发布的《行政执法类公务员职级设置管理办法（试行）》等。

表2　法治政府建设、相关干部人事管理文件中关于"行政执法"界定的摘录

文件名称	关于"行政执法"的界定
《国务院关于加强市县政府依法行政的决定》	三、完善市县政府行政决策机制（行政决策）；四、建立健全规范性文件监督管理制度；（行政立法）；五、严格行政执法（行政执法）
《国务院关于加强法治政府建设的意见》	三、加强和改进制度建设（行政立法）；四、坚持依法科学民主决策（行政决策）；五、严格规范公正文明执法（行政执法），严格依法履行职责。各级行政机关要自觉在宪法和法律范围内活动，严格依照法定权限和程序行使权力、履行职责。要全面履行政府职能，更加重视社会管理和公共服务；六、全面推进政务公开；七、强化行政监督和问责（行政监督）
《法治政府建设实施纲要（2015—2020年）》	（二）完善依法行政制度体系（行政立法）；（三）推进行政决策科学化、民主化、法治化（行政决策）；（四）坚持严格规范公正文明执法（行政执法）：推广运用说服教育、劝导示范、行政指导、行政奖励等非强制性执法手段
《行政执法类公务员管理规定（试行）》	第二条　本规定所称行政执法类公务员，是指依照法律、法规对行政相对人直接履行行政许可、行政处罚、行政强制、行政征收、行政收费、行政检查等执法职责的公务员，其职责具有执行性、强制性
《行政执法类公务员职级设置管理办法（试行）》	第二条　行政执法类公务员是指依照法律法规对行政相对人直接履行行政许可、行政处罚、行政强制、行政征收、行政收费、行政检查等执法职责的公务员，其职责具有执行性、强制性

（3）将行政执法中"对违法行为进行惩戒制裁的活动"抽象出来使用

狭义上的行政执法主要指行政机关为适应社会管理秩序需要，依法对行政相对人履行义务情况实施检查以及对违法行为予以惩戒、制裁的活动，一般包括行政处罚、行政强制等行政行为，偶尔包括行政许可、行政征收等行为。这一界定在政府法制实践中仍在一定范围使用，主要是为了确定相应工作范围，如在推进综合行政执法等政策文件中（见表3）。

表3　综合行政执法改革的相关文件摘录

文件名称	主要内容
《国务院办公厅转发中央编办关于清理整顿行政执法队伍实行综合行政执法试点工作意见的通知》	进一步转变政府部门与行政执法机构的职能和管理方式，实现政策制定职能与监督处罚职能相对分开，监督处罚职能与技术检验职能相对分开，实行综合行政执法。

续表

文件名称	主要内容
《全面推进依法行政实施纲要》	继续开展相对集中行政处罚权工作，积极探索相对集中行政许可权，推进综合行政执法试点。
《农业部关于全面加强农业执法扎实推进综合执法的意见》	综合的职能主要是行政处罚权。综合行政执法机构主要行使执法环节中的行政处罚权，行政许可、行业管理、检验检测等仍由原专业管理机构承担。
《中共中央、国务院关于深入推进城市执法体制改革改进城市管理工作的指导意见》	重点在与群众生产生活密切相关、执法频率高、多头执法扰民问题突出、专业技术要求适宜、与城市管理密切相关且需要集中行使行政处罚权的领域推行综合行政执法。
《关于开展综合行政执法体制改革试点工作意见的通知》	探索整合部门间相同相近的执法职能。试点工作涉及相对集中处罚权、强制权等的，按照行政处罚法、行政强制法等，以及国务院有关文件的规定履行报批手续。

2. 行政执法概念的理论归纳

行政执法理论上的归纳根源于行政执法实践。行政执法一词无论在理论还是实践中使用频率都很高，但其具体含义在理论界始终未得到明确界定，选择的研究视角不同，对行政执法的理解也不相同。① 经过梳理发现，对行政执法的概念认可度较高的几种观点大致如下。

（1）广义视角

从立法、执法、司法权力配置的角度看，"行政执法"是指国家行政机关执行宪法和法律的总体，具体包括行政立法、行政决策和行政执行等。因此，"它包括了全部的执行宪法和法律的行为，既包括中央政府的所有活动，也包括地方政府的所有活动，其中有行政决策行为、行政立法行为以及执行法律和实施国家行政管理的行政执行行为"②。在此种意义上，行政执法与行政是同义词，行政即行政执法。

（2）中义视角

有学者对行政执法的概念进行适当限缩，认为"行政执法是指行政机关及其行政执法人员为了实现国家行政管理目的，依照法定职权和法定程序，执行

---

① 姜明安：《行政执法研究》，北京大学出版社2004年版，第6—7页。
② 许崇德、皮纯协：《新中国行政法学研究综述》，法律出版社1991年版，第292页。

法律法规和规章，直接对特定的行政相对人和特定的行政事务采取措施并影响其权利义务的行为；行政执法不包括行政机关制定行政法规和规章等行政立法行为以及解决和处理争议和与行政管理密切相关的民事争议的行政司法行为；行政执法是与行政立法、行政司法相对应的"①。在此种意义上，行政执法与具体行政行为是同义词，一般包括行政许可、行政征收、行政处罚、行政强制、行政检查等行为。

（3）狭义视角

是否所有的具体行政行为都适宜称为"行政执法"，区分它们的具体标准如何，中义的视角不能很好解决上述问题。对此，实务界作出了回应。如前所述，在目前的综合行政执法改革中，将综合的范围限定在行政处罚、行政检查、行政强制三种主要行政职权是主要做法。② 在此种意义上，综合行政执法是行政强制、行政处罚和行政检查的权力综合体。

（4）各视角综合评述

首先，广义视角下行政执法概念的使用情形特殊。一般而言，将"行政执法"同"行政"直接等同，多是为了强调立法、执法、司法三者的不同之处，尤其是为了强调行政本身主要是执行法律而非创设法律的特点。其背后体现的是依宪治国和依法行政的精神内核，体现了现代行政需要依照法定职权、职责作出相关行为。因此，广义视角下行政执法概念的使用具有较强的语境背景，并非在所有讨论中都可以运用。其次，中义视角是为了对行政权具体内容进行区分，从而产生了该立场下的行政执法概念。这种立场多见于行政法学这一部门法研究中，较多学者倾向于采用三分法，将"行政"的内容分为行政立法、行政执法、行政司法三部分。其中行政立法指制定规范的行为③，直接处理涉及行政相对人权利义务的各种事务的行为即为行政执法，裁决行政相对人与行政主体之间或行政相对人相互之间的与行政管理有关的纠纷的行为即为行政司法。最后，狭义视角是对中义视角下基于综合行政执法的实践产生的一种理解。强调更多从行政实务角度出发，认为行政处罚、行政强制、行政检查具有

---

① 姜明安：《行政执法研究》，北京大学出版社 2004 年版，第 6—7 页。
② 中办、国办印发的《关于深化文化市场综合行政执法改革的指导意见》《关于深化农业综合行政执法改革的指导意见》等5个综合行政执法改革文件。
③ 此处的制定规范同最广义立场中的立法含义不同，这里仍旧限定在行政法这一视域之内，而非是指权力机关的立法行为。

主动性、执行性和强制性特征，与行政相对人关系也最为密切，最经常、最广泛，能够也适宜综合。不过，对于将行政检查行为纳入综合范围需要从理论上实务上深入探讨。

按照学界一般定义，行政检查是指行政主体基于其享有的行政职权，依法对公民、法人或其他组织守法和履行法定义务的情况进行检查、了解、监督的外部具体行政行为。与行政许可、行政征收、行政给付等行为类似，行政检查是国家为了实现既定的行政管理目标而赋予行政主体的一项重要职权。在实践中，相比纳入综合行政执法，行政检查权由行政主管部门行使更具有比较优势。一是行政检查与行政审批业务密切关联。根据《中华人民共和国行政许可法》第六十一条相关规定，行政机关应当依法对被许可人从事行政许可事项的活动进行监督检查。充分表明行政检查是行政主管部门作出许可决定后，事中事后监管的重要手段，其目的是监督相对人守法和履行法定义务。若检查结果为肯定性的，则行政行为终结，且部门在检查结果有效期内不可重复检查，也不会占用后续行政执法资源，这种包容性强的管理举措会大幅提升行政主管部门的监管效能。二是行政检查不依附于行政处罚、行政强制等高权行为。行政主管部门可以依法直接实施行政检查，行政检查的实施及其效力的发生并不依赖于后续行政行为是否存在。虽然二者存在一定程度的牵连关系，但鉴于行政检查行为实施后，行政检查程序在法律上就已经完结，行政检查并非后续行政处罚、行政强制行为的中间阶段，两者在法律上是彼此独立的。三是行政检查具有一定的专业技术性。行政检查在实施过程中，往往需要监管人员具备一定的专业知识和特殊技能，根据确凿的数据或证据、相应的经验和分析论证对某一事物提出客观、公正和具有权威性的检查结论。比如，对食品药品的检查，除了法律、行政管理知识外，从事行政检查活动的工作人员往往需要具备生物学、药品学、化学、环境学和管理学等方面的专业背景，这些专业技术力量和资源往往集中在行业主管部门，因此由部门履行行政检查职责更为便捷高效。四是行政检查与执法过程中的行政调查之间存在区别。行政调查是阶段性行政程序行为，是行政执法部门为即将作出的行政决定收集证据、采集证据和认定证据的过程，调查本身并未直接影响被调查人实体权利，不属于行政诉讼受案范围和行政复议申请范围；而行政检查是一项具有实体性质的、独立的行政行为，在行政救济程序中属于行政诉讼受案范围和行政复议申请范围。五是行政检查是确保职能部门监管目标的最优路径。行政检查作为行政主管部门重要的监管手段,是行政执法的有效补充,其主要目的就是发现问题,提早预防。预防性功能应当成为职能部门监管活动与普通行政执法方式最明显的差异。作为一种特殊的行政管理方式,行政主管部门通过行政检查中获取的信息,可以及时发现市场监管存在的潜在危险,并及时采取行之有效的措施预防风险,从而减少行政违法案件的发生。通过行政检查的有效实施,政府及相关职能部门在实现治理目标的同时可以大幅降低行政管理成本。综上,行政检查作为一项重要的行政管理职能,应当由行政主管部门行使,不宜纳入综合行政执法范围。

(二) 综合行政执法

1. 综合行政执法的概念

(1) 概念的来源

综合行政执法源于 1996 年行政处罚法确立的相对集中行政处罚权制度。1997 年国务院法制办给北京市的一个复函中首次使用了"城市管理综合行政执法"这一概念。其后,国务院法制办在对所有关于城管领域的改革复函中一直使用"综合行政执法"这个概念。2000 年国务院法制办在深圳召开全国相对集中行政处罚权试点工作座谈会,会议认为综合行政执法包括的内容较多,如行政许可、行政征收、行政处罚、行政强制等,显然不是单纯的行政执法,宣布停止使用城市管理综合行政执法概念。随后《国务院办公厅关于继续做好相对集中行政处罚权试点工作的通知》出台,综合行政执法的提法随即停止。"综合行政执法"再次出现在国务院文件中是 2002 年国务院办公厅转发的《中央编办关于清理整顿行政执法队伍实行综合行政执法试点工作意见的通知》,明确要求调整合并行政执法机构,实行综合行政执法。2003 年,中央编办、国务院法制办联合下发《关于推进相对集中行政处罚权和综合行政执法试点工作有关问题的通知》,明确"相对集中行政处罚权,是根据行政处罚法对部分行政处罚权的相对集中;而综合行政执法则是在相对集中行政处罚权基础上对执法工作的改革"。至此,综合行政执法的概念正式明确下来,是在相对集中行政处罚权基础上对相关执法权的整合,之后的相关改革文件中就一直使用"综合行政执法"这一表述。

（2）概念及特征

综合行政执法对应的执法体制是分散执法。在条块管理的政府组织中，职权配置的结果即是分散执法，纵向上不同层级政府及其组成部门拥有同一事项的管辖权，横向上不同政府部门将目光与视角仅局限于部门执法事项之内，造成重复执法与多头执法的碎片化执法形态。

综合行政执法，则是将不同部门相近相似领域或同一部门内部分散的行政处罚及相关的行政强制等职能整合起来，交给一个行政执法机构进行执法的体制。综合行政执法的实质是执法权限的相对剥离与重新整合，是不同部门的行政执法权及其主体、机制、制度等方面的综合，是行政权力的一种重新整合和让渡，从而达到优化行政执法资源、提高行政执法效能的目的。综合行政执法体制改革的过程就是在纵向上推动扁平化执法、下移执法重心，在横向上推进执法权整合的过程。经过整合以后的行政权力，在权属上发生根本性变化，一个原来不享有权力的组织获得了权力，而原来享有权力的行政主体失去了权力。承受综合行政执法权力的组织可以是原有的某一个部门，也可以是新设的机构。

2. 理论基础

（1）整体性治理——行政执法权的整合

就我国行政管理体制特征而言，纵向上不同层级部门职责同构，横向上各个部门体现严格的专业化分工，权限不同的部门分别组建执法队伍分散执法。这种模式容易导致行政执法活动在横向上显得过于分散，纵向上又趋向雷同。综合行政执法的治理逻辑，则是要推进行政执法从传统分散式"条块管理"向联动式"整体性治理"转变。

整体性治理是继新公共管理运动之后政府治理模式的重要变革。整体性治理旨在通过组织层级整合、职能融合以及公私合作伙伴关系的营造来克服科层制管理下过于强调专业管理、组织分工、层级节制所导致的部门本位主义、管理碎片化等弊端。当下，以整合形式进行整体性治理已经成为现代公共管理改革的基本共识与发展趋势。保证公平和提高效率是整体性理论的价值基础，综合行政执法自身就蕴含着效率优先、兼顾公平的取向逻辑。一方面，综合行政执法所追求的"效率"价值，是试图通过选择成本较低的权力资源配置，实现最优化的公权力资源配置，避免分散执法带来的重复执法、多头执法。另一方面,无论综合行政执法如何改革优化,执法的根本目的是要实现公平正义。综合行政执法有着实现公平正义这一基本立场,是要在确保行政执法公平公正的同时,试图通过合作共享资源来逐步改变传统的分散化、碎片化执法模式,实现公权力资源配置最优化,引导行政执法逐步向整体性治理转变。

(2)"集权—分权"理论——行政执法权的优化

综合行政执法并不是为了综合而综合,也不是对所有执法事项"一刀切"式的综合,而是为了解决实践中容易出现的职责交叉的问题,以整体性治理的视角消解行政执法多头化、交叉化、部门化和碎片化问题。依据现代法治政府理论,无论是行政权力还是执法权力都具有再分割的必要性与可行性。在治理权力格局体系内部,始终存在纵向和横向权力关系两种不同的模式,前者以上下级关系为代表,后者以平行部门关系为代表。但无论是纵向还是横向权力关系之中,单独的一味强调集中或分立都不具有理论合理性。因此,如何在权力关系格局中,思考集权和分权的平衡之道,才是理顺行政执法权力配置关系的关键所在。

"集权—分权"理论在整体性治理理论的基础上,对综合行政执法提出了新的要求:在横向权力关系中,综合行政执法需要将过度分散的部门执法权限统一集中起来。将分散在各个部门的相同或相近的职能作横向合并,以组织内部的协调来代替外部冲突,最终解决"部门分割"问题。同时,集中部门执法权意味着对原本部门行政权的剥离,剥离的程度决定了执法模式的不同设置类型。在纵向权力关系中,上下级政府间的职责同构较突出,综合行政执法对执法权的再配置,需要考虑不同层级政府的职责定位,兼顾执法工作需要和能力水平状况,确定主要执法层级。

二、我国综合行政执法改革的演进及地方特色做法

(一)综合行政执法改革的历史嬗变

以 1996 年行政处罚法颁布为标志,国家着力推动综合行政执法改革,并审慎扩面和不断深化。回顾综合行政执法改革历程,主要经历了以下几个阶段。

1. 相对集中行政处罚权试点阶段（1996—2002年）

改革开放后，随着我国经济体制改革的深入，市场经济逐步取代计划经济，社会经济活动不断增多。为适应新局面，我国开始了以放权为重点的改革。不过，这段时期的立法受计划经济思维模式的影响，"一事立一法、一法设一权、一权建一队"的做法十分普遍，导致行政执法机构大量涌现。以北京市为例，1988年北京市共有32个行政执法主体，45支专业执法队伍，人员4万余人。1996年行政执法主体增长到70个，专业执法队伍达到108个，人员超过8万人。① 数量众多的执法主体和执法队伍，在改革开放初期对我国市场秩序的逐步成熟和法制建设的完善发挥了积极作用。随着时间推移，执法部门过多、权力分散、多头执法、多层执法等弊端也逐步暴露。

为解决上述问题，1996年全国人大制定了《中华人民共和国行政处罚法》，从法律层面对行政处罚权及实施程序、责任等进行了规定，为行政执法体制改革的探索提供了法律依据。《行政处罚法》第十六条"国务院或者经国务院授权的省、自治区、直辖市人民政府可以决定一个行政机关行使有关行政机关的行政处罚权"的规定，第一次以法律的形式确立了相对集中行政处罚权制度。随后，国务院印发了《关于贯彻实施〈中华人民共和国行政处罚法〉的通知》《国务院办公厅关于继续做好相对集中行政处罚权试点工作的通知》等一系列文件，通过试点逐步推行这一制度。北京、天津、重庆3个直辖市和23个省、自治区的79个市，共计82个城市开展相对集中行政处罚权试点工作。2002年国务院印发《关于进一步推进相对集中行政处罚权工作的决定》，授权省、自治区、直辖市人民政府可以在本行政区域内开展相对集中行政处罚权工作，正式在全国推开相对集中行政处罚权制度。

这一阶段主要特点如下：一是以行政处罚这一单一职权为主进行集中，探索将分散在各个部门的行政处罚权集中交由一个行政机关行使。二是主要在城市管理领域开展，通过开展相对集中行政处罚权工作，由城市管理执法部门统一行使市容环境卫生、城市规划、城市绿化、市政、环保、工商、公安交通等方面的全部或者部分行政处罚权，城市管理领域中多头执法、重复执法、执法扰民等问题得到一定程度缓解，树立了较为良好的执法形象。

---

① 上海市城市管理综合行政执法领导小组办公室：《各地城市管理综合行政执法改革汇总》（2001年12月）。

2. 综合行政执法改革小范围试点阶段（2002—2013 年）

随着相对集中行政处罚权制度的深入实施，相对集中行政处罚权的缺陷逐渐显现，行政处罚权的集中，导致行政执法机构、职权、编制人员的变动，如果不在体制上、源头上改革创新，单一的行政处罚权的调整只能是权宜之计。针对这一情况，2002 年国务院办公厅转发《中编办关于清理整顿行政执法队伍实行综合行政执法试点工作意见的通知》，决定在广东省、重庆市和其他省、自治区、直辖市各选择 1~2 个具备条件的市（地）、县（市）进行综合行政执法试点工作。2003 年中央编办、国务院法制办联合下发《关于推进相对集中行政处罚权和综合行政执法试点工作有关问题的通知》，对相对集中行政处罚权和综合行政执法进行了区分，认为综合行政执法不仅是将日常管理、监督检查和实施处罚等职能进一步综合起来，而且据此对政府有关部门的职责权限、机构设置、人员编制进行相应调整，从体制上、源头上改革和创新行政执法体制。要求两项工作"统一规划、统一部署、统一组织、统一抓落实"。2004 年和 2008 年，国务院分别印发《全面推进依法行政实施纲要》《关于加强市县政府依法行政的决定》，将积极探索相对集中行政许可权和综合行政执法试点工作作为深化行政执法体制改革的重要举措。

在此期间，不同领域、一些地方相继开展综合行政执法试点。农业领域，2002 年全国人大常委会通过《中华人民共和国农业法》，明确县级以上地方人民政府农业行政主管部门应当在其职责范围内健全行政执法队伍，实行综合行政执法，提高执法效率和水平。交通领域，2003 年原交通部确定重庆、广东为交通综合行政执法改革试点省（市），广东省、重庆市先后组建交通综合行政执法机构。文化领域，2004 年中央宣传部、中央编办等 7 部委联合印发《关于在文化体制改革综合性试点地区建立文化市场综合行政执法机构的意见》；2004 年重庆市印发涪陵区、渝中区等 7 个区县综合行政执法试点实施方案；2005 年广东省印发《广东省综合行政执法试点方案》；等等。

这一阶段主要特点如下：一是综合行政执法的概念开始出现，综合行政执法改革作为一项独立的工作与相对集中行政处罚权进行区别。二是提出"两个相对分开"原则，改变政府部门既管审批又管监督的体制，将制定政策、审查审批等职能与监督检查、实施处罚等职能相对分开。改变行政执法机构既管查处又管检验的体制，将监督处罚职能与技术检验职能相对分开。三是综合行政执法的权限整合范围进一步扩大，除了行政处罚权之外，行政强制、行政检查等职权也被纳入。综合行政执法的领域不断拓展，从城市管理领域，拓展到交通、农业、文化、商务等领域，并在创新行政执法机构编制管理方面进行了探索尝试。

3. 综合行政执法改革全面推开阶段（2013—2018年）

2013年，党的十八届三中全会审议通过《中共中央关于全面深化改革若干重大问题的决定》，就深化综合行政执法体制改革作出部署，明确要求"整合执法主体，相对集中执法权，推进综合行政执法，着力解决权责交叉，多头执法问题，建立权责统一、权威高效的行政执法体制"。2014年，党的十八届四中全会审议通过《中共中央关于全面推进依法治国若干重大问题的决定》，改革聚焦市县两级减少执法层次和执法队伍，分领域推行综合行政执法，探索跨部门综合行政执法。为贯彻落实党的十八届三中、四中全会精神，2015年中央编办印发《关于开展综合行政执法体制改革试点工作的意见》，选取全国138个试点城市开展新一轮改革试点，试点范围进一步扩大。同年，中共中央、国务院印发《法治政府建设实施纲要（2015—2020年）》，再次把深化行政执法体制改革、推进综合行政执法列为法治政府建设重点。

在此期间，不同行业领域与省市的综合行政执法体制改革力度空前。城市管理领域，党中央、国务院发布《关于深入推进城市执法体制改革改进城市管理工作的指导意见》，要求在与群众生产生活密切相关、执法频率高、多头执法扰民问题突出、专业技术要求适宜、与城市管理密切相关且需要集中行使行政处罚的领域推行综合行政执法。商务领域，先后出台《关于商务综合行政执法体制改革试点工作的指导意见》《关于进一步深化商务综合行政执法体制改革的指导意见》，将分散的商务行政执法职责进行整合，明确商务行政执法职责原则上由机关承担，依托内设机构开展执法。生态环境领域，中共中央办公厅、国务院办公厅印发《关于省以下环保机构监测监察执法垂直管理制度改革试点工作的指导意见》，对执法权限进行划分，明确省级环保部门实施统一监督管理，市级环保部门负责属地环境执法，县级环保部门强化现场执法。文化领域，中共中央办公厅、国务院办公厅印发《关于进一步深化文化市场综合行政执法改革的意见》，提出文化市场综合行政执法机构相对集中行使文化（文物）、新闻出版广电（版权）等部门文化市场领域的行政处罚权以及相关的行政强制权、监督检查权。江苏、山东、湖北、四川、海南等地方政府制定了综合行政执法试点方案,由点及面逐步拓展试点领域和范围。

这一阶段主要特点如下:一是综合行政执法改革受到高度重视,党中央全会文件连续两次对综合行政执法改革作出部署,将其作为全面深化改革、全面推进依法治国的重要内容。二是相对集中行政处罚权作为综合行政执法改革的重要内容,与综合行政执法改革正式"合流"。三是改革领域范围广、力度大,涉及城市管理、商务、环保、文化市场、安全生产等多个领域和全国138个试点城市。四是开始注重执法与其他改革举措的联动。如在城市管理领域,强化行政处罚的数据采集与整合,建立用数据说话、用数据决策、用数据管理、用数据创新的新机制。又如,在环保领域,强调行政执法与刑事司法的联动等,改革的协同效应增强。

4. 综合行政执法改革深入实施阶段(2018年至今)

2018年党的十九届三中全会审议通过《中共中央关于深化党和国家机构改革的决定》《深化党和国家机构改革方案》,明确提出整合组建市场监管、生态环境保护、文化市场、交通运输、农业综合行政执法队伍,并继续探索实行跨领域跨部门综合行政执法。同年,中央全面深化改革委员会第二次会议审议通过《关于地方机构改革有关问题的指导意见》,对深化综合行政执法改革提出明确要求。中共中央办公厅、国务院办公厅印发《关于深化文化市场综合行政执法改革的指导意见》等5个深化综合行政执法改革指导意见,对5个重点领域综合行政执法改革作出具体部署。2019年党的十九届四中全会以机构职能优化、协同、高效为出发点,探索跨领域跨部门综合行政执法模式。各部门积极响应,《生态环境保护综合行政执法事项指导目录(2020年版)》《农业综合行政执法事项指导目录(2020年版)》等文件陆续出台。

这一阶段主要特点如下:一是适应新一轮党政机构改革对机构、职能的重组,将深化综合行政执法作为完善党和国家机构职能体系的重要内容,纳入机构改革一并部署。改革力度空前,在市场监管、生态环境等5个领域大量整合精简执法队伍,执法资源得到进一步优化配置。二是注重改革的系统集成,改革内容进一步丰富,措施更加精准、协同,在强调整合执法队伍、执法职责的同时,对清理规范执法事项、健全执法协作机制、规范执法队伍管理、创新执法方式、强化党的领导等方面均提出要求,政策举措针对性、操作性更强,切合不同行业、领域的特点和实际。

综上,纵观我国20多年的综合行政执法体制改革探索历程,从最初的相对集中行政处罚权试点到综合行政执法改革试点、从改革逐步推开到全面深入实施,主要有以下两个特点:一是改革的"初心"始终如一。整合精简执法队伍、减少执法主体均是不同阶段的首要任务,也是衡量改革成效的重要标准。由于法律制度和管理体制上的深层次原因,我国执法主体分散,多头执法、重复处罚的问题仍然较为突出,整合精简执法队伍、盘活执法资源始终是推动综合行政执法改革走向深入的原动力。二是对综合行政执法体制认识的加深。过去提出"两个相对分开",强调权力运行的监督制约,是基于行政决策、行政执行和行政监督权相对分离的认识,符合当时的时代背景,有利于推动行政执法权的归并整合,强化对权力运行的监督制约。但同时过于强调不同权力的分开运行,不仅增加协调成本,而且也容易导致执法队伍的增加,若地方对改革精神的理解和把握不准,极易形成执法队伍一边精简一边增设的尴尬局面。基于对综合行政执法体制认识的加深,以及客观经济社会发展因素使然,新一轮改革更强调权力运行的"优化协同高效",表现为:承担行政职能的事业单位行政职能剥离交由机关行使;5个重点领域综合行政执法改革指导意见,明确提出综合行政执法队伍"以部门名义执法"、推行"局队合一"体制等,强调权力行使的一体化。综合行政执法改革在某种程度上讲,就是围绕精简的要求,在权力分开与一体化运行之间寻找平衡点。"两个相对分开"加上总量管控政策,有利于实现执法队伍跨领域、跨部门精简整合,但会增加职权履行的协调成本;而权力一体化运行,更加顺畅、协调,有利于实现行政资源在审批、监管、执法等环节的高效配置,但由于政府部门专业化分工过细,势必导致执法的碎片化。因此,深化综合行政执法体制改革,既不能忘记"初心",与"精简"的要求背道而驰,又要把握住时代要求,在新形势新任务下思考谋划深化改革的路径,在分权与一体化之间把握平衡点,处理好"综合"与"专业"的关系,探索符合新时代要求的改革路径,让改革更体现出时代特征。

(二)综合行政执法改革地方特色做法

自综合行政执法体制改革试点工作开展以来,全国各地从不同维度、不同幅度,以不同方式推动改革,主要从执法权限的相对集中、减少执法层级推动执法重心下移、理顺执法权责关系、整合执法队伍、加强能力建设、创新执法方式和管理机制等方面进行探索尝试，积累了很多实践经验，为下一步深化改革提供有益借鉴。

1. 重庆实践

重庆市自2002年被确定为全国综合行政执法改革试点省市以来，立足"大城市、大农村"的特殊市情，结合直辖市特有的组织架构，先后在交通运输、文化市场、城市管理等重点领域和涪陵区等7个区县开展点面结合的试点探索，并将综合行政执法改革作为党政机构改革的专项任务统筹推进，取得了明显成效。一是加强系统谋划，搞好改革顶层设计。2018年出台《关于深化行政执法体制改革加快推进综合行政执法的意见》，全面部署综合行政执法改革，从"部门内""重点领域跨部门""镇街"三个层面推进综合行政执法。在对标中央规定的市场监管、生态环境保护等5个领域基础上，因地制宜增加城市管理、规划自然资源、卫生健康3个领域改革任务，逐一明确具体要求，实现一张蓝图抓到底。二是减少执法层级，推动执法重心向区县下沉。注重合理划分市与区县两级综合行政执法机构的职责权限，明确除高速公路、港航等跨区域、跨流域特殊执法事项及大案要案的查办由市级承担外，其他事项一般由区县一级承担。近五年来，卫生健康、城市管理、农业、市场监管等重点领域区县一级立案查处量占比分别达99%、99%、98%、97%；生态环境保护领域明确区县作为独立实施主体的执法事项126项，占比73%；规划和自然资源领域推动近60%的执法力量下沉到区县；交通运输领域一线执法力量达95%以上。同时，建立了属地管辖、移送管辖、指定管辖相结合的管辖制度和信息共享、力量互补、对策共商等执法联动机制。三是精简执法队伍，坚持职能整合和效能提升相结合。8个重点领域，市级原有19支执法队伍整合为8个总队，区县相应领域执法队伍较改革前减少324个，精简率达51%，推进部门职能深入融合，实现"一个部门一支队伍管执法"。四是健全基层综合行政执法体制，切实将体制机制优势转化为基层治理效能。全市各乡镇（街道）均组建了综合行政执法办公室和综合行政执法大队，并实行统筹运行机制，集中行使依法授权或委托的农林水利、村镇建设、卫生健康、市容环卫、生态环境、文化旅游等领域的行政执法职能。基层综合行政执法机构与公安、规划自然资源、税务等上级派驻机构建立联席会议制度，形成"统一指挥、部门协同、整体联动"的工作机制。此外，充分发挥基层党组织战斗堡垒作用，探索建立综合行政执法与网格管理衔接机制。村社网格员将实时发现、收集到的各类问题线索通过移动终端及时上报，乡镇（街道）综合行政执法队伍迅速反应、快速处置，实现执法工作与社会治理的有机融合。

2. 江苏实践

除法律法规明确规定之外，省级原则上不设执法队伍。结合承担行政职能事业单位改革工作，省级整合撤销了14支事业类执法队伍。在生态环境厅、交通运输厅、市场监管局等部门，分别设置执法监督（稽查）局，指导监督领域内综合行政执法工作，组织查处和督办全省性、跨区域重大案件。市区两级选择一级执法，原则上以区级执法为主。市级主要承担重大疑难案件的执法指导、跨区案件的统筹协调。如常州市农业农村局设立农业综合行政执法监督局，对下辖的3个市（区）农业综合行政执法工作进行业务指导监督。县级在城管局的基础上挂牌设置综合行政执法局，在5～7个领域组建综合行政执法队伍，分别隶属相应的主管部门。如睢宁县在县级层面组建市场监管、文化市场、交通运输、农业、城市建设管理和安全生产领域共计6支综合行政执法队伍。县级综合行政执法局负责对县级5～7支执法队伍的统筹协调和监督考核，对乡镇综合行政执法局的统筹协调、业务指导和监督考核。乡镇采取两种方式推进综合行政执法。经济发达镇通过赋权或相对集中行政处罚，实现"一支队伍管执法"。其他乡镇采取县级5～7支执法队伍通过委托或向乡镇派驻执法中队的模式，将执法力量向乡镇延伸。派驻的中队同时作为乡镇综合行政执法局的中队，接受乡镇指挥调度；两种模式下，县级都对县乡执法工作进行统筹，明确县乡执法职责分工。

3. 成都实践

在2015年综合行政执法改革试点中，四川省成都市为全国综合行政执法体制改革试点地区之一，先后在彭州市、武侯区、崇州市、双流区、金堂县、成华区开展跨部门综合行政执法改革试点，设立综合行政执法局。以彭州市、双流区、武侯区为代表，彭州市整合了24个部门的执法职责和16支执法队伍。双流区综合行政执法局在区城管局外单独设置，集中行使城市管理、国土资源、文化旅游等22个方面的执法职能。武侯区依托综合行政执法局（城市管理局）、市场和质量监督管理局两个主体，将相关部门执法职责进行归并整合。在试点基础上,成都市结合 2018 年机构改革,在所有县(市、区)组建综合行政执法局,鼓励县(市、区)结合实际,在城市管理综合执法的基础上将更多领域执法事项纳入。推动执法力量向乡镇(街道)和产业功能区下沉,整合乡镇(街道)执法力量和资源,在乡镇(街道)统一设立综合行政执法协调机构,赋予乡镇(街道)对派驻基层执法力量的统一指挥调度权。同时根据需要由相关部门向产业功能区差异化派驻专业执法队伍,推动"看得见、管不着"向"看得见、管得着"转变。

4. 遵义实践

作为贵州省综合行政执法改革试点地区,遵义市推进跨部门综合行政执法改革力度较大,在城市管理综合行政执法基础上,再集中将发展改革、工业和能源、国土资源、农业、林业、水务、商务、旅游发展、粮食、人防、民政、交通运输、安全生产等 29 个部门的行政处罚权纳入综合执法。市和所辖县(市、区)设立综合行政执法局,加挂城市管理局牌子,作为政府工作部门。综合行政执法局以"1+6+1"架构,组建 1 支综合行政执法队伍(负责住建、规划、国土、城管等领域执法工作)、6 支专业执法队伍(卫生、交通运输、市场监管、农业、安全生产、文化旅游各 1 支)、1 支综合行政执法警察队伍(派驻综合行政执法局)。执法重心在县(市、区)一级,市综合行政执法局主要负责监督指导全市的综合行政执法工作,以及跨区域及重大复杂案件查处;县(市、区)综合行政执法局具体承担辖区执法工作。设立综合行政执法局乡镇分局,为县(市、区)综合行政执法局的派出机构,实行综合行政执法局和乡镇双重管理。理顺了综合行政执法局与行业主管部门职责边界,行业主管部门负责加强源头监管,依法履行政策制定、审查审批、批后监管、业务指导等职责;综合行政执法部门依法履行行政处罚及相关的行政强制等职责。建立健全了执法协作、信息共享、案件移送等配套制度,保障综合行政执法高效运转。

三、域外行政执法体制简述和启示借鉴

(一)域外五国行政执法体制简述

1. 德国

德国是由 16 个州组成的联邦制国家,其行政执法体制以联邦制为基础,

联邦和州根据各自承担的行政任务来决定执法部门的设立。德国与我国是少数将刑事与行政处罚相分离的国家，行政处罚也被认为是脱离于刑法和刑事诉讼制度外的行政惩戒活动。行政处罚主要指德国《违反秩序法》所规定的秩序违法行为，同我国治安管理处罚法类似。《违反秩序法》规定了具体的秩序违反行为，包括违反国家规章的行为，违反公共秩序的行为，滥用国家标志和受国家保护的标志，违背经营场所和企业的监督义务等。绝大部分行政执法任务包括警察事务、一般性的社会秩序管理事务等由各州或其以下的地方自治单位独立完成，即州以下政府的执法部门承担着主要执法任务。①

德国实行"相对集中行政处罚权"制度，实施处罚权的执法部门主要有警察局、秩序局、税务局。前两者可以上街执法，其中秩序局是主要行政执法部门，除紧急的暴力危险行为交由警察局管理外，大部分行政管理职责由秩序局来履行。德国秩序局整合了建设、交通、规划、工商、卫生、环保等涉及城市建设、管理各方面的行政执法职权，综合行政执法的范围较广。为避免因秩序局人力资源不足而导致效率低下，其他行政部门仍然有权对相关行政执法事项进行调查取证，并将案卷移交给秩序局。以汉堡市为例，汉堡市7个大区均设秩序局，集中行使规划、卫生、建设、交通、工商等许多部门的行政处罚权。② 另外，德国各级秩序局与警察局、检察院、法院合作以共同管理处置违反社会秩序行为的衔接机制，在《违反秩序法》中有较为细致和具有可操作性的规定。

2. 法国

法国是传统的中央集权制国家，其行政建制分为国家、大区、省和市镇四级，中央政府和各级地方政府分别拥有不同的行政职权。法国法律承认的行政主体有三种：政府、地方团体、公务法人。其中，政府是最主要的行政主体，地方团体对地方性行政事务也具有决定权力，公务法人是在政府和地方团体以外的另一种行政主体。③ 法国的行政处罚制度分为行政刑罚和行政罚两类。行政刑罚是在当事人不履行行政法上的义务时，由刑事法院负责，包括吊销执照或取消驾驶证等一般的处罚都属于刑罚的范畴；行政罚则由行政机关负责，处

---

① 《德国行政执法体制改革与深化培训报告》，http://blog.sina.com.cn/s/blog_6e0698ed0100ltd5.html，2020年7月16日访问。

② 同上。

③ 王名扬：《法国行政法》，中国政法大学出版社1988年版，第39页；王名扬：《比较行政法》（元照法学文库），北京大学出版社2006年版，第87页。

罚的种类有罚款、扣留、没收、停止营业、停止发行、取消职业证件、丧失某种利益、取消某种资格等。

为解决中央与地方权力分配、行政机构人员臃肿等问题，法国政府推行了地方分权改革，通过将大机构分解成若干个小部门，将其职能下放给基层机构来削减中央政府的职能。从成效上看，这一改革很大程度上改变了法国长达几百年的高度中央集权制度，加强了地方权力，减轻了中央政府的财政负担，提高了各级政府的执法效率。如1983年中央政府下放给地方政府的职权包括各地区的经济发展与计划、城市建设、住房、职业培训和土地整治等。1984年下放交通运输、社会活动、司法等职权。1985年下放教育、文化、环境保护和警察等职权。[1]

3. 美国

基于联邦制的制度基础，美国行政执法机构总体上划分为联邦和地方两种。联邦层面的执法机构，执法人员主要集中在司法部和国土安全部。地方层面的执法力量大致分为州和县两级。州级执法机构主要有州级警察机构、州级公路巡逻机构、州级执法单位等；县级执法机构主要有县或区执法机构、县治安单位和办事处、市执法机构。[2] 同时为了解决在特定区域以及特定事由的行政执法问题，还设立了特殊的执法部门。如为了解决其原住民、校园地区执法等问题，设立了部落（原住民）执法部门[3]和校园执法部门[4]。

对于由联邦制所导致的分散式执法风险，美国政府采取了有针对性的执法标准化建设工作。美国执法机构认证委员会于1979年成立，由美国警察局长协会（IACP）、美国全国黑人执法行政官组织（NOBLE）、美国治安官协会（NSA）和美国警察行政研究论坛（PERF）四个执法工作人员行业协会发起和组建，并于1983年制定了《执法机构标准》[5]。美国执法机构认证主要包括

---

[1] 卓越：《国外行政改革前沿》，福建人民出版社2007年版，第82页。

[2] 刘芳：《美国市、县、州警察机构概述》，《浙江公安高等专科学校学报（公安学刊）》2004年第1期，第86—87页。

[3] 刘烁、张金山、罗志成：《美国的执法机构认证及其对中国的启示》，《中国人民公安大学学报》（社会科学版）2010年第2期，第9—14页。

[4] 美国司法统计局网：Tribal Law Enforcement，载于 https://www.bjs.gov/index.cfm?ty=tp&tid=75，最后访问时间：2020年7月17日。

[5] Standards for Law enforcement Agencies，CALEA，5th edition，2006；转引自刘烁、张金山、罗志成《美国的执法机构认证及其对中国的启示》，《中国人民公安大学学报》（社会科学版）2010年第2期。

下列九大类内容：执法机构的职能和职责、组织管理制度、员工的工作职责和福利待遇、人事程序（包括招聘、选拔、培训、晋升、绩效考核）、执法行动（包括巡逻、特种犯罪调查、社区参与、国土安全）及其后勤保障、拘留人员的临时管理和羁押以及法庭安全、辅助工作和技术服务等。① 条目内容多以规范性、具体化要求为主，具有较强的可操作性，也可以在一定程度上为行政执法机构的建设指明方向；其规定的每条标准提供的是框架性指令或款项，有许多标准内容还需要针对具体的机构进行具体考量，这就给各机构完成认证留下了足够空间，也为他们完善自身建设提供了很好的机会和条件。②

4. 英国

英国行政执法主体可以划分中央政府、地方政府、准自治政府机构和警察组织。在中央政府层面，中央各部承担政府核心职能。常任文官即公务员，负责各项政策的执行。在地方政府层面，地方政府有促进经济、社会和环境健康发展等职责。③ 准自治政府机关不属于任何中央政府部门的组成部分，其中部分机关可以实施行政执法行为。例如，竞争委员会可以对政府、公平贸易办公室和公共事务管理机构提出的有关垄断和有碍公平竞争的企业合并等案件进行调查。④ 警察组织以地方管理为主，中央控制为辅，承担了大量的行政执法职能，是英国主要的行政执法机构。⑤

英国政府为降低公共服务成本、提高公共服务质量，自20世纪70年代以来推行了一系列公共行政改革，其中最有影响力的是"新公共管理改革"。改革大体由三部分组成，分别是"下一步行动机关"（The Next Steps Agencies）、"质量竞争"（Competing for Quality）和宪章运动。其中，具有管理和执法职能的"下一步行动机关"的设立，一方面将中央各部的政策决定和执行

---

① 刘烁、张金山、罗志成：《美国的执法机构认证及其对中国的启示》，《中国人民公安大学学报》（社会科学版）2010年第2期，第9—14页。
② 刘烁、张金山、罗志成：《美国的执法机构认证及其对中国的启示》，《中国人民公安大学学报》（社会科学版）2010年第2期，第116页。
③ 英国官方成文法网络数据库：The Local Government Act 2000，载于 https://www.legislation.gov.uk/ukpga/2000/22/contents，最后访问时间：2020年8月21日。
④ 国家经贸委经济法规司：《英国的行政执法管理与启示》，《中国经贸导刊》2003年第1期，第42—43页。
⑤ 金薇：《英国现代警察制度——读张越著〈英国行政法〉》，《法制与社会》2007年第7期，第504—505页。

分离，将部长和高级公务员从执行中解放出来，提高了行政决策效率；另一方面也使得执法专门化、专业化，提高了行政执法效率。"新公共管理改革"的目的是打破原本的高度集中体制，实现分散化、专业化的政府体制以提高行政效率。然而，部门碎片化导致的部门之间的冲突却严重降低了政府的行政效率，极大地增加了政府的行政成本，阻碍了政府目标的实现。因此，英国行政执法重新确立"合作政府""协同政府"的理念，注重跨部门合作和提供整体服务，旨在解决部门过度碎片化所带来的一系列问题。[1]

5. 俄罗斯

俄罗斯联邦实行联邦民主制，俄罗斯联邦行政执法体系主要包括国家权力机关的主要执法机构、国家安全机构、内务局及警察机关和其他执法机构与组织等。根据《俄罗斯联邦行政违法法典》规定，行政处罚是国家针对行政违法行为规定的责任措施，目的是预防违法者本人和其他人实施新的违法行为。该法规定了7种行政处罚方式，即训诫、罚款、行政收缴及没收、剥夺自然人权利、行政拘留、驱逐出境、取消资格。与我国不同的是，作出行政处罚决定的权力并非由具有法定行政处罚权的行政机关、法律法规授权的具有管理公共事务职能的组织所掌握，而是经过法定的诉讼程序进行案件审理后作出。[2]

俄罗斯实施了行政执法改革。针对执法体制内部人员采取"绝对+相对"的人员编制确定方法，其绝对的上限为防止人员冗杂、臃肿提供了有力的保障。与此同时，机关负责人员对具体人员数量的确定依赖于执法种类的专业需要、执法部门的实际落实等情况进行明确，保证了执法机关执行力的强度。在行政执法人员队伍数量、待遇以及相关激励性政策规定出台后，针对行政执法人员在执法过程中的违法行为救济以及行为违法风险管理的规定也十分健全。

---

[1] 叶灵杰：《行政执法权限冲突及其消解路径》，《黑龙江省政法管理干部学院学报》2012年第3期，第21—24页。

[2] 《俄罗斯联邦行政违法法典》第三十二条规定了7种处罚种类的执行权力归属：1. 以训诫为形式的行政处罚决议，由作出决议的法官、机关、工作人员直接面交或送达；2. 罚款由被追究行政责任的人向银行和其他信贷组织缴纳或划拨；3. 行政拘留的决议由内务机关执行；4. 行政收缴及没收由警察（执行员）按联邦法律规定的程序执行，但涉及到收缴或没收武器、弹药的决议则由内务机关下设的执行机关执行；5. 剥夺专门权利决议的执行机关由内务机关、国家监督机关的公职人员进行执行行政拘留由内务机关在决议作出后立即执行；6. 驱除出境的决议由边防局的各级机关与部队、内务机关两主体区分违法情形进行执行；7. 取消资格由被追究行政责任的人以终止法人管理的形式自行执行。

(二）域外行政执法体制启示借鉴

前述五国历史传统、国家组织形式等各有不同，使得各国的行政执法体制呈现多样性。五国之中，既有联邦制的美国、英国、德国、俄罗斯，也有中央集中制的法国。联邦制之中，既有联邦与联邦单位之间分权分责的美国，也有联邦与州配合、协同模式的德国、俄罗斯等国。各国执法机关的设置和执法权的配置也呈现多样化特点。然而，在个性之外，各国行政执法体制也存在着一些共性。首先，上述五国行政执法体制中，警察或警务部门都肩负着主要的行政执法职责。事实上，多数国家的城市管理职能都由警察负责执行。其次，20世纪后半叶以来，主要国家都经历了行政执法体制改革，其中权力下放、向基层下沉是主要改革方向之一。最后，对执法专业化的重视逐渐超过对"决定与执行分离"的考虑，对高度专业化的执法事项交由主管部门（或独立专门机构）执法，同时注重与相关部门的协调，"合作而不合并"成为新的执法体制改革理念。

对我国而言，可资借鉴或参考的相关制度或做法主要包括：一是明确不同层级的执法权限。德国联邦和各州之间有清晰的行政执法权限划分，法国的行政执法体制改革主要围绕着中央与地方的关系展开。我国实行单一制的国家组织形式，更有必要明确中央和地方各级执法机关的行政执法权限范围，减少执法层级，充分实现地方赋权和执法权力下放。二是开展一定程度的综合行政执法。无论是德国推行的秩序局模式进行相对集中行政处罚，还是英国行政执法体制改革由综合集中式改为分散执法、专门执法后又回转到"协同政府""合作政府"模式的实践，都表明分散执法弊端很明显，容易导致多头执法、重复执法等问题。因此，以科学标准对行政执法进行一定程度的集中和与之相适应的综合行政执法，是可供我国参考的实践经验。三是制定行政执法标准体系。美国成立执法机构认证委员会，制定出台《执法机构标准》，有针对性地开展执法标准化建设，对巩固、提升执法权威性、有效性发挥了重要作用。我国基层行政执法队伍能力建设基础薄弱，有必要建立相关的行政执法标准化体系，对各执法部门的执法标准化、合规程度进行审核，推动行政执法在法治轨道上进行。四是适度控制执法人员数量。俄罗斯联邦行政执法改革的过程中，其针对"精简执法队伍""提高执法人员待遇"等方面的改革政策值得借鉴。法律对编制上限的确定，同时根据执法种类的专业需要、执法部门的实际情况合理确定执法人员规模，具有一定独特性与优越性。

四、深化综合行政执法体制改革面临的新要求和现实问题

（一）面临的新要求

1. 全面依法治国对行政执法的新要求

党的十八大以来，以习近平同志为核心的党中央提出全面依法治国的基本方略，开启了中国特色社会主义法治的新时代。习近平总书记指出："全面依法治国是一个系统工程，必须统筹兼顾、把握重点、整体谋划，更加注重系统性、整体性、协同性。"[①] 全面依法治国要求形成完备的法律规范体系、高效的法治实施体系、严密的法治监督体系、有力的法治保障体系，坚持法治国家、法治政府、法治社会一体建设。随着社会主义法律体系的基本建成和不断完善，特别是民法典的编纂与颁布，标志着我国法治建设迈上新台阶。民法典作为保护公民私权的法律汇总，在保障和维护广大人民群众的切身利益的同时，也推动国家公权的规范运行，行政执法改革必须严守民事法律体系确定的执法边界，履行民法典确定的公法义务，回应民法典提出的基本要求。现代法治国家行政执法的水平越高，社会的法治氛围就会越好，依法治国的实践程度也会随之提升。全面依法治国实践中面临的问题与困难，迫切需要各级政府在行政执法中提高"法律保留原则"地位，用法治给行政权力定规矩、划界限，继续推行负面清单、责任清单、权力清单等制度，将政府各项权力的行使都纳入法治轨道，促进严格执法与科学立法、公正司法、全面守法的协调发展，为依法治国的全面推进贡献重要力量。

2. 推进国家治理体系和治理能力现代化对行政执法的新要求

党的十九届四中全会对坚持和完善中国特色社会主义制度、推进国家治理体系和治理能力现代化作出重大战略部署。行政执法改革是推进国家治理体系和治理能力现代化的重要途径。法治作为衡量一个国家治理现代化的核心标准之一，行政执法自然成为国家治理体系与治理能力现代化的重要组成部分。现

---

① 习近平：《论坚持全面依法治国》，中央文献出版社 2020 年版，第 229 页。

代化的国家治理体系不仅要求建立并完善静态的法律体系,而且还要求健全动态的法治体系,合理界定政府与市场、政府与社会的关系,构建符合现代法治标准的权力配置体系和政府责任体系。要求各级政府在行政执法过程中善于运用"法治思维和法治能力"解决新时代国家经济社会中出现的新问题。党的十九届四中全会《决定》提出"深化行政执法体制改革,最大限度减少不必要的行政执法事项。进一步整合行政执法队伍,继续探索实行跨领域跨部门综合行政执法,推动执法重心下移,提高行政执法能力水平。落实行政执法责任制和责任追究制度",这为新时代深化综合行政执法体制改革指明了方向。深化综合行政执法体制改革要在推进治理能力现代化的总要求下统筹谋划,在具体落实中,注意与深化党和国家机构改革、推进依法治国、创新社会治理等改革任务结合起来,加强改革政策的协同配套,发挥改革集成效应。

3. 现代信息技术发展对行政执法的新要求

党的十九届四中全会《决定》强调:"更加重视运用人工智能、互联网、大数据等现代信息技术手段提升治理能力和治理现代化水平。"现代信息技术变革日新月异,以大数据、云计算、"互联网+"为代表的新一代信息技术正在加速与经济社会渗透融合,这些变化对国家治理能力和水平提出了新挑战和新要求,同时也带来了新机遇。从宏观层面来说,现代信息技术运用助推国家治理主体多元化、过程透明化、决策科学化。从微观层面来说,可以利用现代信息技术手段提升公共危机管理能力、社会治理能力、政府自我管理能力等,从而促进国家治理能力现代化。在信息化时代,行政执法作为国家治理的重要内容,要充分利用现代信息技术的优势,加大信息技术在行政执法领域的拓展应用,推动信息资源的有效整合、共享和交换,依托数字云平台和政务服务网络,加快建设行政执法网络信息平台,实现行政执法信息公示公开、执法流程网上运转、执法活动网上监督,利用执法移动终端、无人机等现代化装备,全面提升行政执法效能,确保执法的及时性、精准性和有效性。

4. 转变政府职能、深化"放管服"改革对行政执法的新要求

转变政府职能的重点在于理顺政府与市场的关系,充分发挥市场在资源配置中的决定性作用,解决行政权力干预过多或监管不够等问题。深化"放管服"改革是推动政府职能转变的重要抓手,改革的重点在"放",即降低市场准入门槛,减少制度性交易成本,为经济赋能,为市场主体松绑;关键在

"管"和"服",即加强事中事后监管和政务服务,着力营造良好的营商环境,为促进经济发展服务。简政放权不是一放了之,而是要放管结合、放管并举。要求转变监管理念,创新监管方式,探索更加适合市场经济的新型监管模式,从"重审批轻监管"向"减审批强监管"转变,从"严进宽管"向"宽进严管"转变,使市场"活而不乱"。行政执法作为末端监管手段,要适应转变政府职能的要求,在重塑执法监管体制、优化执法力量和资源配置、改进执法方式等方面深化改革,着力营造开放透明、一视同仁、公平竞争的市场秩序和发展环境。

5. 人民群众的期待对行政执法的新要求

行政执法作为社会治理的一项重要内容,其出发点和落脚点是维护社会正常秩序和保障人民群众的切身利益。从社会主要矛盾转化的时代大背景出发,行政执法改革是解决不平衡不充分发展,满足人民美好生活需要的必要手段。各级政府部门必须提高公共服务能力,在服务数量和质量上不断满足公众的多元化诉求;提高公共服务的精确性和效能性,让行政执法满足人民的新要求。党的十九届四中全会指出,"坚持有法必依、执法必严、违法必究,严格规范公正文明执法,规范执法自由裁量权,加大关系群众切身利益的重点领域执法力度",要加大对食品安全、教育、医疗、生态环境等与人民群众生产生活密切相关领域的执法监管力度,保障人民群众的合法权益。对基层群众反映多头执法、重复执法和执法扰民突出的问题,要从完善法律制度、改革执法体制、优化运行机制等多个层面推动解决。深化综合行政执法体制改革要始终坚持以人民为中心的发展理念,充分体现目标导向,聚焦人民群众最忧最急最盼的突出矛盾和现实问题,逐步实现法治化、民主化、科学化和高效化的"中国之治"。

(二)存在的现实问题

1. 法律制度供给不平衡不充分

一方面,我国现行法律法规多为各职能部门主导的"部门法"或"行业法",法律法规政出多门。据不完全统计,目前仅市场监管、交通运输、生态环境、文化市场、农业、城市管理、规划自然资源、卫生健康、统计9个领域共有法律205部、行政法规385部、部门规章609部,其中部门规章占比达

50.8%，由于综合行政执法涉及众多法律法规，不同法律法规规定的执法主体、内容、程序各不相同，有的违法行为对应多部法律，涉及多个执法部门，客观上为综合行政执法造成障碍。另一方面，综合行政执法主体地位，法律制度供给又明显不足。综合行政执法不仅是行政处罚权的集中，还要将与之相关的行政强制等权力进一步综合起来，但根据《中华人民共和国行政强制法》第十七条规定，行政强制措施权不得委托，使得大量执法机构履职范围和效果受限。乡镇执法主体资格饱受争议，法律法规赋予乡镇的执法权限较少，现实当中为了解决基层政府有责无权问题，县（市、区）政府往往通过规范性文件形式将大量行政执法权限下放到乡镇，而县（市、区）政府不具备授权资格，这类授权并无法律效力。此外，法律制度供给不足还体现在修法进程跟不上机构改革的步伐。新一轮机构改革对党政部门的职责体系和组织架构进行了全方位的重塑再造，涉及调整的部门和划转的职责量大面广，但相关法律法规的"立改废"推进滞缓，给一线执法工作造成法律依据上的困扰。

法律制度设计要与新时代法治政府建设要求相适应，行政处罚不是目的，通过行政处罚要达到更好的社会管理效果，然而一些领域法律法规对违法行为的处罚条款规定存在震慑不足与包容不够并存的问题。对事关国家金融安全、能源安全、人民生命财产安全等方面的部分法律制度设计不够合理，违法成本较低。比如，现行证券法个别条款对违法行为规定的处罚标准偏低，与违法行为的潜在收益相比不足以震慑市场违法行为，违法成本和违法收益之间不对等。对一些轻危害、违反社会秩序类的违法现象包容性不够，过分强调处罚和惩戒，忽略教育规劝和引导，执法管理效益不高。如何增强法律制度设计的合理性，推动执法强制性与人性化的有机结合，成为新时代立法需要重点思考的问题。

2. 不同层级行政执法权划分不够明晰

从执法权的纵向配置上看，为了实现执法效能的最大化，实行属地化管理和推动执法重心下移已成为共识，但是行政执法权究竟该放到市级还是县（市、区）、乡镇（街道），无疑是一个现实难题。从改革实践看，不同领域和不同地区，行政执法权配置重心有着极大差异。在城市管理、农业管理等领域，行政执法权主要配置于县级；而在交通运输领域，行政执法权则从县级上收到市级。在部分地方，设区的市只设一级执法队伍；而在很多地方，设区的市仍然保留两级执法队伍，在保留两级执法队伍的地方，又存在以市为主和以区为主的差别；还有的地方推行扩权强镇，通过地方性法规、政府规章或规范性文件，将大量执法权限下放至乡镇（街道）。

目前，从各地公布的权力清单来看，不同层级之间权力交叉重叠现象较为突出，同一个执法事项可能市、县（市、区）、乡镇（街道）三级都有管辖权，而层级间执法管辖划分随意性较大，执法权限配置缺乏规范性和操作性。以市场监管、文化市场、生态环保等重点领域为例，从调研情况分析，各地在出台综合行政执法改革的实施方案或"三定"规定文件中，明确了上级执法部门主要负责大案要案、跨区域案件的查处，日常执法监管工作主要由基层部门承担。但在实际履职中，对重大违法案件的界定，既无具体情形的明确界定，也无程序规范的认定标准，对于是否属于重大案件全凭上级执法机构主观判定，执法行为的不确定性较大，与基层执法机构争抢案源的情况时有发生，执法重点不聚焦，造成执法资源浪费。

3. 推动执法资源下沉存在现实困难

执法重心下移包括执法权下放、执法力量下沉和执法保障下倾等多个方面，但通过对我国行政执法体制改革历程及演进规律的分析，发现行政执法权纵向配置上表现出以执法权下放为主，同时存在执法权上收的双向流动特点。即便在生态环境等执法权上收的特殊领域，在执法资源的配置上也通过派驻、延伸等方式呈现出向下倾斜的趋势，因此执法效能的决定性考量因素应当是执法力量、资金、装备等资源的下沉。地方综合行政执法，绝大多数省市没有一个明确的牵头部门，机构编制部门重点是研究执法体制设计、职能配置、机构设置、编制保障；司法行政部门重点是对执法权力清单、运行机制、规范执法、队伍建设等方面进行指导协调；而执法资源配置主要由上级行业主管部门把握，由于缺乏资源下沉的刚性要求和具体标准，受不同地区经济社会发展程度、城市化进程等客观因素的影响，加上部门本位主义倾向，推动人员、资金、装备下沉尤为困难。

在乡镇（街道）层面，一些地区不顾及现实情况，大量向乡镇（街道）下放执法权，超出了乡镇（街道）的承接能力，基层接不住、管不好，很多执法事项无法落地。究其原因还是理想化色彩较浓，没有考虑乡镇（街道）实际情况。由于我国层级政府间职能配置存在上下对口等特点，大量行政资源集中在条线部门，加上乡镇（街道）数量众多，行政资源有限，"撒胡椒面"的方式下沉资源，难以达到预期效果，过于理想化地弱县强乡、构建以乡镇（街道）执法为主的执法体系，不仅乡镇（街道）本身难以承接，同时也会增加一个执法层级。与此同时，由于受到行政编制规模限制，许多乡镇（街道）综合行政执法机构在组织属性上都定位于事业单位，而县（市、区）条线执法机构多为行政机构或"参公"单位，同为执法机构却在身份和待遇上存在较大差距，推动执法力量下沉矛盾多、阻力大。

4. 跨部门综合行政执法的范围与边界难以确定

综合行政执法试图从源头上克服执法困境，但在改革过程中遇到一个棘手问题，就是如何确定综合行政执法的领域范围与职责边界。从全国范围看，跨部门综合行政执法主要有两种模式：一是组建政府直属的综合行政执法局，实行"大综合"，尽可能地将各部门行政执法权整合，实行一个部门管执法；二是依托城市管理等执法部门适度整合其他领域的执法职责，尽可能地将同一领域、相近领域、执法对象相近、执法方式相同的事项整合，实行"有限综合"。从重庆7个试点区县实践探索来看，整合职责范围跨度较大的，往往会带来更多体制机制上的不顺，个别区县甚至走了改革"回头路"，从"大综合"回到"有限综合"。

除范围标准之外，综合行政执法改革还涉及原有部门职能转变和综合行政执法机构职责边界确定等问题。部门职能转变是指根据"两个相对分开"原则将原有职能部门的政策制定及审批等管理类职能、监督处罚及强制等执法类职能、检验检测及检疫等服务类职能相对分离，这种改革是系统性的，涉及的部门多、领域广，直接影响职能部门履职效果。调研中也有部门强调专业化程度较高的和专属性的执法事项不宜划转到跨部门综合行政执法机构。综合行政执法机构职责边界确定是指综合行政执法不仅仅将行政处罚权纳入进来，还需要考虑整合行政强制权。如何趋利避害，把握好综合范围的"度"和职责的"界"，已成为高效推动综合行政执法体制改革不得不面对且亟待解决的问题。

5. 综合行政执法协作面临行动困境

无论综合行政执法范围多大，一个综合行政执法机构都无法处理所有执法事项。提高执法效能还需要综合行政执法机构与其他执法队伍、相关职能部门加强执法协作。然而，改革实践中高效的跨区域、跨部门、跨领域执法协作机制还有待建立健全，执法协作整体缺乏常规性、制度化安排，存在执法协作以突击式、运动式联合执法为主的现象。具体而言，执法协作面临以下行动困境：一是部门间信息共享与联通机制建设不足，决策审批部门与监管执法机构之间存在信息壁垒，使得后者对执法相对人的信息掌握有限。二是相关职能部门与执法队伍缺乏合作动力，综合行政执法机构缺乏与相关职能部门和专业执法队伍的合作约束。在综合行政执法实践中，一些专业性比较强的执法问题通常需要相关职能部门、专业执法队伍或检验检测机构予以辅助配合，但由于权责不明晰，相关职能部门、专业执法队伍或检验检测机构可能以不属于本部门职责范围为由推诿扯皮，使得综合行政执法机构难以得到专业支持。三是部分执法事项涉及部门众多，而且可能涉及跨区域执法，不同区域对于同一执法事项有着不同的处罚标准，客观上为执法协作带来了困难。

6. 综合行政执法队伍机构编制管理亟待规范

行政执法机构主要分为行政机构和事业单位两种性质。从法律法规的授权条款看，绝大多数执法权限是授予行政机关的，少部分直接授权给具有管理公共事务职能的事业单位或其他组织。从现实情况看，各地为了解决行政编制总量不足与执法任务日益增长之间的矛盾，依据《中华人民共和国行政处罚法》第十八条、第十九条规定，将大量的行政执法事项委托给事业单位实施，事业性质的执法机构已成为执法战线的主力。2019年机构改革要求承担行政职能的事业单位改革纳入地方党政机构改革统筹推进，今后除行政执法机构外，不再保留承担行政职能的事业单位。但也有部门没有专门的执法队伍，执法职能分散在内设机构和所属的事业单位，按照改革要求，这类事业单位回归公益属性，不再承担行政职能，行政职能（包括执法职能在内）划归主管部门，但由于机关行政编制不足，造成执法力量不足。此外，由于地方整合执法职责和执法队伍力度较大，不同性质的人员编制、不同身份的执法人员整合在一起，给规范管理带来严峻挑战。调研中发现，2019年机构改革后，各领域执法队伍虽然实现了形式上的简单整合，但具体工作还是按改革前条线模式各自管理，人员身份和待遇还是维持原状，执法队伍的归属感和凝聚力还不强，要真正实现从"物理整合"向"化学反应"转变任重道远。

7. 执法效能建设有待进一步提升

随着经济社会不断发展、"放管服"改革深入推进以及法制体系日臻完善，执法监管任务随之增加是必然趋势，这不仅要求完善执法体制机制、整合优化执法资源配置，发挥综合行政执法体制优势，同时对执法能力建设提出更高要求。目前部分领域执法能力建设还不能适应形势任务需求。一是重复检查、多头检查较为突出。由于行政检查职责分工不明晰，行业主管部门过多地把本应部门承担的监管、检查职责随意转移给执法队伍，主管部门、执法队伍同时开展行政检查的情形较为普遍，造成多头检查、重复检查和力量分散。二是综合行政执法队伍专业化、规范化、标准化建设水平有待提高。跨领域、跨部门整合行政执法职责，对执法人员的综合素质和能力提出了新的挑战，执法队伍需要熟悉掌握大量法律法规、不同行业执法要求和标准。由于执法职责的剥离，行业主管部门忽视对执法队伍的指导培训，执法队伍专业化程度较低。调研中还发现，机构改革职能整合后，部分领域在办案程序、执法文书、案件核批、案件公示、案件执行中还沿用原行业部门各自规定，标准不同，程序不一。执法队伍建设步伐滞后，对执法装备经费投入不到位，尤其是乡镇（街道）综合行政执法人员在执法证件、服装、标识和执法车辆、设备配置等方面缺乏统一标准，直接影响执法严肃性和震慑力。执法信息化智能化建设还处于较低水平，各条线部门信息系统的开发建设缺乏统筹，运行相对独立，信息格式标准不同，应用软件兼容性较差，信息壁垒现象较为突出。三是行政执法理念和方式亟待转变。习惯于全方位、无死角的巡逻检查，"双随机、一公开"监管方式运用不足，部分领域的案件来源仍以巡逻检查为主，过度消耗人力资源。习惯于"单兵作战"，调动基层群众、市场主体、社会组织等社会力量参与度不够。执法监管重处罚、轻服务，对于可以责令改正或免予处罚的违法行为，采取过于严格的处罚方式或强制手段，事后对违法行为的纠正缺乏监督指导，在一些领域违法行为屡罚屡现，执法投入、产出不成正比，执法监管的社会效益有待提高。

五、深化综合行政执法体制改革的对策建议

（一）总体思路

行政执法同基层和百姓联系最紧密，直接关系群众切身利益，直接体现我们党的执政水平和执政形象。要按照减少层次、整合队伍、提高效率的要求，持续深化市场监管等领域综合行政执法改革，坚定不移走"综合之路""下沉

之路",继续探索跨领域跨部门综合行政执法,进一步整合、精简执法队伍,最大限度减少不必要的执法事项,推动执法重心下移,着力解决多头执法、重复执法问题。主要从五个方面深化改革:一是理顺执法层级关系,构建以县(市、区)一级为主的综合行政执法体系。省级管政策管标准,地市一级以查处大要案和跨地域复杂案件为主,县(市、区)一级管具体管落实,并探索"县(市、区)级为主+力量下沉"的方式,解决乡镇(街道)执法难题。二是落实精简要求,严控机构编制,不搞"叠床架屋",减少局外设队,分类深化部门内、跨部门综合行政执法,整合执法机构和职责,精简执法主体。三是处理好综合行政执法机构与行业主管部门、专业执法部门、乡镇(街道)的关系,健全执法协作机制,强化执法联动,弥补跨部门综合行政执法"天然"体制缺陷,保障综合行政执法高效运转。四是规范综合行政执法队伍机构编制管理,坚持统一规范、总量管控与动态调整相结合,探索建立体现综合行政执法特点的机构编制管理方式。五是将行政执法融入创新社会治理中统筹谋划,从法律源头、执法理念、执法方式等多个维度深化改革,提升执法监管效能。

(二)深化改革的具体措施

1. 强化源头治理,健全完善相关法律制度

改革要于法有据,综合行政执法改革面临的法律制度层面的问题,须在顶层设计与改革实践相结合中有针对性、有步骤地推动解决。一是完善立法机制,提高立法质量。党的十八届四中全会提出"明确立法权力边界,从体制机制和工作程序上有效防止部门利益和地方保护主义法律化"。党的十九大报告提出"推进科学立法、民主立法、依法立法,以良法促进发展、保障善治"。党的二十大报告提出,加强重点领域、新兴领域、涉外领域立法,统筹推进国内法治和涉外法治,以良法促进发展、保障善治。推进科学立法、民主立法、依法立法,统筹立改废释纂,增强立法系统性、整体性、协同性、时效性。这是对新时代立法工作提出的明确要求。提高立法质量,必须遏制法律中的部门利益,强化人大在立法中的主导作用。其一,强化立法项目的统筹安排,合理配置立法资源,增强立法工作的计划性、针对性和系统性。其二,健全完善相应的工作制度,统筹实施好法律法规立项、起草、审议、论证等环节工作,建立多层面、多渠道的沟通协调机制,形成运行顺畅、步调一致的立法工作链条,

提升立法质量。比如,法律法规起草可以采取由人大牵头组建联合工作组,司法行政部门及相关部门人员、专家学者共同参与的方式进行,加强人大对立法全过程的把控。其二,建立健全常态化的法律法规监测研判评估机制,法律法规颁布后起草部门或主要实施部门定期向人大常委会报告实施情况。人大常委会定期组织对法律法规实施情况进行评估,对社会各界反映问题较多、执行效果不好的及时予以修订调整。二是针对当前改革中修订滞后的法律法规,及时启动立改废。加快行政处罚法修订步伐并尽快实施,解决行政执法主体资格问题。同时启动行政强制法修订,赋予综合行政执法机构与承担的行政处罚权相匹配的行政强制权,使立法与改革步调协同。三是进一步完善法律制度设计,解决法律规定与实践发展不相适应的问题。加大对事关国家金融安全、能源安全、公共安全、人民生命财产安全、生态环境安全等方面违法行为的惩处力度,提高法律震慑力。对新行业、新业态以及一些轻危害的违反社会秩序的违法行为,充分考虑经济社会发展现实问题,提高法律制度的包容性,适当增加制度执行的弹性,体现以人为本的执法理念。比如,在市场监管领域,对市场主体的非主观故意、轻微且没有造成明显危害后果的首次违法行为建立"容错"机制[①],通过制定轻微违法违规经营行为首错免罚清单、减轻处罚清单等,向公众传递法律的"温情",激发市场活力。

2. 理顺执法层级关系,推动建立以县(市、区)级为主的行政执法权配置体系

从执法事项分布情况看,我国法律法规在执法权的纵向配置上呈"橄榄型"特点,授予市、县(市、区)两级的执法权限相对更多,在实际工作中绝大多数按照属地管理原则交由县(市、区)一级承担。从案件数量、质量和结构分析,违法案件查处主要集中在县(市、区)、乡镇(街道)两级,但乡镇(街道)面临法定资格限制,具体执法工作还得依托县(市、区)一级执法部门,乡镇(街道)独立办案数量少且质量不高。从地方政府职能定位来看,省级政府主要侧重于地方宏观政策制定和调控监督;乡镇政府虽然是法定的基层政府,但在功能定位上主要以承办社会事务和提供公共服务为主;县(市、

[①] 2020年8月,长三角区域税务轻微违法行为"首违不罚"清单在三省一市同时落地。18项发生率高,但危害不大、容易纠正的涉税轻微违法行为被纳入清单,当事人在一年内首次违反且情节轻微,能够及时纠正,未造成危害后果的,将依法不予行政处罚。

区）一级是国家治理体系中拥有法律保障和具有完备治理功能且相对稳定的重要管理层级，县（市、区）政府是公共产品和公共服务的直接提供者，也是政策法规的主要执行者。因此，无论在法律制度设计、实际履职能力，还是在政府功能定位上，行政执法权的纵向配置都应当以县（市、区）级为主。

在实际工作中，受到传统科层制理念影响，条线组织的基本特点是尽可能追求权力、经费和人员规模的最大化，无论是纵向上压缩市县执法层级、将省市执法权下放到县乡，还是横向上减少执法队伍、整合执法机构，都会面临基于部门利益考量和个体利益权衡的现实阻力。尤其是乡镇（街道）基层执法一线，在事权划分上缺少话语权，处于被动接受状态，行政权力供需不对称。乡镇（街道）在执法人员、技术装备、经费投入等资源配置上往往处于弱势，无力承接过多的执法事权。加上乡镇（街道）事业单位不能"参公"，县级执法队伍人员多数为"参公"人员，推动县级执法力量下沉存在障碍。因此，应当将行政执法事权更多地向县（市、区）一级集中，构建以县（市、区）级为主的纵向配置体系，具体包括以下三个方面：一是减少省级执法事项，省级部门原则上不设执法队伍，特殊法定执法事项由部门内设机构承担。二是减少市、县执法层级，设区的市只保留一个执法层级，除中央要求确需市级执法的事项，以及跨流域、高速公路等领域执法外，原则上市级不再保留专门执法队伍，将更多的执法权限赋予县（市、区）一级。三是把基层执法频次多、简单易操作、与企业生产群众生活密切度高的有关执法事项交给乡镇（街道）或县（市、区）执法部门派驻在乡镇（街道）的执法分支机构。

以行政执法体制改革历程反思传统科层体制改革为何始终难以克服政府碎片化问题。塑造整体性政府，除了法律制度、体制机制等方面之外，还涉及政府治理观念的深度更新。比如寻找执法权层级定位与执法效能发挥之间的最优组合，执法权纵向配置与执法力量层级配备之间是否需要完全对应，基层特别是乡镇（街道）综合行政执法机构如何对应上级执法机构，这些问题在理论上如何加以解决。传统上一一对应的纵向同构观念或许可以转变为"一对多"或"多对一"的整体优化理念。在基层乡镇（街道）一级，"县（市、区）级为主＋力量下沉"的改革模式更有利于执法效能的最优发挥。在实现路径上以推动县（市、区）级执法机构、人员、工作"三个下沉"为重点，解决基层执法难题，缩短执法工作半径，落实工作责任。县（市、区）综合行政执法局、公安、税务、市场监管等部门在基层有分支机构的,要服从乡镇(街道)的统一调度安排;生态环保、交通运输、农林水利等没有设立分支机构的,应当在县(市、区)执法队伍内设执法大队、执法小组或落实专人实行定点派驻或分片派驻执法;没有专门执法队伍的部门,也要在其内设执法机构中明确乡镇(街道)定点或分片包干的执法工作责任。乡镇(街道)为县(市、区)部门下沉执法力量提供必要条件,落实集中的办公场地,方便部门执法人员定点办公。

3. 基于整体性治理理念,推动不同形态综合行政执法走向纵深

(1) 全面深化部门内综合行政执法

部门内综合行政执法是综合行政执法改革的基础,也是实践证明运行相对顺畅的一种体制架构。目前各地按照中央统一部署要求,整合部门内执法职责和队伍,基本实现一个部门一支执法队伍。从执法主体上看,部门内综合行政执法大体分为两种,一种是局机关内设机构综合行政执法,将相关执法权集中交由机关的一个内设机构行使。另一种是局外设队,由部门所属的专门行政执法队伍集中行使行政执法权。二者对比分析,前者有利于实现行政管理、行政检查、行政执法等职权的闭合运行和有机衔接,促进人力资源的合理流动和优化配置;后者由于当前执法队伍多以事业性质为主,机构性质、编制属性、人员身份不同,执法人力资源在行业系统内部调配,存在体制上和制度上的障碍,特别是在"放管服"改革大背景下,行政管理资源要从事前审批转移到事中事后监管上来,而行政执法作为重要的末端监管,局外设队受行政与事业两种管理体系限制,难以实现资源的合理调配。因此,精简"局外设队"不仅是控制执法队伍规模的选择,也是优化行政执法权力运行、优化执法资源配置的必然要求,是深化部门内综合行政执法改革的方向。

在具体实施中,应当充分尊重现实条件,分类予以推进。执法监管任务较重、执法队伍人员较多、暂不具备机关执法条件的领域和部门(如生态环境、交通运输、城市管理等),可暂保留"局外设队",今后待条件成熟后再逐步过渡为局机关执法。其深化改革的重点是强化局机关对行政执法工作的统一领导,理顺执法队伍与局机关的权责关系,加强力量统筹。特别是厘清局与执法队伍在行政检查方面的职权,推动构建以主管部门牵头、综合行政执法队伍配合的执法检查工作机制,这样既符合"谁审批、谁监管"的改革要求,强化和落实主管部门的监管责任，又能够避免重复多头检查，减轻相对人负担。除确需保留必要的"局外设队"外，其他领域原则上以整合、精简执法队伍为改革方向。执法职能明显萎缩，职能不饱和的执法队伍该撤销的撤销，该整合的整合。执法任务较轻，队伍规模不大的领域，逐步创造条件，撤销局外设队，实行局机关执法。对适合纳入跨部门综合行政执法的，职责、机构、人员编制划入跨部门综合行政执法局。部门内综合行政执法作为一种过渡体制，过去在整合、精简行业系统内部执法队伍方面发挥了积极作用，但离从根本上解决执法主体多、执法资源分散的改革还有一定距离，下一步除中央明确规定的少数领域仍需保留必要的执法队伍外，其他领域的局外设队仍然以横向跨部门整合、回归机关执法为方向逐步进行精简。

(2) 积极稳妥推进跨部门综合行政执法

党的十九届四中全会《决定》明确提出，"进一步整合执法队伍，继续探索实行跨领域跨部门综合执法"。跨部门综合行政执法是综合行政执法改革的重头戏，是解决执法力量分散、整合执法资源的有效途径。基于执法权层级配置重心在县（市、区）一级，跨部门综合行政执法重点在县（市、区）一级推行。具体范围和执法局设置方式由地方结合实际研究确定。本课题组在研究全国模式的基础上，总结出跨部门综合行政执法范围确定的重要考虑因素和机构设置形式，以资参考。

第一，科学界定跨部门综合行政执法范围。通过对全国大多数地区的实践分析，我国"上下对口、条块结合"的行政管理模式，以及行政管理本身具有复杂性与专业性，决定了跨部门综合行政执法只能是一定范围内的综合，而不是绝对地从条线部门剥离集中所有的行政执法权。界定跨部门综合行政执法范围，可以将以下几个方面因素作为重要参考。其一，执法频率高、与群众生产生活密切相关、常见多发、量大面广多头执法、执法扰民等问题突出的领域，应重点推进跨部门综合行政执法，从而避免因行政执法过多、过滥和管理方式的碎片化，给群众和市场主体带来的沉重负担。其二，与执法事项的专业化程度、执法专业性技术性要求相适宜，综合行政执法机构能够独立行使处罚权的执法事项，适合纳入跨部门综合行政执法范围。其三，执法方式和执法对象的关联度高，执法对象相近、执法方式趋同的跨流域、高速公路、文物保护地、自然保护区等特定区域、特定范围的执法事项适合综合行使。其四，行政管理体制因素。主管部门的职责相近度、归口管理、垂直管理或属地管理体制都是跨部门综合行政执法需要考量的因素。比如,同属一个主管部门或归口管理部门的相同相近领域,执法职责整合难度相对较小;而垂直管理部门与属地管理部门由于管理体制不同,归并整合二者的执法职责难度较大。除上述因素外,相关执法协作机制、制度的健全程度,配套政策跟进落实情况也是决定跨部门综合行政执法需要重点考虑的方面。由于各地情况不同,跨部门综合行政执法范围界定难有统一标准,各地贯彻中央改革要求,探索跨部门综合行政执法要结合地方实际,本着因地制宜原则,既不能不顾实际、贪大求全,也不能原地踏步、裹足不前。

　　第二,因地制宜组建跨部门综合行政执法机构。以下提出两种参考路径。路径一:单独设置综合行政执法局,作为政府的工作部门,将相关部门的行政执法权剥离交由综合行政执法局集中行使。鼓励地方积极探索,个别机构限额确实紧张的县(区、市)也可考虑增加1个政府机构限额,专门用于组建综合行政执法局。综合行政执法局在乡镇(街道)派驻执法队伍,承担乡镇(街道)综合行政执法工作。改革后,原条线部门所属执法队伍进一步整合精简,除了中央规定的重点领域外,其他领域原则上不再保留局外设队,形成"综合行政执法+专业执法"的执法体系。路径二:依托城市管理、市场监管等部门,开展相同相近领域跨部门综合行政执法。将教育、商务、民政、科技等部门主要面向市场主体的部分执法权向市场监管部门集中。将建设、交通、房产、水务、人防等部门与城市治理相关的部分执法权向城市管理部门集中。综合行政执法部门在乡镇(街道)派驻执法队伍,将与乡镇(街道)日常管理关联密切、行使频率较高、技术门槛不高、需要即时快速查处的行政处罚权,如市容市政、城市绿化、排水与污水管理、物业管理等方面的权限,交给派驻分支机构承担。

　　以上两种路径各有利弊:路径一,有利于综合行政执法局集中精力开展行政执法工作,实现管理职责与执法职责的完全分离,强化对权力运行的监督和制约。但作为独立的政府工作部门组建,会增加综合行政执法局与相关行业主管部门的协调成本。路径二,依托城市管理、市场监管部门开展综合行政执法,不新增机构,能够自然而然克服城市管理、市场监管等领域执法职责交叉重叠、权责关系不顺等问题,但容易导致执法工作边缘化问题,特别是城市管理、市场监管之外的其他领域执法效果难以保证。综上，两种路径各有适合的场景，建议各地结合实际进行选择，也可探索更多跨部门综合行政执法模式。

（3）推进符合基层执法特点的乡镇（街道）综合行政执法

乡镇（街道）受主体资格、能力建设等因素限制，法定授权的执法事项较少，按照"县（市、区）级为主＋力量下沉"的体制设计，乡镇（街道）执法工作主要采取县（市、区）执法机构、人员、工作的下沉延伸。鉴于乡镇（街道）承担了少量法定执法职责，可由乡镇政府（街道办事处）1个综合办事机构集中承担法定执法职责。同时，为了加强乡镇（街道）对县（市、区）综合行政执法部门和相关执法部门派驻执法机构、执法人员的统筹指挥，可考虑在集中承担行政执法工作的综合办事机构加挂综合行政执法协调办公室牌子，具体负责与县（市、区）执法部门的协调，通过建立健全与各条线执法机构的协同联动机制，增强基层执法合力。

4. 建立健全综合行政执法"1＋3"协调机制，打通执法壁垒

综合行政执法的本质是权力的重新调整、分配，推行综合行政执法不可避免会面临诸多矛盾和阻力。要建立完善综合行政执法工作领导协调机制，加强领导协调，处理好各种矛盾和问题。要从不同层面建立健全执法协作机制，加强执法协作，发挥出体制的综合效益，实现高效运转。

（1）构建自上而下的综合行政执法组织领导和统筹协调机制

综合行政执法跨部门整合执法职责后，往往是综合行政执法部门同时要对应多个上级部门。调研中，综合行政执法部门反映上级条条干预较重，多头指挥、政令不一，造成综合行政执法部门无所适从。横向上，综合行政执法部门与其他行业主管部门是平行关系，协调工作很困难。推进综合行政执法，有必要在省域范围内，建立党委领导、政府负责、司法行政部门牵头、部门及执法队伍具体落实的领导协调机制。可考虑成立由分管公安、司法行政工作的政府领导任组长，司法行政、公安、财政等相关部门负责同志为成员的综合行政执法领导小组，负责综合行政执法的组织领导和统筹协调，领导小组办公室设在司法行政部门，具体承担领导小组日常工作。

同时，明确各级司法行政部门为综合行政执法的指导监督部门，承担对综合行政执法工作的统筹指导和综合协调，在法制上予以保障，政策上进行统筹，标准上推动统一。具体负责牵头拟定综合行政执法重大政策和组织实施，牵头制定综合行政执法事项清单，妥善处理综合行政执法法律事务问题，协调解决执法事项争议，牵头推进综合行政执法标准化建设，加强执法装备建设，统一执法服装、标志标识，加大执法人员培训，牵头做好执法信息化建设等。部分改革力度较大的地区，可考虑在司法行政部门加挂综合行政执法指导监督办公室（或综合行政执法协调办公室）牌子，明确专门机构和人员承担具体工作。

(2) 建立健全无缝衔接、运转顺畅的执法协作机制

第一，综合行政执法机构与行业主管部门的执法协作机制。一是全面推行"两张清单"制度。将目前在生态环境、农业等少数领域施行的行政执法事项清单制度向所有具有执法权的领域和部门推广，通过制定执法事项清单，细化行业主管部门与综合行政执法机构的职责边界。综合行政执法机构依法履行集中的行政执法权，加强对综合行政执法范围内违法行为的查处力度；行业主管部门依法履行管理职责，加强源头监管和协调指导，不能因行政执法权划转而不落实主体责任。在全面推行执法事项清单制度基础上，还可进一步探索综合行政执法配合清单制度，对纳入综合行政执法范围的执法事项，逐项梳理配合事项，一一明确配合的责任部门、配合方式、不履行配合义务的追责情形、追责主体等，落实部门及人员的责任。二是建立行政审批与执法监管信息双向推送机制。依托各地普遍建立的网上行政审批、信用监管等政务服务平台，推动审批、监管、执法信息上网，打破信息孤岛，实现信息互联互通、部门共享。行业主管部门作出的审批决定等及时通报综合行政执法机构；综合行政执法机构作出的行政处罚决定以及执法过程中发现的问题，及时通报行业主管部门，实现前端管理与后端执法的良性互动。三是在生态环境、住房城乡建设、自然资源等领域探索建立综合行政执法提前介入机制。考虑到这些领域违法事项的纠错成本较高，社会影响面较大，在立项、论证、审核、审批、实施等环节，创造条件让综合行政执法机构提前介入，变事后执法为提前参与，全过程加强监管。四是建立综合行政执法机构与行业主管部门干部轮岗交流机制。加大干部交流力度，推动相互顶岗锻炼，达到相互熟悉业务、密切衔接配合、共同推进工作的目的。

第二，综合行政执法机构与专业执法部门联合执法机制。一是建立相互配合的长效机制。建立执法联席会议制度，联席会议办公室设在综合行政执法部

门，由综合行政执法部门定期牵头召开会议，研究执法工作的重点难点问题，搭建有效沟通信息交流平台，并有针对性、有计划地安排重点专项行动和联合行动，增强执法合力。建立执法争议协调制度，对执法职责交叉扯皮的，由执法部门进行协商，协商不一致的由同级司法行政部门进行协调。二是加强联合执法规范化建设。建立健全相关的制度规范，探索制定联合执法事项清单制度，凡是列入清单中的执法事项，原则上以联合执法的方式开展执法，避免多头执法扰民。统一规范联合执法的程序、标准，避免联合执法成为运动式、突击式执法，甚至为了强调执法效果而简化程序或提高标准，影响执法公正。三是完善联合执法责任制度。建立健全联合执法工作责任制度，各执法队伍严格依照法定权限行使职权。强化执法监督，邀请律师、群众代表等共同参与联合执法监督，提高公众对联合执法的知晓度和认同感。探索建立投诉举报首问负责制，落实首问部门责任，及时处理企业和群众投诉举报，避免"敷衍推诿"或"置之不理"。

第三，综合行政执法机构与乡镇（街道）双向联动机制。为解决乡镇（街道）执法难题，本课题组提出"县（市、区）级为主＋力量下沉"，在这种模式下，关键要强化乡镇（街道）对县（市、区）下沉执法队伍和力量的统筹，保证乡镇（街道）乃至村（社区）在行政执法工作中的知情权、建议权和监督权。一是建立信息双向互通机制。县（市、区）综合行政执法部门及相关执法部门的执法情况、执法结果及时通报所在乡镇（街道）及村（社区）组织；乡镇（街道）及村（社区）组织发现的违法线索，及时通报执法机构；对发现违法违规的执法行为，及时告知主管部门或向有关方面反映。二是建立双向考核机制。改变县（市、区）级部门对乡镇（街道）单向的考核模式，建立双向考核制度，增加乡镇（街道）对县（市、区）综合行政执法部门和相关执法部门以及派驻到乡镇（街道）的执法分支机构、执法人员，履行职责情况的考核。三是完善双重管理体制。县（市、区）综合行政执法部门和相关执法部门派驻到乡镇（街道）的执法分支机构、执法人员，实行县（市、区）级部门与乡镇（街道）双重管理。落实乡镇（街道）对派驻执法分支机构及人员的统一指挥、调度、管理和考核权。赋予乡镇（街道）对派驻执法分支机构负责人任免前的征求意见权、考核评价权。执法人员调整任免应当征求乡镇（街道）党委（党工委）意见，对不正确履行职责的，乡镇（街道）党委（党工委）有权向有关部门提出交流调整的意见建议。

5. 规范综合行政执法队伍机构编制管理，提高资源配置效益

规范综合行政执法队伍机构编制管理是 2018 年机构改革特别是 5 个重点领域综合行政执法改革后续亟待解决的问题。鉴于综合行政执法队伍人员量大面广、情况复杂，规范综合行政执法队伍机构编制管理要审慎稳妥推进。

第一，加强综合行政执法队伍总量管控。党的十九届三中、四中全会《决定》以及中央关于深化综合行政执法改革相关文件，提出"精简执法队伍"的改革要求。目前地方综合行政执法队伍人员编制总体规模不小，要实行严格控制。地方现有执法机构总量只减不增，除个别地区探索跨领域跨部门综合行政执法，按照"撤多建少"组建执法机构外，其他原则上都不得新设执法机构。

第二，创造条件逐步精简局外设队。过去不少领域受限于机关行政编制不足，事业单位执法是普遍现象。2018 年机构改革后，大量执法事项回归机关，由于执法人员身份和人员编制性质原因，事业单位人员编制无法随职责回归机关，机关行政编制总量紧张，通过内部调剂难以解决问题。特别是过去没有专门执法队伍的政府部门，按照改革要求，除专门行政执法机构外，事业单位不得再承担行政职能，执法职责回归机关后，一边是机关无人执法，一边是事业人员不能执法。针对地方实际困难，可探索出台行政编制与事业编制的置换政策，盘活编制资源，合理确定编制置换的比例，严格控制置换的总量，由各省（区、市）在规定的比例和总量内根据地方实际情况组织实施。

各地要进一步创新编制管理，加大内部挖潜力度，主管部门人员退休、调出腾出的行政编制优先用于解决执法人员回归机关。坚持"瘦身"与"健身"相结合，加大编制统筹使用力度。贯彻落实中央关于加强文物保护工作的部署要求，适当加强文物保护工作力量。对部分执法职能萎缩、通过现代信息手段提升执法监管效能的，应当适当精简收回人员编制。对执法职责划出、执法权限下放的，应当动态调整执法力量配置。推动扁平化管理，县（市、区）一级综合行政执法队伍，原则上不单独设置办公室、政工室、财务室等综合保障性内设机构，人财物由主管部门统一管理，强化主管部门对行政执法的统一领导，突出执法队伍的实战性，推动执法力量向一线执法岗位集中。在条件成熟时，可探索分领域、分层级建立行政执法队伍人员编制标准，根据地区人口、地域面积、管理幅度、执法办案量等,测算行政执法人员编制需求,依据标准核定编制并实行动态调控。

6. 牢固树立以人民为中心的理念,推动行政执法"三个转变"

行政执法作为社会治理一项重要手段,本质上是服务于民。贯彻落实以人民为中心的发展思想,回应新时代人民群众对行政执法的新要求,聚焦"三个转变",提升执法监管服务能力。一是由管理型向服务型转变。转变管理导向,坚决取消对行政执法办案数量、罚款金额、结案率等不合理"业绩"指标的考核或变相考核,避免以行政化的管理方式来管理执法工作。丰富执法策略,将行政指导融入具体的行政处罚工作,帮助相对人整改解决存在的违法行为、规避潜在违法风险,做到处罚与教育相结合。推广运用说服教育、劝导示范、行政奖励等非强制性执法手段,实现严格执法与主动守法的统一。重视行政执法宣传教育,推动执法宣传进机关、进学校、进社区、进企业、进家庭,加大违法犯罪典型案例的曝光力度,形成有效震慑,提升全民守法意识。二是由随意性向规范化转变。严格依照法定权限和程序执法,防止执法人员不作为和乱作为,坚持在法治轨道上平衡社会利益、调节社会关系、规范社会行为,确保行政处罚的案件事实证据经得起法律检验。推行人性化执法,既要避免失之于宽、失之于松,又要准确把握社会现状,充分考虑执法对象的切身感受,杜绝粗暴执法、执法"一刀切"。推行阳光执法,依法公开行政处罚、行政强制信息,主动接受监督,构建透明、高效、公正的执法环境。三是由粗放式向精细化转变。推行执法正面清单制度,对守法企业减少抽查频次或免于现场检查,将有限的执法资源集中到事关人民群众切身利益、国家安全的领域,打击主观恶意违法,加大惩戒力度,坚决遏制违法犯罪行为高发频发的态势。对符合国家产业发展方向、有利于充分吸纳就业的新业态采取"包容审慎"的监管原则,支持企业更好参与市场合作和竞争,为激发市场经济活力提供法治保障。

7. 创新社会治理方式,多元共治提升监管效能

社会治理和执法监管任务的日益繁重与行政资源的有限性,要求从过去政府单一治理模式向以政府为主、社会组织和群众共同参与的多元共治格局转变,降低社会治理对机构编制和人力资源的过度依赖。一是加强党建引领,广泛调动社会力量参与社会治理。行政执法重心在基层,要充分发挥乡镇(街道)、村(社区)基层组织作用,调动辖区的企事业单位、社会组织、群众性自治组织、群团团体等社会力量共同参与社会秩序维护,将行政执法触角向基层延伸。加入行政执法宣传教育,提升全民守法意识,预防违法行为发生。推广有奖举报制度,鼓励和引导志愿者参与社会治理,提高执法的成本效益。二是整合基层社会治理资源和力量。以"互联网+执法"为依托,将各部门在基层设置的市场监管、社会治安、劳动保障等多个网格资源进行整合,强化网格员队伍联动,实现"一员多用"。推动政府热线"一号对外",建立统一的政府热线,整合集成各部门的政务服务和举报投诉平台,将信息收集方式从电话延伸至网络、媒体、手机 App,确保普通公众能够通过最快捷、最便利的方式,第一时间上传发现的问题。三是创新执法监管方式。构建以"双随机、一公开"为主、以信用监管为补充的新型执法监管方式,改变依靠人海战术的传统执法监管模式,逐步降低巡逻排查频次,提高巡查检查精准性和靶向性。

8. 以标准化、现代化、专业化为导向,全面加强执法能力建设

综合行政执法对执法队伍能力建设提出更高要求,针对执法队伍综合素质和业务能力的短板,着力从规范队伍、装备配置、专业能力等多方面入手,加强执法能力建设。一是推进执法标准化。由司法行政部门会同相关行业主管部门,制定综合行政执法和专业执法的标准化建设规范,从硬件到软件、从管理到制度等方面提出规范建设要求。统一规范必要的执法需求保障,除公安、海关、税务等国家有统一要求的执法队伍外,全国自上而下基本统一综合行政执法队伍、专业执法队伍执法证件、执法标志、执法制式服装等标准,提高公众认知度和认同感,增强执法的权威性、严肃性。二是推进执法现代化。充分利用现代信息技术,大力推广"非现场"执法,在管理和技术条件适宜的领域,加大视频监控、无人机巡查、定位信号筛查、大数据分析等技术手段的运用,减少对执法人力资源的需求和消耗。整合行政审批、政务服务信息平台,建立统一的电子办案系统,推动行政执法网上办理、网上流转,执法活动网上监督,规范并相对统一行政执法调查、询问、告知、处罚决定等文书格式,实现执法信息互联互通,最大限度地发挥平台作用。三是推进执法专业化。严把执法人员入口关,严格落实执法人员资格管理制度,不具备执法资格条件的,不得从事执法工作。设立综合行政执法特殊岗位津贴,适当提高一线执法人员收入待遇。注重执法队伍梯队培养机制,合理调控队伍的专业结构、年龄结构、

性别结构。加强执法人员教育培训，丰富培训内容，强化执法人员法律知识和专业知识素养，培养"一综多专"的综合行政执法人员。

9. 加强党对综合行政执法工作的全面领导

综合行政执法作为依法治国的重要方面，按照新时代党加强依法治国领导的各项要求，把党的政治建设、组织建设、思想建设、作风建设贯穿到综合行政执法工作的方方面面。一是以党的政治建设为根本加强党的领导。把加强政治建设作为强化党对综合行政执法领导的根本保证，完善相应的制度安排。地方各级党委要落实政治责任，切实加强对综合行政执法改革和重要工作的领导督促，及时妥善处理改革中的突出问题，化解矛盾。每年定期听取综合行政执法工作汇报，研究协调解决综合行政执法工作中的突出问题。二是以党的组织建设为基础加强党的领导。加强综合行政执法队伍基层党组织建设和党员队伍建设，根据基层执法工作特点，发挥"队建制"优势，灵活设置党支部、党小组，充分发挥基层党组织的战斗堡垒作用和党员干部的先锋模范作用。加强各级执法队伍领导班子建设，坚持党管干部原则，突出政治标准选人用人，配齐配强执法队伍党组织书记。对部分执法监管任务重、队伍规模大的，可配备政治委员（指导员）。要关心综合行政执法干部成长，把综合行政执法岗位作为培养锻炼干部的重要平台，改进干部选拔任用工作，建立正向激励机制，注重从基层一线执法队伍中选拔任用领导干部，探索建立新提任领导干部到一线执法队伍挂职锻炼制度，在基层一线接受锻炼。建立适应执法队伍特点的干部培训制度，把强化党的理想信念教育、增强为民服务的意识作为培训的重点，将综合行政执法培训纳入各级党校（行政学院）教学内容和干部学院主体班次教学安排，促进执法人员政治素质和专业能力同步提高。严格执行党的组织生活制度，开展丰富多彩、适合执法队伍特点的组织生活，提高"三会一课"质量。创新组织活动方式，组织开展创建党员先锋岗、争当执法服务群众标兵等活动，引导和激励执法队伍中的党员干部带头做好本职工作，完成急难险重任务，带动执法人员建功新时代、争创新业绩。三是以强化监督问责为重点加强党的领导。将综合行政执法工作纳入各级党委巡视巡察督促检查工作重点，对事关群众切身利益的市场监管、生态环境等重点执法领域要重点开展，进一步提升监督问责震慑力度。针对不同执法领域工作特点，健全完善廉政风险点排查管控制度，全面梳理执法队伍的廉政风险点，主管部门或执法队伍党组织对照廉政风险点加强监督，并建立执法队伍党员干部定期述职述廉制度。定期邀请党代表、人大代表、政协委员，以及企业、群众等执法管理服务对象，对行政执法工作、执法人员履职情况进行评议，广泛接受社会监督，并将评议结果作为年度考核、评先评优和干部选拔任用的重要参考。

（课题负责人：丁先军；课题组成员：江永昌、陈前、黄锐、李光杰）

自然资源节约和高效利用体制机制研究

陕西省委编办、西安交通大学联合课题组

一、引言

(一) 研究背景与意义

1. 研究背景

自然资源对于民生和社会发展至关重要，是人类生存和发展的物质基础，具有基础性和战略性意义。我国虽自然资源总量丰富，但人均资源量低。据统计，耕地、水资源和森林面积均低于世界平均水平。随着工业化和城镇化的推进，对自然资源的需求激增，导致资源过度开发和环境问题。为应对这一挑战，国家提出了一系列节约资源和高效利用的政策措施，包括建立资源节约型社会、促进资源循环利用、提高资源利用效率等。此外，通过国家机构改革，实现了自然资源管理的集中统一，加强了对自然资源资金的监控和管理，进一步完善了自然资源领域的立法体系，包括修订宪法和其他相关法律，强化了生态保护补偿制度，旨在促进生态文明建设，推动经济社会全面绿色转型。

2. 研究意义

本研究的意义主要包括以下三个方面。

第一，本研究成果有利于加强自然资源管理。通过建立评价指标体系监测自然资源使用和保护，促进跨部门协作以解决资源环境问题，并提出提高资源利用效率的建议。

第二，本研究成果有利于推动资源全面节约和高效利用。随着生态文明建设的推进，完善生态保护补偿制度，形成绿色发展方式，引导经济增长模式转变，对促进资源节约和高效利用具有重要意义。

第三，本研究成果有利于提供未来研究的经验。全面分析自然资源节约和高效利用的现状和演进，构建评价指标体系，为自然资源理论体系建设和监管体制改进提供参考。

（二）主要研究内容与框架

本文旨在通过梳理自然资源监管政策和文献，构建自然资源配置效率评价指标体系，并利用 DEA 模型分析我国自然资源利用效率，结合自然资源节约和高效利用的机制分析识别节约和高效利用自然资源中的问题，并提出改进建议。具体地，本文主要研究内容包括以下三点。

第一，自然资源节约和高效利用的经验分析。通过对自然资源节约和高效利用相关文献进行细致梳理，比较各国自然资源管理体制机制的优缺点并总结其先进经验，梳理我国自然资源管理政策和体制机制演进路径，比较分析改革前后自然资源管理体制在管理理念、管理机构、管理制度和实践方式等方面的差异，结合典型案例，为我国进一步完善自然资源高效利用机制体制建设提供参考。

第二，我国自然资源的利用效率分析，即自然资源监管体制的投入产出分析。其中，自然资源监管投入包括人力投入、财政收入、设备配置水平等，产出则指自然资源监管成效，包括各地区的经济产出等。在此基础上，借助 DEA 模型、Malmquist 指数模型等方法对我国各种自然资源利用效率及状态进行评价，为各级自然资源监管机构如何更有效、更集约地进行资源投入和配置提供理论依据。

第三，我国自然资源节约和高效利用的体制分析以及政策建议。在自然资源利用效率分析的基础上，从经济发展规划、国土空间规划与资源环境保护规划的关系分析，产业部门与资源保护部门的关系分析，建立自然资源高效利用闭环这三个角度对自然资源节约和高效利用的体制进行进一步阐述，并根据体制分析中出现的问题提出相关具有针对性的政策建议。

（三）文献综述

1. 自然资源节约和高效利用相关研究的 Citespace 分析

本研究通过查阅自然资源利用的相关文献资料，借助 CiteSpace 知识图谱，筛选出 1133 篇有效文献，形象直观地对自然资源节约与利用的热点话题以及研究前沿进行分析。总结发现：关于自然资源节约与利用领域的早年研究成果丰富，自2002年后呈波动下降趋势，且研究的核心作者群以及研究机构的分布都较为零散，尚未形成合作研究的态势。（见图1、图2）

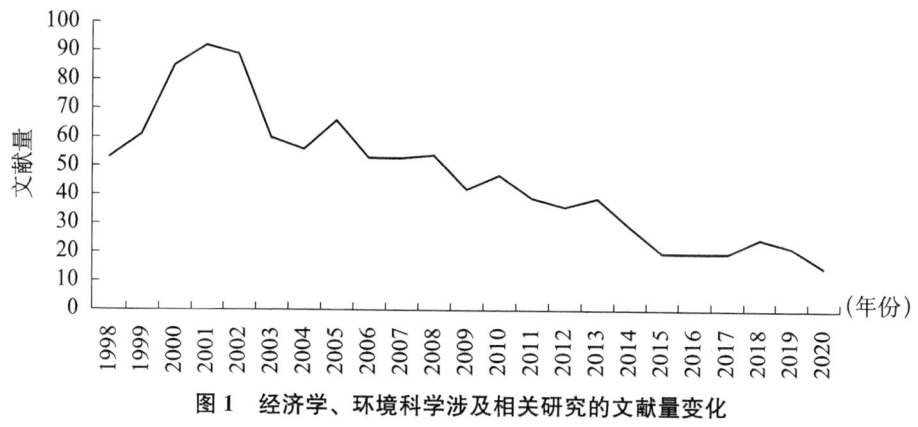

图1 经济学、环境科学涉及相关研究的文献量变化

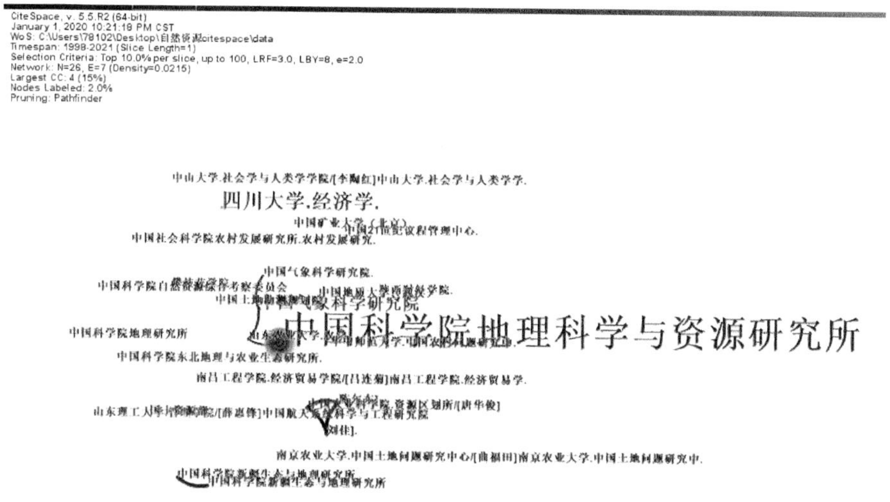

图2 机构分布图谱

通过CiteSpace软件进行关键词的聚类分析，生成关键词聚类知识图谱（见图3），折射出我国自然资源节约与高效利用研究领域的热点问题现状，具体包括"水资源""资源开发""土地资源""资源保护""资源经济""西部大开发""产权制度""农业资源"8个聚类标签。

在关键词聚类知识图谱基础上，得到关键词共现网络聚类表（见表1）。通过对比分析，对现阶段自然资源节约和高效利用领域研究内容大致进行归纳。

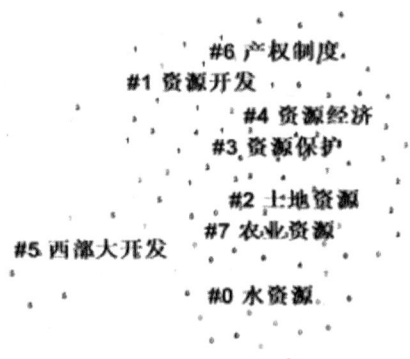

图 3　关键词聚类知识图谱

表 1　关键词共现网络聚类

Cluster ID	Size	前五个标识词
0	22	水资源利用；环境效应；浅层地下水；经济可行性；观念本位
1	18	资源开发；区域环境；可持续利用；山东水资源；植物保护
2	16	土地资源；可持续利用；玉林市土资源；土地政策；山地产权
3	14	资源利用；粗放利用；集约利用；环境建设；县域资源
4	14	可持续发展；中国农业；区域农业；农业基本资源；农业资源利用
5	9	西部大开发；环境污染；长江中下游；资源配置；农业发展
6	9	耕地资源；财政投资；利用效益；技术进步；开发利用
7	6	农业资源；可持续发展；喀斯特地区；东南山区；农业现代化

研究前沿的识别与追踪能够为研究者提供学科研究的最新演化动态，本文通过运行 CiteSpace 软件得到具有高突显值的 21 个节点突显词（见图 4），结合高突显值的相关文献，在 2004 年以前，该领域的研究主要围绕着政策和制度方面进行；2005—2007 年，主要是针对资源管理与评价进行研究；2008—2014 年，主要是针对相关资源测度进行研究；2015—2018 年，突显词为资源化利用与城镇化、水足迹；2018 年至今，突显词为水资源，这说明对于资源化利用尤其是水资源的相关研究是学者目前的研究热点。

Keywords	Year	Strength	Begin	End	1998-2021
资源保护	1998	3.2434	2000	2004	
西部大开发	1998	2.9618	2000	2002	
西部地区	1998	2.7183	2001	2002	
产权制度	1998	2.1305	2001	2004	
旅游资源	1998	2.0754	2002	2004	
循环经济	1998	3.1707	2004	2007	
人力资源	1998	2.3884	2005	2006	
水资源管理	1998	3.9584	2005	2007	
评价指标体系	1998	2.9494	2006	2007	
可持续发展	1998	2.2221	2006	2007	
指标体系	1998	1.6734	2006	2010	
资源利用效率	1998	2.7311	2007	2013	
粮食安全	1998	2.287	2008	2014	
dea	1998	3.0603	2010	2012	
经济增长	1998	2.2603	2011	2014	
耕地资源	1998	2.821	2011	2012	
矿产资源	1998	2.0371	2014	2015	
水足迹	1998	3.0603	2014	2017	
资源化利用	1998	5.6494	2015	2018	
城镇化	1998	2.6445	2017	2018	
水资源	1998	13.5884	2017	2021	

图 4 突显词演进情况

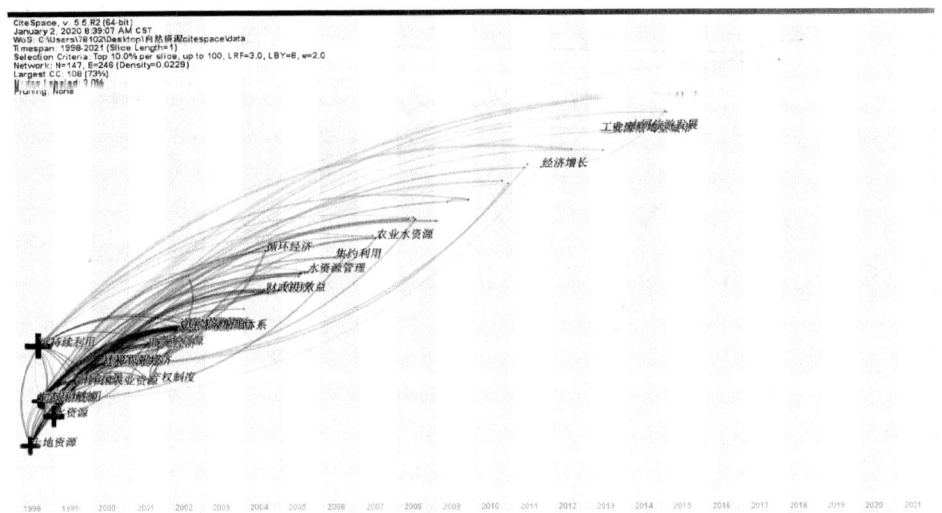

图 5　关键词时序

除此之外，关键词时序图可以用来反映某一研究主题随着时间变化的主要研究内容，也能够在一定程度上反映某一时间内的研究趋势，因此在关键词共现分析基础上，按照时间片段生成关键词时序图谱，其中时间切片为 1。从图 5 可以大致归纳：在 2004 年以前，对于自然资源的利用主要强调的是可持续利用；2004—2014 年，主要强调循环利用、集约利用；2014 年以后，强调资源化利用；而关于水资源的研究则一直贯穿整个时序图，说明相较于其他自然资源，学者们对水资源的关注更加持续。

2. 文献综述

总体来看，对于自然资源的研究主要集中在两个角度：一个角度是将自然资源纯粹地作为生产要素禀赋，来研究自然资源与更宏大的目标——经济增长之间的关系，且该关系多聚焦于"资源诅咒"问题上；另一角度是研究自然资源的管理问题，多位学者从信息库建设、管理机制、产权问题、自然资源资产负债表等方面来阐述。但缺乏将自然资源作为一个系统，统筹研究其内部各种资源要素的集约和高效利用问题，即使有对个别资源，如林业资源、海洋资源、矿产资源的研究，其出发点也只是单一资源。自然资源之间的内在联系和一体化呈现方式需要我们以系统角度去探究其利用问题，而这也是本课题的初衷之一。对自然资源节约和高效利用现状的分析，李昌华等人的研究相对全面，分别从自然资源承载力、价格机制、存在问题及应对方案等给出了很有价值的观点，这是本课题在研究时需要借鉴的地方。对于自然资源节约和高效利用的评价，学者对单个自然资源类别的研究较自然资源整体更为深入，对此，本文主要以自然资源整体为研究对象，在现有研究基础上进一步完善评价指标体系，以期为自然资源节约和高效利用监管提供依据。

在对自然资源节约和高效利用的国际比较研究上，主要从制度层面和政策法规层面梳理这方面的研究成果。根据文献，在制度层面，学者主要是从管理制度、产权制度以及税费制度这三个角度展开研究，尤其是管理制度角度的研究丰富且深入。在政策法规层面，对于自然资源相关的政策比较研究较少，可能是由于政策的时效性相对较短且国外一些政策文件难以获得所致。对于法规，日本在自然资源利用方面公权力的介入、美国在自然资源管理立法等方面值得我国自然资源管理实践学习。但由于国家之间自然资源差异、法律体系差异等因素，我国在自然资源管理实践中应当因地制宜，形成适合我国国情的政策。

首先，在对自然资源节约和高效利用的机制研究上，主要分析了自然资源资产产权制度、价值评估、审计以及自然资源监管体制能力建设、投入产出分析的相关文献，学者们展开大量研究。综合来说，我国对自然资源资产产权制度的研究尚未成熟，研究内容广度有限，集中于产权界定和确权与交易等基础理论，或产权制度改革与创新等实践探索，同时，理论研究偏多，缺乏实务研究与实证研究。至于自然资源资产价值评估，目前国内尚未建立成熟统一的自然资源资产价值核算体系，更没有对自然资源资产的经济价值和生态价值进行统筹核算，其根源在于缺少自然资源资产价值核算的理论依据及指导标准。其次，通过对我国目前自然资源管理监督体制改革在监控范围、政策执行力度与执行成效方面的简单梳理，我们可以发现自然资源管理体制机制改革取得初步成效，但是仍存在许多问题，主要包括政府管理机制与市场配置、市场体系建设的要求不适应；自然资源资产全民所有者部门统一，分级行使，分类管理的目标落实难；自然资源资产分级管理多维化存在困难；自然资源资产行政管理平台不统一、不完善等，因此我们需要进一步细致地研究目前自然资源管理体制改革，分析其在职能设置、人员安排、监测范围、监测力度和信息化建设等方面的具体成效并对其机制设置作出分析。最后，在自然资源监督管理体系投入产出分析方面，相关学者研究监管的投入成本与产出效益时，多使用数据包络法进行分析，辅以多种类型的指标计算。因此考虑在研究机构设置对环境资源监管的效益时，也采用此方法进行研究。

在对自然资源节约和高效利用的政策研究上，学者基于不同自然资源类别给出了节约和高效利用的建议，但对于各种类别自然资源节约和高效利用存在的问题及实施途径的探讨还只是处于浅层次的描述阶段，缺乏深层次的理论分析，需进一步提升我国自然资源节约和高效利用的理论研究水平。对此，本文采用文献分析法、比较分析和归纳演绎法、实证分析与规范分析相结合等多种方法，在对自然资源节约和高效利用效率进行测算分析，进而从实现自然资源向资产、资金转化的过程等方面提出相应的政策建议。

二、我国自然资源节约和高效利用的演进路径及现状分析

党的十七大确立节约资源和保护环境的基本国策，习近平总书记强调节能降耗、严守耕地红线、提升矿产资源勘查开发水平，发展循环经济。本部分从机制体制、政策及法律角度，分析资源节约高效利用路径，以三峡流域为例展示实际效益，推动可持续资源利用。

（一）我国自然资源节约和高效利用的演进路径分析

1. 我国自然资源节约利用与高效利用体制机制的演进路径

（1）管理理念的演进

我国经济社会发展与人地关系理念的不断演进，使得自然资源开发利用理念和方式呈现阶段性特征（见表2）。从中华人民共和国成立至今，自然资源开发与人地关系历经斗地、用地、养地三阶段，各阶段的管理需求不同。斗地阶段以增加耕地面积为主，用地阶段推动社会建设，养地阶段则注重资源节约、生态保护和综合调查评价，强调资源、粮食和生态安全。

表2 各阶段时代特征

阶段	主要工作	战略目标	依托机构
斗地	矿产考察，土地调查，西藏和西南地区等综合考察	粮食安全，国家建设	中国科学院综合考察委员会

续表

阶段	主要工作	战略目标	依托机构
用地	农业自然资源和农业划区，各类自然资源全面调查、各项自然资源保护相关法律的制定	粮食安全、经济社会建设	国家计划委员会 中国科学院自然资源综合考察委员会 国家测绘地理信息局 国家发展和改革委员会
养地	自然资源综合调查，国土空间规划，继续完善各项自然资源保护相关法律	经济社会发展、生态环境保护	自然资源部 生态环境部

自然资源研究应基于民族复兴和人类命运共同体背景，探究资源、生态与经济的时空规律。当前，我国经济进入高质量发展阶段，资源利用需支撑当代生活、保护后代根基，应转变利用方式、提高效率，树立节约循环的资源观，严格保护耕地、水资源，强化双控管理，减少生态损害，重视再生利用，以最小代价获最大效益。

(2) 管理机构的演进

新中国成立以来，我国自然资源政务机构历经多次改革，实现从早期的产业细分到改革开放后的职能调整，再到近年的系统整合。1956年经济管理部门中燃料工业部、重工业部、林业部等按照产业重新进行部门划分；1964年成立国家海洋局，主要负责监督管理海域使用和海洋环境保护、依法维护海洋权益和组织海洋科技研究工作；1975年增设国家地质总局；1998年国土资源部的组建，标志着我国自然资源管理进入统筹阶段。2018年，《深化党和国家机构改革方案》提出成立自然资源部，进一步推动了山水林田湖草的系统治理，明晰划分了部门间的权责，为自然资源综合治理和生态文明建设提供了体制保证，也是国土空间治理能力现代化的重要体现；即自然资源部通过摸清家底，确定产权，采取山水林田湖草整体保护、系统修复、综合治理等措施，侧重生态系统和原生环境的治理；而生态环境部则制定法规、政策、标注，采取检查和督查等措施，侧重环境污染和次生环境的整治。

总结我国自然资源节约利用与高效利用机制体制的演进路径，我国自然资源管理理念与人地关系已经由"斗地"转变为"养地"，人与自然和谐共生的思想、节约集约循环利用的资源观将改变原有的资源利用模式。目前中国实行资源部门管理和层级管理相结合的体制,中国自然资源管理及规制职责主要由各类自然资源管理机构执行,从中央到地方,从水、土地、矿产到能源、海洋、森林资源,都有相应的管理规制主体,各主体既承担着规制政策执行的职能,又承担着资源规制监督的职能。为顺应新时代自然资源管理体制的改革,一是要加快政府职能转变,提高行政效能;二是要加强部门统筹协调,形成监管合力,实现自然资源的节约与高效利用。

2. 我国自然资源节约与高效利用相关政策的演进路径

我国自然资源节约与高效利用的相关政策自中华人民共和国成立初期起便不断完善与扩展。1949年《中国人民政治协商会议共同纲领》确立了国有自然资源的法律地位,1954年宪法进一步明确了自然资源的国有产权,奠定了我国自然资源管理的基础。此后,针对不同自然资源的特性,国家进行了具体的制度安排,体现了资源产权公有和行政计划供给的特点。

改革开放后,我国自然资源节约与高效利用相关政策经历了四个阶段的演变。第一阶段在20世纪80年代,主要强调资源由产业部门集中处置,以加速资源开发,满足经济快速发展的需求。第二阶段在20世纪90年代,随着可持续发展理念的兴起,国家开始注重自然资源和生态环境的保护,加强了相关立法,并逐步推进统一管理。这一阶段特别关注了耕地保护、节约用水及能源建设等关键问题。到了第三阶段(2004—2010年),国家更加明确了节能降耗和资源节约的重要性,将建设资源节约型和环境友好型社会作为战略任务,提出生态文明理念,并加强了能源资源节约和生态环境保护工作,优化了国土开发格局。自2011年起,我国自然资源管理进入了一个全新的阶段。这一年,我国明确提出实行最严格的水资源管理制度,设立"三条红线",以强化水资源的总量控制、效率提升和污染防治。随后,党的十八大将生态文明建设纳入"五位一体"总体布局,从国土空间开发、资源节约利用、生态环境保护及制度建设等多个层面进行了顶层设计。习近平总书记提出的山水林田湖生命共同体理念,进一步将管理范围扩展至草原、沙漠等资源系统,形成了泛资源共同体的新概念。为落实这一战略部署,国务院发布了一系列政策文件,强调循环经济、资源回收与利用,并提出了资源产权体系建设的目标。

至 2016 年，国务院明确了到 2020 年基本建立全民所有自然资源资产有偿使用制度的目标，旨在优化资源配置、保护生态环境、实现经济和社会效益的统一。此后，党的文件和国家政策进一步强调了资源高效利用和产权制度建设的重要性。

近年来，生态环境部等部门联合发布了多个文件，推动生态环境导向的开发模式试点，鼓励社会主体参与生态环境保护和修复，获取生态产品经营开发权益。此阶段的主要特点是系统梳理和优化资源政策，强化资源节约利用和优化配置，同时推进生态文明体制改革和自然资源产权体系建设。

总体来看，这一阶段我国自然资源管理政策更加全面、系统，旨在实现资源、环境和经济的协调发展，为建设美丽中国奠定坚实基础。这些政策演进不仅反映了我国对自然资源认识的不断深化，也体现了从单纯追求资源开发向可持续发展和资源节约的战略转变。面对国内外资源挑战，我国将继续完善自然资源节约和高效利用相关政策，推动经济社会发展与生态环境保护的良性循环。

3. 我国自然资源节约与高效利用相关法律的演进路径

中国资源法律规制涉及立法、执法、监督和仲裁。人大是立法主体，政府及资源部门兼管立法与执法，监督与执行主体重叠，效果受限。近年来，我国资源法律由行政管理向法律制度转变，逐步建立生态监管体系，包括《中华人民共和国宪法》《中华人民共和国环境保护法》等，强化了监管和处罚。2018 年修订后的《中华人民共和国宪法》，纳入生态文明，形成完善的法规体系，推动自然资源监管的市场化和法制化改革。

中国资源法律规制日臻完善，填补海洋、农村土地及可再生能源等空白，侧重资源市场秩序和产权流转的经济规制，形成中国特色法治体系。但其中存在不足，包括：缺乏综合性法律，规制不全；执法监督不严格，制度缺陷。需加强监管保护，解决这些问题。

4. 我国各类自然资源节约和高效利用相关政策及机制体制的演进路径

（1）我国土地资源节约与高效利用相关政策及机制体制的演进路径

改革开放以来，农村土地要素的市场化改革大致可分为改革探索期、改革发展期和改革深化期三个阶段（见表3）。

表3 我国农村土地要素的市场化改革阶段

改革阶段	具体措施
改革探索期 （1982—1998年）	1982—1998年，我国农村土地市场化改革起步，确立家庭联产承包责任制，实施《中华人民共和国土地管理法》，成立国家土地管理局，修订法律以强化土地保护，完善土地用途管制。
改革发展期 （1999—2012年）	1999—2012年，我国农村土地市场化改革深化，强调市场的资源配置作用，保障农民权益和控制征地规模。多项法规的出台完善了土地流转和土地管理制度，推进了城乡统一要素市场。但土地治理难题频发，需通过合法化、赋权化等举措完善管理。土地所有权与使用权分离激活要素，但市场化机制仍需健全。
改革深化期 （2013年至今）	2014年起，党中央连续发布一号文件，引导社会资金参与"三农"建设，推动金融机构支持中长期贷款和涉农资金投放，并试点涉农资产证券化。随后，文件强调土地等资源性资产的确权工作，坚持节约用地，推进低效用地再开发和废弃地复垦。2017年的中央一号文件提出集中治理农业环境问题，实施休养生息规划。至2020年，中共中央、国务院推进土地要素市场化配置，完善土地管理体制，加快要素价格市场化改革，深化农村改革。2021年国务院常务会议强调耕地保护，控制农用地转用，严格执行"占补平衡"制度，并加大违法行为处罚力度，保障土地资源合理利用。

（2）我国水资源节约与高效利用相关政策及机制体制的演进路径

我国自1988年起实施《中华人民共和国水法》，强调水资源综合效益。2011年实行最严格的管理制度，确立"三条红线"原则。"十三五"规划强调节水型社会建设。习近平总书记多次指示要节约集约利用水资源。我国建立四级河长体系，推广河长制，促进水资源保护和水环境治理。近年来，水资源规制内容增多、强度增大，已在多方面取得较好效果，但仍需加强执行和监督，确保水资源可持续利用，满足经济社会发展需求。

（3）我国矿产资源节约与高效利用相关政策及机制体制的演进路径

中华人民共和国成立以来，中国政府通过行政和法律手段规范煤炭业，从"一五"至"五五"计划强调能源节约。改革开放后，注重能源质量和利用效率，发展新能源，优化结构，推动技术进步，提高能效。

第一，我国矿产资源机制体制的演进路径。1982年起，从地质部更名到成立全国矿产资源委员会，中国逐步加强矿产资源管理。1998年国土资源部成立，负责资源节约与利用相关工作。2019年国家石油天然气管网集团的成立标志着油气产业市场化的重要进展。

第二，我国矿产资源相关政策的演进路径。1984年，中国建立了资源税制度，并陆续出台法规强化矿产管理。随着经济发展，矿产领域取得显著成就。党的十八大后，我国构建了矿产资源节约集约利用政策体系，通过法律法规、规划标准等全面管理资源。国土资源部发布相关意见，明确了节约利用原则和目标。同时，油气行业也迎来重大变革。自然资源部积极部署开发矿产资源节约与综合利用技术，并发布开发利用指标要求。面对资源环境压力，我国坚持节约资源、保护环境国策，推动能源结构优化，并出台多个能源发展规划和行动计划。在贯彻新发展理念下，我国矿产领域取得显著成就，实现资源全面节约和高效利用，为经济社会发展提供有力支撑。

第三，我国矿产资源法律法规的演进路径。1986年，我国颁布《中华人民共和国矿产资源法》，确立税费并存制度，强调节约开采。1996年，《中华人民共和国煤炭法》出台，规范煤炭行业。我国为鼓励清洁能源和矿产资源利用，实施税收减免政策，引入第三方核定工业固废利用。这些法律和政策共同构建了我国矿业法治和资源节约利用基础。

（4）我国森林资源节约与高效利用相关政策及机制体制的演进路径

改革开放以来，我国转变森林治理理念，实施有效调控和量化管理，林业产权逐步私有化，森林资源节约与高效利用相关政策演进分三阶段，奠定可持续发展基础（见表4）。

表4　我国森林资源节约与高效利用三阶段政策演进路径

政策演进阶段	具体政策
可持续利用的林业发展模式 （1979—1998年）	1979年《中华人民共和国森林法（试行）》通过，标志森林资源管理进入法治化新阶段，强调生态优先和可持续发展。20世纪80年代实施林业"三定"及家庭联产承包责任制。随后，森林采伐限额制度补充了以用为治理念，而《中华人民共和国水土保持法》规范了林木采伐，保护水土资源。1992年，党的十四大确立社会主义市场经济体制改革目标，为林业产权调整奠定基础。在党和国家支持下，1995年完成《中国21世纪议程林业行动计划》，确立可持续发展的指导思想，为森林治理提供行动指南

续表

政策演进阶段	具体政策
多元化森林管理理念 （1998—2012年）	1998—2012年，我国确立了以生态、经济、社会效益为核心的森林管理理念。林业部转制为国家林业局，启动天然林保护工程，实现森林资源恢复与保护，促进地区资源保护与环境改善。同时，推动林业产权制度改革，确立农民经营林业主体地位，形成高效治理体制。中央深化集体林权制度改革，促进林业良性发展。林区合作经营模式广泛发展，提升森林治理成效，实现森林资源多效益目标。
泛资源共同体生态系统治理理念 （2012年至今）	自2012年起，我国形成泛资源共同体生态系统治理新理念，扩展了森林治理内涵。政府与社会组织合理分离与结合，推动治理现代化。2016年，国务院完善集体林权制度，强调金融支持，推广新型贷款模式。2018年，国家林业和草原局进一步放活集体林经营权，鼓励林地流转、发展林下经济、森林旅游等，探索市场化及补偿机制，助力生态安全与农村可持续发展。

（5）我国湿地资源节约与高效利用相关政策及机制体制的演进路径

我国湿地资源的政策演进可分为三个阶段。第一个阶段（1979—1992年）以经济利益为导向；在第二个阶段（1992—2012年），我国逐步认识到湿地的生态价值；第三个阶段自2013年起，我国逐渐加强了湿地保护（见表5）。

表5 我国湿地资源节约与高效利用政策演进路径

政策演进阶段	具体政策
以经济利益为导向阶段 （1979—1992年）	基于社会主义建设和环境问题，颁布了多项保护湿地的规范性文件。由于对湿地价值的认识限制，立法呈零散化特征。随着开发活动导致的土地破坏，政府对湿地保护的认识逐渐提高。1987年《中国自然保护纲要》首次明确湿地定义，并在接下来的年份中出台了禁止围湖造田等规定。为适应国际合作，1992年我国正式成为《国际重要湿地公约》的缔约方。
逐步认识湿地生态价值阶段 （1992—2012年）	1994年发布了保护湿地的重要通知和33处国家重点保护湿地名录。相关法律如《中华人民共和国自然保护区条例》、《中华人民共和国海洋环境保护法》和《中华人民共和国农业法》均明确了湿地保护要求。2000年，国家林业局发布《中国湿地保护行动计划》。2003年制定了《全国湿地保护工程规划（2002—2030）》，规定2030年前完成湿地生态治理恢复140万公顷，建成53个国家湿地保护与合理利用示范区，保护90%以上的天然湿地。在"十一五"期间，湿地保护工作大幅推进，多处重要湿地得到保护，湿地保护事业取得重大进展。

续表

政策演进阶段	具体政策
"有法可依"湿地保护阶段（2013年至今）	2014年,《中华人民共和国环境保护法》将湿地纳入保护对象。2015年,党中央提出湿地保护目标和制度,强调生态功能重要性。2016年,湿地被列为生态保护补偿的重点,并发布了《湿地保护修复制度方案》。到2016年底,中国有49个湿地列入名录,制定了40余部地方性法规和10余部政府规章,反映了国家对湿地的重视。

（6）我国草原资源节约与高效利用相关政策及机制体制的演进路径

2018年,国家林草局推进草原资源产权制度改革;2020年前,16个省份实施草原确权承包试点;2020年,国务院发布《草原禁牧休牧工作通知》,草原综合植被盖度增至56.1%;2021年,国务院印发《关于加强草原保护修复的若干意见》,提出12条工作措施和4条保障措施。地方政府也出台相关政策,如山西出台《草原生态保护修复治理工作导则》,江西实施草地资源资产有偿使用改革试点。

（7）我国海洋资源节约与高效利用相关政策及机制体制的演进路径

改革开放以来,我国的海洋事业蓬勃发展,有力地推动了我国的国民经济和社会发展。为了促进海洋经济持续、稳定、协调、高速发展,我国出台了《全国海洋开发规划》《全国海洋功能区划》《中国海洋政策》《中国海洋21世纪议程》《全国海洋经济发展规划纲要》《国家海洋事业发展规划纲要》等一系列促进海洋事业发展的相关政策和文件。国家海洋局形成了突出海域使用管理、海洋环境保护和维护海洋权益三项基本职能。

（二）我国自然资源节约和高效利用演进路径及现状分析总结

我国自然资源管理已由"斗地"转向"养地",强调人与自然和谐共生和资源的节约集约循环利用。目前,资源管理由各级自然资源管理机构执行,涵盖水、土地、矿产、能源、海洋和森林等多个领域,既执行政策又进行监管。资源开发政策逐渐转向科学发展和经济转型,生态文明体制改革持续推进。自然资源产权体系逐步完善,建立了全民所有自然资源资产有偿使用制度。法律体系也从行政规制转向经济规制,侧重于资源市场和产权流转的规制。尽管如此,仍存在资源法律规制体系不完善、内容不全面和执法监督不严格等问题。

水资源、土地和海洋经济利用正在得到加强和优化,特别是在节约利用和生态修复方面。矿产资源利用面临巨大的节约和综合利用潜力,已制定矿产资源"三率"指标,并加入科技投入,激发市场活力。自党的十八大以来,我国生态文明建设取得历史性、转折性、全局性进展。部分学者提出完善资源利用制度和激励机制,以实现高效利用;强调自然资源高效利用不仅要考虑经济效益,还要兼顾社会效益和人民美好生活需要。

三、自然资源节约和高效利用的体制机制分析

我国自然资源利用中存在资源粗放利用、效率低下、浪费严重以及环境破坏等问题,而造成这一问题的原因主要在于自然资源节约和利用过程中的管理问题,同时涉及自然资源转化为资产以及资金的过程受阻问题。

在提升自然资源利用效率的过程中,需要转变管理理念,整合监管机构和人才,推动规划整合,确保经济社会发展与资源环境保护的协调。同时,要建立部门间的协调机制,解决管理上的重叠和空白,平衡产业与资源保护的关系。此外,还需建立和完善自然资源资产交易和生态价值实现的制度,明晰产权,发展交易平台,实施有偿使用制度,并推动金融化和信息化,将自然资源转化为经济和金融资产,促进资源的经济和生态双重价值。

(一)经济社会发展规划、国土空间规划与生态环境保护规划的关系

经济社会发展规划是指导国家或地区经济和社会发展的总纲领,它分为国家级、地区级和城市级三个层级。国家级规划主要阐述国家战略和政府工作重点,是全国各族人民共同努力的蓝图和行动指南。地区级和城市级的规划则是根据各自实际情况制定的具体战略和措施。国土空间规划关注国土空间的保护和合理开发,包括陆地和海洋空间,旨在通过开发控制和空间组织来保护和合理利用国土空间。生态环境保护规划是确保经济发展与生态环境保护协调发展的重要决策依据,其任务包括构建保护方法体系、服务高质量发展、制定分区管治体系等。这三个规划之间关系密切,相互影响,共同促进自然资源的节约和高效利用。生态环境保护规划的结论应纳入国土空间规划和经济社会发展规

划中,以确保一张蓝图绘到底,推进高质量发展。实现"三规合一"是规划工作的目标,即各规划内容要统一,目标一致,区域重合,通过共享信息和资源,实现协同管理。党的十九届五中全会提出的"十四五"规划建议强调了绿色发展和人与自然和谐共生的重要性,指出必须提高资源利用效率,坚持节约和保护优先,完善生态补偿机制,推进资源的全面节约和循环利用。这要求经济社会发展规划、国土空间规划和生态环境保护规划必须协调一致,以实现自然资源的全面节约和高效利用。

(二)产业部门与资源保护部门的关系分析

我国自然资源管理历史上分散于多个部门,导致了管理不协调和资源保护困难。为了解决这些问题,党的十八届三中全会提出改革自然资源监管体制,推动"多规合一",整合了不同部门的空间规划职责,建立了统一的空间规划体系,并由自然资源部负责。自然资源部的成立实现了国土空间管制和自然资源配置的有效衔接,促进了资源节约和生态环境保护。然而,环境保护还需要各职能部门的紧密合作。为此,应明确各部门在资源环境保护中的职责,并建立有效的协同联动机制。例如,自然资源部可以与国家发展改革委、农业农村部、工业和信息化部、住房和城乡建设部等在各自领域内推动资源节约和环境保护。通过跨部门合作,可以优化城市空间,节约土地资源,推动农业和工业领域的可持续发展,保护矿产资源和滨海湿地,实现经济发展与生态保护的协调。总之,通过建立跨部门的协同机制,可以更好地实现资源环境的有效保护和合理利用,推动我国经济社会的可持续发展。具体来看,建立跨部门协同机制应从以下几个方面展开。

第一,加强自然资源信息化建设,实现跨部门的信息整合与共享。为提升国土空间规划和管理效率,需建设并完善不动产和国土空间信息平台,实现数据整合和实时监控。同时,建立规划实施与评估监测系统,支持科学规划和有效监管。此外,推动"自然资源云"建设,通过信息化手段优化管理流程,实现资源数据的集中管理和调度。

第二,建立跨部门联动机制制度,并完善相关法律法规。为提高自然资源资产管理效率,需加强多部门间的联动合作。这要求对不同背景的人员进行培训,确保他们理解管理目标和自身角色,提升联动效率。同时,应重视环境保护执法机制建设，确保领导层参与并明确责任分配，通过专业培训提升环境案件处理能力。在适当时机，环境保护部门应与公检法部门共同参与案件侦查和处理，确保执法工作有效实施。各乡镇街道需负责本区域水污染治理，建立完善的工作机制和考核评价制度。通过村规民约引导群众参与环境治理，提升环保意识。村级干部要发挥宣讲、指导、监督等作用，利用在线监控和社交媒体加强设施运维监督，确保问题及时上报解决。

第三，构建良好的内外部环境，为跨部门联动提供保障。为促进资源节约、高效利用和生态污染治理，需要从内外两个方面构建环境。外部环境方面，通过加强宣传教育，改变传统观念，提升公众对环境保护的认识和参与。利用多种渠道和方式，提高群众对污染治理和资源节约的了解和支持。各乡镇、村（社区）应通过宣传牌、橱窗、电子屏幕等形式，分阶段宣传资源节约的意义、目标、任务和进展。内部环境方面，上级政府在环境保护领域对下级政府具有指导和协调作用，应加强政府工作人员的环境合作意识，通过学习和培训提升环境意识，推动政府信息公开和行政审批透明化。建立高效的政务服务体系，完善政务信息公开机制，确保公众能够及时、准确获取政府信息。

（三）建立自然资源高效利用闭环

要实现自然资源节约与高效利用，其核心在于解决资源变资产、资产变资金的问题，通过推进自然资源资产产权制度改革，加快产权交易市场及平台建设，在明晰自然资源产权的基础上促进自然资源的可交易性，使其转化为资产；而通过推动自然资源资产交易的金融化和信息化发展，建立其以自然资源资产为基础的资金融通机制，促进自然资源资产转变为资金。通过资源到资产再到资金的转化，建立起自然资源节约和高效利用的激励约束机制，并进一步促进自然资源高效利用闭环的建立。

1. 健全自然资源资产产权制度

自然资源资产产权制度是关于自然资源资产产权主体结构、主体行为、权利指向、利益关系等方面的制度安排。我国一直致力于建立健全自然资源资产产权制度，近年来关于自然资源资产产权制度的发展过程如表6所示。

表6 自然资源资产产权制度的发展过程

年份（年）	文件	具体内容
2013	《中共中央关于全面深化改革若干重大问题的决定》	首次提出要健全自然资源资产产权制度和用途管制制度
2015	《生态文明体制改革总体方案》	再次强调了健全自然资源资产产权制度、推进生态文明建设的目标
2017	党的十九大报告	进一步深化并具体化自然资源产权制度改革的要求
2019	《关于统筹推进自然资源资产产权制度改革的指导意见》	指出我国自然资源资产产权制度改革的目标是完善中国特色自然资源资产产权制度体系，构建起归属清晰、权责明确、保护严格、流转顺畅、监管有效的自然资源资产产权制度

客观上看，产权制度在内容和体系等方面依然有可提升的空间，如不同的自然资源存在相互影响、相互依存的特征，导致现实中各类主体的产权权益还未完全厘清；地方政府及农村集体经济组织的自然资源资产产权主体有待健全，资产权利交叉重叠、缺位遗漏、监管保护制度不健全等问题依然存在，自然资源资产市场机制不够完善。因此，当前仍需进一步做好自然资源资产产权制度体系的改革，保障其能够在资源节约和高效利用以及生态文明建设等方面发挥基础作用。具体来说，健全自然资源产权制度改革可从明确自然资源产权主体、完善自然资源资产核算评价制度、完善产权交易平台等方面展开（见图6）。

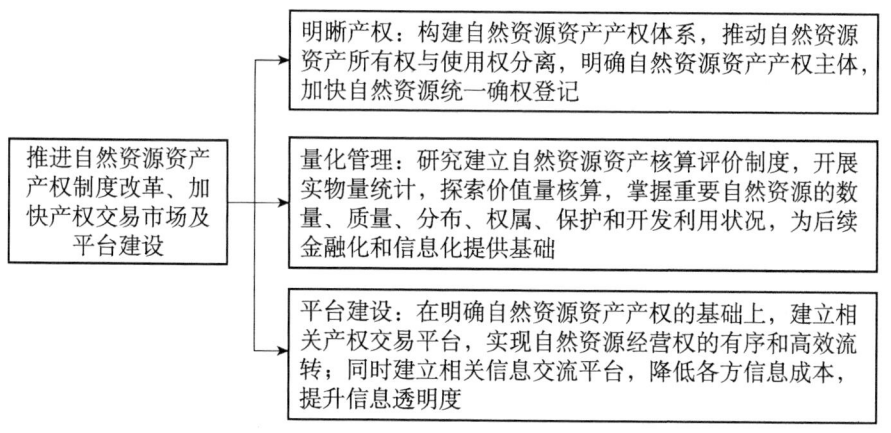

图6 健全自然资源资产产权制度改革方式

第一,明确自然资源资产产权主体:明晰产权。我国的自然资源不是国家所有就是集体所有,应该说所有权的归属是清晰的。但是,自然资源的国家所有和集体所有的边界不一定十分清晰,国家所有的自然资源被集体甚至个人利用的情况客观存在。集体的自然资源因为承包经营,个人侵占集体自然资源利益的情况时有发生。所以,需要对国家所有和集体所有的自然资源的产权进行明确界定。只有进一步明确自然资源的所有权归属,推进自然资源统一确权,确立多元化的市场主体和明晰产权关系,理顺自然资源利用中的权、责、利关系,自然资源高效利用才有可能实现(见表7)。

表7 产权存在的问题以及解决措施

内容分类	现状	改进措施
所有权归属	国家所有和集体所有边界不清晰	明确界定国家与集体自然资源所有权
管理问题	集体资源被个人侵占	推进自然资源统一确权,确立市场主体和产权
全民所有资源	地方政府代理权责不明确	建立委托代理机制,实施分级管理
集体所有资源	资产管理和经营能力弱	落实集体经济组织法人地位,增强管理能力
市场主体权益	市场准入和竞争规则不完善	完善市场准入制度,保障市场主体合法权益

第二,构建自然资源资产核算评价制度:量化管理。自然资源资产价值核算是摸清我国自然资源资产价值量、编制自然资源资产负债表的基础,是自然资源管理的重要环节。自然资源资产价值来源包括两部分:一是自然资源固有的使用价值,二是凝结在自然资源资产中的人类抽象劳动。从价值的功能性来看,当前的经济价值、社会价值和生态价值的划分具有共识性和可操作性。资产价值量核算范围是用于市场出让的、权益边界清晰的,全民所有的土地、矿产、森林、草原、水、海洋、湿地资源资产7类自然资源资产,而在此基础上随着人们的认知程度和技术水平的提升,可动态、渐进式地扩展价值量核算范围(见表8)。

表 8 量化的具体步骤

步骤	内容	说明
统一规范	分类统筹	明确核算对象、范围、原则和程序,制定技术规范
经济价值为主	真实、具体、稳定	反映自然资源资产的经济价值,扩展核算范围
生态价值核算	湿地、保护地	探索生态价值核算,使用MA方法计算
价值核算分类	可核算与拓展核算	已开发资产的核算经济价值、未开发资产的偏向生态价值
经济与生态价值	损耗与负债对应	经济价值对应资源损耗,生态价值对应生态破坏

第三,构建自然资源产权交易平台:平台建设。我国正在建立统一的自然资源产权交易平台,旨在提高资源流转效率和透明度,减少交易成本,防止不当行为。该平台已涵盖国有土地、矿业权和林权等,并将扩展到更多资源。法律支持是该平台运行的关键,需要进一步完善。统一平台有助于市场价值的体现和风险的降低,规范交易,增强公信力。通过资产化和资本化管理,平台促进资源的优化配置和可持续发展,为统一管理提供支撑。

2. 推动自然资源资产交易的金融化与信息化发展

在推动自然资源资产转变为资金的过程中,也应完善生态产品价值实现机制和生态保护补偿机制,从而实现 GDP 与 EDP 的双向增长。而自然资源资产交易的金融化、信息化发展主要表现为两个方面:一方面,自然资源资产交易需与多层次的金融市场结合,包括一级市场和二级市场。一级市场针对自然资源使用权出让,包括协议转让。二级市场针对自然资源使用权流转,具体包括信托、资产证券化、保险、融资租赁、保理、远期、期货及期权等多种方式。另一方面,是自然资源资产交易与互联网结合,通过构建自然资源资产交易网上交易与管理平台,降低交易成本,提升信息透明度,强化社会监督。

(1)建立生态产品价值实现机制

生态产品价值实现的过程就是将生态产品所蕴含的内在价值转化为经济效益、社会效益和生态效益的过程,旨在将可利用的生态产品和可供交易的生态系统服务转化为经济价值、实现生态系统服务增值,将生态优势转化为经济优势。早在 2005 年习近平同志就在《浙江日报》发文指出,将生态环境优势转化为生态农业、生态工业、生态旅游等生态经济的优势。从经济学的视角来看,生态产品价值实现的本质在于发掘自然资源优势,利用市场化的手段将资源优势转化为产品优势以及实现其内在价值，将"绿水青山"转化为"金山银山"，促进生态产品价值实现。

第一，生态产品价值实现途径。要探索政府主导、企业和社会各界参与、市场化运作、可持续的生态产品价值实现途径。生态产品价值实现途径可以概括为"四化"，即区域环境生态化、生态资源产业化、生态资源市场化、生态产业高效化。一是区域环境生态化是生态产品价值实现的前提。具体来说，推进区域环境生态化要做好降耗、减排、保护、修复、提效这五个方面的工作（见表9）。二是生态资源产业化是生态产品价值实现的第一步。生态产品价值实现首先需要将山水林田湖草等生态资源，通过调查、评估、筛选等途径变成可投资的项目或产品，把生态环境优势转化为生态农业、生态工业、生态服务业等生态经济优势，为生态产品价值实现提供产业支撑，最大限度实现生态资源经济价值、生态价值和社会价值的统一。三是生态资源市场化对实现生态产品价值至关重要，涉及物质产品市场交易和资源环境市场创建两个方面。对于具有明确产权和市场价值的生态产品，如生态农产品，可通过商品市场进行交易，利用价格和激励机制优化资源配置。对于公共或准公共物品，需建立专门的交易市场，如林权、水权和碳排放权市场，通过市场化手段促进其价值实现。四是生态产业高效化是生态产品价值实现的"加速器"。只有通过生态产业高效化，才能将生态产品的价值最大化。生态产业高效化主要包括三个方面内容：培育市场主体；推进要素升级；推进产业升级。

表9 区域环境生态化的工作内容和具体措施

工作内容	具体措施
降耗	实施能源总量和强度双控。实行严格水资源管理。推进节水和资源循环利用。
减排	减少CO_2污染排放。聚焦重点环境要素和行业。推动清洁能源和减污降碳。
保护	划定生态保护红线。建立自然保护地体系。实施国土绿化。
修复	实施矿山、森林、湿地等生态修复工程。提升生态系统的综合服务功能。
提效	推广节约高效利用技术，鼓励智能技术研发。提高资源利用效率和生产率。

第二，生态产品价值实现匹配模式。消费视域下的生态产品可分为生态私人产品、生态公共产品、生态混合产品（包括生态准公共产品以及生态俱乐部产品）。生态私人产品产权清晰，具有排他性以及竞争性，可由市场交易直接实现其价值。生态公共产品具有较强的外部性，市场失灵问题突出，需要由政府主体保障其价值实现。对于生态混合产品而言，由于其存在有限的排他性以及竞争性，一般需要由政府与市场协同参与实现其价值。

一是生态私人产品价值实现之生态产业化模式。其主要有三种典型的模式：第一类是利用自然生态系统下的水源、优质土壤、草原、木材等发展生态农业以及现代农业。随着数字经济时代的到来，生态农产品交易环节大大压缩、交易主体日趋多元化、交易成本不断降低、交易效率不断改善，生态农产品品牌塑造能力增强，生态农业的"生态溢价"空间也大大提升。第二类是立足于生态农业、生态养殖等优势基础上，形成集种养、加工、销售于一体的生态工业。第三类是基于"生态要素"所蕴含的美学价值、文化价值，结合人力资本、硬件设施发展生态文化旅游业。除了以上三种模式之外，三次产业融合发展模式也已经成为很多地区实现生态农业、生态工业以及生态文旅产业融合发展的现实选择。二是生态公共产品之生态修复与生态补偿模式。生态修复项目通常需要政府的财政支持或政策性银行资金，以及多元化的资金来源和生态补偿模式。政府主导的生态补偿包括保护性补偿（纵向）、跨区域协调补偿（横向）和激励性补偿。纵向补偿主要由中央财政支持，横向补偿涉及区域间的资金转移，而激励性补偿通过补贴和税收减免鼓励生态保护。这些补偿方式共同促进生态产品的可持续发展。三是生态混合产品之生态产权交易、生态资源资本化模式。生态混合产品包括具有公共属性的资源（如水资源、碳排放等）和需要明确界定权属的产品（如土地承包权等）。对于这些资源，可以通过市场化交易机制实现其价值，如引入生态产权交易，包括耕地平衡、森林覆盖率交易等。同时，生态资源资产资本化运营模式，如生态银行，整合分散资源，促进资源向资本转化，为生态产品价值实现提供新途径。

为推进生态产品价值实现机制的理论和实践探索，自然资源部不断推出生态产品价值实现典型案例，通过典型示范引领进一步推动实践探索，不断拓宽绿水青山转化金山银山的路径。2020年4月和10月分别推出了两批生态产品价值实现典型案例。2021年11月，向各地推荐11个生态价值实现典型案例。2024年9月，自然资源部发布第四批11个生态产品价值实现典型案例，分别是：浙江省杭州市推动西溪湿地修复及土地储备促进湿地公园型生态产品价值实现案例、浙江省安吉县全域土地综合整治促进生态产品价值实现案例、江苏省常州市郑陆镇整理资源发展生态产业促进生态产品价值实现案例、福建省南平市推动武夷山国家公园生态产品价值实现案例、山东省东营市盐碱地生态修复及生态产品开发经营案例、青海省海西蒙古族藏族自治州"茶卡盐湖"发挥自然资源多重价值促进生态产业化案例、北京城市副中心构建城市"绿心"促进生态产品价值实现案例、广西壮族自治区梧州市六堡茶产业赋能增值助推生态产品价值实现案例、云南省文山壮族苗族自治州西畴县石漠化综合治理促进生态产品价值实现案例、新疆维吾尔自治区伊犁哈萨克自治州伊宁县天山花海一二三产融合促进生态产品价值实现案例、澳大利亚新南威尔士州生物多样性补偿案例。

第三，健全生态产品价值实现机制的政策建议。总体上看，健全生态产品价值实现机制可从以下几方面展开，即基础性机制、主体性机制、支持性机制、引导性机制。一是夯实生态产品价值实现的基础性机制。生态产品价值实现首先要通过机制建设解决生态产品价值无核算、产权不明确、主体缺失等问题。生态产品价值实现的基础性机制主要包括生态产品价值核算机制、自然资源产权保障机制、主体培育机制和生态保育机制（见表10）。二是构建生态产品价值实现的主体性机制。生态产品价值实现的4个主体性机制分别对应着生态产品价值实现途径中的生态资源产业化、生态资源市场化、生态产业高效化和生态产业品牌化（见表11）。三是健全生态产品价值实现的支持性机制。生态产品价值实现需要财政、金融等政策的大力支持。因此，支持性机制主要包括生态补偿机制、财政支持机制和金融支持机制（见表12）。四是完善生态产品价值实现的引导性机制。生态产品价值实现需要社会各界的参与，引导性机制可以充分调动社会各界参与生态产品价值实现的积极性。具体来讲，引导性机制包括生态信用机制、消费引导机制、示范引导机制和考核奖惩机制（见表13）。

表 10　生态产品价值实现的基础性机制

措施	具体形式
建立健全生态产品价值核算机制	按照"全国一盘棋"的思路，建立全国统一的生态产品价值核算方法和标准体系。鼓励有条件的地区开展市、县两级生态产品价值核算工作，探索开展项目级生态产品价值核算。基于生态环境和自然资源大数据平台，探索建立生态产品价值自动核算平台。
健全自然资源产权保障机制	加快推动自然资源资产所有权与使用权分离，创新自然资源资产全民所有权和集体所有权的实现形式。推进建设用地地上、地表和地下分别设立使用权。研究森林碳汇等生态资源的产权体系。
完善主体培育机制	一方面，鼓励各地积极培育经营生态产品的企业、企业家、创业者等各类市场主体。完善企业、个人、社会组织等参与生态产品价值实现的制度保障。另一方面，探索县乡政府、社会投资方、产业运营商的项目合作开发机制，推动形成生态产品价值实现的多主体共建机制。
健全生态保育机制	建立和完善资源能源节约机制、减碳降污协同机制、生态保护和修复机制，保护、修复和建设好生态环境，使生态产品价值实现建立在坚实的资源和生态环境基础上。

表 11　生态产品价值实现的主体性机制

措施	具体形式
建立资源转化机制	一方面，建立生态资源调查机制，定期开展生态资源清查，摸清家底。建立生态资源产业项目评估机制，引入国际化、专业化评估团队，开展生态资源产业化项目评估和可行性研究工作。另一方面，建立生态资源产业化项目筛选机制，筛选出优质项目，交给高水平的产业投资机构、优秀运营管理团队去经营运作。
健全市场交易机制	首先，探索生态资源产权交易平台，统一开展各类生态资源产权交易。其次，探索建立生态资源资产经营管理平台，实现产权收储和资源提升、资源测量和动态管理、资源价值评估、资源项目增信、资源打包和市场交易、全过程风险控制等功能发挥。最后，完善生态产品价格形成机制，维护生态产品交易的市场秩序。
构建产业创新机制	首先，完善技术创新机制，采用"揭榜挂帅"等方式，集中开展生态产品开发利用和价值实现的技术攻关，鼓励国企探索建立技术创新容错机制。其次，建立生态产业链集成创新机制，以生态产业链为抓手，建立生态产业上下游企业的关键核心技术联合攻关机制，形成生态产品价值实现的有力支撑。最后，加强产业组织创新，以重点骨干企业为核心，推进形成产业创新联盟，逐步形成生态产品价值实现的创新集群。

续表

措施	具体形式
完善品牌塑造机制	一方面，深入推进品牌增值行动，鼓励各地区因地制宜地推进本地品牌设计，探索基于大数据的品牌设计机制。另一方面，健全品牌认证机制，理顺品牌运维企业、加盟企业和第三方认证企业之间的责权利关系，建立和完善品牌认证退出机制和认证督查机制，着力营造有利于品牌成长的市场环境。

表12 生态产品价值实现的支持性机制

措施	具体形式
完善生态补偿机制	一方面，加快探索生态补偿市场机制，鼓励各类社会资本参与生态保护修复。另一方面，完善生态保护补偿融资机制，探索开展政府和社会资本按市场化原则共同发起区域性绿色发展基金试点工作。
优化财政支持机制	一方面，探索建立与污染物排放、单位GDP能耗、出境水水质、森林质量、空气质量、公益林、湿地、生态产品质量和价值相挂钩的绿色发展财政奖补机制，完善与生态环境保护成效相关的财政转移支付制度。另一方面，实施绿色转化的财政专项激励政策，拓展绿水青山向金山银山转化通道。
完善金融支持机制	首先，创新用能权、用水权、碳排放权和排污权等资源环境权益抵质押产品业务。其次，创新绿色保险产品和服务，促进环境污染强制责任保险等绿色保险发展。再次，加强财政金融政策协同，运用融资担保、绿色债券融资工具承销奖励等手段，引导金融资源支持生态产业发展。最后，创新绿色信贷产品，如丽水市创新推出了基于生态信用的"两山贷"和基于生态产品价值的"GEP贷"等绿色信贷产品。鼓励企业发行绿色债券，鼓励社会资本设立生态产业和生态产品基金。

表13 生态产品价值实现的引导性机制

措施	具体形式
完善生态信用机制	鼓励有条件的地区探索建立个人生态信用体系和企业生态信用体系。制定生态信用积分积累规则，探索建立生态信用守信激励、失信惩戒机制，完善生态信用应用机制，激发企业和个人参与生态产品价值实现的积极性。
建立消费引导机制	一方面，鼓励有条件的地区探索建立生态产品价值购买机制，明确生态产品政府采购清单，探索基于生态产品价值的政府购买方式。另一方面，完善生态产品认证和溯源机制，制定生态产品追溯体系建设标准，引导老百姓购买优质生态产品。

续表

措施	具体形式
构建示范引导机制	一方面,围绕区域环境生态化、生态资源产业化、生态资源市场化、生态产业高效化、生态产品品牌化等价值实现途径,创建一批生态产品价值实现示范单位。另一方面,建立定期交流机制,对典型经验进行解剖麻雀式分析,最终建立"试点一批、成熟一批、总结一批、推广一批"的示范引导机制。
完善考核奖惩制度	一方面,考核是引导党政领导干部行为的指挥棒。开展生态产品价值实现工作的考核,有助于调动领导干部参与生态产品价值提升的积极性。另一方面,完善考核奖惩机制要建立起长效监管机制,探索建立以生态产品价值实现为基础的年度目标考核制度,将生态产品价值增减情况作为党政领导班子和领导干部综合评价、干部奖惩任免的重要依据。

(2) 完善生态补偿机制

生态补偿是自然资源资产管理的一种有效手段,实现自然资源资产相关利益者之间的公平是生态补偿的目的。首先,自然资源合理开发利用是生态补偿的前提,只有成为优质的自然资源,才有进行补偿的可能性。其次,自然资源资产化管理是生态补偿的基础,只有通过统一确权登记和有偿使用,保证权属清晰、价值可量,才能进行准确而公平的生态补偿。

多年来,由于过度强调自然资源的经济价值,且部分自然资源的资产属性不明晰,经济价值未显化,出现了资源过度损耗、环境持续恶化的现状。通过生态补偿方式促使人们进一步关注自然资源资产的生态价值,推动各地政府和组织采取不同的手段提升生态产品的质量,实现生态产品的经济价值,是自然资源管理和社会发展进步的必然选择。

新形势下,我国自然资源迈入统一管理模式,自然资源资产管理在理念、制度和体制上发生了显著的变化,自然资源部从生态补偿的参与者变为政策体系制定的核心部门,使得生态补偿机制具备了完善可能。基于我国生态补偿实践和新时代自然资源管理特点,可从生态补偿前、中、后各阶段健全我国生态补偿机制(见表14)。

表 14 完善生态补偿机制

措施	具体形式
结合自然资源资产确权登记，明晰生态补偿主体	首先，通过自然资源资产统一确权登记，可以明晰生态补偿的主体及补偿资金的分配，激励各产权主体对自然资源的保护或合理地开发利用，为生态补偿工作的推动提供可能和动力。其次，对自然资源资产的产权内容进行清晰合理的界定，将自然资源资产分级分类明确至各级政府行使所有权的区域，并登记到相应的自然资源主管部门。最后，基于明晰的产权，建立并完善自然资源资产的收益分配规则、方式及保障制度，从而明确生态补偿收益在被补偿主体间的分配方式。
结合自然资源资产核算，推进生态补偿标准制定和效益评估	首先，自然资源资产核算与生态价值核算是生态补偿的基础依据。通过自然资源资产核算或生态系统价值核算，可以明确被补偿生态要素的价值，为市场化操作提供基础，保证补偿的准确性和公平性。其次，推进建立自然资源资产核算机制，加快形成可推广、可复制的自然资源资产核算技术体系，摸清不同尺度区域的资产状况。最后，开展自然资源资产核算与生态补偿双试点，进行自然资源资产动态比较，评价生态补偿的效果，从而为国家或地方继续完善补偿制度提供参考。
结合自然资源资产有偿使用，建立市场化的多元生态补偿模式	首先，生态补偿模式的丰富，有助于通过市场竞争机制提升补偿效率。在确权登记的基础上，推进自然资源资产有偿使用，显化和量化自然资源资产的生态价值，增强人们对于自然资源资产使用付费的意识，有助于形成市场化的生态补偿模式。其次，明晰各类自然资源资产有偿使用范围，严格实施有偿使用制度，为建立市场化的生态补偿模式奠定制度基础。最后，完善自然资源资产价格评估体系、方法和市场管理规则，为社会资本、金融资本进入自然资源领域提供基础，提高生态补偿的效率。
结合自然资源执法督察，实现生态补偿监督	一方面，实现生态补偿资金的合理使用、被补偿生态要素的不断改善离不开定期的监察。自然资源执法督察主要目的在于对自然资源的开发利用进行监督，惩处违法行为。生态补偿作为保护自然资源的一种手段，理应成为自然资源执法督察的内容之一。另一方面，在实践中，生态补偿金处于监管盲区，存在屡被挪用、贪污等现象。通过自然资源执法，对各类生态补偿资金的分配和使用情况进行监督，保证补偿资金真正用于资源、环境的持续保护及修复；对被补偿的生态要素现状进行评价，监督其是否被合理保护，保证补偿资金在生态产品质量上的回报。

（3）推动自然资源资产交易的金融化发展

自然资源资产具有金融属性，可以作为金融产品进行运营，所以自然资源资产交易离不开金融市场，借助金融市场可以加快自然资源资产交易的进程。同时，自然资源资产交易也需要通过融资来摆脱资金不足的困境，因而离不开金融市场的支持。与发达国家相比，目前我国自然资源资产交易市场与金融市场的融合程度较低,这两个市场由不同的部门主导和监管,两个市场之间的沟通与合作尚不充分,金融市场支持自然资源资产交易的力度还不够。事实上,更高层次的自然资源资产交易是以目前的自然资源资产交易为基础,更多地采取股权、债权、金融衍生品等金融市场手段来实现的。而且,在二者密切结合的基础上,金融市场越发达、金融工具越丰富,自然资源资产交易的层次就越高。

推进自然资源资产交易的金融化趋势,应当首先建立完整的多层次金融市场体系。多层次自然资源市场体系是指由自然资源一级市场、二级市场所共同构成的市场体系。以土地市场为例,其理想状态下的"权利束"为资源使用的所有权利,如土地所有权、土地使用权、土地租赁权、土地抵押权,同时这些权利亦可分散组合。对应着土地产权"权利束"的分支,土地一级市场体现的是土地所有权与土地使用权的关系,二级市场体现的是土地使用权之间及与土地租赁权、土地抵押权的关系。

第一,自然资产交易的一级市场。一级市场一般指国家通过其指定的公权部门将从所有权中分离出来的使用权让渡给使用者的行为,是自然资源使用权的出让市场,其业务主要有自然资源使用权的划拨、协议转让等,体现的是资源所有者与使用者之间因自然资源交易而形成的权、利、责的关系。以水资源为例,我国水资源所有权归国家所有,作为用益物权的水资源使用权应当具备一般私权所具有的转让特征,水资源使用权协议转让通过实现用益物权的转让,减少了使用者对水资源浪费的同时也大大提高了水资源的利用效率。水资源使用权转让的主要形式是指水资源使用权交易合同(见表15)。

表15 水资源使用权转让

协议转让	具体方式
内容	主要包括交易标的、交易数量、约定用途、交易价格、交割方式、交易地点、交易时间、违约责任及解决争议的办法等条款。
转让的主体	是指参加水资源使用权转让法律关系,享受权利并承担义务的公民、法人和其他组织。
转让的客体	水资源使用权。
义务与责任	水资源使用权转让方承担交付义务以及担保义务,水资源使用权转让方享有收取对价的权利以及要求受让方依约定用途利用水资源使用权的权利。

我国水资源使用权交易市场中,政府干预较多。要构建一个成熟的水资源

使用权交易市场，除了买卖双方参与，还应当建立用水者协会、水资源使用权咨询服务公司等中介机构。而且引入第三方中介，可以让政府放权，促进水资源使用权市场自由交易。同时，也可以参照外国的经验并结合我国实际情况建立"水银行"。首先，改组各省的水管单位，成立供水公司（水资源使用权交易公司），且供水公司应当是企业法人单位。供水公司取代水管单位，进行水资源使用权的初始分配。其次，建立一个调水公司，其主要职能是将水资源使用权的买方和卖方集中统一的购销。任何有水资源使用权转让需求的人或集体都可以成为水银行的客户。"水银行"需要充足的水资源储蓄，一般来自三种：耕地休耕减少的水、抽取的地下水、其他水库释放的储蓄水等。水权交易流程如图7所示。

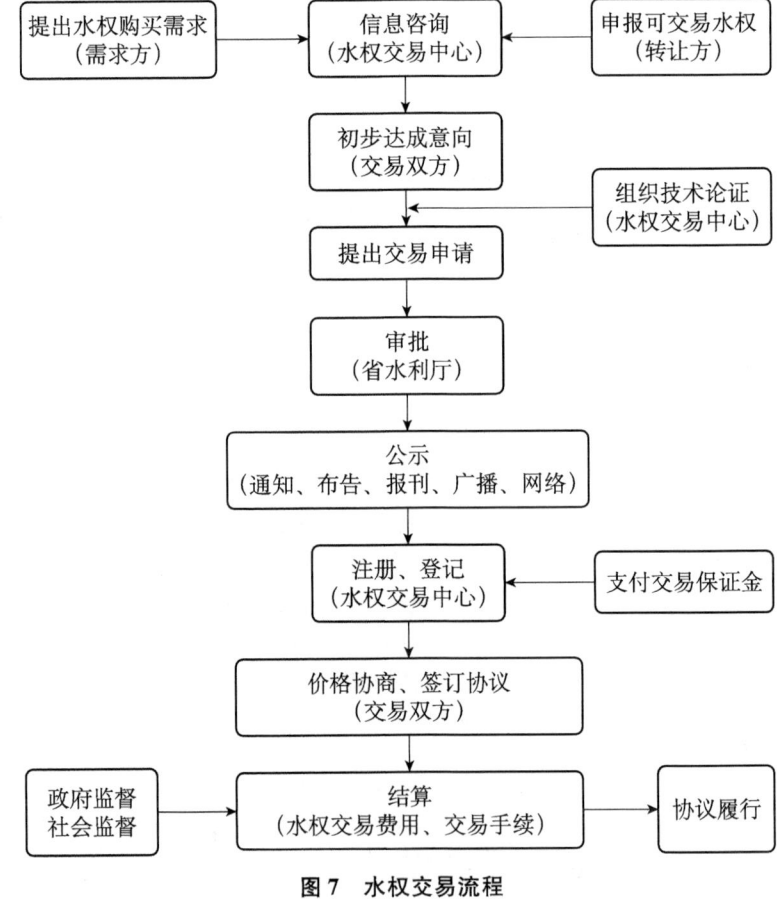

图 7 水权交易流程

第二，自然资源资产交易的二级市场。二级市场是指自然资源使用权的转让或再转让,是自然资源使用权流动的市场,具体包括信托、资产证券化、保险、融资租赁、保理、远期、期货及期权等多种方式。二级市场能盘活一级市场的闲置资源,并能缓解稀缺资源一级市场的供应压力,同时完善价格形成机制。

以矿产资源证券化为例。矿产资源证券化可以加速矿产资源优势转化、优化矿产资源市场运营、促进矿产资源开发可持续发展。随着矿产资源证券化的进一步发展,未来我国矿产资源证券化将呈现交易结构持续优化、风险防控快速强化、管理运营不断完善的创新发展趋势。

目前我国的资产证券化主要包括信贷资产证券化以及企业资产证券化。在现行的制度下,如果要实现采矿权资产证券化,应该考虑在证监会监管下的企业资产证券化的路径。与其他一般的实体资产证券化的流程相似,采矿权资产证券化流程的主要环节如图8所示。

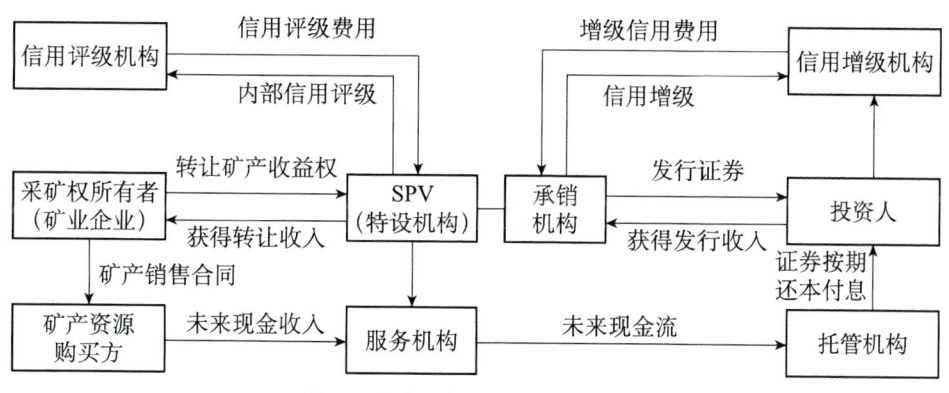

图 8 采矿权资产证券化交易结构

如果图8中的发起人为大型的矿山企业,则可以采用一对一的模式,即一个发起人对一个SPV;如果是中小型的矿山企业可以采用一对多的形式,即多个发行人对应一个SPV。

SPV是处于资产证券化交易结构的核心,其最重要的目的是成立一个特殊目的的载体来管理从发起人处购买的未来资产现金收益权(见表16)。

表 16 SPV 操作流程

SPV 操作流程	具体方式
设立 SPV	从发起人的角度来说可以选择国内综合实力比较好的公司作为SPV,与其签订合同,并且签订委托服务协议,发起人继续对其控制的矿产资源行使管理权

续表

SPV 操作流程	具体方式
资产转移	在确定信托关系之后,其分级的资产池就转移给了特设机构。特设机构根据不同等级资质的资产进行抵押或者担保,同时委托证券公司作为承销商,在扣除费用后,将其发行收入转交给发起人。
信用评级	企业可以采用内部增级和外部增级相结合的方式实现采矿权资产证券化的信用增级。通常内部信用增级是将一个资产包的内部分为各类不同资质的资产,在采矿权里面是指矿产资源的不同类型,划分为优秀以及次级等。外部信用增级是指寻找担保公司,大部分矿业企业都是国企,通过担保方式可以引入国资委提供信用担保,同样也可以降低融资成本。
发售证券	在信用评级完成之后,一般交由证券承销商进行公开发售。由于矿山企业大部分是国企,其对资质要求也比较高,建议选择大型券商进行承销。有时是证券公司负责设计融资方案。

采矿权资产证券化,从宏观层面上看,能够将资源与金融资本实时对接,实现资源型企业的转型,对于国家的去产能增加融资渠道有着较为深刻的影响。从微观层面上来说,其有效地拓展了矿业企业的融资方式以及融资渠道,同时加速了企业资金的流转,增加了流动性,能够有效促进矿业企业的资本优化配置。

第三,林业碳汇交易。碳汇,是指通过植树造林、植被恢复等措施,吸收大气中的二氧化碳,从而降低温室气体在大气中浓度的过程、活动或机制。碳汇交易这一概念是在温室气体浓度上升造成自然灾害频发的背景下产生的,为保护地球生态环境、提升人们的减排意识,各种国际强制性减排公约应运而生,强制要求发达国家必须达到碳减排目标,并通过发达国家与经济水平相当的发达国家、与发展中国家,以"碳"为标的,开展贸易和合作,共同完成缓解全球气候变暖、减少碳排放量的目标。

碳交易的买方可以是需要减排的企业,尤其是涉及电力、钢铁、水泥等污染性较大的部门,还包括个人或环保意识较强、为低碳社会作贡献的群体。在这样的情况下,CO_2 可视为一种可以交易的商品,供需求者在碳汇交易市场上购买。企业会从政府部门得到一个具体的排放量指数,超过这一排放指数,就必须通过购买碳排放量来弥补多出的部分,也可以到碳汇交易市场上卖出富余排放指标,成为市场上的供给者。碳汇交易具体流程如图9所示。

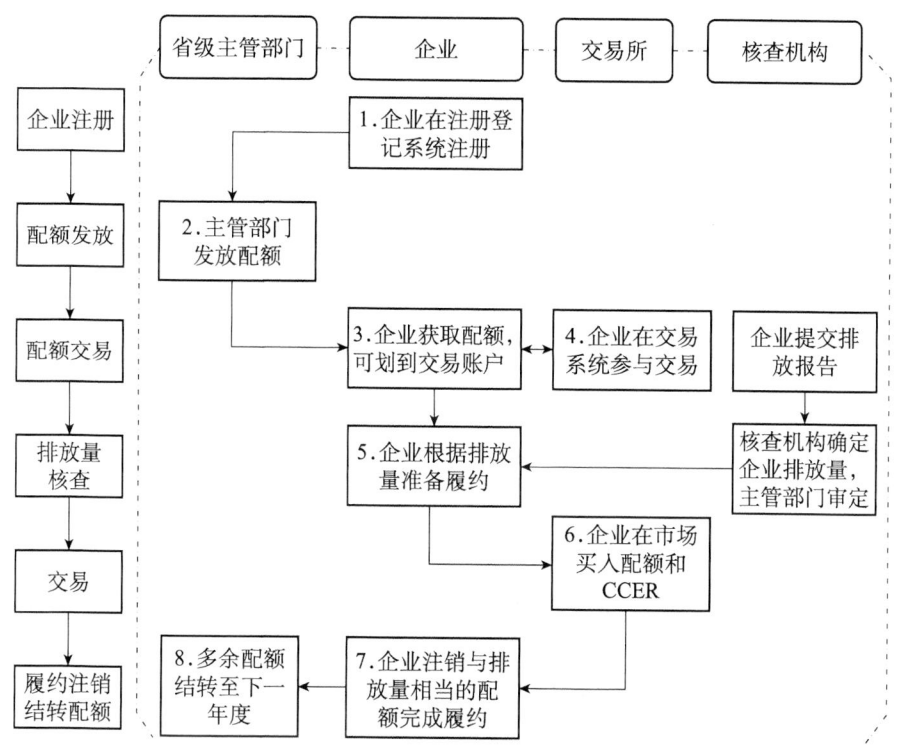

图 9 碳汇交易具体流程

林业碳汇是指通过市场化手段参与林业资源交易，从而产生额外的经济价值，包括森林经营性碳汇和造林碳汇两个方面。其中，森林经营性碳汇针对的是现有森林，通过森林经营手段促进林木生长，增加碳汇。造林碳汇项目由政府、部门、企业和林权主体合作开发，政府主要发挥牵头和引导作用，林草部门负责项目开发的组织工作，项目企业承担碳汇计量、核签、上市等工作，林权主体是收益的一方，有需求的温室气体排放企业实施购买碳汇。林业碳汇项目开发流程如图 10 所示。

林业碳汇期货是指以林业碳汇为标的的标准化合约，标的为林业碳汇量或林业碳汇金融工具，投资人可以在期货合约规定期限进行林业碳汇期货的交割。林业碳汇的主要需求方中，一种是具有自愿减排意识、社会责任感强、愿意响应低碳生活、支持低碳经济发展的企业、个人及其他社会团体；另一种则是林业碳汇的主要购买者——需要抵消温室气体排放量的企业，它们的碳排放指标超过规定的额度，不得不在碳汇市场上购买碳排放权来中和温室气体排放量，或

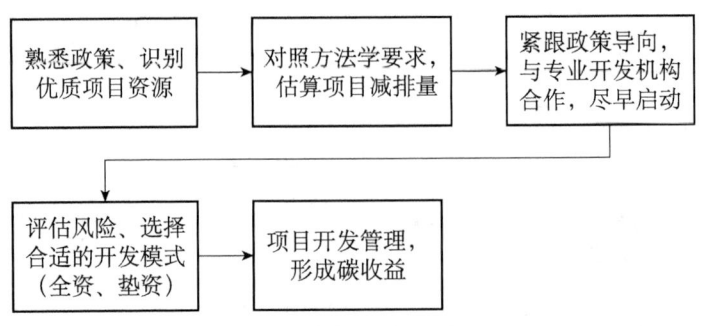

图 10　林业碳汇项目开发流程

购买后将多余的排放权出售。开展碳汇期货交易对于碳汇市场和金融行业都具有重要作用，可以解决资源的有效配置和风险的有效管理问题（见表17）。

表 17　碳期货交易作用及具体意义

碳期货交易作用	具体意义
资源的有效配置	碳期货交易作为金融业的组成部分，需要以服务整个产业发展为目标。一方面，碳期货行业可以引导相关金融资本通过碳期货、期权等金融衍生品直接或间接投资于创造碳资产的项目与企业；另一方面，不同项目产生的减排量进入碳金融市场进行交易，使得将碳减排量开发成标准的金融产品成为可能。 与此同时，上述措施亦有利于市场参与者在制定经营计划和财务预算时，把碳资产作为生产发展的普通生产要素之一，和煤炭、石油和其他原材料等一样，列入企业正常发展规划需要，实现企业由被动接受到主动应对控排责任，并使之服务于企业发展需要的实质性跨越。
风险的有效管理	与普通期货市场类似，碳期货市场也是投资主体进行套期保值的场所，如果没有期货市场对风险的提前锁定，企业在碳价波动中可能会遭受沉重打击。在刚刚过去的履约期，就出现很多有履约义务的排放单位在临近履约期结束时才进行交易，只能被动接受市场上已经走高的现货价格。 如果碳市场引入期货交易，就能发挥期货市场风险管理功能，市场参与者可以通过对冲交易将部分不愿承担的市场风险从具体的业务中分离出来，转移给愿意接受的投资者，该市场风险带来的收益或者损失也一并转给对方。 市场参与者还可以通过预测市场的变化，即对资产价格的未来进行投资，以获取回报。 市场参与者还可以利用现货及期货不同市场间的价格差异同时进行交易，以锁定一个无风险的收益。

我国作为全球最大的碳排放国，若想在将来的全球碳交易市场占得一席之地，需要在碳交易现货市场的基础之上，适时引入期货，迈入全面发展的新阶段。

第四，公司治理（ESG）投资理念下绿色债券的发展。随着绿色金融的发展和碳中和目标的不断推进，以环境保护、社会责任和ESG为新导向的投资价值观将为绿色投资、绿色金融注入新的动力，成为投资界的"新发展理念"。通俗来讲，ESG投资理念是说当投资者在投资时除了分析企业的盈利能力和财务绩效等指标，还会从环境、社会及公司治理的非财务角度对公司价值和社会价值进行考察分析。

绿色债券是绿色金融发展的重要支持工具，与普通债券的区别在于，发行绿色债券所筹集的资金专门用于有利于气候或环境保护的项目。而自然资源利用和绿色债券在金融市场的逐渐成熟，有利于湿地、草原、森林及水资源等自然资源的保护和高效利用项目的开展。

从发行主体行业分布来看，工业部门成为绿色债券发行的重要力量。2020年全年工业部门发行绿色债券1087.08亿元，占比为50.19%，比2019年增加18.47个百分点，公用事业发行规模占比居第二位，为24.38%，同比增加2.19个百分点，金融业发行规模占比居第三位，为17.84%，同比下降17.91个百分点。2016年，金融债在绿色债券中占比超过90%，至今回落至不足18%，说明绿色债券发行主体不断丰富，实体企业对绿色债券的需求进一步增加（见表18）。

表18　2020年境内发行绿色债券行业分类情况

行业分类	债券规模（亿元）	发行规模占比（%）	债券数（只）	发行数量占比（%）
工业	1087.08	50.19	119	54.09
公用事业	527.98	24.38	55	25.00
金融	386.36	17.84	26	11.82
材料	51.9	2.40	8	3.64
可选消费	46.00	2.12	7	3.18
能源	30.00	1.39	1	0.45
房地产	27.00	1.25	3	1.36
信息技术	9.50	0.44	1	0.45
合计	2165.82	100	220	100

数据来源：中央结算公司，Wind。

从发行品种来看，2020年绿色公司债是发行规模最大的绿色债券品种，共发行91只，规模为732.1亿元，同比减少13.85%；绿色企业债共发行47只，规模为485.4亿元，重点支持了绿色交通、污水处理、海绵城市建设、清洁能源、能源生态园建设等领域；绿色中期票据共发行30只，规模为338.5亿元，总体保持稳定；绿色金融债发行规模下降，全年9家金融机构发行绿色金融债券11只，规模为272亿元，同比下降67.3%；绿色资产支持证券共发行30只，规模为246.32亿元，有效降低了绿色项目的流动性风险（见表19）。

表19 2020年境内发行绿色债券品种情况

债券分类	债券数量（只）	债券规模（亿元）
公司债	91	732.10
企业债	47	485.40
中期票据	30	338.50
金融债	11	272.00
资产支持证券	30	246.32
短期融资券	6	36.50
地方政府债	1	27.00
定向工具	3	16.00
项目收益票据	1	12.00
总计	220	2165.82

数据来源：中央结算公司，Wind。

从募集资金主要投向领域来看，2020年绿色债券募集资金主要投向绿色服务、节能环保和基础设施三大领域（见表20），三者占比分别为30.13%、28.07%和19.98%（见表21）。绿色债券募集资金投向领域从自然资源集约与高效利用的制度流程设计，到工业生产、农业、城市等自然资源消耗部门均有涉及，且近年来流向顶层设计资金占比逐渐扩大，这说明我国在自然资源保护和利用体系方面日趋走向成熟。

表20 绿色债券募集资金投向领域

投向领域	具体投向
绿色服务	关注于自然资源利用框架和机制设计,如技术服务、管理体系建设、环境权益交易、项目评审、检测检测等。
节能环保	涉及水资源、土地资源、生物质资源的污染治理和循环利用项目,关注解决自然资源的滥用和保护问题。
基础设施	从可持续建筑、污染防治、能效提升、绿色交通等方面实现自然资源高效利用,降低损耗。
清洁能源	涉及新能源与清洁能源装备制造、可再生能源设施建设与运营。
生态环境	涉及绿色农业(农业资源与保护、农业农村环境综合治理以及绿色农产品的供给)和自然生态系统保护和修复,后者包括聚焦天然林资源、退耕还林还草工程建设、河湖与湿地保护、矿山生态环境修护、海域海岸带和海岛综合整治等。
清洁生产	从工业生产角度关注水资源节约与利用和生产废弃物环境污染问题。

表21 2020年境内绿色债券募集资金投向统计

投向分类	债券规模(亿元)	发行数量(只)
绿色服务	652.64	59
节能环保	607.92	72
基础设施	432.83	37
清洁能源	349.53	37
生态环境	67.40	10
清洁生产	55.50	5
合计	2165.82	220

数据来源:中国人民银行研究局整理。

同时,绿色债券作为促进自然资源节约和高效利用项目融资的重要工具,在ESG投资理念指引下,应进一步从发行端和投资端两个方面优化(见表22)。

表22 绿色债券优化方式

	具体内容
发行端——积极加强产品创新	首先,持续加入绿色债券发行的财政支持力度。实施激励绿色债券发行主体的措施,积极促进绿色债券发行过程中财政补贴政策的落地执行,鼓励募集资金投向绿色项目的发行主体贴标发行,优化绿色债券的识别和统计,便利绿色债券市场管理。 其次,增加绿色债券产品供给。完善多元利益相关者驱动的绿色金融生态环境,为该生态系统提供社会责任债券、碳金融等更为多样化的绿色金融产品及投资机遇;可尝试发行绿色国债,推动国内绿色债券市场基准价格的建立;优化绿色地方政府专项债,通过优化项目收益分配机制等多种方式,扩大绿色债券产品的市场份额;加大对"碳中和债"的支持力度,鼓励高碳企业向低碳化转型,积极践行绿色发展理念。 最后,引入更多国际机构发行绿色熊猫债,鼓励更多国际机构进入我国市场发行绿色债券。
投资端——优化投资者结构及风险补偿机制	首先,加强绿色投资者网络建设。培养投资者的绿色投资理念,推动建立社会责任投资者制度,引导树立绿色投资意识,积极践行ESG(环境、社会和治理)投资理念,提高市场对绿色债券的关注度以及对绿色债券的接受认可程度。 其次,健全绿色债券的风险分担补偿机制。针对垃圾焚烧发电、固废处理等项目投资周期长、投资风险高的绿色项目,可通过建立绿色基金的方式完善其风险补偿机制;对较低评级民营企业,可通过外部增信如绿色担保、绿色保险等提升绿色资产价值,吸引更多投资者;在绿色金融试验区可试点免税、减税等政策,提高绿色债券的市场需求。 最后,推动绿色债券指数纳入国际指数。在现有绿色债券指数基础上开发创新更多的绿色债券指数,并培育具有市场影响力的绿色债券指数。未来,可优化并推动国内绿色债券指数纳入国际主流指数,扩大同国际交易所的合作与信息共享,吸引更多国际投资者了解并进入中国绿色债券市场,推动绿色债券市场的进一步开放。

(4)推动自然资源资产交易的信息化发展

目前,我国自然资源资产交易大部分已采用互联网交易,信息化程度快速提高。推动自然资源资产交易信息化发展具有重要意义,具体可以从交易的网络化和智能化两方面实施(见表23)。

表 23 自然资源资产交易的信息化发展的重要性与措施

重要性	利于消除交易的信息鸿沟，降低交易的成本，扩大交易的规模	通过移动互联网、云计算、大数据、人工智能等技术以及各区域平台联网等方式，推动自然资源资产交易实现数据共享、平台互通，既改善了交易中信息分布不均匀的状况，也降低了交易的成本。比如，大数据等技术使得交易一方在资金紧缺时能够制定合理的融资方案，有利于控制交易的融资成本；区块链等技术可以降低交易的风险、简化交易的流程；人工智能等技术使得交易的人工成本大幅度减少。信息充分和交易成本的降低，极大地提高了买卖双方的效率，使交易的规模得到成倍的增长。
	利于加强对交易的监管	网上交易替代人工现场交易，大大提高了交易透明度，使交易过程变得更加公开、公平，充分保障了利益相关者的知情权和监督权，也便于社会公众全程跟踪交易过程，杜绝或减少暗箱操作、私相授受。 通过技术手段防止网上交易的交易信息泄露，以大数据为支撑研发交易信用监管机制，利用区块链构建特殊监管节点等，这些均能够有效防范交易过程中违法违规行为的发生，进一步提高对市场交易行为的监管效率。
措施	交易的网络化	网络化是自然资源资产交易的基础，实现交易的网络化既为自然资源资产交易提供了载体，也提升了自然资源资产交易的信息化水平。 推进自然资源资产交易网络化，需要增加固定投入，包括对高性能计算机、大容量储存器、云端服务器等硬件的投入，以及对大规模数据挖掘、计算、批量化处理能力建设等软件的投入。
	交易的智能化	智能化是自然资源资产交易的发展方向，智能化可以解决提供个性化的服务、风险防控、降低交易成本、优化业务流程等问题。 推进自然资源资产交易智能化，要特别加强对安全性的要求，因为一旦出现风险，就会影响到经济金融安全。为此，需要加强对信息加密技术的研究应用，加强深度学习，查找设计漏洞，提升判断能力，并在推进人工智能技术时采取安全防御措施，如加强访问控制和身份认证、加强对智能化相关软硬件环境的审计等。

最终，基于互联网应用基础，将线上发布转让信息、线上路演、线上申请受让、线上报价、线上签约和线下服务项目展示、专业市场对接、营销推介、竞价策划咨询等内容完美结合，致力建设高性能、易扩展、全品类在线、全流程运营、全链条管理的自然资源产权交易的信息化平台，并不断提升信息化水

平和服务能力。

(5) 总结与建议

综合以上分析,推动自然资源资产交易的金融化与信息化趋势,除了要在总体上完善生态产品价值实现机制和生态补偿机制,推动生态资源产品内在价值转化,实现其经济效益、社会效益以及生态效益的有机统一,还应结合具体的自然资源种类,提出针对性的资源节约与高效利用的金融化、信息化发展方案,以推动自然资源资产向资金转化(见表24)。

表24 自然资源资产金融化、信息化发展方案

资源类型	具体方式
土地资源	推动土地指标跨省域调剂、扩大农村集体经营性建设用地入市试点,完善城乡建设用地增减挂钩制等盘活土地资源。 推进土地资产证券化、引入农业产业创投基金等,创新土地金融服务模式,解决农业和农村发展中的资金瓶颈问题。 大力发展"共享农庄"、构建信息交流平台等,借助互联网技术精准助力实体经济。
水资源	建立多层次的水权交易平台体系,缓解不同区域之间的供需矛盾,进一步提升交易效率。 创新水资源金融服务模式,如根据期限、用途等设计水权交易的金融衍生品。
矿产资源	基于区块链等新兴技术,推动矿业供应链金融发展,构筑银行、企业和商品供应链互利共存、持续发展、良性互动的产业生态。 加快推进碳排放期货、期权上市,通过市场机制进一步优化配置碳排放空间资源。 加快与"一带一路"沿线国家在矿产资源领域的合作,争取我国在矿产资源贸易中的定价权。 完善矿产资源金融衍生品市场建设,包括加快期货、期权新品种和新业务创新,健全期货及期权市场风险管理制度等。
林业资源	通过推进集体林地"三权"分置、培育新型林业经营主体、吸引社会资本进入山林等进一步完善和深化林权制度改革。 创新林业金融支持工具,包括林业产业投资基金、林业项目资产证券化、林业信托融资计划等。
能源资源	深化能源金融市场建设,包括加快国内能源期货和期权市场建设、鼓励有实力的企业和金融机构参与国际能源金融交易等。 加快人民币国际化进程,不断扩大能源资源国际贸易中的人民币结算份额,争取我国在国际能源金融市场中的定价和规则制定权。 引入保险、融资租赁、资产证券化等,不断创新能源产业金融支持工具。

3. 自然资源领域助力"双碳"目标实现路径与机制

2020年9月22日,习近平主席在联合国一般性辩论时宣布中国二氧化碳排放量力争在2030年达到峰值,2060年前实现碳中和。2020年12月12日,习近平主席在气候峰会上进一步提出了中国国家自主贡献新举措,即到2030年单位国内生产总值二氧化碳排放将比2005年下降65%以上,非化石能源资源占一次能源消费比重将达到25%左右,森林蓄积量比2005年增加60亿立方米,风能、太阳能发电量将达到12亿千瓦以上。"双碳"目标的本质是更高质量的可持续发展,具有丰富的科学、政治与经济内涵。现阶段,做好自然资源节约和高效利用工作对于"双碳"目标的实现具有重要现实意义,探索自然资源领域助力"双碳"目标实现的路径与机制在当前对于应对气候变暖、经济转型,提升全球气候治理话语权等方面极其必要性。

目前,国家现行碳排放核算口径为能源消费产生的二氧化碳排放,因此,在自然资源领域助力碳达峰、碳中和目标实现方面,可以通过巩固和提升生态系统碳汇能力、实施二氧化碳地下封存等途径实现"碳移除",还可以从优化国土空间布局、严格国土空间用途管制、服务保障可替代能源开发利用等方面多管齐下减排降碳。

(1) 自然资源节约和高效利用工作下的"双碳"目标实现机制

在以化石能源为主的今天,自然资源领域助力减排降碳可以从巩固提升生态系统碳汇能力、实施二氧化碳地下封存、高比例发展非化石能源尤其可再生能源等方面着手(见表25)。

表25 "双碳"目标实现机制的主要方式

方式	具体方式
巩固和提升生态系统碳汇能力	提升生态系统碳汇能力不仅仅是通过植树造林、植被恢复等措施吸收大气中二氧化碳,而是强调各类生态系统及其相互关联的整体对全球碳循环的平衡和维持作用。从这个角度而言,重点是加强对自然资源的整体保护,维持其碳汇存量,而不在于在短期内大幅提高碳汇增量。
为二氧化碳封存提供地下空间	二氧化碳地质封存,是指通过工程技术手段将从碳排放工业源捕集的二氧化碳直接注入地下800—3500米深度范围内的地质构造中,通过一系列的岩石物理束缚、溶解和矿化作用将二氧化碳封存在地质体中。此外,可利用国际上成熟的玄武岩二氧化碳矿化技术进行碳封存,且不影响玄武岩作为建筑石材开发利用,固碳潜力巨大。

续表

方式	具体方式
加快清洁能源勘查开发利用	提升清洁能源比重、推动能源结构转换，是实现"双碳"目标的重要抓手。以江苏为例，该省拥有丰富的清洁能源资源，开发条件优、经济技术可行，可充分保障能源结构顺利转型、经济社会平稳发展。如苏北盆地的干热岩用作发电时，开发利用过程接近零排放，经济技术、环保可行。
为可替代能源开发利用做好要素保障	在用地用海方面，自然资源可以为风能、太阳能等可替代能源开发利用做好要素保障。鉴于领海内海上风电场址已接近饱和，考虑到能源转型发展和相关要求，海上风电走向深远海是必然趋势。

（2）自然资源全面节约和高效利用工作下的"双碳"目标具体实现举措

为助力"双碳"目标顺利实现，自然资源管理工作要坚定不移贯彻新发展理念，强化国土空间规划和用途管控，提高资源利用效率，加强国土空间生态保护修复，保障可替代能源开发利用，将"双碳"目标贯穿于自然资源管理全领域全过程（见表26）。

表26 双碳目标实现机制的主要措施

措施	具体方式
强化国土空间规划和用途管控的系统治理作用	将绿色低碳理念贯穿于国土空间规划实施和用途管控全过程，加快编制和实施以绿色发展为导向的各级各类国土空间规划，统筹好生产、生活、生态空间，加快形成节约资源和保护环境的空间格局；严格按照国家下达任务合理控制国土开发强度，统筹划定落实生态保护红线、永久基本农田、城镇开发边界等控制线，增强生态系统对"双碳"目标的支撑能力。 完善国土空间用途管制机制，严格管控空间边界，落实生态保护红线管控要求，严格保护耕地，城镇开发边界范围外锁定用地性质和类型，防止城市无序扩张蔓延；推动形成多中心、组团式、网络化、集约型的城镇化空间格局，加强区域间重大基础设施的共建共享，推行公交引导城市发展模式，构建城市步行低碳生活圈，促进城市发展低碳化；严格用地标准控制，对符合国家产业政策、绿色转型升级发展的项目予以重点支持，遏制高耗能高排放项目，引导新增高碳产业向适宜区聚集并实施二氧化碳捕集利用与封存。

续表

措施	具体方式
提高政策"绿色"含量，促进资源利用方式低碳化	创新节地技术和节地模式。实行最严格的节约用地制度，严控建设项目用地规模。深化"增存挂钩"机制，深入实施城镇低效用地再开发和城市更新，继续做好批而未供和闲置土地处置工作，减少城市扩张的土地占用。 全面建设绿色矿山，推动矿业高质量发展，实现资源开采方式科学化、资源利用高效化、矿区环境生态化。 加强海洋资源节约集约利用。提升海域资源利用效率，严格审核用海项目，最大限度控制项目用海规模。严格控制项目占用自然岸线，减少人类活动对海洋自然空间的占用，保护海洋生态系统。
加强自然生态保护修复，夯实生态系统固碳基础	巩固和提升生态系统碳汇能力。要依托现有自然资源本底，尊重自然资源禀赋特征，加强对海洋、林地、耕地以及湿地等系统保护；坚持陆海统筹，巩固提升林业生态系统碳汇，稳步提升农田、湿地碳汇，大力发掘海洋生态系统碳汇潜力。 系统科学推进国土空间生态保护修复。统筹生态系统各要素协同性，组织实施生态保护修复系统性工程，持续推进土地综合整治、矿山生态修复、海洋生态修复工程，提高自然生态固碳能力；探索建立能够体现碳汇价值的生态保护修复补偿制度，加快建立生态产品价值实现机制。同时，坚持自然恢复为主，分类施策、科学修复。
着手改善能源利用结构，服务保障可替代能源开发利用	新增一批风光水热新能源生产基地，优化绿色低碳的能源网络。一是鼓励和加大干热岩、水热型地热等绿色能源资源开发利用，推动绿色清洁能源的可持续开发。二是继续全力服务保障光伏、海上风电等新能源项目落地投产。 充分发挥沿海地域优势以及滩涂优势，鼓励开发风能、太阳能、生物能等清洁能源，促进能源消费向低碳化方向发展；研究海上风电项目政策，提高海上风电项目审批效率；加大领海外风电资源开发利用，推动海上风电走向深远海。
加大科研技术投入，探索增汇减排新领域	组织开展生态系统碳汇基础理论、基础方法研究，推动陆海碳汇机制研究、增汇技术开发。要组织开展生态系统碳汇调查监测与评估，探索建立生态系统碳汇监测核算体系，开展自然资源调查监测工作，摸清自然资源碳汇本底，查清相关自然资源的生物量和碳储量等；启动海洋蓝碳相关研究，探索研究海洋碳汇标准体系，加快研发海洋负排放技术方案，推动海洋种植技术的提升。 加快推进干热岩等绿色能源资源开发利用技术攻关，加大地质调查评价力度，进一步发掘二氧化碳地质封存潜力及条件，开展碳封存关键技术攻关与工程应用示范项目，探索二氧化碳封存产业化标准体系建设，为二氧化碳封存提供地下空间和技术支持。

四、完善自然资源领域监管体系建设研究

本部分聚焦"三规划、两部门"关系处理与自然资源高效利用闭环建设,从宏观和微观两层面提出促进自然资源节约和高效利用的建议。面对自然资源利用和交易中的潜在问题及风险,完善且有针对性的监管体系至关重要。缺乏风险控制不仅会导致资源"效率低下—粗放利用"的恶性循环,还可能引发金融风险。因此,完善监管体系对于促进资源节约和高效利用具有现实意义。

(一)完善自然资源节约和高效利用监管机制的必要性

1. 国土资源高效利用的必然要求

国土空间规划立法确保资源高效利用,强调区域协调发展,打造可持续国土空间。优秀规划加强生态建设,提高经济效益,防御灾害,建设安全国土。监管确保资源统筹利用,保障生态完整,提高规划效率。改革开放后,中国国土开发由沿海非均衡向区域协调转变,经济增长相对缓慢,部分地区存在经济和人口收缩风险。因此,迫切需要加强生态文明建设,确保资源合理开发和生态系统完整。

2. 自然资源监管是资源节约和高效利用的必要条件

现代自然资源监管是实现高效利用的必备条件,其建设为自然资源的市场化、产业化、现代化提供了保障。现代监管机制利用大数据中心共享交换能力,为各类应用提供资源、能力和技术服务。基于地理信息系统等基础空间服务,构建自然资源管理应用体系,提升治理体系和治理能力现代化水平。这降低了管理成本,提高了监管效率,促进了资源的规划与利用。

自然资源利用涵盖一次和二次利用。一次利用是开发过程,主要指资源从自然界进入社会,常伴有物理形态变化。二次利用是产品生产,通过劳动将投入转化为产出,常伴附加值产生。

自然资源开发和生产依赖产权。资源使用权涵盖土地、水域、养殖等权,监管针对行政许可、控制滥用和无序开发。收益权存在外部性问题,未依法享有将损害生产积极性,危害社会福利。

3. 现有监管体系仍存在不足

一方面,惩罚措施较轻导致缺乏威慑力。原环保法以及各自然资源的单行

法存在对破坏环境、自然资源的做法处罚力度较轻、处罚方式单一、缺乏党内处罚等问题，缺乏对破坏环境、浪费自然资源行为的威慑；党内处罚机制不健全使得部分执法人员滥用权力的现象持续存在。党内处罚方式的缺失和较弱的惩罚力度削弱了监管机制的监管效率，使得自然资源利用效率难以提高，浪费、破坏现象严重。

另一方面，法律体系不健全导致资源利用效率低下。建立自然资源产权交易市场是提高资源利用效率的重要途径，市场可以有效实现资源的合理配置。过去法律体系不健全，难以实现市场的有效运行，健全法律体系可以使得自然资源产权交易市场有效运行，促进自然资源高效、节约利用。

4. 自然资源资产交易风险进一步凸显

随着自然资源资产市场化交易的不断发展、自然资源资产金融化进程的不断推进，自然资源资产交易带来的一系列风险也逐渐显现，风险成为妨碍自然资源开发利用和综合治理效率的重要因素。自然资源资产交易具有的特性，决定了交易中经济风险和生态风险并存，完善自然资源资产交易过程的监管，是防范化解风险的重要一环。

（二）自然资源管理改革

党的十九届四中全会审议通过《中共中央关于坚持和完善中国特色社会主义制度、推进国家治理体系和治理能力现代化若干重大问题的决定》，要求全面推进国家治理体系和治理能力现代化。建设全国一体化的国家大数据中心，运用大数据提升国家治理现代化水平，已成为国家治理体系建设的重要举措，而现代化的自然资源监管体系建设的基础则是实现自然资源产业化与市场化。

1. 自然资源市场化下的监管与公众参与

价格是市场机制的核心，通过价格信号有助于实现资源配置。自然资源市场化需理顺价格关系，完善价格形成机制。政府应建立科学成本核算体系，全面反映各项成本。放宽市场准入，鼓励竞争，强化反垄断，推进公平竞争，促进形成公平竞争市场环境，保护消费者权益。有效竞争需有足够数量、利益不同的市场主体。鼓励民间资本进入资源市场，与国有资本享受同等权利。市场化监管需政府部门执行到位，加强公众参与，通过媒体发布信息、制定优惠政策鼓励参与，制定参与过程，组织公众评价项目计划并提出决策意见。公众作为直接消耗者，需加强自然资源管理意识，参与管理决策和保护规划，减少资源消耗，提高资源效率。政府应推动统计监督与其他监督方式统筹衔接，提升监督效能，确保监管结果经得起检验。

2. 世界资源大国的自然资源监管经验

自然生态系统的整体性决定了自然资源管理的综合性，单门类资源的特殊属性决定了专业管理的必要性，现代化管理有助于提升管理的精细化水平，更有利于实现自然资源的最优利用。然而，自然资源现代化管理的特殊性与综合性的最佳结合是个难点，也是个战略问题。

美国作为资源大国，采用了"多门类资源综合管理"的体制架构。美国内政部办公室实现了自然资源内部的综合统一管理以及外部的协调。地方部门通过设立自然资源区划中心（NRD），承担自然资源保护责任，包括水资源管理、土壤资源管理、树木和野生动物栖息地保护、洪水防控等。NRD的董事会通过联合政府机构、科研推广部门和私营组织等，实现对自然资源的监管与完善，使得各水资源管理计划和项目得以顺利实施。

发达国家提高空间治理能力的重要表现之一是国土空间规划立法。日本在这方面积累了丰富经验。它简化了空间规划的纵向关系，强调政策导向；加强了与相关法律的协调，确保规划实施衔接；并将中央与地方的关系转化为合作为主，激发地方活力。

（三）健全自然资源监管机构

自然资源是人类社会发展的客观物质条件，是国家发展和人民富裕的物质基础，在实践的某些场合，自然资源甚至成为各区域发展锱铢必较的重要内容；与此同时，自然资源中诸如山、水、林、田、湖、草、矿往往都是不可再生资源，这就决定了自然资源的稀缺性。《中华人民共和国国民经济和社会发展第十四个五年规划和2035年远景目标纲要》中指出"优化区域经济布局，促进区域协调发展"的指导性内容是"立足资源环境承载能力，发挥各地区比较优势，促进各类要素合理流动和高效集聚，推动形成主体功能明显、优势互补、高质量发展的国土空间开发保护新格局"。

1. 政府部门职责的两个维度

由《中华人民共和国国民经济和社会发展第十四个五年规划和2035年远

景目标纲要》的指导性意见可以总结出在高效使用自然资源领域中需要把握好"抓增长""保红线"两个维度。

"抓增长""保红线"体现出自然资源"高效"利用的两大方面，现今我国追求自然资源高效利用、优化国土资源，自然地涵盖了"开发"和"保护"两个层面的内容。抓增长是国民美好物质生活、精神文化创造动力之根本，不同经济学家对于效率虽然有着差异巨大的见解，例如帕累托认为一个个人或组织的状态变好不得不以另外一个个人或组织的状态为代价时，资源配置将不需要变更。另外，中国面对复杂的国内国外环境，"保红线"也应当是高效利用自然资源的题中应有之义，只有采取"基本耕地动态平衡""特殊资源积极保护"等措施才能实现真正的长期、可持续发展。

2. 健全自然资源监管机构建设的核心和具体方法

监管机构的建设需要认识到"抓增长""保红线"并不是非此即彼的关系，即"保红线"未必要以牺牲增长为代价、"抓增长"也不需要以放弃底线为代价，要树立动态监管的视角，认识到二者的辩证统一关系。同时兼顾"抓增长""保红线"的核心是外部性内部化。

在自然资源利用中，缺乏统筹规划和独立利用常导致外部性和市场失灵，政府应干预，建立有效市场制度，纠正外部性内部化，消除市场失灵，通过将外部性反映到价格中，激励市场行为与社会最大化一致。

实现自然资源跨区域、跨流域、跨海域高效流动，从总体上要把握好中央和地方的关系、有为政府和有效市场的关系、效率和公平的关系；从实际上说，建立多维度的自然资源监管评价指标是外部性内部化的依据，建立起有效的市场机制是外部性内部化运行的环境，有为政府监管是能动地进行外部性内部化的主体。

3. 建立多维度自然资源监管评价指标

（1）构建评价指标体系的指导思想

围绕国家全面节约和高效利用资源的战略部署，坚持节约资源和保护环境的基本国策，坚持节约优先、保护优先、自然恢复为主的方针，统筹兼顾山水林田湖草资源特征，科学合理确定评价指标和方法，构建自然资源节约和高效利用的评级指标体系，为建设资源总量管理和全面节约制度，加快形成节约高效利用和保护环境的空间格局、产业结构、生产生活方式，着力推动资源利用发展方式根本转变。

（2）指标选取的基本原则

综合考虑国内外理论与实践经验，构建自然资源评价指标应遵循三原则：系统性原则，全面覆盖土地、水、矿产等七类资源，结合静态现状与动态变化，反映资源现状与发展趋势；导向性原则，聚焦国民经济和社会发展的关键资源要素，选取能体现资源核心价值的指标，引导资源实现"质量提升""结构升级""创新驱动"；实用性原则，确保指标数据来源稳定可靠，保证考评结果客观真实、准确可比，对于难以量化或数据缺失的指标，暂不考虑，以确保指标体系的实用性和可操作性。

（3）评价指标体系构建

评价指标体系由节约保护类（20项）、高效利用类（21项）和综合管理类（16项）3个指标构成，共涵盖土地、水、矿产等7类自然资源，形成57项具体指标。节约保护类指标关注资源消耗与重要自然资源保护。高效利用类指标衡量自然资源开发利用的经济效益与社会效益。综合管理类指标则反映制度建设、机制完善、依法行政等情况。这些指标综合考量不同自然资源类别，全面反映自然资源的节约与高效利用状况（见表27、表28）。

4. 评级指标体系构建的监管作用

全面把握自然资源管理标准，统筹合理利用和有效保护，贯彻"两统一"职责，逐步建立自然资源节约和高效利用评价指标体系具有重要现实意义（见表29）。

首先，强化资源规划引导控制作用。建立指标评价体系，全面反映资源情况和管理实际，约束地方政府规划行为，加强对资源利用的约束。

其次，优化考核评价机制。制定评价体系，将结果纳入地方经济社会发展和干部考核，通过奖惩措施发挥节约利用的反馈效应。

最后，加强监管制度建设。构建统一的评价体系，明确各级责任，形成共同责任机制。公开评价过程，调动监督力量，探索建立举报制度，健全监管体系。

5. 政府积极有为能动开创新格局

制度学派学者诺斯认为，由于国家在使用合法暴力上具有比较优势，因此政府极为适合作为制度的设立单位。在中国自然资源属于人民并由国家统一管理，这就要求政府在自然资源监管上统筹规划、积极有为（见表30）。

表27 自然资源节约和高效利用评价指标体系（节约保护类指标）

主体	序号	指标名称	指标内涵
土地资源	1	耕地保有量完成率	某一地区实际耕地保有量与规划下达的耕地保有量指标的比值
土地资源	2	永久基本农田保护任务完成程度	反映基本农田中耕地面积占比和高标准基本农田面积占比情况
土地资源	3	土地退化治理率	某一地区年度内治理沙化、荒漠化、盐碱化、水土流失等面积占地区土地退化总面积比重
土地资源	4	国土开发强度	某一区域除森林、河流、耕地之外的使用面积与总国土面积的比值
水资源	5	单位GDP用水总量	某一地区年度用水总量与地区生产总值（GDP）的比值，反映经济发展对水资源的消耗程度
水资源	6	工业用水重复利用率	某一地区工业用水中重复利用的水量与总用水量的比值，反映工业节约用水程度
水资源	7	单位GDP能源消耗	某一地区一次能源供应总量与地区生产总值（GDP）的比值，反映节能降耗情况
矿产资源	8	绿色矿山比例	某一地区达到绿色矿山建设标准的矿山数量占辖区内矿山总数的百分比
矿产资源	9	矿山生态环境恢复治理率	某一区域矿山恢复重建区占被破坏区域的生态系统年度动态变化
矿产资源	10	资源循环利用率	某一地区年度利用再生金属类年度此种金属总量的比率，反映资源循环利用水平
林业资源及草原资源	11	林地面积变化率	某一地区林地面积的年变化率
林业资源及草原资源	12	林木覆盖率	某一地区乔木林、灌木林与草地等林草植被覆盖面积之和占区域土地面积比重，反映森林资源丰富程度
林业资源及草原资源	13	草原综合植被盖度变化率	草原综合植被盖度是某一区域各主要草地类型的植被盖度与其所占面积的加权平均，草原综合植被盖度变化率是草原牧草生长浓密程度变化情况
林业资源及草原资源	14	草场退化率	某一区域草场退化面积占总草场面积的比重，反映草地生态退化情况

续表

主体	序号	指标名称	指标内涵
湿地资源	15	湿地面积变化率	某一地区湿地面积的年变化率,反映湿地面积动态变化状况
湿地资源	16	湿地保护率	某一地区列入湿地公园、湿地保护小区、水源保护区等保护区范围的湿地占区域湿地总面积比例
海洋资源	17	自然岸线保有率	某一区域没有经过人为干扰的水体与陆地的分界线占岸线总长度的比例
海洋资源	18	海洋自然保护区面积比例	某一海域纳入自然保护区的面积占海域面积的比重
综合资源	19	生态保护红线划定落实情况	生态保护红线是国家依法在重点生态功能区、生态环境敏感区和脆弱区等区域严格划定的管控边界。生态保护红线划定落实情况是生态保护红线与保护区的生态保护红线的比重,反映科学划定生态红线区域及重要生态功能保护区保护情况
综合资源	20	自然保护地比重变化率	某一地区自然保护地面积占土地总面积比率的年度变化率

表28 自然资源节约和高效利用评价指标体系（高效利用类指标）

主体	序号	指标名称	指标内涵
土地资源	1	单位GDP建设用地占用下降率	某一地区该年度单位GDP建设用地使用面积较上年度的下降比率
	2	人均建设用地面积变化率	某一地区该年度人均建设用地面积较上年度的变化比率，反映建设用地人口承载强度变化情况
	3	建设用地均税收	建设用地范围内二、三产业税收总额与建设用地面积的比例，反映土地产出水平
	4	存量土地供应比例	某一地区存量建设用地供应面积占土地供应总面积的比例，反映土地盘活利用情况
	5	工业用地供应占比变化情况	某一地区工业用地供应面积占土地供应总面积比重的年变化率，反映建设用地供应结构优化情况
水资源	6	水资源负载指数	计算公式：降水有关系数×(人口×GDP)$^{\frac{1}{2}}$/水资源总量。反映水资源利用水平和经济发展之间的关系，在一定程度上反映未来水资源开发的难易程度
	7	水资源生态压力指数	区域水资源生态足迹与水资源生态承载能力的比值。水资源生态足迹是在特定人口和经济状态下，为维持人们正常生存生活、水资源消耗以及消纳水污染所必需的生态生产性面积。水资源生态承载能力是水资源能够满足该区域的最高供给量
	8	地下水开采系数	某一区域地下水开采量与可开采资源量的比重，反映地下水开采潜力。一般来说，小于0.3为潜力巨大地区，大于1.2为严重超采区
	9	产业集中度	某矿种产品前几位企业原矿（精矿）产量与全国产量的比重，反映某种矿产开发利用集中程度
	10	产能利用率	某一地区矿资源产出与生产设备产能的比率，反映矿产产业对产能的利用程度
矿产资源	11	重要矿产资源合理开发利用"三率"达标率	"三率"达标考核企业数占考核企业数的比重，反映矿山企业开采回收率、选矿回收率、资源综合利用情况。开采回收率达标率是采出矿产量与消耗矿产储量中有用组分质量的比率，反映对矿产资源的利用程度。选矿回收率是选出有用组分质量与选原矿中有用组分质量的比率，反映对矿石中有用组分质量的回收与利用程度。资源综合利用率是选利用率是共伴生有用组分的主、共伴生有用组分中全部有效组分的比例，反映矿石中全部有用组分与矿用资源储量中主、共伴生有效组分的利用程度

续表

主体	序号	指标名称	指标内涵
矿产资源	12	矿产资源储采协调指数	采用区位商指数计算某一区域矿产资源开采（产值）与储量（潜在价值）是否协调
	13	矿业结构协调指数	采用区位商指数反映矿产资源采掘业（产值）与下游冶炼加工业（产值）是否协调
	14	矿产资源产出率提高率	某一地区该年度主要矿产资源产出率较上年度的提升比率。矿产资源产出率是指主要矿产资源实物量与单位投入所产出的经济量，也就是GDP与主要矿产资源消费量的比值
林业资源	15	地均林业总产值	某一区域林业总产值与林业用地产出效益
草原资源	16	草地地均载畜量	某一区域在维持草地良性生态循环并保证家畜正常生长发育繁殖基础上，可承载的最大家畜数量与草地总面积的比值，反映草地的承载能力
湿地资源	17	开发利用指数	某一区域已开发利用的湿地总占湿地总面积的比率，反映湿地开发利用程度
海洋资源	18	海洋生产总值占比变化情况	某一地区海洋生产总值占GDP比重的年度变化率，反映海洋经济发展水平
综合资源	19	单位面积生态服务价值变化率	某一区域单位面积的生态系统服务价值年度变化率。生态学系统服务价值指人从自然系统获得的生态收益，主要计算涵养水源、保育土壤、固碳释氧、积累营养物质、净化大气环境5项内容
	20	单位GDP碳排放	产生万元GDP排放的二氧化碳数量，反映控制温室气体排放，应对气候变化的成效
	21	主要资源产出率	某一地区GDP与主要资源实物消费量的比值，主要资源包括化石能源、钢铁资源、有色金属资源、非金属资源与生物质资源

表29 自然资源节约和高效利用评价指标体系（综合管理类指标）

主体	序号	指标名称	指标内涵
执法监察	1	违法案件数量	某一地区自然资源领域违法案件发生数量
	2	违法案件立案率	某一地区自然资源领域违法案件立案数量占发现数量的比值
	3	违法案件处理率	某一地区自然资源领域违法案件结案处理数量占立案数量的比值
舆论宣传	4	宣传活动次数	某一地区举办自然资源主题线上线下宣传活动数量
	5	宣传活动累计参与人数	某一地区举办自然资源主题线上线下宣传活动累计参与人数
	6	线上宣传内容累计浏览量	某一地区官网、微博、微信公众号等线上发布自然资源相关科普宣传文章、视频等累计点击浏览量
创新实践	7	工程项目数量	某一地区年承办工程项目数量
	8	科技成果转化率	自然资源领域具有实用价值的科技成果所进行的后续试验、开发、应用，推广直至形成新产品、新工艺、新材料，发展新产业等活动占科技成果总量的比值
人事管理	9	年平均培训教育次数	某一地区自然资源机构年人员年均培训教育次数
	10	人才占比	某一地区自然资源领域人才占地区总人口比例
数字治理	11	国土空间基础信息平台核心数据归集率	国土空间基础信息平台上核心数据归集数量占地区总数量的比例
	12	政务信息系统整合率	政务信息系统中自然资源业务占自然资源全部业务比重
	13	依申请政务服务办件"一网通办"率	某一地区依申请政务服务办件中可一网通办件的比重
	14	多源遥感数据获取	某一地区多源遥感数据获取面积
	15	地形图测绘与更新	某一地区地形图测绘与更新面积
	16	基础测绘成果服务	某一地区基础测绘成果服务数据总量

表 30 政府监管上积极有为的主要表现

政府积极有为的主要表现	具体方面
系统监管、统筹规划	自然资源监管是一项多维度的复杂过程,想要破除自然资源利用中的"外部性魔咒",就需要解决自然资源监管信息零散化、交易方利益复杂化、多元化所导致的交易费用畸高,构建产权的系统化监管体系,实现自然资源的动态化监管,充分覆盖所有交易主体和自然资源种类,把监管贯穿到确权认定、打包入市、绩效评价、分析预测等的全过程中去。
依法监管	健全自然资源监管的法制依据对于自然资源监管体系来说有重大意义,为做到自然资源监管有法可依、有法必依,要求在现有发展状况下,健全和发展诸如土地管理法、森林法、草原法等现有法律,为未来铺设道路,积极探索新时代、新要求下的自然资源相关法律。另外还要完善自然资源执法体系,做到一经发现、严格查处。
积极预防	积极预防要求将滥用自然资源行为的途径切断,达到"防患于未然",这就要求行政部门和司法部门在自然资源监管制度上填补空白,从源头上加强管理。与此同时,还要积极利用现有技术,不让监管技术落后于时代发展,诸多实例证明监管技术一旦落后脱节于时代的发展,监管必然相当困难,这就要求监管机构积极利用大数据、人工智能、卫星定位拍照等现代技术武装自身,以求获得实时动态化的一手信息,推动监管智能化。

(四)建立和完善法律法规体系

1. 自然资源及环保领域法律法规的历史沿革

(1)《中华人民共和国环境保护法》

《中华人民共和国环境保护法》是我国环境保护领域的基本法,于 1989 年 12 月 26 日第七届全国人民代表大会常务委员会第十一次会议通过。这部法律是为保护和改善环境,防治污染和其他公害,保障公众健康,推进生态文明建设,促进经济社会可持续发展制定的法律。该法由第十二届全国人民代表大会常务委员会第八次会议于 2014 年 4 月 24 日修订通过,自 2015 年 1 月 1 日起施行,被称为史上最严的环保法(见表 31)。

表 31 两版本《中华人民共和国环境保护法》主要区别对比

	原版本	修订版
处罚力度	主要处罚方式限于罚款、责令停业等	在原有基础上,第五十九条新增"按日处罚"制度
处罚方式	处罚方式为经济处罚	第六十三条新增"行政拘留"处罚方式
针对环境保护监督人员处罚	处罚方式为行政处分,若存在犯罪行为则追究刑事责任	第六十八条新增领导干部"引咎辞职"处罚方式
参与对象	—	提出了公众参与的原则

修订后的环境保护法赋予了环保监管部门有力的法律武器,初步建立了环保问题的党内问责机制。目前环保问题的党内问责机制已经通过一系列的党内环保法规进行了完善,包括《关于健全生态保护补偿机制的意见》《关于构建绿色金融体系的指导意见》等,党内环保法规有效补充了国家法律的不足,促进未来的立法,而部分党内法规可以转化为国家立法。

(2) 有关自然资源的其他法律

一是《中华人民共和国土地管理法》。《中华人民共和国土地管理法》于1986年6月15日第六届全国人民代表大会常务委员会第十六次会议通过,自1987年1月1日起施行以管理土地用途、保护耕地为目的。2019年8月第十三届全国人民代表大会常务委员会第十二次会议通过对该法律的第三次修订,完善了土地征收制度、土地权益保障制度等。

二是《中华人民共和国水法》。《中华人民共和国水法》于1988年1月21日由第六届全国人民代表大会常务委员会第二十四次会议审议通过,是为了合理开发、利用、节约和保护水资源,防治水害,实现水资源的可持续利用而制定的法规。《中华人民共和国水法》是我国水法规体系的核心,也是现行《中华人民共和国水污染防治法》《中华人民共和国防洪法》《中华人民共和国水土保持法》等法律的基础。2016年7月2日十二届全国人民代表大会常务委员会完成了对水法的第二次修正,将水资源的管理重心从水资源开发利用转移到水资源的合理配置和节约保护上。

三是《中华人民共和国森林法》。《中华人民共和国森林法》作为林业发展的基石,历经多次修订,于2020年7月1日起正式实施新版本。此次修订实现了从计划性管理到市场化管理的转变,并新增"森林权属"章节,强化了产权保护。同时,将每年的3月12日定为植树节,旨在动员全民参与植树造林,这不仅是环保活动的体现,也凸显了公众参与环保的重要性。

(3) 党内有关环保的法规

党的十八大以来,党内法规在生态环保、自然资源等领域取得较大进展,有效填补了立法空白。党内有关环保的法规不仅包括综合性规定,如《关于加快推进生态文明建设的意见》,对生态文明建设的总体要求、基本原则以及各项措施作出全面要求。还包括专门性规定,如《中央生态环境保护督察工作规定》,是具有标志性意义的党内环保法规,该法规首次以党内法规的形式系统规定了中央生态环境保护督察的一系列执行细则,包括中央生态环保督察的主体、对象、内容、程序、追责等;强调督查工作要坚持和加强党的全面领导,更加突出了监察过程中的纪律责任。又如《关于构建绿色金融体系的指导意见》,旨在以市场化原则激励资本投入绿色产业,全面部署绿色金融体系建设。该意见提出了多项措施,包括增加财政投入、提高资金使用效率、设立绿色发展基金等,以推动绿色产业发展。此外,党的十八大以来,生态环保领域的党内法规也发挥了重要作用,如《生态环境损害责任追究办法》等,有效推进了环境保护机制的完善。这些政策和法规共同为绿色金融发展提供了良好的支持。

2. 法律体系逐步完善

我国自然资源法律体系还在不断的完善当中,尤其是党的十八大以来,自然资源立法工作持续稳步推进,很多方面已经取得长足的进展。

第一,完善自然资源执法流程的细节规定。新修订的各单行法以及推出的各项党内法规对自然资源的监督、管理、执法的细则都作出了更加细致的规定,突出了督察过程中的纪律责任,改变了曾经无法可依的局面。

第二,明确自然资源权属。森林法、土地管理法都对自然资源的权属作了更细致的规定,明确了自然资源产权相关问题,有效推进了绿色金融体系的构建。

第三,加强完善党内监督考核、责任追究。《中央生态环境保护督察工作规定》是生态环境保护领域的具有标志性意义的党内法规,对生态环境保护督查工作进行了严格规范。与此同时,还有一系列党内法规,如《党内领导干部生态环境损害责任追究办法》《开展领导干部自然资源资产离任审计试点方案》等,对党内的责任追究机制进行完善,填补了过去制度设计上的空白。

3. 自然资源产权立法建议

第一,自然资源产权立法需进一步完善。目前自然资源产权的立法并不完整。已有的土地、矿产、森林等单行法中分别规定了产权的相关内容，但缺少统一的自然资源法。当前应推动自然资源法的立法工作，以明确产权关系，制定相关的监督、管理、保护机制，助力生态文明建设，建立有效的绿色金融市场。

第二，长期追责制度需要完善。加快推进法治建设，完善自然资源产权交易市场监督管理制度，加强长期追责制度建设。党内法规中的《党内领导干部生态环境损害责任追究办法》《开展领导干部自然资源资产离任审计试点方案》初步规定了追责措施，需在实践中进一步完善。落实环境保护、长江保护、水、森林、草原、海洋、渔业等法律法规，加快研究制定生态保护补偿条例，明确生态受益者和保护者权利义务。推进生态保护补偿、重要流域及其他生态功能区相关法律法规立法研究，加快黄河保护立法进程。鼓励地方结合实际制定生态保护补偿相关规章或文件，加强执法检查，营造依法履行生态保护义务的法治氛围。

第三，立法层面应加强信息披露和公众监督机制。"公众参与"是环保法的四大原则之一，信息披露则是公众监督的必要条件。信息披露包括两部分内容：一部分是交易的具体信息应及时向社会公众公布，交易各主体应自觉接受社会公众的监督；另一部分是自然资源的开发使用信息应及时向社会公众公布，接受公众的监督。党内法规应对公众举报工作作出具体的安排，应确保举报渠道的畅通，建立适当的举报激励制度，鼓励社会各方共同参与生态环境保护的监督工作。

第四，自然资源资产交易应建立准入资格制度。自然资源资产市场化交易市场尚不发达，受各类经济金融风险影响较大，且自然资源资产交易涉及自然资源开发利用和综合治理，交易可能带来生态风险。因此应该以立法形式对此加以限制，建立市场准入资格制度，防止生态风险、金融风险产生。

第五，完善市场交易机制。加快自然资源统一确权登记，建立清晰权责、严格保护、流转顺畅、有效监管的资产产权制度，完善有偿使用制度，合理补偿保护义务主体。在控制总量前提下，建立水权、排污权、碳排放权分配制度，推进环境权市场化交易。鼓励区域间水权交易解决用水需求，明确取用水户权益，促进有偿转让取水权。实行排污许可制，生态保护地区排污权有偿使用。加快全国能源权、碳排放权市场建设，完善碳排放抵消机制，将生态项目纳入交易市场。

（五）完善自然资源资产交易过程监管

1. 事前监管

第一，建立统一的信息平台。在自然资源资产交易现代化发展背景下，建立统一自然资源信息平台是推进开发利用和治理产业化的必然需求，也是监管体制完善的关键环节。信息平台应实现全方位、全领域、全区域统一，为监管提供充分透明支持，提高效率、优化环境。参与主体信息要一体化收集、处理、公开，确保完整准确；交易领域应全面覆盖各自然资源种类，包括可交易和不可交易资产；跨区域治理需实现最大程度合作，消除跨区域协调低效问题，构建统一监管体系。信息平台设定强制披露机制，是形成健康市场环境的重要举措。企业需披露基本信息、效率指标、环保信息等；政府部门要公开政策、政务、仲裁、监管等信息。对市场现有自然资源交易信息披露应力求详尽（见图11）。

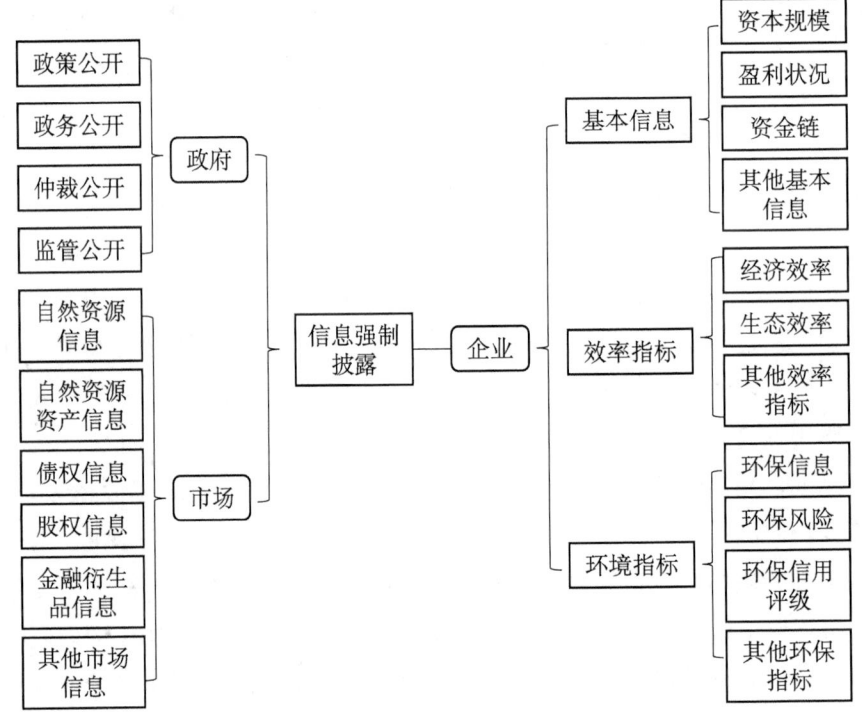

图 11　信息强制披露概念框架

第二,自然资源资产交易准入资格审查。自然资源资产交易监管依托统一信息平台和强制披露机制,进行准入资格审查,以阻隔金融、生态、监管等风险进入市场。参照传统金融市场审查标准,把握审慎监管原则,吸收成熟市场依法、公开、效率、独立、协调的监管经验,建立完善的准入资格标准、审查流程和监管体制。考虑自然资源市场特性,除基本审查外,特别关注金融和生态风险,严格审查债权、股权、金融衍生品等交易,保障审查工作严密有效。

2. 事中监管

第一,建立金融监管指标体系。自然资源资产交易事中监管的核心是金融风险监控。随着市场完善,自然资源资产金融化进程带来相应风险。建立完善的监管指标体系至关重要,以应对复杂监管环境下的高效监管需求。权威金融机构和监管机构应主导建立相关监管指标体系,考虑交易的多元主体、广泛企业类型、巨额交易数额、经济和生态影响,确保监管标准慎重详尽。

第二,保持合理稳定的交易价格。我国自然资源资产交易初步发展,需关注金融风险监管与价格稳定。价格是市场经济核心因素,稳定有利于资源配置效率提升、市场预期形成。监管需重视价格信号,避免波动导致信号扭曲,确保有效性。初期市场可能出现非理性预期行为、信息差异、政策反应过度、投机冲击等,导致价格信号失效。监管应保留议价空间,因地制宜划定监管区间,促进市场活力。

第三,建立应对外部经济环境冲击风险的机制。自然资源资产交易面临外部经济环境冲击风险,如生产率、经济预期、消费者偏好、国际政策等,而市场发展初期,由于参与主体复杂、产权关系复杂、协调机制不成熟,缺乏抗风险能力。为此,应采取金融政策扶持,提升市场抗风险能力,加强监控,创新金融政策。可建立政策性银行支持生产、交易、技术研发、开发利用等融资,开发政策性保险降低各方风险。将自然资源资产交易市场纳入金融体系和监管体系,有利于畅通政策路径,提升抗风险能力,统筹风险管控。

3. 事后监管

第一,经济和生态综合效率评估。自然资源资产交易监管以效率为核心标准,旨在实现高效利用与生态保护。评估需综合考虑经济与生态效率,借助适当的方法,如DEA分析,明确机制、政策、监管等方面的问题,并提出改进建议。评估应全面考量技术、产业、资源配置、环境、风险管控等多方面效率。监管应传递高效率偏好,激励产业发展。评估结果应指出问题,依托信息平台,可视情况调整企业指标,对有缺陷者提供政策支持和强化监管以改进效率,对严重非效率者重新考虑准入资格,对不效率政策提出改革建议,对监管本身的不效率坚决改革。

第二,建立长期追责制度。自然资源领域具有开发、经营、修复、保护周期长的特点,其影响深远。当前,我国自然资源资产交易市场尚不成熟,违法违规行为和监管失职可能对市场造成长期、结构性冲击。因此,必须建立健全长期追责机制,无论时间多长、责任人身份如何变化、企业是否转行,都要对性质恶劣、后果严重的违法违规行为坚决追责。此机制应覆盖自然资源资产交易的所有主体,包括违法企业、交易主体、政策制定者及监管失职者。必须严格问责,结合指标体系、监督管控和责任追究,形成强大监管执行力。

第三,完善自然资源修复和保护机制。完善自然资源监管体制的目标之一是促进生态环境保护,需时常检查监管成效。要坚守生态保护红线,加强自然资源修复和保护,贯彻"谁污染谁治理,谁破坏谁恢复"原则。对于依法依规利用造成减少和污染的,需共同开展治理;对于严重破坏的,除追责问责外,还应采取恢复补偿、公开披露违法信息、下调企业征信、限制交易资格和融资等措施,形成监管震慑。强化多部门协调联动,发挥各部门作用,构建相互协调、相互配合、相互监督的监管格局。

4. 全过程监管跟进

第一,生态环境保护督察跟进。生态环境保护是自然资源监管体制最重要的出发点。在自然资源交易监管中,要坚持节约优先、保护优先的方针,用最严格的制度和最严密的监督来保障绿色发展。在交易中落实生态环境保护督察全过程跟进,是坚守生态红线的必然要求。

生态环境保护督察跟进,要重视转变发展方式。自然资源开发利用和综合治理的重要目标是在促进发展方式的转变中实现自然资源高效利用,改变发展的不平衡性和不充分性,实现可持续发展。生态环境保护督察跟进,要推进全领域监管。自然资源和生态环境工程是一个系统性工程,生态环境保护督察需要统筹国土空间用途管制,统筹划定落实生态保护红线,实现山水林田湖草等自然资源全覆盖监管。生态环境保护督察跟进,要严格全过程监管。监管事项贯穿自然资源资产交易、开发利用和综合治理全过程,除了监管生态环境问题本身，还需要对自然资源利用进行追踪管控，运用监管手段，从源头改变资源利用方式，提升自然资源的利用效率。

第二，信息披露实时跟进。交易过程信息披露实时跟进。一次交易中按规定需强制披露的信息，在交易的时间顺序上先后产生，在逻辑上相互关联、相互印证。信息披露实时跟进，有利于交易的精细化监管，通过实时信息开展监管风险预警，当金融风险和生态风险触碰监管红线后立即响应，有效提高监管效率、控制金融风险、及时制止和挽回自然资源和生态环境损失。自然资源开发利用和综合治理信息披露实时跟进。完善自然资源资产交易过程监管要依托统一信息平台，长期追踪披露被交易的自然资源开发利用和综合治理相关信息，防止交易后自然资源信息的缺失。

第三，社会公众监督跟进。一方面，确保社会公众监督畅通至关重要。首先，必须强制全面披露信息，确保交易透明可监督；其次，完善举报受理机制，无论交易处于何种阶段，都要严格按法律规定受理，确保及时回应社会关切、制止资源损失破坏、控制风险、追究责任；最后，鼓励多方监督，建立立法、政府、金融、自然资源、环境等多渠道。另一方面，建立社会公众监督激励机制至关重要。政府和监管部门应及时公开调查结果和处理意见，保证对每个举报都有答复；对举报人，要保护其信息安全，对有贡献者给予奖励；对企业举报，核实后可适当调整其指标并公告，对恶意干扰者则予以处罚。

（课题负责人：张蕾；课题组成员：段海琦、陈洁、曲学丰、杨逢微、金健、王欣雨、曾宏瑞、贾尼、王燕丽、廖丽萍）

政府运行保障体系改革方向与路径研究

北京大学政府管理学院课题组

一、中国政府体制改革及其评估

政府进行体制改革是政府为了适应环境的变化，有意识地采取新的举措，改变政府系统的结构功能、运行程序以及行政人员行为方式的行为或过程，目的在于实现行政与环境之间的动态平衡，提高政府行政效能、促进经济发展和社会进步。新中国成立以来，中国政府体制改革大致经历了精简调整阶段、职能优化阶段和新时代整体化推进阶段，并取得了丰硕的成果，推动了中国经济社会发展。与此同时，政府体制改革也有些短板，如保障政府自身运行的相关改革。

（一）精简调整阶段（1949—1966年）

从新中国成立到改革开放前，中国政府体制改革主要处于精简调整阶段。这一阶段的政府体制改革以政府间权力收放为导向，旨在构建与计划经济体制相适应的政府管理体制，共进行了四次大规模的正常的机构精简调整。

1. 第一次精简调整

1949年，中央政府设立了政务院，作为国家政务的最高执行机关。为了管理国家行政事务，政务院设置了35个工作部门，其中包括政治法律、财政经济、文化教育、人民监察4个委员会和政务院秘书厅。委员会分别负责指导政府相关部门的工作，实际就是在政务院与其所属工作部门之间增加了一个管理层级。[1] 这种机构设置方式逐渐导致政府机构庞大、层次过多、分工不清的问题，因此，1951年11月，中共中央发出了《关于全党必须紧缩编制、精简

---

[1] 潘小娟：《中国政府体制：结构与运行》，中国言实出版社2021年版，第221页。

机构的指示》；同年 12 月，政务院通过了《关于调整机构紧缩编制的决定（草案）》，正式启动了中华人民共和国成立之后的第一次行政体制改革。这次精简调整的重点是精简上层政府机构和编制，合理充实基层。一方面，减少中央和大区两级党政群机关编制员额 1/5，减少省一级党政群机关编制员额 1/10①；合并了业务相近的机构，如燃料工业部和重工业部、纺织工业部和轻工业部合并，减少部门内设层级等。另一方面，将精简后的编制员额充实到县、基层以及新设单位。1953 年 10 月，全国第二次组织工作会议再次部署了精简整编工作，撤销了一批重复设置的机构，抽调干部到厂矿、粮食等基层单位。

2. 第二次精简调整

1954 年，按照第一届全国人大第一次会议通过的《中华人民共和国宪法》的规定成立了国务院，至此中华人民共和国的政府体制基本确立。随着经济形势的好转和第一个五年计划的实施，国家开始有计划地推进大规模的经济建设，政府机构变得臃肿庞大。1954 年底，国务院开启了第二次较大规模的国家机构精简调整，主要措施包括：其一，划清各部门的业务范围，明确各自的工作职责，理顺了相互之间的工作关系；其二，减少机构内设层级，明确中央机关原则上实行三级制，省级机关原则上实行两级制；其三，精简了机构，撤销了可有可无的机构，撤销或压缩了派驻地方的机构，整顿了国家机关的附属机构，将其由行政编制改为事业或企业编制。精简改革之后，国务院设秘书厅、部委 35 个、直属机构 20 个、办公机构 8 个，共 64 个部门。②

3. 第三次精简调整

1956 年，随着第一个五年计划主要指标的提前完成和社会主义改造的基本结束，政府对各项公共事务的管理走向了集中，中央政府机构设置越来越多。截至 1956 年底，国务院设部委 48 个、直属机构 24 个、办公机构 8 个和秘书厅，共计 81 个部门，③ 达到了新中国成立以来中央政府机构设置的第一个高峰。针对这一状况，毛泽东同志于 1956 年在《论十大关系》中明确提出要精兵简政，"必须反对官僚主义，反对机构庞大"④。因此，国务院开展了第

---

① 宋德福：《中国政府管理与改革》，中国法制出版社 2001 年版，第 333 页。
② 国家行政学院：《中华人民共和国政府机构五十年》，国家行政学院出版社、党建读物出版社 2000 年版，第 8 页。
③ 苏尚尧：《中华人民共和国中央政府机构：1949—1990》，经济科学出版社 1993 年版，第 32 页。
④ 《毛泽东文集》（第 7 卷），人民出版社 1999 年版，第 36 页。

三次较大规模的精简调整。

国务院第三次精简调整以中央政府放权为主要内容。1956年10月，中共中央、国务院提出了《国务院关于改进国家行政体制的决议（草案）》，要求各地组织研究、讨论。1957年11月，国务院出台了《国务院关于改进工业管理体制的规定》《国务院关于改进商业管理体制的规定》《国务院关于改进财政管理体制的规定》。1958年9月，中共中央、国务院发布了《关于改进计划管理体制的规定》，向地方和企业下放了工业、商业、财政、计划等方面的部分管理权限，以改变中央统得过死、管得过多的现象，调动地方和企业的积极性。与此相配套，国务院对所属机构进行了精简调整，截至1959年底，国务院工作部门由1956年底的81个减少至50个，其中部委39个、直属机构4个、办公机构6个和办公厅。①

4. 第四次精简调整

1959年，由于经济工作失误和遭受重大自然灾害，国民经济出现了严重困难。1960年，党中央提出了"调整、巩固、充实、提高"的八字方针，对国民经济进行整顿。为了改变权力过于分散和管理混乱的局面，党中央采取了上收权力的措施，以加强中央的集中统一领导。在这一背景下，第四次精简调整以中央政府收紧权力为主要特征，同时伴随着人员的精减和下放。

从1960年9月开始，在不到两年的时间内，党中央对国务院各部门及其直属事业单位进行了大幅度的精简，国务院各部门撤销、合并了内设的89个司局级机构，合并了111个事业单位，精减了行政部门和事业单位共计8万余人。在精减的同时，中央还对地方各级的人员编制标准进行了核定，分级设定了编制标准，规定省、自治区一级一般为3000—5000人，地区一级一般为300—500人，市一级原则上不超过其固定人口的4.5‰，县、镇、人民公社一级原则上不超过农村人口的2‰。精简之后，全国地方各级国家机关人员编制总数核定为180万人。② 1961年9月，党中央发布了《关于调整管理体制的若干暂行规定》，决定将经济管理权集中到中央、中央局和省三级，要求把1958年下放的不适当的人权、财权、商权、工权四权一律收回。根据这一文件的规定，中央成立了华北、东北、华东、中南、西南、西北六个中央局，代表中央

---

① 苏尚尧：《中华人民共和国中央政府机构：1949—1990》，经济科学出版社1993年版，第9页。
② 宋德福：《中国政府管理与改革》，中国法制出版社2001年版，第341—342页。

在所辖区域加强对建立区域性比较完整的经济体系的领导。至 1965 年底,国务院设部委 49 个、直属机构 22 个、办公机构 7 个和秘书厅,共计 79 个工作部门。① 在这一次机构调整之后,国务院部门的数量较之前增长,接近 1956 年的水平。

(二) 职能优化阶段 (1978—2012 年)

1978 年至 2012 年,中国政府共推进了六次较为集中的行政体制改革,先以精简机构和人员编制为核心任务,继而以转变政府职能为首要任务,目的在于"建立一个符合现代化管理要求,具有中国特色的功能齐全、结构合理、运转协调、灵活高效的行政管理体制"②。

1. 1982 年机构改革

1978 年 12 月,党的十一届三中全会作出了把党和国家工作重心转移到经济建设上来的重大战略决策。加快经济建设,推进经济体制改革,首先遇到的障碍就是高度集中的政府管理体制和臃肿庞大的政府机构。据统计,至 1981 年底,国务院共设 100 个部门,其中部委 52 个、直属机构 43 个、办公机构 5 个,达到新中国成立以来的最高峰。1981 年 12 月,邓小平同志作了题为《精简机构是一场革命》的重要讲话,指出当时"机构臃肿重叠、职责不清","这确是难以为继的状态,确是到了不能容忍的地步,人民不能容忍,我们党也不能容忍"。③ 于是,党中央决定从 1982 年起开展自上而下的各级政府机构改革。

1982 年机构改革的主要目的是要解决当时普遍存在的国家机关部门林立、机构臃肿、人浮于事、领导班子老化、工作效率低下等问题。这次机构改革采取的主要举措包括:其一,明确规定了各级各部门领导班子的职数和年龄、文化结构,减少副职。其二,废除了实际存在的领导干部职务终身制,建立了干部离退休制度。其三,精简了政府机构,国务院工作部门由 100 个减为 61 个,其中部委 43 个、直属机构 15 个、办事机构 2 个和办公厅;地方各级政府机构

---

① 苏尚尧:《中华人民共和国中央政府机构:1949—1990》,经济科学出版社 1993 年版,第 10 页。
② 国家行政学院:《中华人民共和国政府机构五十年》,国家行政学院出版社、党建读物出版社 2000 年版,第 484—485 页。
③ 《邓小平文选》(第二卷),人民出版社 1994 年版,第 396 页。

精简了25％左右，如省级政府机构由60个减为40个，直辖市略多一些。其四，紧缩了人员编制，总体按25％的比例进行精简，国务院各工作部门人员由51000多人减为38300人，省级机关人员从10万人减为12万人，市县机关工作人员约减少20％，地区机关精简幅度更大一些。同时，根据人口、面积、行政区划单位数量、政治经济文化发展水平等因素，按照大、中、小三类核定了地方各级政府机构的人员编制，如省、自治区一般为3000—5000人等。其五，推进了地市合并，实施市领导县体制。其六，改革了"政社合一"体制，撤销人民公社，恢复了乡政府建制。①

这次机构改革在促进干部人事制度改革、废除领导职务实际存在的终身制和精简机构方面取得了积极的成效。然而，由于这次机构改革是在经济体制改革尚未全面展开、传统计划经济体制尚未发生根本变化的情况下进行的，无法真正解决政府管理体制存在的问题，因此机构和人员又逐渐膨胀起来。

2. 1988年机构改革

1984年，党的十二届三中全会首次明确提出了中国经济体制改革的方向是发展有计划的商品经济，并要求实行政企职责分开，正确履行政府管理经济的职能，明确规定政府管理经济的主要职能是制定相关政策和计划、协调经济发展、部署重点工程、制定并监督执行经济法规、管理对外经济技术交流和合作等。② 1986年，经国务院同意，国家经济体制改革委员会和劳动人事部共同在广东省江门市召开了第一次全国中等城市机构改革试点工作座谈会，首次提出了转变政府职能的概念。③ 1987年，党的十三大报告进一步明确提出："为了避免重走过去'精简—膨胀—再精简—再膨胀'的老路，这次机构改革必须抓住转变职能这个关键。"之后，转变政府职能就成为历次行政改革的核心任务。

1988年，中国启动了改革开放后的第二轮机构改革。宋平同志在《关于国务院机构改革方案的说明》中明确提出，这次改革的五年目标是"理顺关系，转变职能，精干机构，精简人员，提高行政效率，克服官僚主义，增强机构活力"。这次改革的关键是改变在高度集中的计划经济体制条件下逐步形成

---

① 宋德福：《中国政府管理与改革》，中国法制出版社2001年版，第350—357页。
② 《十二大以来重要文献选编》，人民出版社1986年版，第573页。
③ 劳动人事部政策研究室：《人事工作文件选编（九）》，劳动人事出版社1987年版，第390页。

的政府职能配置结构和机构设置框架,要"按照政企分开的原则,把直接管理企业的职能转移出去,把直接管钱、管物的职能放下去,把决策、咨询、调节、监督和信息等职能加强起来,使政府对企业由直接管理为主逐步转到间接管理为主"①。与此相适应,这次机构改革的重点是转变政府经济管理职能,精简政府经济管理部门。改革举措主要涉及三个方面的内容:第一,重组了国家计委,将国家经委并入国家计委,同时撤销了一批专业经济管理部门,强化了宏观调控职能,弱化了直接经营管理职能。第二,将原先政府机构履行的部分职能转交给各种协会承担,初步厘清了政府与企业、事业单位以及社团组织的关系。第三,调整了政府部门的职责权限,将相同或相近业务划归一个部门承担,减少了部门间的职权交叉重叠、相互扯皮现象,如组建了能源部,撤销了原煤炭工业部、原石油工业部、原核工业部等。改革后,国务院工作部门由81个减为66个,其中部委41个、直属机构19个、办事机构5个和办公厅,人员编制裁减了近8000人。

3. 1993年机构改革

1992年,党的十四大召开,将建立和完善社会主义市场经济体制确立为中国经济体制改革的目标,提出政府的职能"主要是统筹规划,掌握政策,信息引导,组织协调,提供服务和检查监督",为下一步机构改革指明了方向。

1993年机构改革的最大特点是围绕建立社会主义市场经济体制的目标,按照政企分开、政事分开、精简统一效能原则,切实转变政府职能、理顺关系、精兵简政、提高效率。首先,改革促进了政府职能转变,明确了国家计委、财政部、中国人民银行和经贸委等综合经济管理部门的工作重点是宏观管理,要集中主要精力搞好国民经济发展战略、发展规划和经济总量平衡,制定产业政策,培育和发展市场,有效调控社会经济活动;专业经济管理部门的工作重点是规划、协调、服务和监督,要简政放权,推动企业进入市场,将多数专业经济管理部门转为经济实体。其次,改革理顺了政府间关系,一方面调整了政府部门之间的关系,特别是综合经济管理部门与专业经济管理部门之间的关系,重点解决了部门之间存在的职责交叉、重叠的问题;另一方面理顺了中央与地方以及地方之间的关系,中央政府向地方政府下放了部分权力,缩减了

---

① 国家行政学院:《中华人民共和国政府机构五十年》,国家行政学院出版社、党建读物出版社2000年版,第485页。

计划单列市，调动了地方的积极性。最后，改革精简了机构和人员。机构改革后，国务院工作部门减为 59 个，"定员总数减少 20% 左右"；"省、自治区党政机构平均减少 13 个左右"，"人员编制总数精简 30%"，"直辖市党政机关平均减少 24 个左右"，"人员编制总数精简 15%"。①

4. 1998 年机构改革

1998 年的机构改革是在社会主义市场经济体制的框架初步建立、市场机制在资源配置中的基础性作用明显增强的背景下进行的。新的背景和环境对政府管理和机构设置提出了新要求，机构改革再次成为迫切需要。

1998 年机构改革的目标是"建立办事高效、运转协调、行为规范的行政管理体系，完善国家公务员制度，建设高素质的专业化行政管理干部队伍，逐步建立适应社会主义市场经济体制的有中国特色的行政管理体制"②。这次机构改革按照发展社会主义市场经济的要求和精简统一效能的原则，在转变政府职能、实现政企分开方面有了较大的突破。改革主要从六个方面推进：其一，进一步把政府的职能转变到宏观调控上，明确宏观调控部门的主要职责是保持经济总量平衡，健全宏观调控体系，实现经济持续快速健康发展；专业经济管理部门的主要职责是制定行业规划和行业政策，引导本行业产品结构的调整，维护行业平等竞争秩序。其二，明晰了政府职能的边界和权限划分，撤销了煤炭工业部等按专业设立的经济管理部门，明确政府部门不再办经济实体，不再直接管理企业，国务院各部门转交给企业、社会组织和地方的职能达到 200 多项。其三，向国有企业派出了稽查特派员，负责监督国有企业的生产运营和盈亏状况。其四，调整了政府部门的职责分工，将相同或相近的业务尽量交由一个部门负责，减少了职能交叉；部门之间划转的职权达 100 多项。其五，按照依法行政的要求，加强了行政体系的法制建设，推进了政府机构、职能、编制、工作程序的法制化。其六，精简了机构和人员编制。机构改革后，国务院共设工作部门 53 个，其中部委 29 个、直属机构 17 个、办事机构 6 个和办公厅，部委减少了 11 个，精简了 27.5%；部门内设的司局级机构减少了 200 多个，减幅达 1/4；人员编制由 3.2 万人左右减为了 1.6 万人左右，精简了

---

① 宋德福：《中国政府管理与改革》，中国法制出版社 2001 年版，第 367—370 页。
② 国家行政学院：《中华人民共和国政府机构五十年》，国家行政学院出版社、党建读物出版社 2000 年版，第 502 页。

50%。地方各级政府机关的机构和人员编制也作了相应的调整和精简。

5. 2003年机构改革

2001年，中国加入了世界贸易组织。这为中国带来了空前的机遇与挑战，推动中国政府对自身的职能结构、组织结构、运行规则等进行全面的变革。为此，2003年，中国政府发起了新一轮机构改革。

2003年机构改革的目标是"进一步转变政府职能，调整和完善政府机构设置，理顺政府部门职能分工，提高政府管理水平，形成行为规范、运转协调、公正透明、廉洁高效的行政管理体制"。这次改革更加关注政府职能转变，重点解决行政管理体制存在的突出矛盾。改革主要包括六个方面的内容：其一，深化了国有资产管理体制改革，在中央、省和市（地）三级政府设立了国资委，作为直属特设机构，专司国有资产监管职责。其二，完善了宏观调控体系，将国家发展计划委员会改组为国家发展和改革委员会，划入了国务院体改办的职能和国家经贸委的部分职能，增强了其综合研究、规划指导、宏观调控的职能。其三，健全了金融监管体制，成立了银行业监督管理委员会及其派出机构，对银行、信托公司等各类金融机构实施统一监督管理。其四，继续推进了流通管理体制改革，组建了商务部，统一管理内外贸业务。其五，加强了食品安全和安全生产监管体系建设，在国家药品监督管理局的基础上组建了国家食品药品监督管理局。其六，开启了行政审批制度改革，大幅度取消和下放了行政审批事项。改革后，国务院共设工作部门52个，其中部委28个、直属特设机构1个、直属机构18个、办事机构4个和办公厅。

6. 2008年机构改革

2008年2月，党的十七届二中全会通过了《关于深化行政管理体制改革的意见》，提出深化行政管理体制改革的总体目标是到2020年建立起比较完善的中国特色社会主义行政管理体制，建设人民满意的政府。之后五年要加快政府职能转变，深化政府机构改革，加强依法行政和制度建设，为实现深化行政管理体制改革的总目标打下坚实的基础。

依据该《意见》提出的深化改革指导思想、总目标和主要任务，改革重在优化职能结构，规范机构设置，完善运行机制，为全面建设小康社会提供组织保障，其最大的亮点是强化政府的社会管理和公共服务职能，探索实行职能有机统一的大部门体制。这次改革的主要内容包括：一是加强和改善了宏观调控,合理调整了宏观调控部门的职能,明确以发改委、财政部、人民银行等组成国家宏观调控部门,发挥统筹规划、政策导向作用。同时,建立健全了协调机制,形成了更加完善的宏观调控体系。二是增强了社会管理和公共服务职能,组建了人力资源和社会保障部、环境保护部、住房和城乡建设部等,着眼于保障和改善民生。三是实施了大部门制改革,在整合的基础上综合设置了职能相近部门,如将人事部、劳动和社会保障部合并组建了人力资源和社会保障部,将信息产业部和国防科学技术委员会合并组建了工业和信息化部等,理顺了部门间的职责关系,降低了部门间的协调成本。改革后,国务院共设工作部门49个,其中部委27个、直属特设机构1个、直属机构16个、办事机构4个和办公厅,减少正部级机构4个。

(三)新时代整体化推进阶段(2013年至今)

1. 2013年机构改革

2013年机构改革的目标是"以职能转变为核心,继续简政放权、推进机构改革、完善制度机制、提高行政效能,加快完善社会主义市场经济体制,为全面建成小康社会提供制度保障"。改革的重点是向市场、社会放权,减少对微观事务的干预,同时改善和加强宏观管理,严格事中事后监管。这次改革主要采取了如下措施:一是实行铁路政企分开,将铁道部一拆为二,组建了国家铁路局和中国铁路总公司,分别履行行业行政管理和企业经营职责。二是稳步推进大部门体制改革,继续调整合并了政府部门,如将卫生部、国家人口和计划生育委员会合并组建了国家卫生和计划生育委员会,将国家广播电影电视总局和国家新闻出版总署合并组建了国家新闻出版广电总局等。三是加大行政审批制度改革力度,缩小了审批、核准、备案的范围,继续取消和下放了部分行政审批事项,简化了审批程序。四是加强基础性制度建设,建立了不动产统一登记制度、统一社会信用代码制度、决策后评估和纠错制度等。五是加强党中央对深化改革、依法治国、国家安全等重大工作的统筹领导,相继成立了若干中央决策议事协调机构,如中央全面深化改革领导小组、中央网络安全和信息化领导小组等,同时进一步整合工作内容相关的党政机构。改革后,国务院共设工作部门47个,其中部委25个、直属特设机构1个、直属机构16个、办事机构4个和办公厅;减少正部级机构4个,其中组成部门2个。

2013年11月，党的十八届三中全会通过了《中共中央关于全面深化改革若干重大问题的决定》。该决定对深化改革作了全面部署，明确改革的总目标是"完善和发展中国特色社会主义制度，推进国家治理体系现代化"，提出到2020年在重要领域和关键环节要取得决定性成果，形成"系统完备、科学规范、运行有效的制度体系"。深化行政管理体制改革的主要任务是，切实转变政府职能，健全宏观调控体系，简政分权，深化行政审批制度改革；优化政府组织结构，统筹党政群机构改革，理顺部门职责关系；创新行政管理方式和机制，推进协商民主，激发社会组织活力；推进依法治国、依法行政，深化行政执法体制改革，构建决策科学、执行坚决、监督有力的权力运行体系，以增强政府公信力和执行力，建设法治政府和服务型政府。

2. 2018年机构改革

2018年2月，党的十九届三中全会通过了《中共中央关于深化党和国家机构改革的决定》，提出要"以加强党的全面领导为统领，以国家治理体系和治理能力现代化为导向，以推进党和国家机构职能优化协同高效为着力点，改革机构设置，优化职能配置，深化转职能、转方式、转作风，提高效率效能"，为机构改革指明了方向。

2018年机构改革设置了监察委，以监督权力的运行，并进一步优化机构设置。这次改革主要涉及以下内容：一是统筹设置党政机构，理顺党政机构的关系。将中央议事协调领导小组改为委员会，同时将一些决策议事协调机构的办事机构设在了政府职能部门，如中央依法治国委员会办公室设在司法部，中央审计委员会办公室设在审计署，中央农村工作领导小组办公室设在农业农村部等；强化了党的归口统筹协调职能，对职能相近、联系紧密的党政机构统筹设置，实行合并设立或合署办公，如将国家公务员局并入中组部，国家宗教事务局在统战部加挂牌子合署办公等。二是继续推进大部门制改革，优化政府机构设置和职能配置。根据经济社会发展的需要，国务院新组建了若干政府部门，如应急管理部、退役军人事务部等；扩大了一些政府部门的职能范围，如将环境保护部调整为生态环境部、农业部调整为农业农村部等；合并了一些政府部门，增强了部门职能的综合性，如将文化部和国家旅游局合并组建了文化和旅游部，将国土资源部、国家海洋局和国家测绘地理信息局合并组建了自然资源部等。三是进一步推进以"放管服"改革为主要内容的行政审批制度改革，在减少微观管理和具体审批事务的同时,严格了事中事后监管,创新了监管方式,优化了服务,如组建了国家市场监督管理总局,将中国银行业监督管理委员会和中国保险监督管理委员会的职责整合组建了中国银行保险监督管理委员会等。四是进行了税收征管体制改革,将省级和省级以下国税和地税机构合并,承担所辖区域内的各项税收、非税收入征管等职责。改革后,国务院共设工作部门40个,其中部委26个、直属特设机构1个、直属机构10个、办事机构2个和办公厅;减少正部级机构8个、副部级机构7个。

3. 2023年机构改革

面对新时代新征程提出的新任务,2023年党的二十届二中全会通过了《党和国家机构改革方案》(以下简称《方案》),继续深化党和国家机构改革。《方案》要求以习近平新时代中国特色社会主义思想为指导,以加强党中央集中统一领导为统领,以推进国家治理体系和治理能力现代化为导向,坚持稳中求进工作总基调,适应统筹推进"五位一体"总体布局、协调推进"四个全面"战略布局的要求,适应构建新发展格局、推动高质量发展的需要,坚持问题导向,统筹党中央机构、全国人大机构、国务院机构、全国政协机构,统筹中央和地方,深化重点领域机构改革,推动党对社会主义现代化建设的领导在机构设置上更加科学、在职能配置上更加优化、在体制机制上更加完善、在运行管理上更加高效。

在深化党中央机构方面,第一,组建中央金融委员会,加强党对金融工作的集中统一领导;第二,组建中央金融工作委员会,与中央金融委员会办公室合署办公;第三,组建中央科技委员会;第四,组建中央社会工作部;第五,组建中央港澳工作办公室。组建全国人大常委会代表工作委员会,以深化全国人大机构改革。国务院机构改革方面,加强科学技术、金融监管、数据管理、乡村振兴、知识产权、老龄工作等重点领域的机构职责优化和调整,转变政府职能,加快建设法治政府,为全面建设社会主义现代化国家、全面推进中华民族伟大复兴提供有力保障。具体包括:重新组建科学技术部;组建国家金融监督管理总局,深化地方金融监管体制改革,将中国证券监督管理委员会调整为国务院直属机构,统筹推进中国人民银行分支机构改革,完善国有金融资本管理体制,加强金融管理部门工作人员统一规范管理;组建国家数据局,优化农业农村部职责,完善老龄工作体制,完善知识产权管理体制,将国家信访局调整为国务院直属机构；等等。此外，中央和国家机关各部门人员编制统一按照5％的比例进行精减，收回的编制主要用于加强重点领域和重要工作。

（四）政府体制改革经验及政府改革薄弱点

通过回顾中国政府体制改革的历程可知，传统政府体制下，政府权力过于集中、组织结构层级过多、部门结构臃肿以及运行结构封闭无序。为了克服这些弊端，改革开放以来，党和政府在信息技术、市场经济、社会变迁和国际环境的助推下，积极推动政府体制创新，实现了中央选择性集权和地方有限分权的充分结合和良性互动，建立了适当灵活的政府层级结构和精简统一的政府部门结构，并促进了政府运行结构的规范化、有序化，为政府治理现代化创造了必要条件。

作为政府体系的一部分，以机关事务管理为主的政府运行保障也在持续变革发展中。特别是党的十八大以来，机关事务管理改革步伐加快，在社会化、法治化、信息化、标准化和集中统一管理等方面取得重要进展。[1] 在众多改革举措中，集中统一管理是主线。[2] 之所以以集中统一管理为主线，是为了解决政府运行保障中存在的条块分割、多龙治水、标准不一等问题。[3] 为改变碎片化的局面，早在2012年10月1日施行的《机关事务管理条例》规定"县级以上人民政府应当推进本级政府机关事务的统一管理，建立健全管理制度和标准，统筹配置资源。政府各部门应当对本部门的机关事务实行集中管理，执行机关事务管理制度和标准"。2018年党的十九届三中全会提出"坚持一类事项原则上由一个部门统筹、一件事情原则上由一个部门负责"后，集中统一管理明确成为政府运行保障改革的基本方向，中央国家机关和多个省市同时推进。如新成立的退役军人事务部、国际发展合作署和国家医疗保障局不设置后勤服务机构，由国家机关事务管理局统一负责运行保障；山西省将省委、省政府下辖的各职能部门的运行保障权统归省机关事务管理局；[4] 多地通过政府公物仓

---

[1] 全国机关事务管理研究会：《机关事务管理改革创新发展40年不平凡之路》，《中国机关后勤》2018年第10期。
[2] 陈庆修：《推进机关事务集中统一管理的着力点》，《中国机关后勤》2020年第2期。
[3] 余少祥：《关于机关事务管理体制改革的若干思考》，《中国行政管理》2019年第5期。
[4] 廉毅敏：《深化机关事务管理体制机制改革 努力打造集中统一管理山西做法》，《中国机关后勤》2020年第1期。

建设推进集中统一管理；① 有的市借助数字化促进集中统一等。②

虽然以机关事务管理为重要内容的政府运行保障改革在中央和地方都已取得一定成绩，但相较于政府经济社会治理职能的优化以及政府权力运行监督体系的一体化改革，相对于国家治理体系和治理能力现代化的要求，还有较大欠缺。例如，中央层面"四大班子"都有各自的管理局负责后勤运行保障，大部分部委也都是由各自的机关事务管理部门负责，个别部委内部甚至都未能集中统一，如国有资产监督管理委员会下设有10个局级机关服务中心。各省、市、县（区）的机关事务管理部门有的是政府直属或下属单位，有的是党委直属或下属单位，单位性质、名称和保障范围均不统一；机构部门职能划分不清、责任分工不明等。③ 因而，在政府经济社会治理职能体系、政府权力运行监督体系改革取得突破性进展之后，碎片化依然严重且改革相对滞后的政府运行保障体系也就成为了政府治理体系现代化改革的新切口。

机关事务管理体系还存在诸多问题，从现实角度来说是由于以集中统一管理为基本方向的改革实施不久，而且有些改革难度较大；从理论方面来看是因为既有研究侧重于经验与对策，少有从理论维度对机关事务集中统一管理进行一般性分析。有学者根据整体性治理理论解释了机关事务管理需要集中统一管理，④ 但并未回答为什么国家治理体系和治理能力现代化大方略提出后，机关事务集中统一管理加速推进。这是一种解决现实问题、响应中央要求的巧合，还是一种现代化的必然？如果是必然，那么现代化下的集中统一管理内涵是什么？集中统一管理有没有边界与风险？应当遵循什么样的规范？如何推进集中统一管理？由于这些重要问题并未从理论上廓清，继而一定程度上迟滞了集中统一管理改革。为此，本研究从现代化的角度，剖析为何集中统一管理是以机关事务管理为重要内容的政府运行保障体系现代化改革的方向，并回答集中统一管理的内涵、边界以及推进的要旨，力图通过对这些问题的回答，为中国政

---

① 王佃利、王文婷：《集中统一视角下的政府运行保障平台：政府公物仓建设的实践探索与逻辑》，《中国行政管理》2022年第6期。

② 朱萌：《技术与制度的变奏：数字化驱动下的机关事务集中统一管理改革——基于N市"智慧机关事务建设"的实践分析》，《中国行政管理》2022年第8期。

③ 余少祥：《机关事务集中统一管理：理论与实践》，《北京大学学报（哲学社会科学版）》2021年第4期。

④ 彭宗超、曾学华、曹峰：《整体性治理视角下党政机关事务的整合与协同》，《北京行政学院学报》2019年第1期。

府治理体系现代化改革的新切口提供理论初探。

二、机关事务改革探索

（一）新时代机关事务管理发展概况

党的十八大以来，在深入学习贯彻中央八项规定及其实施细则精神和国务院"约法三章"要求基础上，机关事务工作的改革开启了一个新的时代。这一时期，机关事务管理体制建立起自上而下全国系统的工作联系，推进了集中统一管理和标准化、信息化（"一体两翼"）建设，推动了机关运行保障立法。

1. 体制建设

在体制建设方面，首先是改革了内设机构。2013年3月20日，国务院印发《国务院关于机构设置的通知》，国务院机关事务管理局正式更名为国家机关事务管理局（以下简称国管局）。国家机关事务管理局的组织机构主要分为三类：一是行政机构，包括办公室、财务管理司、资产管理司、房地产管理司、公共机构节能管理司、服务司、驻京办事处与综合管理司、中央国家机关人民防空办公室、政策法规司（中央国家机关住房制度改革办公室）、审计室、人事司，以及机关党委（机关工会）、机关纪委、离退休干部局。二是事业单位，包括中央国家机关政府采购中心、中央国家机关住房资金管理中心、宾馆管理中心、中央国家机关后勤干部培训中心、机关服务中心、中国机关后勤杂志社。三是全国机关事务管理研究会。新增全国人大机关、全国政协机关、各民主党派中央部级干部住房和公务用车管理等职能。

其次是建立起全国机关事务系统业务工作联系。2017年3月，国管局向各省区市和新疆生产建设兵团、各计划单列市和副省级城市机关事务管理部门印发《关于加强业务工作联系有关事项的通知》，推动建立各省区市机关事务工作联系和协调指导制度，努力建设全国机关事务工作"一盘棋"。

2. 法治化发展

为落实中央八项规定与《党政机关厉行节约反对浪费条例》，国管局牵头起草《党政机关国内公务接待管理规定》《关于党政机关停止新建楼堂馆所和清理办公用房的通知》等10余件重要法规和政策文件。2015年，国管局党组出台了《关于加快推进机关事务法治建设若干问题的意见》，初步构建了以

《党政机关厉行节约反对浪费条例》《机关事务管理条例》和《公共机构节能条例》三个条例为基础、以专项法规为支柱、以制度标准为主体的法规制度体系。2017年12月,国管局向各省、自治区、直辖市和新疆生产建设兵团机关事务管理部门和中央国家机关各部门、各单位印发通知,对贯彻实施《党政机关办公用房管理办法》《党政机关公务用车管理办法》作出安排部署。2019年3月,有政协委员向全国政协十三届二次会议提案"加快制定《机关运行保障管理法》",建议以法律形式对机关资产、行政经费、服务保障等管理作出规定,明确机关运行保障管理方面的事权。2020年全国两会上,有代表提交《关于加快完善机关运行保障制度标准体系建议》,建议加快推进机关运行保障立法,在保障事项上作出顶层设计和制度安排;进一步增加机关运行保障领域出台标准的数量,逐渐提升该领域法规的层次,继续完善标准实施机制。推动机关运行保障立法,是今后一个时期机关事务工作的重中之重。

3. "一体两翼"的提出

2012年的《机关事务管理条例》规定:"县级以上人民政府应当推进本级政府机关事务的统一管理,建立健全管理制度和标准,统筹配置资源","政府各部门应当对本部门的机关事务实行集中管理,执行机关事务管理制度和标准"。2016年6月印发的《机关事务工作"十三五"规划》提出,"会同有关部门制定修订后勤服务项目标准和操作规范","推进'互联网＋机关事务'建设……促进互联网与机关事务工作深度融合"。2019年7月,时任国管局党组书记、局长李宝荣在"不忘初心、牢记使命"主题教育专题党课中指出,加强机关事务集中统一管理,推进标准化和信息化建设,打造科学完善、运转高效的管理体制机制,提升保障和管理效能,构建"一体两翼"的现代化机关事务治理体系。2020年7月,国管局与京东集团签署《机关运行保障数字化建设合作框架协议》,从机关运行保障数字化顶层设计、平台建设、智慧升级等方面,积极推动机关事务治理理念创新、技术变革、模式重塑、效能提升。至此,新时代机关事务工作改革创新发展方向逐渐明确。

(二)机关事务集中统一管理的进展

《机关事务管理条例》中虽没有直接使用集中统一管理的概念,但是明确了集中统一管理的思路:在机关事务管理活动中,属于机关事务的事项,原则上应该由一个部门统一管理,如机关用地、办公用房、公务用车、机关经费以及后勤服务等,并对具体事项的管理权限作了说明。概括来讲,机关事务集中统一管理,主要在资产管理、集中办公区建设、联勤保障三个方面取得了积极进展。

1. 资产集中统一管理

中央层面,明确界定财政部和国家机关事务管理局在资产管理中的权限。2021年4月1日起实施的《行政事业性国有资产管理条例》规定,财政部门负责制定行政事业单位国有资产管理规章制度并负责组织实施和监督检查,牵头编制行政事业性国有资产管理情况报告。地方层面,各省市机关事务管理部门陆续明确了对资产管理的主体地位。

2. 集中办公区建设

如北京市机关事务管理局按照"统分结合,分级管理"的工作机制,合理划分工作界面,明确行政办公区公共区域资产由市机关事务管理局集中统一管理,各单位对本单位办公室内资产实施管理。研究起草了《北京市市级机关集中办公区家具配置标准》,在现有配置标准的基础上,对办公室家具、会议室家具、餐厅家具、服务用房家具和其他公共区域家具配置品目进行了规范,并对规格、数量、参考价格、技术参数等内容进行明确和细化,突出了"规格统一、勤俭节约、讲求绩效、绿色环保"的理念,在切实保障干部职工身体健康的同时,提升家具配置品目的通用性和家具规格尺寸的规范性,为后期办公区办公家具统一配置和调剂使用打好工作基础。

3. 联勤保障进展情况

联勤保障即联合后勤保障,指的是由一个机构按照统一的制度标准统筹管理和保障多个政府部门的机关事务。2018年5月7日,国务院机构改革第二次推进会决定,"没有后勤保障服务机构的新组建部门,不再搞单独的后勤保障队伍,由国家机关事务管理局统一负责、提供后勤保障"。为新组建部门统一提供后勤保障,是党中央交办的重大政治任务,也是党和国家机构改革中对新的国家机关运行保障体制的探索。联勤保障的基本思路是:国管局管供给、保基本,部门管使用、做补充,各有侧重,齐抓共管。在这一思路下,确定了对新组建部门的机关事务的保障范围和职权:国管局主要负责组织提供新组建部门正常办公所需的办公用房、定向化保障公务用车、通用办公设备家具、后勤服务（物业服务、安全保卫服务、印刷服务、餐饮服务、办公区会议服务）等。具体来说，在办公用房管理上，核定新组建部门办公用房面积，通过调剂、置换、租用等方式配置，与部门签订办公用房使用协议，核发分配俑用凭证，对新组建的三个部门的办公用房进行统一配置；负责办公用房日常检查、维修和大中修。公务用车管理中，国管局负责核定新组建部门定向化保障公务用车编制，统一采购和调配；负责车辆的维护保养和保险服务，并为新组建部门部级干部专车、中管干部工作用车、应急保障用车提供司勤人员（司勤人员实行社会化用工方式），为会议活动等集体公务出行提供用车服务；也可为新组建部门特种专业技术用车等提供司勤人员以及车辆维护保养和车辆保险服务。通用资产管理中，国管局负责核定新组建部门通用办公设备家具种类、规格、数量，通过采购、调剂、租用等方式统一配备；负责新组建部门通用办公设备家具资产财务账务管理，以及资产盘点、仓储、维修和更新处置等日常事务工作。后勤服务中，包括物业服务、安全保卫服务、印刷服务、餐饮服务和办公区的会议服务。

（三）机关事务管理法治化成果

机关运行保障，是对机关运行所需经费、资产、服务、能源、资源等要素进行统筹配置，为机关履行职责提供保障的行政活动，涵盖办公场所保障、公务活动保障、社会责任等保障事项，是政务工作顺利开展的重要基础。长期以来，机关运行保障工作被作为机关内部事务来定位，主要采取自我保障、分散保障的方式，保障模式、管理手段、制度建设、保障效能等相对滞后于发展需要。改革开放后，机关运行保障工作积极转变保障方式，完善体制机制，健全制度标准，提高资源使用效益，初步构建起机关事务管理部门集中统一管理、各部门负责日常运行管理、后勤服务通过社会化方式供给的工作格局，有力保障了党政机关高效有序运行，在推进国家治理体系和治理能力现代化中发挥了重要职能作用。新的历史起点下，制定机关运行保障法，意义重大，十分必要。

2018年12月，国管局牵头成立局立法工作小组，着手机关运行保障法起草工作。起草过程中，广泛研究、分析、吸收各类意见建议，不断修改完善形成法律草案。2021年5月，国务院办公厅印发《国务院2021年度立法工作计划》，机关运行保障法草案列入预备提请全国人大常委会审议的法律案。

1. 起草形成法律草案

国管局先后委托北京大学、中国人民大学等高校的专家学者起草机关运行保障法草案，以此为基础多次修改完善，逐步在草案结构、重点内容、重要条款等方面形成了初步共识。先后多次以书面或座谈会形式征求20余个中央和国家机关部门的意见建议，绝大部分意见建议在草案中予以吸收和采纳。

2. 夯实立法理论基础

国管局先后组织翻译了美国等十多个国家机关事务领域有关法律法规，赴德国、俄罗斯等国家考察学习法治建设，委托北京大学、中国人民大学、中国政法大学、中国社会科学院等高校和研究机构广泛开展课题研究，多次召开立法学术研讨会，形成了系列成果，夯实立法理论基础。

3. 推动地方立法实践

鼓励地方探索制定地方性法规，通过个案创新推动国家层面制度创新。2020年9月，山西省人大常委会审议通过了《山西省机关运行保障条例》，为推进国家立法积累了实践经验。2021年初，上海、四川、云南等省市机关运行保障有关地方性立法项目列入本省市人大常委会或政府立法计划，河南省大力推进本地区机关运行保障立法工作。

4. 营造立法有利环境

行政事业性国有资产管理职责分工进一步明确。2020年12月30日，国务院常务会议审议通过了《行政事业性国有资产管理条例》，进一步明晰了机关事务管理部门在行政事业性国有资产管理方面的职责分工，为立法中的有关制度设计提供依据。立法充分考虑与《中华人民共和国预算法》《中华人民共和国政府采购法》等法律的协调和衔接，机关运行保障法对机关运行保障职责、事项、机制、监督等进行全面规定，其他有关法律对其中个别事项作特殊规定。《机关事务管理条例》等行政法规与机关运行保障法是下位法与上位法的关系，待机关运行保障法出台后，将加快对有关行政法规进行修订。

（四）机关事务管理标准化进程

机关事务标准体系是由一系列机关事务关联标准组成的有机整体。国管局按照GB/T 13016《标准体系表编制原则和要求》，结合我国机关事务工作的现状、特性和发展趋势，于2018年在《机关事务标准化发展规划（2018—2020年)》发布了第一版机关事务标准体系，2020年经过修订形成了目前的版本。现有机关事务标准体系有如下特点：

第一，全面系统，重点突出。机关事务标准体系的构建综合考虑已发布实施的、在研的以及将来需要制定的国家标准、标准类规范性文件，以政府的视角覆盖各项机关事务工作，同时突出机关国有资产管理、公务用车管理、办公用房建设与管理、人防工程建设与管理、公共机构节能、公务接待、后勤服务、政府集中采购、住房公积金、机关事务管理信息化等重点工作。

第二，基于现实，适度引导。机关事务标准体系基于我国当前社会经济的发展水平，结合"创新、协调、绿色、开放、共享"的新发展理念，关注机关事务发展新趋势，适度引领一些新标准的研制，体现标准体系的先进性。

第三，科学合理，积极创新。基于机关事务发展的内在规律，充分遵照机关事务相关的法律法规及部门规章，运用标准化基本原理和系统工程理论，建立科学合理的机关事务标准体系。同时，在制定修订标准时，体现机关事务的创新性，保持标准体系的开放性和可扩充性，既要考虑满足当前机关事务工作的实际需要和发展水平，也为未来的标准研制预留空间。

基于以上努力，标准体系对机关事务业务能力有了显著提升。

1. 资产管理方面

河南省机关事务管理局制定省级内部标准《党政机关厉行节约规范》，贯彻落实"过紧日子"的要求。上海市机关事务管理局出台国有资产全链条标准，从严控制资产浪费和不合理处置，提高资产使用效益。吉林省机关事务管理局规范通用办公设备及用品采购配备流程。

2. 公务用车管理方面

安徽省机关事务管理局制定公务用车管理信息平台接口规范地方标准，实现省、市、县、乡四级公务用车使用监督管理"一张网"。山东省、甘肃省、云南省德宏傣族景颇族自治州机关事务管理局编制公务车辆标识喷涂地方标准，规范公车出行。湖南省机关事务管理局通过加油标准化管理，2019年全省汽油车单车汽油消耗量同比下降11.61%。

3. 办公用房管理方面

山西省机关事务管理局围绕办公用房配置、使用、处置利用等九个方面制定标准，先后调整 110 家单位办公用房，打造了 7 个标准化集中办公区。常州市机关事务管理局研究制定办公用房备案、使用权登记管理和档案管理三项标准规范，破解产权不清、档案混乱等历史遗留问题。

4. 公共机构节能管理方面

江西省机关事务管理局组建"公共机构绿色数据中心认证联盟"，运用认证手段推动地方标准实施。天津市、黑龙江省齐齐哈尔市机关事务管理局等将能耗定额作为转变节能目标管理方式的重要抓手，不再采用以强度目标下降为主要考核指标的管理模式。宁夏回族自治区机关事务管理局探索公共机构"模块化管理"，分级分类设定标准，提升相关指标制定的准确性和客观性。

5. 后勤服务管理方面

国管局制定《中央国家机关购买后勤服务管理办法》，明确机关购买后勤服务内容、程序和定额标准。北京市机关事务管理局建立行政办公区弱电智能化设施运维标准，实现数字会议、安防消防、楼宇控制高效集约。陕西省机关事务服务中心引导各市集中办公区建立"人防＋技防"安保标准模式，切实保障办公区域安全。福建省厦门市机关事务管理局所属德政物业顺利通过国际质量标准体系 ISO 9001：2015 认证，打造机关后勤服务标准化品牌。

（五）机关事务管理数字化进展

1. 加强顶层设计，以制度建设构建规范体系

国管局在梳理、总结以往信息化工作经验的基础上，针对当前各地区、各层级机关事务部门在数字化建设工作中出现的系统重复建设、标准不一、互不兼容等问题，着力加强顶层设计，构建制度体系，以统一的规范和标准统领政府运行保障数字化建设。国管局与国务院办公厅电子政务办公室联合印发《机关事务信息化工作"十四五"规划》，为"十四五"时期全国机关事务信息化建设作出了总体设计；完成《机关事务信息化建设指南》《机关事务信息化基础数据规范》《机关事务云接入管理规范》三个国家标准立项，并组织地方机关事务部门、技术支撑单位、专家学者参与标准编写工作，为机关事务管理和服务数字化平台的建设提供标准基础。

2. 鼓励先行先试，以地方试点带动全面发展

鼓励地方"先行先试"，是我国政府推进改革的重要办法，也是一大特色。

推进政府运行保障的数字化建设，是一项需要耗费大量资金的巨大工程，全国各地区的新型基础设施建设进度差距较大，工作基础不同，先在个别具备条件的省份进行试点，以观察实效和总结经验，便于完善全国性的政府运行保障数字化方案，以节约政府财政资金。根据国管局对于我国数字化趋势的综合判断，并结合机关事务工作的现实需要，在全国机关事务系统选择了部分单位分别开展不同内容的试点，将贵州省机关事务管理局作为全国机关事务云建设省级试点单位，将山东省机关事务管理局列为机关事务标准化信息化"两化融合"专项试点单位，将宁波市机关事务管理局列为智慧机关事务建设专项试点单位。

2019年10月，全国机关事务改革发展试点工作推进会在浙江温州召开。会议强调，各试点单位要着眼于巩固拓展深化试点成果，边实践、边总结、边提升、边学习宣传，发挥好对各级机关事务管理部门的传导效应，把增强"四个意识"、坚定"四个自信"、做到"两个维护"落实在机关事务工作全过程。其他地区要积极学习借鉴、消化吸收，使试点形成的科学理念、创新思路、务实举措等落地生根，继续为党政机关高效有序运转做好服务。

3. 加大平台建设，以统一云平台提升治理能力

在充分梳理、总结全国机关事务信息化建设专项试点的基础上，国管局着手设计开发"数正云"全国机关事务云平台，为集中统一保障提供支撑。"数正云"是国家机关事务管理局和京东集团开展机关运行保障数字化建设合作，依托京东智联云及国家新一代智能供应链人工智能开放创新平台，利用AI、区块链、大数据、云计算等技术手段，以及京东集团零售物流等服务保障资源，打造的机关运行保障数字化云平台。目的是推动机关事务管理数字化、智慧化进程，促进机关事务传统保障方式转型升级。

以建立全国机关事务云平台为核心，打造"1＋8＋N"模式，即1个平台、8个业务领域、N个创新应用。1个平台是全国机关事务云平台；8个业务领域分别是智慧办公、智能国有资产管理、智能办公用房管理、智能公务用车管理、智慧节能管理、智慧供应链、智慧社区治理和智慧综合服务保障，构成智慧机关事务管理与服务系统；N个创新应用是基于相关标准规范，运用数字化技术，为机关运行保障提供的智慧化、创新性应用项目。

按照"六横三纵"分层架构模型构建，"六横"分别是统一云底座、统一技术平台、统一智能数据平台、统一协同管理平台、八大领域应用和用户端；"三纵"分别是标准规范体系、安全体系和运营体系。具体来说，统一云底座是将国家云、省级云、管理云、服务云高速互联、统一纳管，形成安全可信、自主可控、兼容开放、弹性伸缩的基础泛在云平台，支撑各中台及前台的业务及技术迭代；统一技术平台包括微服务、数据库、搜索服务、消息队列、区块链等；统一智能数据平台包括大数据平台、人工智能平台、物联网平台；统一协同管理平台包括协同管理支撑平台、运营服务支撑平台和统一接入标准；用户端是指机关事务云平台支持 PC 端、数字大屏及 App、小程序、公众号等移动端应用；标准规范体系是指加快研究制定机关运行保障数字化建设相关标准，建立数字化建设指南、基础数据规范、接入管理规范、业务流程规范等组成的标准规范体系；安全体系是指落实国家信息安全等级保护制度，落实关键信息基础设施防护措施，确保云计算、大数据、物联网、移动互联网的安全防护；运营体系是指规定生活配套服务的相关方职责与基本配置，并对提供生活配套服务的经营单位的入驻、运营、评价及提出管理要求。

全国机关事务云平台由国家级、省级、市县级平台构成，通过数据共享交换和信息下发与上报进行资源目录注册、信息共享、业务协同、监督考核、统计分析等，实现数据交换共享同步。

三、政府运行保障：政府改革新视点

党的二十大提出"以中国式现代化全面推进中华民族伟大复兴"，这对现代化理论的中国化研究提出了更高要求。政府治理现代化是现代化整体性变迁进程中的一个重要组成部分，同时又是现代化的重要推动力量。[1] 政府治理，就其治理对象和基本内容而言，包含着政府对于自身、对于市场及对于社会实施的公共管理活动。[2] 政府在对市场和社会实施公共管理的同时，也需要有支持自身运行的保障工作，它以服务为核心，以管理为基础，以保障为目标，此即一般所说的"机关事务工作"。因此，研究如何完善政府运行保障体系，对

---

[1] 何增科：《政府治理现代化与政府治理改革》，《行政科学论坛》2014 年第 2 期。
[2] 王浦劬：《国家治理、政府治理和社会治理的含义及其相互关系》，《国家行政学院学报》2014 年第 3 期。

于促进政府治理现代化、推动中国式现代化具有重要意义。

(一) 从机关事务工作到政府运行保障

概念是思维的基本形式之一，反映客观事物的一般的、本质的特征。"机关事务工作"一般与"机关后勤""机关事务管理"等相混用，指代各类机关事务机构的工作，尤其是各级机关事务管理局的工作。如此一来，"机关事务工作"的外延就随着机关事务机构的工作内容改变而改变，但从概念上却无法直观地理解这种变化。

"机关"一词来源于工程学，是指机械设备中起着整体控制作用的关键性组件，运用到行政管理学中，泛指行政组织为实现其职能而建立的固定机构，绝大多数时候它指代各类公共机构，如行政机关、权力机关等，但同时也有不少大型企业也用"机关"一词指代其各类重要机构。此外，对国内而言，"机关"一词不与其他词构成短语时，人们多数时候能够理解其公共机构的含义，但它单用时很难与国外理论界进行对话。"事务"一词在实务工作中很容易被相关从业人员理解为与"政务"相对应的工作，但其同样具备日常用语的属性而造成不熟悉的人群无法准确理解"事务"工作的边界何在。作为日常用语，"工作"外延过于宽泛而模糊。

由此可见，"机关事务工作"等概念作为实务工作的指称是合格的，但作为理论研究的概念却没有很好地体现与其他概念的差异性。机关事务工作的内容目前被总结为管理、服务、保障。其中，机关事务工作现代化历程中管理与服务的分离，实质上是组织边界不断清晰化的过程，具体来说是政府的边界不断缩小以降低交易成本的过程，即把适宜由外部提供的服务放到市场中以竞价的方式获得，而把那些必须进行权威性协调的工作，如机关所掌握资源的配置，交由特定部门实施。无论管理与服务的边界如何变动，其最终目的是保障政府的正常运行，确保机关事务工作能够有效服务于政府承担对外公共服务的职能。"保障"统合了管理与服务两大内容，确立了机关事务工作的价值追求。进一步说，"保障"一词指出了机关事务工作的本质属性，它既说明了机关事务服务于机关政务的属性，又为机关事务工作外延的扩展提供了可能，使"什么属于机关事务"这一重要问题不是单纯基于实务工作的内容而是基于实践与认识的相互作用。

机关事务工作的保障属性，仅针对"政府运行"而言。其中，"政府"指出了机关事务的公共属性，这个意义上的"政府"不单纯指行政机关，而是包括立法机关、行政机关、司法机关等代表公共权力的机关的总和，它清晰地区别于大型民营企业或其他非政府组织内部所称的机关；"运行"则指向了机关事务工作是对政府作为组织其正常运转而非其存续理由的保障。

"机关事务工作"脱胎于中国共产党在新民主主义革命时期和新中国成立初期的"机关后勤"和"机关事务"，这些概念反映了当时总体上处于内部封闭、分散保障的状态[①]和财政积累不足时期机关事务工作"保供给"的初级目标。随着中国特色社会主义市场经济体系和国家治理体系现代化水平的不断提高，机关事务工作发展所呈现的两大趋势——服务社会化和集中统一管理——标志着封闭的、"保供给"的特征已发生转变，走向发展和治理并重，即通过机关事务工作的现代化治理，在保障政府自身运行的基础上，通过政府的内外部条件，不断提高机关事务资源的使用效率。

综上所述，政府运行保障的概念相较于机关事务工作，既能够更深刻地揭示对应客观事物的本质，它所规定的内涵又为引领相应的实践和理论创新提供更加清晰的边界。由此，政府运行保障的概念也有狭义和广义之分。狭义的政府运行保障概念，可以理解为对机关事务工作的替代，即"对保障机关正常运行提供必要的经费、资产和服务，以及相应的规划、组织、协调和控制活动"[②]。广义的政府运行保障是指一切确保公共权力机关运转的行动和资源的总称，包括组织人事、财政、信息网络、机关后勤事务等。这一概念中，"行动"既包括政府内部行政管理人员的管理、组织、规划等活动，也包括为保障政府运行提供服务和支持的其他活动，它既包括狭义概念中已有的外部服务等，也包括例如为提高政府工作人员素质而进行的人力资源培训、相关理论研究者的科研活动等；"资源"既包括政府所直接掌握的各类人、财、物等资源，也包括政府运行所需的其他资源，这些资源在产权意义上或许不为政府所直接拥有，但政府通过市场交易能够获得其某一时刻的使用权。由此可见，"一切"正是对政府内外部用以支持政府运行的各类行动和资源的总称；"确保"规定

---

① 吴志攀：《新时代下"政府运行保障"概念建构、特征和意义》，《中国行政管理》2022年第7期。

② 李宝荣：《机关事务理论与实践研究》，社会科学文献出版社2021年版，第4页。

了政府运行保障的目标,即保障政府的正常运转。从内部管理而言,它赋予了运行保障部门的管理责任;从外部交易而言,它赋予交易对象以契约责任。

(二)政府运行保障改革的意义

政府运行保障现代化是政府绩效提升的必要条件。政府绩效既是政府自身存在合理性的说明,也是维系其权威的要件。新中国成立以来到改革开放前,政府的主要绩效来源是社会主义制度的建设,使广大人民群众真正意义上当家作主;自改革开放到中国特色社会主义进入新时代,中国在经济建设方面所取得的伟大成就,实现了经济的普遍性发展,总体上改善了绝大多数中国人民的物质生活。进入新时代,随着投资驱动型的发展愈加呈现边际效应递减的态势,绩效的获得方式逐渐转向发展和治理并重,并且在各个方面更加强调通过治理现代化实现发展,我们称之为"治理绩效"。在主要由投资驱动发展的时代,经济增长的绩效获取方式可以称得上是粗放型的,与之对应,通过各个领域治理现代化驱动的绩效获取方式,可称得上是精细化的,其难度也更高。从获取方式看,通过体系优化获得的治理绩效,是当前政府绩效提升的主要方向。总体上看,作为内部行政的政府运行保障的优化空间,要比外部行政的政府对市场和社会的管理优化空间更大。

政府运行保障现代化也是政府合法性的重要来源。首先,无论是服务社会化、机构职能化,或者是集中统一管理,或者是更为具体的"三公"经费公开,其目标都包含了政府运行保障应该回归于公共性的要求,使政府运行保障逐步降低及至最终消除福利化倾向,实现政府运行保障的公开透明化,从而有利于民众对其状况进行监督,体现民主政府的现代要求。其次,政府运行保障的法治化建设,不仅通过更加优化政府职能建设有效且有限的政府,进而优化社会资源的总体配置,法治化的建设要求也限制了政府部门内部领导对成员的隐形权力,使政府的凝聚力由公共目标所造成而非依附其上的各类福利。最后,以人民为中心的发展理念的贯彻,表明政府运行保障也要纳入其中,这既是政府运行保障服务于社会主义国家的政治特点,也表明政府运行保障源于人民、为了人民的特点。

政府运行保障朝着更加现代化方向的改革,也将是未来政府改革的重点方向。改革开放以来,在中国共产党的领导下,中国政府在政府与市场关系方面的建立和完善市场体制、政府与社会关系方面的倡导协同治理改革取得了令人瞩目的成就,既实现了经济的高速发展,也保证了社会稳定。以往的市场体制完善和社会秩序稳定,是政府与市场关系、政府与社会关系渐进改革的收益,即政府外部治理的收益,而较少来源于政府内部治理优化。政府运行保障现代化的推进,可以预见的是因其内部性的特征,是政府的内部革命,将成为改革的下一步重点。同时,政府运行保障现代化也是社会整体逐渐职业化和理性化的必然要求。现代化从根本上说是一种导致变化的变化,[1] 社会整体逐渐职业化和理性化,提升了社会资源的总体配置效率,也反过来要求政府运行保障过程中存在的不符合职业化、理性化要求的那些因素发生变革。

(三) 政府运行保障改革的内容、特征与原则

1. 政府运行保障改革的内容

从结构上来讲,政府运行保障改革包括制度体系改革、工作模式与手段的改革以及人员配置改革等。政府运行保障分为管理和服务两大核心职能,政府运行保障改革的内容,既包括管理体制的变革,也包括服务方式的革新。

服务社会化以及管理职能和服务职能分离是区分管理和服务的现实基础。现代化的政府运行保障中,管理基于权力逻辑,服务遵循契约逻辑。在机关事务机构完全行政化的时代,所有的服务工作也遵循权力逻辑。从现代化理论视角看,管理和服务的分离过程是政府不断理性化的过程,其着眼点是明确政府在社会中的定位和角色,以降低自身运行保障的交易成本。历史地看,政府运行保障从行政化向"去行政化"改革再到"再行政化",[2] 是在不断缩小科层协调范围、以服务社会化为主提高财政资金使用效率、降低服务成本的同时,通过各类途径明确划分保障机构和其他部门间、保障机构内部组织的职能界限,避免越位、错位、缺位等问题。理论研究表明,当服务的组织者与生产者合一时,就会产生管理成本,同时也就产生官僚制;当服务的组织者与生产者

---

[1] 西里尔·E. 布莱克:《比较现代化》,杨豫、陈祖洲译,上海译文出版社1996年版,第37页。
[2] 朱萌、王浦劬:《从"去行政化"到"再行政化":机关事务管理体制变迁研究(1983至今)》,《云南大学学报(社会科学版)》2021年第4期。

不合一时,就会产生交易成本,同时产生市场制度。两种成本的比较,是决定合一还是分离的前提。①

政府运行保障的管理是指相关机构及其行政人员,根据相关法律所赋予的权力,对政府运行保障所需的行动和资源进行权威性协调的过程。管理内容包含两大方面:一是政府运行保障机构的内部管理,包括运行保障财政预算的资金管理、法律意义上属于政府产权的资产管理、政府内部的人员管理等;二是服务社会化以后,政府作为运行保障市场监管主体承担的宏观调控、制度建设、规范市场秩序等方面的管理职能。

政府运行保障的服务是指运行保障机构及其人员,根据政府运行的需要,通过各种方式向政府提供所需的商品和劳动。服务内容也包含两大方面:一是运行保障机构直接向其他部门提供服务;二是运行保障机构通过招标或购买的形式,组织市场主体向其他部门提供服务。两类服务的边界在不同时期有不同表现,政府运行保障现代化的过程之一,就是保障机构直接提供的服务不断减少,组织其他市场主体提供的服务不断增加。从理想状况看,除了诸如领导人保障、保密性内容等特殊事项,其余通用性服务可以通过外部购买的形式,由市场主体向政府提供高效服务。

2. 政府运行保障改革的特征

公共性是政府运行保障改革的基础特征,表明了它是社会公事而非政府私事。在行为意义上,政府运行保障是一种以消耗公共资源、使用公共权力、实现公共目标为基础的活动,因而需要纳入公共监督议题中,而不能完全由政府内部自行决定,这是由政府自身存在于社会的合理性决定的。无论是传统意义上的"宫廷事务",还是"机关办后勤"时代,或者是具有现代意义的"政府运行保障","政府内务"从来都以税收为物质基础,并在根本上是由社会赋予相关机构和人员公共权力从而保障政府能够实现增进社会共同利益的目标。这决定了社会始终对"政府内务"具有监督的动力和倾向,期待作为代理人的保障机构和人员能够秉公用权而不以权谋私。与私人组织的运行保障不同,由于民众和政府间比私人和私人间的"委托—代理"关系面临更大的信息不对称风险,尤其是考虑到政府运行保障的"后台工作"属性,它的公共性特征更加要

---

① 王德:《科学把握当前机关事务工作的定位与职能》,《中国行政管理》2005年第1期。

求保障民众的知情权,如按要求公布"三公经费"等,既是保证政府运行保障服务于公共目标,也是证明政府自身存在合理性的必要途径。

内部性是政府运行保障改革的本质特征,表明了它服务于政府履职但不直接承担公共职能的属性。政府管理分为内行政和外行政,① 政府运行保障的管理显然属于内行政的范围,由此构成政府运行保障和政府政务的不同性,这种不同性具体表现在:(1)政府运行保障管理机构所服务的对象是政府内设各类部门及人员,政府运行保障管理机构不以政府名义面对社会公众、社会组织行使权力;(2)政府运行保障机构在经济生活中,是与企业、社会组织、公民平等的主体,在当前经济形态下,它们经常是商品和服务的购买者,在少数情况下,也是商品和服务的提供者,一定程度上参与社会经济竞争,但不是主要方面。② 因此从主要方面来说,政府运行保障的内部性决定了它必须以围绕政府的正常运行和职能开展作为导向。

法定性是政府运行保障改革的时代特征,表明了现代社会和中国特色社会主义新时代法治普及的历史背景和时代要求。法治是现代社会的重要特征,法律是持续存在的社会生活中最稳固、最明确的限制形式和组织形式,普通社会生活的不断扩大,必然同时伴随着法律活动相应地增加。③ 从机关事务工作的封闭性到愈加开放的运行保障服务市场,政府运行保障需要在更大的范围内协调政府部门之间、政府和保障服务供给的市场主体之间的关系,需要有具备相应效力的法律加以组织和限制。2012年以来,党将全面依法治国上升为战略布局的组成部分,在机关事务工作领域陆续推出《机关事务管理条例》《党政机关厉行节约反对浪费条例》《党政机关办公用房管理办法》《党政机关公务用车管理办法》等法规,推动了机关事务工作的法治化进程,但这些法规在立法位阶和效力范围上尚未完全满足具有现代意义的政府运行保障的需要。由此可见,现代意义的政府运行保障,有必要在贯彻当前已有规章条例的基础上,以国家立法的形式系统总结提炼和固化党的十八大以来的政府运行保障领域的有效经验和制度成果,将各项党内、行政系统内部的原则要求规范化和法

---

① 王浦劬:《推进机关事务标准化 助力政府治理现代化》,《中国机关后勤》2017年第3期。
② 高鹏程:《政府效能与机关事务工作》,《中国行政管理》2018年第3期。
③ 埃米尔·涂尔干:《社会分工论》,渠东译,生活·读书·新知三联书店2000年版,第28页。

律化。①

优质性是政府运行保障改革的目标特征,表明了保障对象对保障机构的评价标准。管理和服务相分离是广义的政府运行保障区别于机关事务管理的一大方面。在机关事务管理时代,各部门单独负责各自的运行保障事项,其保障效果如何,很大程度上是一种部门内部的自我评价,也由此造成部门间苦乐不均的状况。机关事务发展到政府运行保障所内含的集中统一管理过程,也使得保障效果的评价权从各部门转移到更高层次。因此,政府运行保障的优质性要求标准化建设,既使保障机构能够基于明确的制度、规范向政务部门组织或提供服务,使其工作绩效得到公允的评价,也使被保障部门能够有基于稳定预期的服务保障。

3. 政府运行保障改革的原则

特性区分了政府运行保障与其他事务,原则表现了政府运行保障工作应当追求的价值。公平与效率的平衡是公共行为的共有原则,也是任何公共行为需要处理的基本关系。职能化是具有现代性的政府运行保障的题中之应有义。

公平是公共行为的核心原则,政府运行保障对公平的追求,既包括部门之间在保障方面的"按需保质供给",也包括公务员之间、公务员和其他职业之间不因工作需要之外存在特权。近年来机关事务集中统一管理的实践,就是针对各部门分散保障所出现的苦乐不均状况的优化。分散保障在一定的历史条件下,曾经对保障各部门正常运行起到了重要作用,但在保障供给的绝对数量已经不成为主要矛盾的情况下,分散保障的制度惯性使得机关事务和运行保障福利化,一些强势部门所获得的保障供给超出了正常需要而转化为部门人员的生活福利,这也意味着一些弱势部门的保障相对较少而引发争议,乃至由于部门弱势而造成供给的绝对数量不足。从政府与社会的对比来看,机关事务的福利化也造成更广范围内的不公平,其实质是政府在资源配置中"越位"而为部门谋私利。因此,政府运行保障的公平性要求推进保障供给标准化,既保障有力,又不出现政府内部和政府人员和社会其他成员间的苦乐不均。

效率是当代政府行为的必然要求,也是政府运行保障厉行节约的价值追求。从现代行政的观点看,在政治框架下确定的预算投入,应当以一定的行政成本保证履职效果。而在内部封闭的机关事务工作中,一定程度上存在只重服务效益,为了达到"服好务"的目的而不过多关注成本和投入。② 政府运行保

---

① 马怀德:《机关运行保障立法的意义、原则和任务》,《中国法学》2020年第1期。
② 李宝荣主编:《机关事务管理概论》,北京大学出版社2020年版,第17页。

障的效率原则应从两方面理解，一方面，作为内部保障性工作，应当围绕政府工作的需要，保证供给质量，即保障政府正常运行是其核心目标。另一方面，要在供给质量的基础上，实现效率的提升，通过更现代化的管理和协调方式，在给定的供给质量基础上，不断降低成本。机关事务的服务社会化，正是通过融入市场竞争的方式，实现给定水平供给的较低成本。另外，效率原则也应体现在政府作为配置资源的权威性主体，应当考虑到运行保障资源在社会中的整体配置效率。政府运行保障所需的资源，既有来自预算投入的部分，也离不开它所赖以开展的社会网络，如何从优化社会资源配置的角度来推进政府运行保障的现代化，充分发挥保障资源的社会效益、经济效益是未来的重要课题。

职业化是政府运行保障的现代追求。在推进国家治理体系和治理能力的中国式现代化进程中，政府运行保障应当把握现代化的核心，一方面在政府内部强化政府运行保障管理机构的职能，推进集中统一管理的改革；另一方面，继续推进服务社会化，将适宜由市场提供的服务交由市场主体。具体来说，一是政府作为公权力的代表，应当专注于公共服务的提供，如果政府的各个部门在履行本职工作的同时又负责自身运行的保障、工作人员的福利等多项职能，无论是"小而全"还是"大而全"，都不符合现代政府的要求，服务社会化的改革，正是将那些不适宜由权力逻辑主导的事项交由契约协调；二是政府内部的运行保障机构应当职业化，其基本的含义是内部保障管理机构强化管理职能，逐渐剥离服务职能而将其交由保障市场中的专业组织，如会务服务、专业车队、人力资源培训等；三是政府运行保障管理机构充分发挥市场监管者的功能，不断完善保障服务市场体系，通过市场秩序的维持，实现市场主体的充分竞争，筛选更为职业化的市场服务提供主体。

四、政府运行保障体系改革方向：集中统一管理

（一）政府运行保障集中统一管理的重要性

1. 解决政府运行保障碎片化等问题亟须集中统一管理

当前中国政府运行保障的模式仍然以"单位制"为主。在单位制下，各个部门分别负责本部门的运行保障，导致政府的不同部门之间福利待遇存在较大差异，且不同政府部门中的公职人员均需花费额外的时间与精力，致力于改善

本单位职工的福利待遇。总体上看，这一模式存在各自为战、分工不清、自我扩张等弊病。以机关事务管理部门为例，中央层面"四大班子"都有各自的管理局负责后勤运行保障，大部分部委也都是由各自的机关事务管理部门负责，个别部委内部甚至都未能集中统一。根据学者统计，机关事务管理部门的法定职能配备差异较大，甚至出现一些政策任务在基层无对应部门、不能落实的情况。比如，在31个省级机构中，只有23个有"国有资产"管理职能，在421个市级机构中，只有335个有"公共机构节能"职能，机构部门职能划分不清、责任分工不明、相互配合不默契等，使机关事务面临部门利益分割化、管理职能分散化等碎片化困境。①

针对当前政府运行保障体系仍然存在的问题，亟须打造集中统一管理的政府运行保障体系，将政府运行保障模式从"单位制"的旧保障模式转向"公平专业"的新保障模式，打破"准福利单位"的现状，使各党政机关专注于本职工作，促进国家治理体系与治理能力的现代化。

2. 国家现代化要求政府运行保障集中统一管理

现代化是人类伟大的革命性转变，意味着政治经济社会以及人的生活方式和价值观念发生剧烈而深刻的变迁。现代化不仅是革命性的过程，而且是复杂的过程、系统的过程、全球的过程、长期的过程、有阶段的过程、同质化的过程、不可逆转的过程，也是进步的过程。② 在众多变化中，现代社会的一个显著特征是结构的分化，或者叫专业化，即从一个多功能角色结构向几个更为专业化的结构演变。专业化带来效率的提升，不仅出现在经济领域，也发生在政治领域。现代政府区别于传统政府的首要特征就是高度分化和功能专门化的政府组织制度。③ 专业化（专门化）的程度是衡量国家官僚政治发展水平的指标。④ 韦伯在有关现代化政府的论述中指出，现代政府的基本组织模式是具有权限法定、实行职务等级制、专业化、遵循普遍原则等特点的科层制（官僚

---

① 余少祥：《机关事务集中统一管理：理论与实践》，《北京大学学报（哲学社会科学版）》2021年第4期。

② 塞缪尔·亨廷顿：《导致变化的变化：现代化，发展和政治》，转引自西里尔·布莱克编《比较现代化》，上海译文出版社1996年版，第44—47页。

③ Robert E. Ward and Dankwart A. Rustow, eds. *Political Modernization in Japan and Turkey*, Princeton: Princeton University Press, 1964: 6-7.

④ 西里尔·E. 布莱克：《比较现代化》，杨豫、陈祖洲译，上海译文出版社1996年版，第9页。

制)。[1] 按照科层制进行组织管理的现代政府，不应是分散的准福利单位，而是专注于本职工作的专业化部门。政府机构职能泛化是现代化不足的表现，而且这种未分化的制度结构还经常构成现代化的主要社会障碍。[2]

单有结构分化，对现代化来说是不充分的，现代化发展是在作为结构分化和整合（在新的基础上联合分化了的结构）之间对立的相互作用中前进的。否则，专业化很可能形成一个个孤立的组织。故而，随着现代化水平的提升，政府机构越发专业化的同时，政府结构内部也在高度整合。[3] 在内部整合的同时，现代化的政府组织也朝着集权化方向变化。现代化的政治含义最明显地表现为统一制定政策，所以在公共领域中国家管理机构日益集中化。[4] 这种集中化整合，既是为了保证政府各专业化的组成机构不致彼此割裂而是相互配合，同时也是对政府结构不断专业化后衍生出来的相同或相似职能进行调整与合并，从而实现一项职能由一个机构承担，且在纵向上也要实现一体，即国家层面的政府机构制定的规范和指令对各地方政府承担同类职能的机构都有约束力和指导意义。所以，现代化的政治要求打造一个统一的政府运行保障体系。

从价值观念变化来看，现代化是理性化的过程。[5] 随着理性化，普遍主义的成就模式成为现代社会的评价标准，人们崇尚在通用规则基础上决定地位和处理角色，如分配人员、分配设施和奖励。[6] 平等观念也日渐深入人心，各种不同的社会群体和阶层开始按照相同的价值与标准来衡量自己和他人，集中体现为对平等的要求增加，可以说平等不再是一种抽象的理想，而是一个最为强烈的要求。[7] 正是这种观念的变化，让具有权限法定、实行职务等级制、专业化、遵循普遍原则等特点的科层制（官僚制）成为现代政府的基本组织模式。[8] 按照科层制进行组织管理的现代政府，各机关部门运行保障的内容与标

---

[1] 马克斯·韦伯：《经济与社会》，阎克文译，上海人民出版社2019年版，第1321—1362页。
[2] 谢立中、孙立平主编《二十世纪西方现代化理论文选》，上海三联书店2002年版，第162页。
[3] Robert E. Ward and Dankwart A. Rustow, eds. *Political Modernization in Japan and Turkey*, Princeton: Princeton University Press, 1964: 6-7.
[4] C. E. 布莱克：《现代化的动力——一个比较史的研究》，景跃进、张静译，浙江人民出版社1989年版，第11—12页。
[5] Bryan S. Turner. *Max Weber: From History to Modernity*, London: Routledge, 1993: 113-137.
[6] 谢立中、孙立平主编《二十世纪西方现代化理论文选》，上海三联书店2002年版，第72页。
[7] S. N. 艾森斯塔特：《现代化：抗拒与变迁》，张旅平译，中国人民大学出版社1988年版，第13页。
[8] 马克斯·韦伯：《经济与社会》，阎克文译，上海人民出版社2019年版，第1321—1362页。

准应该是统一的,不应存在不同部门之间的不平等。而由各个党政机关自己负责运行保障,既难以实现运行保障管理的统一,又容易出现强势部门与其他部门之间的不平等,不仅扰乱了现代科层制政府的原则,还破坏了党政机关工作人员对平等的追求。

因此,改变原有的各党政机关自己负责本单位后勤保障的模式,实行政府运行保障集中统一管理不仅是现代化所带来的结构调整的需要,而且是现代行政理念的要求。也就是说以集中统一管理为方向的改革,是政府运行保障管理的现实需要,还是基于现代化理论得出的科学判断。

(二)政府运行保障集中统一管理的内涵与意义

1. 政府运行保障集中统一管理的内涵

从现代化的要求来看,政府运行保障集中统一管理既包括职权与机构的调整,同时也有观念与管理体制的变化。集中统一是密切相连的整体,当然集中和统一也各有侧重,集中主要是职权的集中,而统一主要是机构和标准的统一。

集中最直观的含义是党政机关在地理空间上的集中。首先,集中办公区有利于政府运行保障管理部门统一管理办公用房,也便于统筹安排公务用车,还方便建设统一的职工食堂等,既方便了政府机关工作人员,又实现了规模效应,节约管理成本,所以推动党政机关集中办公区建设是政府运行保障集中管理的应有之义。但是有些党政机关需要布局在业务集中的区域,或者需要分散布局,如海关、应急管理部门、公安机关等,如果为了后勤保障的方便而将其集中到同一区域,反而会给政府进行经济社会治理造成诸多不利影响。其次,受规划、环境等因素的影响,原有的政府办公用房、培训中心、职工住房等往往呈点状分布在不同区域,将其实现地理空间上的集中不仅要耗费巨大的成本,而且在很多情况下是不现实的。此外,随着信息技术的发展,即便办公区分散在不同区域,借助数字化手段也可以实现对办公用房、公务用车等的管理与控制。所以,仅建立党政集中办公区是远远不够的。从现代化的视角看,通过职能的剥离、机构和人员的调整,将分散在各党政机关中事关政府运行保障的各类后勤事务集中到一个专属部门,形成一个专业化的政府运行保障机构才是政府治理体系现代化的发展方向。因此,将职权集中到机关事务管理部门才是政府运行保障集中管理的核心。

但仅仅将职权集中到机关事务管理部门,并不能实现机构职能的专业化,毕竟不少机关事务管理部门在设立发展的过程中,承担了不少非政府运行保障职能,如管理主要为政府机关工作人员子女提供便利的幼儿园、小学等。为了让机关事务管理部门专注于本职功能,还需要机关事务管理部门将非政府运行保障的职权剥离出去,交给相应的专门化的政府部门或市场与社会。

相较于集中,统一所包含的层面更多。统一的一个重要方面是名称的统一,即全国各级机关事务管理部门的法定名称一致,如各省(自治区、直辖市)所辖的统一为"机关事务管理局",县区所辖的统一为"机关事务管理局或机关事务管理中心"等。在统一名称的基础上,进一步统一机关事务管理部门的功能定位以及归属定位。在功能定位上,要明确是保障政府运行的职能部门还是在保障政府运行的基础上兼具为政府工作人员提供福利的部门;在归属定位上,要明确是由所属行政区划的党委直接管辖还是由所属行政区划的政府管理。如此,才能使得各级机关事务管理部门上下对应,确立上级对下级的业务指导关系,为形成全国一体化的政府运行保障体系奠定基础。统一的另一个重要方面就是管辖诸项事务的职权统一,不同级别的机关事务管理机关在政府运行保障的事务类别上是统一的,同一级别行政区划党委或政府所辖的机关事务管理部门所负责的事务以及管辖范围应当一致。此外,根据理性化、科层制的现代政府管理要求,还需要标准的统一。所谓标准的统一,就是同一层级机关部门及其工作人员所获得的保障内容和水平是一样的,不因部门的强弱而出现运行保障差异,这也契合了平等的现代理念。

2. 政府运行保障集中统一管理的意义

根据现代化所带来的社会结构分化与观念变革的需要,实行政府运行保障集中统一管理,有着重要的现实意义。首先,集中统一后可以通过专业化的管理提高保障质量和效率,为各党政机关更好地开展工作提供条件。注意力理论也揭示了政府公职人员的注意力资源是有限的,集中统一管理能够将公职人员的部分注意力从为本单位获得福利中解放出来,使其专注于专业职能业务,提升政府运行的质量与效率。其次,集中统一可以实现规模效应,降低办公用房的建设维修、公务用车的购置与维护等成本,降低行政成本。集中统一管理后,各党政机关无须建立自己的保障体系,不仅在办公用房硬件设施上避免重复建设,而且在数字化等软件方面也可以避免重复投资,节省了行政成本。随着中国经济和财政收入进入中低速增长区间,降低和节省行政成本显得越发重要。再次,集中统一管理还能消除不同机关之间工作人员福利待遇的差异,杜绝攀比,推动政府内部的公平化,从而将政府公职人员的认同感从"部门认同"上升至"政府认同",打破部门本位主义,促进部门协同。此外,集中统一后带来的规范化和标准统一,也有助于遏制政府工作人员的违法和腐败行为。

集中统一管理有利于充分盘活各个政府部门已有的存量资源,达到物尽其用、节约运行保障资金的效果。科斯指出,由于交易成本的广泛存在,资源常常难以达到有效配置。① 因此,集中统一管理的安排或许是解决这一问题的破局之道。具体至政府运行保障事务中,在不集中/不统一的情况下,即使某个政府单位存在闲置资源,且有意愿分享给其他单位使用,顺利接洽到需要这项资源的单位并能顺利移交,往往耗时耗力。也因其耗时耗力,闲置存量资源的调剂与使用便常常被搁置。此时,集中统一管理往往能够盘活存量资源,达到物尽其用的效果。已有实践对集中统一管理的这一优势提供了支持,2020 年,国家机关事务管理局制定了《中央行政事业单位固定资产清查盘点工作指南》,试点建设中央行政事业资产调剂使用公物仓,搭建资产调剂信息平台,将各部门近 8100 件闲置资产纳入示范仓统一管理,为部门调剂配置资产 5000 余件,节约资产购置经费 2800 余万元。

集中统一管理有利于摊薄政府运行保障所需的固定成本。政府运行保障的成本在理论上可划分为固定成本和可变成本两类。固定成本不随运行保障服务内容的数量而变化,而可变成本则随之变化。例如,如果一个食堂开始有一个灶为 10 人提供伙食,现在需要为 11 人提供伙食。灶台的成本即为固定成本,即不随服务人数的变化而增加成本,而食材的成本为可变成本,为 11 个人提供伙食需要更多的食材,这部分成本随着服务人数的增加而增加。在集中统一管理的情况下,各个机关单位可平摊固定成本,从而达到降低总成本的目标。已有实践也对集中统一管理的这一优势提供了现实依据。宁波市机关事务管理局努力实现市区各行政中心人员车辆进出等"一网通"功能,通过一套系统进

---

① Ronald H. Coase. The problem of social cost, *The journal of Law and Economics*,2013,56 (4):837 - 877.

行人员车辆进出的管理，与各个部门分别建设自己的人员车辆进出系统相比，在提供优质服务的同时，节约了经费。

集中统一管理有利于在政府采购等活动中获得更有利的市场地位，达到采购相同货物、工程或服务的同时，节约政府运行保障资金的目的。在政府采购活动中，企业参与投标活动，在资质审核、撰写标书、参与投标等方面需要付出一定的成本，如采购数量较少，则需要一定的利润空间以覆盖这部分成本，造成价格高企。因此，集中统一管理有利于增加单次政府采购的货物数量，提高政府的议价能力和议价地位，使企业接受通过"薄利多销"的方式获得一定利润，从而达到节约购买运行保障所需货物、工程或服务需要的经费的效果。

（三）政府运行保障集中统一管理的评价标尺与边界

1. 以优质高效经济为评价标尺

为政府运行提供优质高效经济的保障，是政府运行保障体系现代化的目标，也是评价集中统一管理改革的基本尺度。优质主要指保障水平能够充分满足政府运行的需要，高效主要指政府运行的各种需求能够及时地保障，而经济则是指保障的成本尽可能低。优质高效经济三个方面是一体的，不能为实现其中一个或两个而牺牲其他任何一个。当然，在集中统一管理改革的过程中，往往不能实现三方面齐头并进，因此可以在保持其他方面不变差的情况下从改善某一方面入手。在追求经济方面，既要考虑短期，也要考虑中长期，科学评估。例如，以数字化助推集中统一管理，在数字化建设阶段很可能需要大量投资，短期可能成本上升，但平均到中长期则很可能是降低成本的。以优质高效经济作为评价尺度，可以及时发现集中统一管理改革过程中的问题，据此反思是集中统一管理改革的方式出了差错，还是超出了其应有的边界。

2. 避免公地悲剧风险

公地悲剧于1968年由哈定提出，指人们过度使用公共资源，从而导致公共资源的枯竭。具体至政府运行保障领域，集中统一管理无疑将创造一个巨大的"公共池"，各个部门的运行保障物资等均从"公共池"中提供，因此，自然会引发"集中统一管理"是否会引发各个部门争相"跑马圈地"、在公共池中多占多用的担忧。

然而，创造出巨大的"公共池"，在理论上不一定代表政府运行保障体系中的货物或服务为"公共池资源"。公共池资源，指同时具有非排他性和消费竞争性的物品。排他性指"一种物品具有的可以阻止一个人使用该物品的特性"，而消费竞争性指"一个人使用一种物品将减少其他人对该物品的使用的特性"。换言之，在非排他性的情况下，任何部门均可几乎无成本且自由地从公共池中获取资源，而如果有负责的职能部门加以约束和限制，则不满足非排他性的特点。而在消费竞争性的前提下，某一部门使用资源，则影响其他部门也使用这一资源。因此，"集中统一管理"如果仅实现了"资源汇聚至公共池中"，而由各个部门自由随意取用，很可能会导致公地悲剧的发生。

为了避免公地悲剧的发生，"集中统一管理"不仅需要将保障政府运行的资源汇聚至一处，同样需要进行管理，合理设计部门获取政府运行保障资源的规则。已有实践已体现了这一原则，如《湖南省省级行政事业单位公物仓管理暂行办法》第四章第十四条中，对公物仓中资源调剂作了规定。通过"集中审核审批"，以及"申请单位应承担运费及拆装费用"等规定，避免了单位对公物仓的资源多拿多占。

3. 避免超出通用事务的风险

适当划定集中统一管理的范围，是确保集中统一管理促进政府运行保障体系"优质高效经济"发挥功能的关键。如果将政府运行保障所需的一切资源都纳入集中统一管理的范畴，任何部门使用资源均需由负责集中的职能部门审批管理，那么无疑将导致职能部门负担过重，造成部门超负荷运转，政府运行保障体系的效率降低。

即使能够通过数字化、信息化等手段提升效率，负责集中统一管理的职能部门同样面临因专业性知识不足而带来的种种挑战。例如，政府运行保障的职能部门是否应当批准地质勘探部门升级更新勘探设备的需求？阿吉翁和梯若尔的研究指出，"专业即实际权力"[1]。即如果职能部门在特定领域缺乏专业知识，集中统一管理不仅无法扮演其审核需求、降低成本、提升效率的角色，反而容易退化为橡皮图章，徒增手续，降低了政府运行效率。

因此，适当划定集中统一管理的范围是避免职能部门出现管理失灵的重要前提。如何做到合理划定集中统一管理的范围？应首先对政府运行保障事

---

[1] Aghion P., & Tirole J., Formal and real authority in organizations, *Journal of Political Economy*, 1997, 105 (1): 1-29.

务按照通用程度进行划分。按照这一标准，可将政府运行保障事务分为通用性保障事务和专用性保障事务。通用性保障事务指各政府部门需求差异化很小的保障事务。例如办公耗材、办公用房、公务用车、公务接待、职工食堂、职工住房等。而专用性保障事务则指需要大量专业知识或特殊的、难以适用于其他部门需求的保障事务。例如，专用技术设备的采购，涉及国家安全等保密性的特殊任务的保障等。因此，集中统一管理的范围应当限于通用性事务保障。

已有实践同样体现了适当划定集中统一管理范围这一要点。以政府采购领域为例，《中央国家机关政府集中采购目录（2020年版）》划定了需要货物类和服务类强制要求实行集中采购的品目。2020年版的集中采购目录中，需要集中统一管理采购的货物和服务均属于通用于各政府部门的品目，如台式计算机、便携式计算机、复印机、打印设备、空调机和印刷服务的采购。这些品目的集中采购能够起到节约财政资金的效果。而对其他类别的品目则由各部门按照需求实行分散采购，按照"物有所值"原则，充分满足其在实际运行中的需求。

此外，即使在集中统一管理的范围内，也宜保持适当弹性，以满足应急情况或及时满足单位的小额需求。《中央国家机关政府集中采购目录（2020年版）》在规定集中采购品目的同时，还对相应品目的情况进行了一些灵活规定，以满足单位特殊、小额、零星的保障需求。

4. 避免评价反馈不及时风险

在集中统一管理的方向下，政府运行保障职能部门与被保障部门应加强沟通协作，尤其要赋予被保障部门对保障部门的评价权。具体而言，政府运行保障集中统一管理，不仅是办公用房、公务用车等事务管理权限的移交，而且也伴随着责任主体的变化。在传统模式下，各职能部门有自己的保障机构与人员，可以通过内部的行政管辖权，直接对保障机构和人员提出明确的要求和指令，从而保证了政府运行保障的效率和质量。在集中统一管理后，被保障的党政机关无法通过行政管辖权对提供保障的部门进行约束，就可能存在保障不及时、不到位的风险。因此，在集中统一管理的同时，也应遵循现代政府权责对等的原则，明确政府运行保障职能部门的责任，且赋予被保障的各部门评价权。同时开辟被保障部门评价、反馈保障质量的制度化渠道。这一评价体系在实践中已有先例，但是仍有待进一步完善和推广。例如，山东省机关事务管理局在实践中形成的四项工作机制之一，便是注重服务评价，做到精准高效服务。依托"山东智慧机关事务平台"一网通办、 站服务及移动终端实时互动功能，畅通服务沟通渠道，创新以用户为中心、以需求为导向的定制化服务机制，并通过对服务需求、服务质量的信息收集、分析评价，不断改进服务方式，提升服务质量，最大限度满足多元化、个性化服务需求。

在集中统一管理的方向下，被保障部门的评价权在客观上助力了对保障部门以及市场主体的监督。有学者提出了"主动浪费"与"被动浪费"的概念，[①] 用来概括政府支出中存在的浪费行为。其中"主动浪费"指由于腐败导致政府的资金开销增大造成的浪费，如官员收受企业贿赂后，所在的政府部门向企业购买一批质次价高的产品。而"被动浪费"指由于政府的开销并不需要政府公职人员拿出自己的收入支付，即使没有腐败行为，也同样由于不关心或不懂行导致政府支出的浪费。如政府部门的"长明灯""长流水"就属于"被动浪费"的范畴。具体至政府运行保障领域，被保障部门的评价权对于减少"主动浪费"与"被动浪费"均能够起到重要作用。首先，保障部门与市场主体部门的协作处于政府与市场的边界，而市场主体出于逐利目的，可能会行贿以在竞争中取得不正当优势。其次，由于保障部门所支付的经费并不由保障部门的公职人员自掏腰包，"公家的钱随便花"等思想可能会导致对成本控制的漠然。上述两种原因均会导致市场主体最终为政府运行保障体系提供质次价高的货物、工程或服务，影响运行保障的质量和效率。需要认识到，高支出或高单价不一定代表着浪费，如果通过较多的花费切实地获得了优质的货物、工程或服务，那么就达到了"物有所值"原则的要求。一些国家的实践提供了参考依据，如美国联邦政府会对其使用的 IT 设备进行评估打分，并通过网站向公众发布。在集中统一管理的背景下，被保障部门作为运行保障服务的最直接利益相关者，其评价无疑对市场主体提供的货物、工程或服务提供了最直观的反映。因此，被保障部门的评价权至关重要，其能够为判断是否存在"主动浪费"或"被动浪费"提供参考依据，从而更好地配合监察部门，发挥对政府运行保障部门和市场主体的监督作用。

---

① Bandiera O., Prat A., & Valletti T., IL Active and passive waste in government spending: evidence from a policy experiment, *American Economic Review*, 2009, 99 (4): 1278-1308.

五、实现政府运行保障体系集中统一管理的路径

（一）以机关事务集中统一管理改革为切口

概括来讲，机关事务管理部门负责政府运行保障事项可以分为办公场所服务、交通服务和食宿服务三大类。① 虽然政府运行保障不仅仅包括以上三类内容，但机关事务依然是最主要的政府运行保障内容。集中统一管理作为机关事务管理的重要方向，已经实行了数年，在公务用车、办公用房、公共机构节能等方面取得了显著成效，但是机关事务管理依然存在较为严重的"碎片化"问题。机关事务管理的"碎片化"，不仅造成公共资产的闲置与浪费，而且还影响政府运行保障质量的提升。因此推动政府运行保障集中统一管理，首先应该从机关事务管理改革入手。

以机关事务管理为切口是推进政府运行保障集中统一管理的有效路径，但这并不是说整个改革仅仅着眼于机关事务管理部门。因为以机关事务为主要内容的政府运行保障涉及各个党政机关，因此要从整个政府运行保证的角度来思考如何推进。

（二）以标准化提升集中统一管理

政府运行保障管理"碎片化"之所以较为严重，一个关键性原因就是没有统一的标准，造成保障政府不同部门运行的资源管理、服务水平、福利待遇等存在不同。一些强势机关不愿意剥离本单位的政府运行保障职能，以免保障水平降低，从而加剧了集中统一管理的难度。由此可以看出，标准化是集中统一管理的重要前提。

只有通过建立相应标准与接口，原本分散于各个部门的政府运行保障所需的各项资源才能够做到集中统一管理。标准的建设是部门间资源互联互通，实现集中统一管理的重要前提。以国家机关事务管理局的实践为例，2024 年 1 月 1 日起开始实施的《机关事务信息化建设指南》《机关事务信息化基础数据规范》《机关事务云接入管理规范》，通过编制相关标准，使政府运行保障相关

---

① 高鹏程：《试析国家机关事务的概念》，《中国行政管理》2019 年第 3 期。

事务信息能够互联互通，集中统一管理。

标准化还是优质高效经济的基础准绳。只有建立相应标准，才能对政府运行保障的服务质量作出相对公正与客观的评价。没有标准，政府运行保障服务质量的主要判断依据即为被保障部门的主观评价。缺乏统一、相对客观标准的后果，往往是造成"过度保障"和"保障不足"两方面困境，并加大了不同政府部门之间的不平等。标准的建立，则为政府运行保障的应有水平进行了规定，被保障的各个部门均按照标准对照自查，以确认是否得到了应有的保障水平。保障部门也可根据标准提供保障服务，从而避免政府运行保障中的浪费现象。因此，标准化无疑为优质高效经济的政府运行保障体系提供了基础准绳。

当然也需要注意在制定全国通用标准的同时，鼓励地方因地制宜，探索制定符合当地实际情况的地方标准。

（三）以数字化助推集中统一管理

以机关事务管理为主要内容的政府运行保障管理数字化是数字中国、数字政府的要求，数字化不仅是目标，也是推动政府运行保障优化的手段。

数字化是集中统一管理的重要技术支撑。数字化可以打破地区管理限制，即便政府机关不在同一办公区，也能够利用数字技术实现"一网通管""一网通办"，从而真正做到集中统一管理。数字化还可以推动机关事务管理流程再造，如实现无纸化办公等，借助政府工作流程再造，可以为集中统一管理改革提供良好的契机。简言之，数字化为集中统一管理下的调剂资源、反馈需求、强化监督等功能提供了重要支撑。如果没有数字技术和手段，集中统一管理容易带来难以控制、响应不畅、监督失灵等多种问题。如果不进行数字化，集中统一管理将缺乏必要的技术支撑从而难以为继。以全国机关事务云平台为例，该平台由国家级、省级、市县级平台构成，通过数据共享交换和信息下发与上报进行资源目录注册、信息共享、业务协同、监督考核、统计分析等，实现国家级、省级、市县级平台数据交换共享同步。

数字化还是优质高效经济的重要保障。数字化可以助力政府运行保障部门降低管理成本，提升管理效率，达到有效保障，节约开支，避免公共资源滥用与误用的效果。以南京市为例，南京市机关事务管理局以数字化建设为契机，推进以资产管理为基础的集中统一管理。通过升级扩展公务用车信息化管理平台功能，在国内首个实现加油、ETC、保险等企业数据与公车管理平台的自动实时对接，为提升政府运行保障效能、加强公务用车管理提供准确数据支撑。在国内实施市本级公务出行平台化租车，明确租赁标准，规范租车行为，实现"网约车"式点对点保障，每年可节约财政支出约1500万元。与南京供电公司签订战略合作框架协议，招财引智建立全市公共机构"能耗感知一张网"，直接从水、电、气等能源资源供应部门获取数据，有效提高统计数据的及时性、准确性，为实施政府运行保障工作的定额管理提供了有力支撑。

此外，借助数字化技术，特别是人工智能，可以实现在不增加工作人员的情况下提升效率。如对公务用车进行全程自动化跟踪和监督。从这个意义讲，数字化是集中统一管理过程中防止机关事务管理部门机构膨胀必不可少的举措。

（四）以法治化保障和规范集中统一管理

在法治政府建设方面，党的二十大强调"转变政府职能，优化政府职责体系和组织结构，推进机构、职能、权限、程序、责任法定化，提高行政效率和公信力"。作为政府现代化改革必要组成部分的机关事务集中统一管理，自然也需要有法可依。

通过立法，赋予机关事务管理部门和集中统一管理法定地位。首先，明确各级机关事务管理部门为政府运行保障的主管部门，从而为各机关运行保障职能纳入机关事务管理部门管辖提供条件。其次，要明确集中统一管理是政府运行保障的重要方向之一。目前，山西省、河南省、上海市等多个省（自治区、直辖市）已经通过立法明确了其合法地位。有了法律保障，各地将更有力地推动改革探索。尤其是在国家层面，加快研究制定政府运行保障法，将对推动全国范围改革起到极大的作用。

通过立法，明确集中统一管理的内容与边界。推进政府运行保障集中统一管理的一个重要障碍，就是政府运行保障涵盖的事项多、职能广，而且层级与地区都有明显差异，哪些事项适合进行集中统一管理、集中统一管理到什么程度，都没有明确的规定。这就造成中央国家机关和各地方政府在推动运行保障集中统一管理时难以下手。

实现集中统一管理是一个持续改革的过程，这个过程中会遇到各种问题，这就需要不断探索前进。因此应注意给政府运行保障改革提供更多的试验空间。

(五) 借助社会力量促进政府运行保障集中统一管理

1. 借助社会需求，提高政府运行保障集中统一管理的迫切性

以机关事务管理为重要内容的政府运行保障是针对政府自身的内部管理，因此不同于政府各项治理职能完善的动力主要来自社会需求，政府运行保障体系改革的主要压力和动力来自政府内部。虽然政府运行保障管理属于内部行政行为，但这并不是说政府运行保障不与社会相联通，不可以用来自社会的压力推动其改革。

例如，社会对高效政府治理有着强烈而又普遍的需求。为了方便群众办事，实现"最多跑一次"，就需要将多个职能部门集中在一起，组建"政务超市"等，于是就会形成政府集中办公区。而政府集中办公区建设，恰恰是政府运行保障集中统一管理的应有之义。再如，社会公众对政府行政成本偏高存在批评，为回应公众的批评，须积极推进政府运行保障集中统一管理，以实现节省乃至降低行政开支。可见，社会需要和评价不仅可以推动政府治理职能的优化，而且也会给政府运行保障改革提供压力。

2. 以社会化避免机关事务管理部门膨胀

从理论上讲，将各党政机关的运行保障职责集中到机关事务管理部门，大概率会带来机关事务管理部门的扩张。一个组织内部的协调需要组织成本，在这个意义上，任何一个组织的扩张往往意味着组织成本的增加。如果集中统一管理带来的是庞大的机关事务管理部门，那么势必会出现管理任务繁重、沟通不畅等问题，继而影响政府运行保障的质量与效率。这也与集中统一管理的初衷相悖。因此，在推进集中统一管理的同时，还需要遏制机关事务部门自身膨胀。

为避免机关事务管理部门的膨胀，首先是将非政府运行保障的行政职权剥离到相应的其他政府职能部门，让机关事务管理部门成为专业化的政府运行保障部门。也就是说，政府运行保障集中统一管理不仅是一个将保障政府运行的职权集中到机关事务管理部门的过程，而且还是一个将机关事务管理部门的非政府运行保障职权剥离的过程。

除了上述措施外，遏制机关事务管理部门膨胀的关键是社会化。所谓政府运行保障社会化，就是由传统的自办服务，转变为按市场机制运行和管理后勤服务，采用购买、租用、外包、托管、市场化用工（如司勤等特定岗位）等形式向社会购买服务提供后勤保障，实现服务资源由部门内配置向市场公开配置转变。如将餐饮接待交由专业企业提供，机关事务管理部门负责制定餐饮接待标准，并监督餐饮接待的质量。当公务用车不够的时候，可以通过向市场企业租赁，对公务用车进行补充，无须再购置车辆，不仅可以减轻公务用车管理的负担，还可以避免车辆使用不足造成的公车闲置。社会化不仅可以减轻集中统一管理后机关事务管理部门的负担，而且还可以利用专业化的企业提供更加优质的服务；也可以借助市场竞争提高供给质量，降低政府运行保障成本。

通过社会化改革，逐渐减轻机关事务管理部门的管理任务，最终将机关事务管理部门变成一个标准制定、信息交汇、监督管理的平台，各党政机关将运行保障需求汇总到机关事务管理部门，机关事务管理部门根据标准将需求汇总梳理后向社会采购，并监督社会供应方（见图1）。

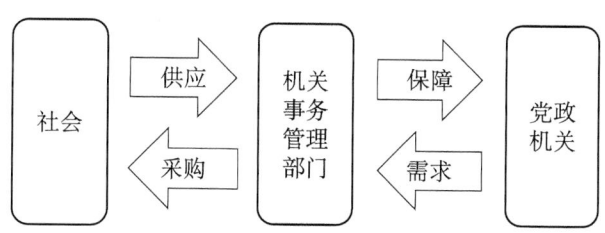

图1　机关事务管理部门平台化工作模式

（六）鼓励先试先行，逐步推进

政府运行保障集中统一管理改革，是一项牵涉面甚广的庞大工程，既有职能与机构的调整，也有工作理念与习惯的变革，这些都需要一个过程。为了能够稳妥推进政府运行保障集中统一管理，需要鼓励有条件的地方先行试点，逐步摸索经验。先试点然后全面铺开的渐进模式，也是改革开放以来我国社会主义现代化建设积累的重要经验。先试点后铺开的路径有三大优势。第一，可以积累推进经验；第二，可以发现过程中的风险，为后续大规模改革规避风险提供路径；第三，展示成效，消除疑虑，有利于后续大规模全面铺开。

具体到政府运行保障集中统一管理来说，可以选择部分项目进行先行试验，如公务用车管理、办公用房管理、公共机构节能管理等内容。这些方面的集中统一管理已经有了一定经验，可以进一步推进，全面实现"三公"集中统一管理，并为其他方面的集中统一管理提供经验借鉴。从纵向角度来讲，可以在有条件的中央国家机关和地方率先进行集中统一管理探索。在中央国家机关层面，借助机构改革的契机，将新组建或成立的部委的运行保障职责交由国家机关事务管理局，实行联勤保障模式。如2018年国务院机构改革中，新成立退役军人事业部、国家医疗保障局、国家国际发展合作署等部门，没有设立单独的后勤服务机构，而是由国家机关事务管理局按照统一项目、统一标准、经费归口、资源共享的原则，统一提供后勤服务，包括办公用房维护、物业管理、公务用车服务、办公设备配备4大类16个事项，既精减了机构人员、节约了行政资源，又规范了服务类型、提高了工作效能。2023年新一届政府改革再次启动，重新组建了科学技术部，组建国家金融监督管理总局，组建国家数据局等，联勤保障的模式可以在这些新调整的部门中进一步推广。与此同时，在一些有条件的地方先行先试，积累集中统一管理的经验。例如，山西省将省委、省政府及其下属的各个部门与机构的后勤保障职责全部集中到山西省机关事务管理局管理，率先在全国探索全省范围的集中统一管理。

调整原有的分散式政府运行保障模式，不仅会导致一些部门出现利益损失，而且存在不确定性风险。各部门出于稳妥考虑往往也会对集中统一管理迟疑乃至反对。而先行先试的办法，可以让各政府机关体验到集中统一管理的收益，并找到避免风险的办法，从而让其更愿意接受集中统一管理改革。在多方试点的同时，要逐步推进集中统一管理，逐渐打通中央与地方以及地方各层级之间的障碍，促进跨地区协作，最终实现全国范围内的政府运行保障集中统一管理。

（七）充分发挥党统领全局的优势

从原来的碎片化模式转向集中统一管理，是政府运行保障现代化的过程。而实现现代化的过程必然会出现各种社会问题、群体间的分裂和冲突，以及抗拒、抵制变迁的运动，包含多种解体与脱节。[1] 作为一项政府改革，因涉及多

---

[1] 艾森斯塔特：《现代化：抗拒与变迁》，张旅平译，中国人民大学出版社1988年版，第23—40页。

个部门与人员的调整以及行政习惯的变革,所以走向集中统一管理的改革势必会有阵痛,甚至可能出现管理没有理顺或因部分人的反对而在某些方面退回到原有的碎片化状态。这就需要作为中国现代化事业领导力量的中国共产党把控全局,站在国家治理体系和治理能力现代化的高度予以重视,并就改革的各个方面统筹安排。

首先,政府运行保障的集中统一管理,不仅是国务院各部委以及地方各级政府职能部门后勤事务的剥离与重组,而且还包括人大、政协、纪监委等,仅靠政府及机关事务管理部门的努力是远远不够的,必须由党中央和各级党委把控全局,推动这项改革。其次,改革过程中存在诸多职能职责的调整,被剥离职权的机关可能产生"受损"心态抗拒集中统一管理,而党的领导可以保证集中统一管理方向不会因为某些困难或挫折而中止或退回原状。再次,在改革方案的设计与实施过程中,中央和各级党委站在领导者的高度,可以摆脱各部门自身利益和视野有限的束缚,更科学客观地平衡各方利益,从而有助于集中统一改革的顺利推进。此外,党作为中国社会主义现代化建设各项事业的领导力量,党中央和各级党委的重视,可以提高政府运行保障改革的重要性,加快集中统一管理的步伐。

总的来讲,党的领导赋予了政府运行保障体系改革动力,保证了集中统一管理的改革方向得到坚持。正因如此,党把控全局并予以高度重视,是政府运行保障集中统一管理实现的根本保证和关键。

六、总结

中国式现代化的关键要素之一是积极有为的政府,[①] 而积极有为政府的正常运转离不开机关事务管理部门提供运行保障。从功能区分的角度看,政府运行保障是与政府进行经济社会治理、监督政府权力行使并列的三大功能之一。因此,无论是推动中国式现代化,还是优化政府体系,都需要一个高效优质的政府运行保障体系。那么政府运行保障体系朝什么方向改革才能满足要求呢?现代化需要的是由专业化的职能机构组成的政令统一的科层制政府。显然,原

---

① 燕继荣:《中国共产党领导的中国现代化:探索、成就与经验》,《人民论坛·学术前沿》2021年第11期。

有的由各党政机关自行负责本单位的运行保障，是不符合现代化要求的。因此改变各机关自行负责运行保障，将政府运行保障的职权集中到一个部门，同时将非政府运行保障职权剥离出机关事务管理部门，并实现机构名称、定位、管辖内容与标准等的统一，即集中统一管理，才是政府运行保障现代化的发展方向。政府运行保障集中统一管理改革，不是机关事务管理部门自身的改革，而是各党政机关内设机构与职权的调整，是政府工作流程的再造。可以说，在优化政府经济社会治理职能、完善监督监察体系取得突破性进展后，政府运行保障集中统一管理是推进中国政府治理体系现代化的又一个改革切入口。

集中统一管理不仅可以提高政府运行保障的效率和质量，还可以节省行政开支、消除党政机关内部的福利不平等、遏制腐败等。当然，集中统一管理也是有边界的。集中统一管理的是政府运行保障相关的后台事务，而不包括经济社会治理的前台事务。即便是政府运行保障的事务也不是全部都要进行集中统一管理，仅仅是通用性事务适合，而特殊性事务则不宜集中统一管理。与此同时，政府运行保障集中统一管理也必须遵循权责对等的现代行政伦理，当保障出现问题时，机关事务管理部门应当承担相应的责任。此外，还需要借助社会化等改革，将机关事务管理部门转变为平台和协调机构，以遏制其规模膨胀。

虽然集中统一管理意义重大，但是通向政府保障现代化的道路并不是水到渠成的坦途，整个改革过程往往会出现抵制和各种阵痛，要想顺利实现集中统一管理，就需要作为领导力量的中国共产党从全局把控并予以高度重视，以科学合理地选取改革内容，稳步推进。

（课题负责人：燕继荣；课题组成员：张刚生、何瑾、梁贞情、刘松瑞）

高质量发展考核体系的实施
对行政管理体制的影响研究

清华大学公共管理学院课题组

习近平总书记强调，要加快形成推动高质量发展的指标体系、政策体系、标准体系、统计体系、绩效评价、政绩考核。为了以高质量发展考核带动各地区贯彻新发展理念，2020年底，中组部印发《关于改进推动高质量发展的政绩考核的通知》，明确了政绩考核的指导原则与发展方向。在此之前，部分地区已率先建立高质量发展评价体系，为健全完善政府绩效管理体制进行了全新探索和实践。党的二十大报告提出，"高质量发展是全面建设社会主义现代化国家的首要任务"。高质量发展是未来经济社会各个领域发展的基本导向，也是深化行政管理体制改革和提升机构编制管理水平的工作目标。随着高质量发展考核体系在各地各领域广泛实施，系统思考高质量发展考核体系对行政管理体制的影响成为题中应有之义。通过这一问题的研究，不仅有助于建立健全高质量发展政绩考核的工作体系，还可以为深化行政管理体制改革提供思路。

一、我国政府绩效管理的发展历程与经验

（一）发展历程

改革开放以来，随着中国经济社会体制的转型，以及国外新公共管理运动的兴起，绩效管理成为政府推进行政管理体制改革的重要议题。政府绩效管理采用科学的方法和程序，对工作进展和成效作出评价，为进一步提升政府绩效提供依据。为了引导和规范政府绩效管理体系的建立和发展，中央政府出台了多个政策文件。地方政府结合各地实际情况，借鉴和引进新的管理机制、管理方法，对政府绩效管理进行了优化和创新，形成了丰富的实践经验。我国政府

绩效管理的发展历程主要分为四个阶段。

1. 初步探索阶段（改革开放初期至 20 世纪 90 年代）

1979 年 11 月，中共中央组织部印发《关于实行干部考核制度的意见》，明确绩效评价的重点在于"考核干部的工作成绩，主要是看对现代化建设直接或间接所作的贡献"。在部委推进和地方政府落实的过程中，政府绩效管理以目标责任制为主要内容。目标责任制的最初形式是岗位目标责任制，后来发展为面向行政首长的目标责任制，其内容是将组织目标分解到各个工作岗位，通过对行政首长以及各个岗位的考核来评估组织的工作成效。随后，政府职能转变推动目标责任制与行政审批、政务公开、服务承诺、奖惩机制等新的管理要素相结合，在福建、浙江、江苏、上海、北京等地掀起了效能建设浪潮，并延续到了 21 世纪初期。

2. 偏重经济指标的考评阶段（20 世纪 90 年代至 21 世纪初期）

20 世纪 90 年代，市场化改革向纵深推进，地方经济发展活力被激发。1996 年中组部出台《县级党政领导班子政绩考核办法及考评标准体系》，提出经济发展、社会发展、精神文明建设和党的建设四类指标。2000 年，中共中央办公厅出台《深化干部人事制度改革纲要》，提出考核体系要"以工作实绩为主要内容"。尽管顶层设计倾向于建立综合性考评体系，但是，加快经济发展的目标和环境使政府绩效考评呈现偏重经济类指标的特征。在这一阶段，经济社会发展目标被逐级分解，与干部晋升挂钩，对地方各级政府形成了有效激励。

3. 突破"唯 GDP"的绩效考评阶段（2000 年至 2010 年）

经济高速增长的同时带来了生态环境恶化、公共服务滞后、地区发展差距扩大等问题，引发了社会各界的高度关注。2002 年，《党政领导干部选拔任用工作条例》出台，在"德、能、勤、绩"的基础上新增"廉"作为干部考核的重要内容，推动政府绩效考评的科学发展。2006 年，中组部印发《体现科学发展观要求的地方党政领导班子和领导干部综合考核评价试行办法》。2009 年，中办出台《关于建立促进科学发展的党政领导班子和领导干部考核评价机制的意见》。2011 年，国务院批准建立政府绩效管理工作部际联席会议制度，并在全国推动政府绩效评估试点工作。各地不仅开展了公众满意度评价活动，也将环境保护、营商环境优化等作为重要的考评指标，还建立了程序完整、管理规范的政府绩效评估体系。突破"唯 GDP"的绩效考评,不仅意味着科学发展观在干部选拔任用工作中的贯彻落实,也标志着科学化、规范化的政府绩效管理体系逐步建立健全。

4. 聚焦高质量发展的绩效管理阶段(2010 年之后)

为了进一步打破原有考评体系偏重经济指标的制度惯性、适应新阶段的发展要求,国家顶层设计进一步优化,持续推动政府绩效管理改革。党的十八届三中全会出台《中共中央关于全面深化改革若干重大问题的决定》,再次强调要"完善发展成果考核评价体系"。2013 年机构改革之后,政府绩效评估职能从纪委监察部门被移交至各级编制委员会。2020 年,中组部印发《关于改进推动高质量发展的政绩考核的通知》,明确高质量发展考核体系要对应新发展理念要求,聚焦民生福祉,反映发展质量与成效,并引导各级领导干部牢固树立正确的政绩观。

(二)发展经验

改革开放以来,我国政府绩效管理取得了显著成效,不仅形成了科学规范的绩效管理体系,也积累了丰富的发展经验。

一是坚持以人民为中心的发展思想。充分反映群众感受、体现群众评价是我国政府绩效管理的内在要求。公众满意度和参与度是评判政府绩效的重要标准。20 世纪 90 年代末,由地方政府主导的"万人评议政府"活动在珠海、南京、杭州等城市兴起。公众作为重要评议主体对政府工作情况进行打分,打破了政府部门对政府绩效评价的话语权垄断。评议结果不仅被用于政府内部奖优惩劣,也增强了政府对民意诉求的回应。

二是以"工作实绩"为导向、与发展阶段相适应。在不同发展阶段,政绩考核都反映了"实绩"导向。在高速增长时期,聚焦经济增长、招商引资、财政收入等经济指标的考核体系,使地方各级政府迸发出强大的经济发展动力,也使中国取得了举世瞩目的经济发展成就。进入高质量发展阶段,原有考核体系已不适应新发展阶段的要求。面对我国社会主要矛盾的新变化新情况新问题,高质量发展考核体系对应创新、协调、绿色、开放、共享发展理念,精准设置关键性、引领性指标,构建起有利于形成高质量发展合力的新激励机制。

三是以地方试点和分散探索推动国家宏观制度设计。2011 年开始,经国务院部署，财政部、质检总局等国家部委局与北京市、吉林省、深圳市等地方政府合作试点推动政府绩效评估工作，为探索建立完备的政府绩效管理机制提供了科学建议。早在2020年中组部印发《关于改进推动高质量发展的政绩考核的通知》之前，浙江、广东、江苏等多地政府已率先建立高质量发展综合评价体系，在指标设计、数据收集、考评结果应用等方面进行探索和创新，为国家指导性政策的制定与出台提供了地方经验。政府绩效管理中的地方探索，体现了由点到面的改革布局，凸显了中国特色社会主义制度的优越性。

四是多种激励机制相结合推动领导干部担当作为。一方面，在经济领域，围绕经济量化指标的晋升竞争，激发了地方政府发展经济的能动性，由此推动了中国宏观经济的高速增长。另一方面，在非经济领域中，围绕特定任务设计评价体系并划定标准的评比表彰活动，在卫生城市、园林城市、文明城市创建中发挥了重要作用。除了正向激励机制之外，节能减排、社会稳定、生产安全等领域的"一票否决"、诫勉谈话代表了负向约束力，体现了"保住底线、守住红线"的运行逻辑。

二、高质量发展与高质量发展考核体系

（一）"高质量发展"表述的提出与内涵

高质量发展是新时代推动国家现代化建设的重大战略。2017年，党的十九大报告提出"我国经济已由高速增长阶段转向高质量发展阶段"，要通过经济发展的"质量变革、效率变革、动力变革"来推进现代化经济体系建设。2018年9月，中央全面深化改革委员会第四次会议审议通过《关于推动高质量发展的意见》，强调要抓紧出台推动制造业、高技术产业、服务业以及基础设施、公共服务等领域高质量发展的政策文件。2020年，党的十九届五中全会指出，"十四五"时期经济社会发展要以推动高质量发展为主题。2021年，"十四五"规划进一步将高质量发展的要求贯穿于经济、社会、文化、生态等各个领域。2022年，党的二十大报告强调"高质量发展是全面建设社会主义现代化国家的首要任务"。除了在经济领域持续深化高质量发展导向，党的二十大报告还对推动重点领域高质量发展提出了明确要求，包括乡村振兴、区域协调发展、黄河流域生态保护、城镇化建设、高水

平对外开放等。2023年国务院政府工作报告指出,我国经济"在高基数基础上实现了中高速增长、迈向高质量发展",系统总结了过去五年我国经济社会发展取得的重大成就。

进入新发展阶段,围绕贯彻新发展理念和构建新发展格局,形成了"以推动高质量发展为主题,以深化供给侧结构性改革为主线,以改革创新为动力,以满足人民日益增长的美好生活需要为根本目的"的系列指导性文件。2021年4月,中共中央、国务院出台《关于新时代推动中部地区高质量发展的意见》,促进中部地区加快崛起和内陆高水平开放,着力建设绿色发展的美丽中部。2021年11月,国家发展改革委、财政部、自然资源部联合印发《推进资源型地区高质量发展"十四五"实施方案》,提出到2035年基本实现资源型地区"资源保障有力、经济充满活力、生态环境优美、人民安康幸福"的高质量发展目标。2022年6月,工业和信息化部等五部门发布《关于推动轻工业高质量发展的指导意见》,从强化科技创新战略支撑、构建高质量的供给体系、提升产业链现代化水平、深入推进绿色低碳转型、优化协调发展的产业生态等方面提出举措。此外,还有聚焦技能型社会建设和人力资源开发的《关于推动现代职业教育高质量发展的意见》、深化医药卫生体制改革的《关于推动公立医院高质量发展的意见》等国家政策文件。

从上述重要文件可以看出,"高质量发展"的表述源于对我国发展阶段转变的研判,直观表现为经济发展特征由中高速增长转向高质量发展。而后,"高质量发展"成为各地区、各领域发展的主题和根本要求,其内涵日渐丰富,可以从三个方面加以理解。第一,高质量发展是"量"与"质"的统一。改革开放以来,我国经历了长时段的经济中高速增长,积累了雄厚物质基础并开拓出广阔市场空间,迅速跃升为世界第二大经济体。然而,我国发展中的矛盾和问题集中体现在发展质量上,具体表现为发展的不平衡不充分,包括城乡区域发展差距较大、农业基础不稳固、社会民生保障存在短板等。这些问题不仅制约着我国经济社会的进一步发展,也潜藏着不可忽视的风险。量变是质变的基础,而质变是量变的结果。因此,高质量发展要破除制约现代化建设的体制机制障碍,不仅强调补短板、强弱项,也要求固根基、扬优势,着力实现发展速度与质量、发展规模与结构、发展效益与安全的有机统一。第二,高质量发展是短期效率与长期可持续发展的平衡。经济发展过程中一些不合理的资源开发方式虽然短期内可以提高生产效率，但从长期来看会对生态系统、人居环境等造成负面影响，甚至反过来制约地区产业体系的升级。高质量发展坚持生态优先、绿色发展，强调经济社会发展的绿色化、低碳化，重视对生态环境治理的投入与监管。协调推进经济高质量发展和生态环境高水平保护，可以为国家现代化建设提供长期发展的持续动力。第三，高质量发展是局部与系统的互动协调。高质量发展不只是针对经济领域，而是对各个领域提出高标准、新要求。高质量发展的本质，是推动经济、政治、文化、社会、生态文明建设的全面协调发展。并且，高质量发展要求要素之间形成良性互动，使整个经济社会系统更具创新力和竞争力，推动经济与生态共赢、发展与富民同步，进而实现我国经济社会发展由大到强的跨越。

（二）高质量发展考核体系的基本内容

推动高质量发展是当前和今后一段时期经济社会发展的根本要求。高质量发展考核体系是与新发展阶段相适应的绩效评价考核机制。2020年中组部印发的《关于改进推动高质量发展的政绩考核的通知》是建立健全高质量发展考核体系的标志性文件，旨在进一步改进地方党政领导班子和领导干部政绩考核工作，引导各级领导干部不断提升贯彻新发展理念的能力和水平。高质量发展考核体系包括发展思想、指导原则和操作规则三个层面的基本内容。

第一，在发展思想层面坚持以人民为中心。党的十八大以来，习近平总书记明确提出以人民为中心的发展思想，多次强调"城市的核心是人"。习近平总书记指出，"为人民谋幸福、为民族谋复兴，这既是我们党领导现代化建设的出发点和落脚点，也是新发展理念的'根'和'魂'"。始终把人民对美好生活的向往作为奋斗目标，是坚持以人民为中心的价值追求、满足人民日益增长的美好生活需要的必然要求。以人民为中心的发展，为高质量发展考核体系的实施提供了价值遵循和行动指引。

第二，在指导原则层面坚持三个原则。一是导向性原则。高质量发展考核体系以体现新发展理念和反映群众幸福美好生活为导向，引导各级领导干部牢固树立正确的政绩观，不断增强领导干部推动高质量发展、服务群众的意识和本领。另外，高质量发展考核体系强化了政府在重点领域的治理职能与责任导向。《中华人民共和国黄河保护法》第一百零三条规定，"国家实行黄河流域生态保护和高质量发展责任制和考核评价制度"。这是以生态文明绩效考核评价和责任制的方式，推进各级政府强化黄河流域生态保护与高质量发展的工作职责。二是可比性原则。从评估结果的横向、纵向对比分析中，高质量发展考核体系可以反映地方政府和领导干部推动高质量发展的努力程度与地区差距，为政府调整工作安排、补齐发展短板提供依据。三是应用性原则。将高质量发展考评结果作为评价领导班子和领导干部政绩的依据，建立"首位"见榜、"末位"问责机制，形成高质量发展考评的激励约束体系。

第三，在操作规则层面形成科学的评价体系。按照全面性、系统性、协调性、普遍性的发展要求，各地已经逐步构建起高质量发展综合绩效评价体系。浙江省制定《浙江省高质量发展指标体系》和《浙江省高质量发展指标体系实施办法》，构建涵盖质效提升、结构优化、动能转换、绿色发展、协调共享、风险防范6个维度共66项指标的评价体系。广东省出台《广东高质量发展综合绩效评价高质量体系》，以综合、创新、协调、绿色、开放、共享6个维度为基本框架，对珠三角核心区、沿海经济带和北部生态发展区设置差异化指标体系。江苏省从2018年开始实施高质量发展绩效监测评价工作，形成设区市、县、城区三套指标体系，且每年根据需要进行动态调整，近年来针对指标数量过多、基层负担较重等问题进行了大幅精简。河南省印发实施《市县经济社会高质量发展综合绩效考核评价办法》，在全省统一指标体系的基础上，对市县分三类设置不同指标权重。

从高质量发展评价指标体系的设计来看，在评价指数上，上海市注重绩效评价指数与发展进步指数相结合，湖北省区分了水平指数和发展指数，既反映各地在当年的高质量发展水平，也体现了各地高质量发展较上年的进展情况。在评价频次上，湖南省采取每季度调度一次数据、每半年开展一次监测评价、每年进行一次考核评比的方式监测地区高质量发展动态。在考核结果运用上，山东省结合各市县的功能定位与承担的任务使命，设置新旧动能转换、乡村振兴战略、"双招双引"和打造对外开放新高地、深入打好污染防治攻坚战、守牢发展和安全底线五类单项奖励。同时，引入"底线""红线"减分项成为常见做法，如佛山市的评价体系设置重大负面事件减分项，并视轻重程度在绩效评价总分中扣减。

三、高质量发展考核体系影响行政管理体制的理论分析

(一) 行政管理体制改革的主要任务

行政管理体制改革一直是党和国家高度重视的问题。改革开放以来，我国实施了多次行政管理体制改革，这些改革为经济社会发展提供了持续动力，有力保障了社会主义建设事业。同时应当看到，行政管理体制改革是一个不断发展、不止息的过程，在不同的历史时期，对于行政管理体制改革的要求也不尽相同。在扎实推进中国式现代化的背景下，行政管理体制改革面临着新的时代要求，尤其是推进国家治理体系与治理能力现代化成为当前改革的重要任务。

在2008年《关于深化行政管理体制改革的意见》中，党和国家将行政体制改革的任务总结为加快政府职能转变、推进政府机构改革、加强依法行政和制度建设三个方面。而在2013年11月提出的国家治理现代化命题中，国家治理现代化的内涵被总结为治理体系与治理能力现代化两部分。此后，学者围绕国家治理现代化展开了广泛讨论，丰富了国家治理现代化的内涵，例如，增加了基本政治制度和价值体系的表述。[①] 除了国家治理现代化的命题和要求外，公共治理理论的发展进一步丰富了行政管理体制改革的内涵。公共治理理论兴起于20世纪末，是对传统公共管理思想的反思与超越。公共治理理论建立在全球化和后工业时代的社会转型背景下，其前沿理论包括新公共服务理论、整体性治理理论、公共价值管理理论等。总体上看，公共治理理论反思了过去公共管理理论所造成的公共服务碎片化、政府失灵等一系列问题，并从治理理念、治理结构、治理方式、治理工具和治理目标五个方面，为推进我国行政管理体制改革和国家治理现代化提供了理论借鉴。[②]

结合上述讨论，行政管理体制改革的内涵总体上可以从政策、组织机构和绩效管理三个方面进行把握。三者互相影响，是构成行政管理体制的三个核心子系统，也是行政管理体制改革最重要的三个方面。

---

① 薛澜：《顶层设计与泥泞前行：中国国家治理现代化之路》，《公共管理学报》2014年第4期。
② 韩兆柱、翟文康：《西方公共治理理论体系的构建及对我国的启示》，《河北大学学报（哲学社会科学版）》2016年第6期。

1. 政策子系统

政策子系统包含政策目标以及政策的制定与执行过程。其中政策目标居于统领性地位，影响着政策制定与执行的方向和效果，在政策子系统中起着"指挥棒"的作用。因此，只有真正理解政策目标，才能更好地认识政策制定与执行的内在逻辑。同时，政策的制定与执行在实践层面决定了政策目标的落实情况。如果不能制定出有效的政策，或政策得不到有效执行，则政策目标只能成为空谈。[1] 目前，我国行政管理体制中政策子系统的问题主要表现为：政策目标单一、政策制定和执行过程粗放、政策目标与政策制定执行过程衔接不畅等。

2. 组织机构子系统

行政组织机构主要指构成行政组织各要素的配合与排列组合方式，包括行政组织各成员、单位、部门和层级之间的分工协作，以及联系、沟通方式。简言之，组织机构子系统主要关心行政活动和政治权力在政府内部的分配与流动，即人、目标、权责三者以何种方式结合。我国传统的组织机构模式以科层制为主要特征，即决策权主要集中在组织机构的上层，呈现出自上而下控制的特点。在传统的公共管理情境下，科层制的单中心治理方式可以有效调动行政资源，发挥集中力量办大事的优势。而在当前公共治理转型的背景下，单纯依靠科层制的行政决策已无法满足灵活性、适应性的高质量发展要求。

3. 绩效管理子系统

绩效管理广泛存在于各类组织中。行政管理中的绩效管理指的是，运用科学的方法、标准和程序，对行政组织的业绩、成就和实际工作作出尽可能的准确评估，在此基础上对行政组织的绩效进行改善和提高。行政绩效管理包含了对工作绩效进行评估和通过评估进一步改善绩效两个方面。国家治理现代化对行政组织绩效提出了更高的要求，但传统绩效管理偏重于经济考核而忽略社会层面的发展质量，显然不能对行政管理绩效的科学评估和优化改进提供支撑。

（二）高质量发展考核体系对行政管理体制三个子系统的影响分析

1. 对政策子系统的影响

政策子系统主要包括政策目标以及政策的制定与执行过程。其中政策目标

---

[1] 丁煌：《我国现阶段政策执行阻滞及其防治对策的制度分析》，《政治学研究》2002年第1期。

代表了行政管理体系内部高度认可和遵循的一般理念，是组织价值观的直接体现。治理现代化思想的提出和公共治理理论的发展，为公共治理价值理念的演进提供了基础性的理论依据，进而影响了政策目标的制定。国家治理现代化的总体任务中包含了价值理念的发展。习近平总书记在讲话中指出，推进国家治理现代化进程，就是要"加快构建充分反映中国特色、民族特性、时代特征的价值体系"①。在新时代的价值体系中，公众参与、公开透明、正当程序等思想都已隐含在政府执政行为和运作程序中，潜移默化地成为政策目标制定的基本依据。②

在公共治理理论的前沿领域，围绕价值理念的革新目前已经形成了较为完整的公共价值管理理论。该理论以"公共价值"为核心，认为应当追求工具理性和价值理性的融合，即需要回应社会公众对公共价值的期望与偏好，在制度设计、行政行为中都应当体现公共价值的理念。③④ 除了公共价值管理理论外，新公共服务理论同样反思了新公共管理运动以来片面重视效率而忽视公共利益的弊端。⑤ 国家治理现代化的思想和公共治理前沿理论表明，过去重视社会发展效率而忽视公共利益的理念已经不符合可持续和高质量发展的时代要求，应当转向对公共利益和公共价值的重视，以保障公众从社会发展进程中普遍受益。行政管理价值理念的发展，也促使政策目标响应转变，即更加重视通过公共政策维护公共价值，实现工具目标和价值目标的兼顾。

当然，对于政策子系统而言，仅政策目标的转变还远远不够，还需要从具体的政策制定和执行过程环节落实政策目标。在政策制定阶段，需要重视公共价值在政策中的体现，从过去以经济发展为主转向经济与社会共同发展的政策取向。在政策执行阶段，相应地也要更加重视通过公共政策落实社会效益，避免因重视经济利益而忽视社会民生政策的执行，更不能因经济效益而损害公共利益。因此，需要提高政策制定和执行的科学化、民主化水平。科学化强调公

---

① 《习近平谈治国理政》第一卷，外文出版社2018年版，第106页。
② 薛澜：《顶层设计与泥泞前行：中国国家治理现代化之路》，《公共管理学报》2014年第4期。
③ 何艳玲：《"公共价值管理"：一个新的公共行政学范式》，《政治学研究》2009年第6期。
④ 韩兆柱、郭红霞：《公共价值管理理论的研究进展与前瞻》，《河北大学学报（哲学社会科学版）》2017年第6期。
⑤ 丁煌：《当代西方公共行政理论的新发展——从新公共管理到新公共服务》，《广东行政学院学报》2005年第6期。

共政策符合理性和规范，而民主化则要求公共政策对于民众所关切的问题有所回应，尤其是对于公共政策的公平问题给予更多重视。

对于以上的行政管理体制改革要求，建立完善的高质量发展考核体系能够在以下两方面产生积极的推动作用。

第一，高质量发展考核体系为政策目标提供了明确的价值遵循。高质量发展考核体系是以习近平新时代中国特色社会主义思想为指导，是新发展理念的重要体现。这一体系体现了党和国家以人民生活需求为落脚点，正确处理发展质量与规模速度的思想理念。因此，高质量发展考核体系为政策子系统提供了基本的指导思想和价值遵循。基于这一指导思想，政策目标也向新发展理念转变，更加重视社会效益、绿色发展、可持续发展等高质量发展的基本组成部分。具体来说，通过建立高质量发展考核体系，有助于政府各级行政单位依据考核体系重新审视和制定政策目标，从而更好地体现高质量发展的基本要求。[①] 从这个意义上来看，建立高质量发展考核体系相当于为政策目标树立了新的"指挥棒"，以此加快政策重心的转变。

第二，高质量发展考核体系推动政策制定和执行过程的科学化与民主化。政策目标是政策子系统的指导思想，而政策制定和执行则是连接指导思想与实践绩效的中间环节。在通过思想价值引导政策目标转型的基础上，高质量发展考核体系通过推进政策制定和政策执行的科学化和民主化，进而提高政策质量。在政策制定方面，高质量发展考核体系引导政策制定者更多地考虑绿色发展、社会效益等方面的内容，以兼顾社会与经济发展的协调。[②] 同时，高质量发展考核体系也将推动政策制定过程吸纳多元社会力量参与，不仅可以更好地回应社会公众诉求，也能够吸纳实践知识弥补过去政策制定"闭门造车"的不足。[③] 在政策执行环节，高质量发展考核体系促使行政组织在政策执行过程中根据这一体系有意识地弥补短板环节、优化执行效果。此外，高质量发展考核体系还通过开放治理和协同治理的要求，促使政策执行打破传统的以政府为单一执行中心的模式，在多元主体合作共治的过程中实现政策执行。通过多元共治弥补单一执行主体的缺陷，提高政策执行质量。

---

① 负杰：《科学有效的考评指标体系是干部政绩考核的生命线》，《国家治理》2020年第44期。
② 李发戈：《对建立高质量发展评价考核体系的思考》，《先锋》2021年第1期。
③ 马亮：《政绩考核评价体系要更加适应高质量发展需要》，《国家治理》2020年第44期。

2. 对组织机构子系统的影响

组织机构子系统包含行政组织各个构成要素及其互动协同。行政管理体制能否高效运转，在很大程度上取决于行政组织机构能否流畅协作。在国家治理现代化的总体要求中，国家治理体系指的是管理国家的制度体系，也是一套紧密相连、相互协调的国家制度；国家治理能力则是运用国家制度管理各项社会事务的能力。[①] 两者实际上都与行政组织机构存在着密切的关联。国家治理体系即国家制度安排，包含着行政组织机构的内涵，可以说行政组织机构体系的完善是国家治理体系现代化的必然要求。同时，行政组织机构的运转效率也影响着国家治理能力的运行。因此，推进国家治理体系和治理能力的现代化，完善行政组织机构是题中应有之义。

行政组织机构改革也是公共治理理论前沿发展最关注的问题之一。目前围绕行政组织机构体系已经形成了协同治理理论、整体性治理理论、多中心治理理论等一系列前沿理论，为行政组织机构的未来发展提供了理论启示。这三个理论各有侧重但也存在着内在逻辑关联，共同构成了当下公共治理理论对于行政组织机构的设想。协同治理理论针对过去以政府为单一权威的弊端，认为公共治理中应打破以政府为核心的权威，实现政府与多元社会主体的共治，不同主体都可以在一定范围内参与公共治理。[②] 整体性治理理论则立足于过去长期被诟病的不同部门各自为政、"九龙治水"等治理碎片化问题，提出公共事务应当以问题为导向，集中整合各个部门的资源以形成统一的行动整体。[③] 多中心治理理论与协同治理理论有相似之处，但多中心治理理论更强调决策中心的分散化和下沉，即认为传统上单中心的治理模式将决策集中在一个单一的核心，不能对现实多样性进行有效回应。因此，多中心治理理论主张多个中心分散决策，通过下沉决策和治理中心，能够对现实中出现的各类问题快速应对。[④]

总体来看，以上三种公共治理前沿理论着眼于行政组织机构的不同方面：

---

① 习近平：《切实把思想统一到党的十八届三中全会精神上来》，《求是》2014年第1期。
② 李汉卿：《协同治理理论探析》，《理论月刊》2014年第1期。
③ 竺乾威：《从新公共管理到整体性治理》，《中国行政管理》2008年第10期。
④ 李平原、刘海潮：《探析奥斯特罗姆的多中心治理理论——从政府、市场、社会多元共治的视角》，《甘肃理论学刊》2014年第3期。

协同治理理论关注政府与其他治理主体的关系，整体性治理理论和多中心治理理论则分别关注政府内部的横向及纵向部门间关系。这两个方面也是理顺行政组织机构关系，推进行政组织机构改革的必要环节，而高质量发展考核体系的建立能对此产生积极推动作用。

第一，高质量发展考核体系有助于协调政府与其他社会主体间的关系。传统的发展目标和考核体系所涉及的领域范围、复杂程度和精细化程度相对较低，因此政府部门可以通过自身实现而无须借助多元社会主体。这在长期的公共管理实践中形成了"大政府小社会"的治理模式。然而，在公共管理向公共治理转型的过程中，产生的治理问题和目标考核复杂化、精细化程度日益加深，且往往涵盖众多治理领域，已经超出了政府自身的治理能力范畴。因此，传统的政府单一治理模式，已经不能适应实现高质量发展目标的要求。① 可以说，高质量发展考核体系的设立，促使政府不得不从封闭走向开放，吸纳不同的治理主体共同参与公共事务的治理。只有充分发挥多元主体的优势，才能实现公共治理的精细化目标，从而达到高质量发展考核体系的要求。

第二，高质量发展考核体系有助于优化政府内部的行政效率。现实中由于缺乏有效的制度安排和激励，政府内部的行政运行往往呈现出横向各自为政的碎片化、纵向决策中心高度集中的状态，制约了公共治理的绩效。今天，高质量发展考核指标所指向的一系列综合治理问题，已经成为需要依赖多部门协作才能应对的问题。因此，高质量发展考核体系可以有效倒逼政府内部打破部门间的业务壁垒，从分裂走向统一、从碎片走向整体，整合不同部门的业务资源与行动能力。而在纵向层面，面对复杂多变的治理问题，传统的单中心治理暴露出反应层级过多、不能精确诊断、回应不够灵活等弊端。因此，推进决策中心的分散和下沉，建立多中心治理模式就成为行政组织机构改革的必然选择，近年来我国不断推行的各级行政权力下放就是这一趋势的直接体现。② 而高质量发展考核体系的建立不仅本身就包含了决策下放的内涵，而且要求行政组织机构能够更加敏捷地应对现实中的治理问题，也使得政府内部必须通过决策下

---

① 李平原、刘海潮：《探析奥斯特罗姆的多中心治理理论——从政府、市场、社会多元共治的视角》，《甘肃理论学刊》2014年第3期。

② 王振国：《政府部门行政权力下放路径研究》，《机构与行政》2016年第12期。

放提高自身的运转效率。

3. 对绩效管理子系统的影响

绩效管理包含了对工作绩效进行评估和通过评估进一步改善绩效两方面的内涵。在行政管理体制中，绩效管理并不是一个新概念，在 20 世纪七八十年代，就已有了对行政活动进行评估的绩效管理。但在现代公共行政不同的发展阶段，绩效管理的内涵也不尽相同。在 20 世纪 80 年代兴起的"新公共管理"运动中，绩效管理主要侧重于行政服务的效率。① 而随着新公共服务和公共治理理论的兴起，绩效管理的侧重点转向了公共利益和公共价值。党的十九大以来，党中央提出了经济建设、政治建设、文化建设、社会建设、生态文明建设"五位一体"的中国特色社会主义事业总体布局，已经表明公共治理的重心转向了全社会各项事务全面发展，因此绩效管理也必须从传统的效率评估转向更加全面的"五位一体"总体评估。

公共价值管理理论高度重视绩效管理。该理论反思了新公共管理运动中绩效管理的公共性、合作生产和可持续问题，提出需要基于共同的社会价值和公共价值构建绩效管理体系。② 除了回归公共价值的理念取向以外，公共治理理论在分析单位和评估维度两方面也改变了传统的绩效管理模式。③ 在分析单位方面，公共管理理论认为绩效管理应该超越过去聚焦个体或单个组织的做法，而将视野置于整个行政管理系统之上，即对整个行政管理系统进行评估。尽管行政管理系统是由众多个体和具体组织组合而成，但系统的总体绩效却并非每个个体的绩效加总。因此，只有从系统层面把握绩效，才能更全面地认识行政活动的最终结果。而在评估维度层面，公共治理理论认为行政组织内部不同结构之间的关系，应当更多强调其合作和信任，而非竞争和管制。通过建立组织内部的合作关系，可以有效降低组织运行成本，并避免内部竞争与各自为政的局面。因此在绩效评估层面，也应当更加重视组织内部各部门的合作而非竞争。公共治理前沿理论从管理视角和评估维度方面对绩效管理提出了更高要求，因而也亟须绩效管理手段的进一步完善。高质量发展考核体系的建立和实施能够回应

---

① 陈振明：《评西方的"新公共管理"范式》，《中国社会科学》2000 年第 6 期。
② 包国宪、王学军：《以公共价值为基础的政府绩效治理——源起、架构与研究问题》，《公共管理学报》2012 年第 2 期。
③ 包国宪、赵晓军：《新公共治理理论及对中国公共服务绩效评估的影响》，《上海行政学院学报》2018 年第 2 期。

这两方面的需求，助推绩效管理向科学化、系统性的方向优化发展。

第一，高质量发展考核体系建立了全局性的绩效管理视角。与以经济效率为主要指标的传统绩效管理思想不同，高质量发展考核的指标体系涵盖了经济、政治、文化、社会、生态的不同方面，体现了"五位一体"的总体要求。因此过去聚焦于局部和个体的绩效管理方式已经越来越不能适应当前的公共治理要求，尤其是很多治理问题需要多个部门共同合作才能取得良好的绩效。通过立足于对多个部门整合协作的整体性、系统性评估，高质量发展考核体系在一定程度上改变了过去忽略行政系统整体绩效的弊端。同时，在国家治理现代化的总体要求和公共治理理论的视野中，合作成为行政管理体制内部的主要特征。高质量发展考核体系在绩效管理层面纠正了以效率和竞争为主的评估维度，在实践中也有助于消除部门间竞争问题。通过关注部门间的协调性、合作性等问题，高质量发展考核体系引导绩效管理更加重视部门间合作，并关注部门间合作所产生的成本降低、信息共享、协同治理等公共治理红利。

第二，高质量发展考核体系提高了绩效管理手段的科学化水平。随着高质量考核体系引入全局性的绩效管理视角，对于绩效管理手段也提出了更高要求。改革开放以来政府绩效管理的发展历程伴随着绩效管理手段的与时俱进。今天的高质量考核体系所提出的整体性绩效考核、兼顾经济效益与社会效益等要求，已不能依赖传统的绩效管理手段实现有效管理，因此也推动行政体系在绩效管理手段方面朝着更加科学化的方向发展。典型的管理手段创新包括引入新兴技术赋能绩效管理，以及引入第三方评估强化绩效管理的专业性和独立性。一方面，高质量考核体系要求绩效管理覆盖更广泛的社会经济运行范围，这就需要以大数据为代表的新兴技术作为支撑。另一方面，第三方评估所具有的专业性和独立性，能够弥补传统绩效管理手段的不足，使之更好地适应高质量发展考核体系的要求。

（三）进一步讨论：高质量发展考核体系对微观个体的影响

公务员作为行政管理体制的微观构成个体，其行为决定了政府行政运作的具体结果，因此能否建立对公务员个体恰当的激励，也成为行政管理体制运转的关键。正是由于公务员个体激励的重要价值，对此问题的研究成为学界和实践者关注的焦点，其中制度环境已被发现能够对公务员的行为激励产生重要影响。通过在中观层面影响行政管理体制的三大子系统，高质量发展考核体系也会在微观层面对公务员个体行为形成重要的制度背景，通过对公务员产生恰当的激励进而将其影响延伸到行政管理体制的末端。

高质量发展考核体系对公务员微观个体的影响主要体现在以下五个方面（见表1）。第一，目标导向。目标导向对公务员工作绩效有显著影响，高质量发展考核体系通过对多目标的综合考评，使公务员从过去过度重视经济发展目标而忽视其他目标，转向树立多项目标并重的导向。第二，责任意识。尽管对人民负责早已成为对我国公务员的基本要求，但在传统的考核体系下，公务员的生涯发展主要取决于上级领导，因而在工作中容易形成对上级负责而忽略对人民负责的态度。高质量发展考核体系将多元社会主体引入公共治理的共治局面，使得社会主体的参与成为影响公务员工作绩效的重要因素，因而也促使公务员个体更加注重对其他社会主体的负责意识，从而保障对上级负责与对人民负责的一致性。第三，合作态度。过去传统的部门间权责关系呈现出碎片化、分割化的局面，跨部门合作与协同程度较低，因此也常被称为"九龙治水"。这也成为制约我国国家治理能力提升的桎梏，而改善公务员的跨部门合作态度是提升跨部门协同的有效方式之一。高质量发展考核体系在一定程度上打破了传统部门界限的藩篱，形成不同部门的绩效纽带，从而激发公务员个体的合作理念，甚至在长期中培养形成公务员的利他意识。第四，工作积极性。长期以来，基层公务员的职业倦怠问题一直是公共管理部门关心的焦点。对于造成公务员职业倦怠的成因，职业支持度不足造成的落差与压力是一个重要因素。在传统官僚制体系下，决策权力高度集中于上级，而基层公务员则面临着事多权少的困境。高质量发展考核体系正在推动决策中心下沉与多中心治理，将给予基层治理更多的自主决策机会，从而能够有效激发起基层公务员的工作积极性。第五，行政成本偏好。尽管已有研究表明，公务员的行为与政府行政成本具有显著相关性，但在过去的考核体系中，由于缺少考评导致公务员对于行政成本敏感度较低。而在高质量发展考核体系下，加大了对行政成本的科学测量与考核，并将之与公务员考核挂钩，也有助于提升公务员的行政成本意识。

表1　高质量发展考核体系对公务员微观个体行为的影响

行为激励	传统考核体系	高质量发展考核体系
目标导向	重点关注经济目标，容易忽略其他目标	对各项目标同等重视
责任意识	主要向考核上级负责，忽略对其他社会主体负责	向上级负责与向其他社会主体负责相一致
合作态度	以扩大本部门权力为出发点，视其他部门为竞争对象	部门利益边界被打破，视其他部门为合作者
工作积极性	被动接受上级的安排工作，容易陷入职业倦怠	决策下沉增加工作主动性，并提高绩效意识
行政成本偏好	与自身考评无关，因此不关心行政成本	行政成本与考核相关，对行政成本更加敏感

（四）小结

通过上述分析可以梳理出高质量发展考核体系影响行政管理体制的分析框架图（见图1）。高质量发展考核体系包含发展思想、指导原则、操作规则三个层面的内容。其中，发展思想奠定了高质量发展考核体系的基本价值遵循，是制定指导原则和操作规则的基础；指导原则明确了高质量发展考核体系的目标导向，为操作规则的制定提供了直接指引；操作规则反映了高质量发展考核体系的具体内容，规定了高质量发展考核体系"评什么""如何评""考评结果如何用"等内容。行政管理体制由政策、组织机构、绩效管理三个子系统构成。高质量发展考核体系不仅分别对三个子系统产生了影响，还会通过子系统之间的互动关系使行政管理体制成为一个有机整体。首先，政策子系统中的均衡性目标设置、科学化政策过程，不仅会倒逼政府职能转变与组织机构调整，也会影响地方政府绩效评价体系的设计。其次，组织机构子系统中的治理重心下移以及跨部门合作共治，有利于经济社会政策的执行。同时，多元主体参与政府绩效评价成为必然。最后，绩效管理子系统的优化与评价工具的丰富，为评估政策执行结果和调整政府职能设置提供了依据。值得注意的是，高质量发展考评还会通过行政管理体制的传导，对公务员微观个体产生影响，具体表现在目标导向、责任意识、合作态度、工作积极性、行政成本偏好五个方面。

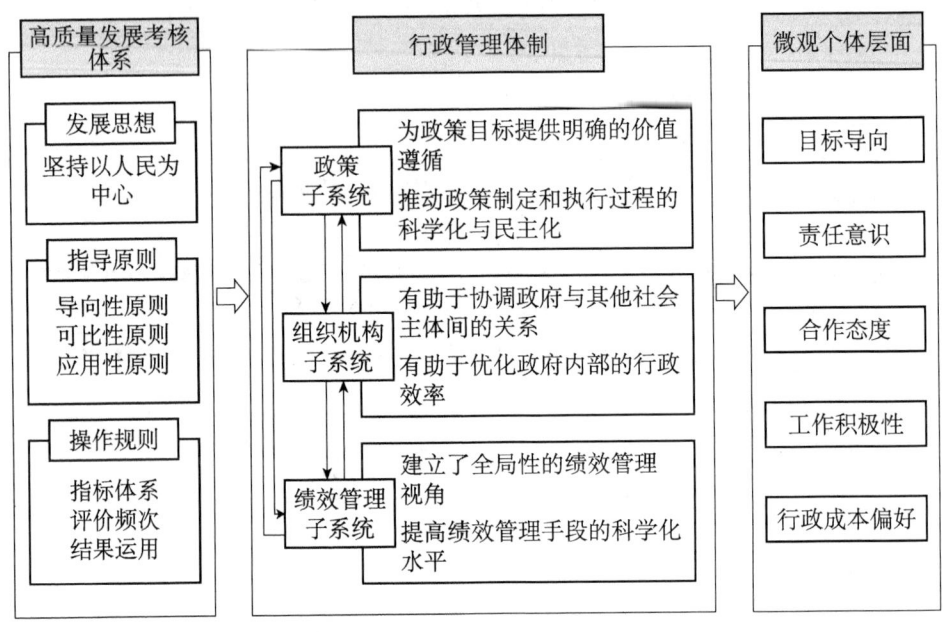

图 1　高质量发展考核体系影响行政管理体制的分析框架

四、高质量发展考核体系影响行政管理体制的经验证据

作为常住人口超过 2000 万人、城区人口达到 1334 万人的超大城市，成都在成渝地区双城经济圈建设中发挥了极核引领和主干带动作用，是中西部地区发展的龙头城市。成都于 2018 年出台《关于探索建立〈成都市高质量发展评价指标体系（试行）〉的工作方案》，在全国率先探索建立与地方实际相结合的高质量发展考核体系。近年来，成都及其所辖区县在《环球时报》发布的《中国高质量发展评估报告》、赛迪顾问发布的《中国城区经济高质量发展白皮书》等智库测评报告中表现亮眼。成都具有较长时间的高质量发展考核体系探索历程，以及较为突出的高质量发展进程，为理解高质量发展考核体系对行政管理体制的影响提供了丰富的经验资料。

（一）成都市高质量发展考核体系

成都市高质量发展评价指标体系以"三新两优一控"为目标构建基本框架，即"发展方式新、经济结构新、发展动能新，绿色低碳优、民生福祉优，风险可防控"。从指标构成来看，一级指标包括质效提升、结构优化、动能转换、绿色低碳、风险防控、民生改善六大领域；二级指标在上述六个领域下设52个指标。其中：质效提升领域反映发展方式转变要求、体现质量变革和效率变革成果，选取10个反映经济增长质量和效益情况的二级指标；结构优化领域从产业结构、出口结构、城乡结构等方面选取8个二级指标；动能转换领域体现创新和创业的发展活力，从创新投入水平、经济增长活力等方面选取8个二级指标；绿色低碳领域突出公园城市特点，从环境质量、节能降耗、绿色出行等方面选取11个二级指标；风险防控领域聚焦经济平稳健康可持续发展的底线保障，从政府债务、企业负债、居民负债等方面选取7个二级指标；民生改善领域体现以人民为中心的发展思想，从收入分配、消费升级、民生支出等方面选取8个二级指标。在指标权重方面，将二级指标分为引领性、短板性、一般性三种类型，并按3分、2分、1分赋予权重。在计算方法上，采用综合指数法，分别计算高质量发展综合指数以及六个领域的指数。

成都市围绕高质量发展的内涵、特征和要素设计高质量发展评价指标体系。该评价体系以建设现代化经济体系为统领，以推进供给侧结构性改革为主线，以满足人民日益增长的美好生活需要为最终落脚点。该评价体系反映出国家标准与成都特色相结合、科学性与可行性相结合、传统指标与创新指标相结合、过程评价与结果导向相结合等四个特点。区别于传统评价指标体系侧重经济发展的"量"和"速"，高质量发展评价指标体系以人民城市人民建、人民城市为人民为导向，聚焦经济社会发展的"质"与"效"。该评价体系涵盖了多个新指标，如反映新经济新动能发展情况的"三新"经济增加值占GDP比重、反映绿色发展能效的清洁能源消费比重、反映民众生活质量的人均教育文化娱乐支出占比等。

高质量发展评价指标体系发布以来，成都市委市政府高度重视评价指标体系的指导作用，高效开展相关工作。有关部门积极构建统计管理长效机制，多措并举保障高质量发展评价指标体系的过程管理、分类考核、跟踪督导、业务规范，确保了数据质量真实、任务落实有力、考核结果有效，以高质量发展考核体系引领城市高质量发展。

（二）高质量发展考核体系对政策子系统的影响

政府工作报告和五年规划，是政策子系统中具有统领性和指导性作用的文件，集中反映了政府的工作重点和发展目标。因此，通过对这两类文件的分析，有助于理解高质量发展考核体系如何影响政策子系统中的目标设置、政策制定与执行、政府决策。

为了全面落实党中央、国务院、省委省政府关于推动高质量发展的决策部署，成都市以高质量发展考核体系为导向，制定了年度经济社会发展目标。2021年政府工作报告从经济发展、创新驱动、民生福祉、绿色生态和安全保障5个方面制定了主要工作目标，提出：高技术制造业营业收入占规模以上工业营业收入比重达36.2%，先进生产性服务业增加值占服务业增加值比重达47%，数字经济核心产业增加值占地区生产总值比重高于全省，新增新经济企业6.3万家，新增高新技术企业1000家，城乡居民人均可支配收入分别增长7.7%、8.2%，城镇新增就业23万人。2022年政府工作报告延续了这些工作任务。成都市"十四五"规划纲要从经济发展、创新驱动、扩大开放、绿色生态、民生福祉、安全保障6大类别，提出了"十四五"时期经济社会发展的28个主要指标。相比于"十三五"规划纲要，"十四五"规划纲要新增了多项指标。"民生福祉"类别中新纳入每千人口拥有执业（助理）医师数、每千人口拥有3岁以下婴幼儿托位数等指标，既回应了群众急难愁盼问题，也被用以评估"幸福美好生活十大工程"的实施成效。"安全保障"作为一大新增类别，聚焦粮食综合生产能力、粮食储备量和能源综合生产能力3个约束性指标。从近两年的高质量发展成效来看，成都市多项工作任务的目标完成情况超过预期，城市竞争优势实现重塑、生态品质得到改善。高质量发展考核体系引领政策目标实现的效果显著。

高质量发展考核体系中均衡性的指标设计，对政府处理好继承与创新、合作与竞争、发展与安全、政府与市场等关系提出了更高要求。成都市有关职能部门出台了多部专项规划，为重点领域制定战略性规划，构建起支撑现代产业体系、创新体系和城市治理体系高质量发展的政策体系。《成都市"十四五"新经济发展规划》聚焦打造具有全球影响力的新经济策源地和活力区；《成都市"十四五"数字经济发展规划》和《成都市"十四五"信息化规划》基于超大城市数字化转型的现实需求，提出细分发展目标；《成都市"十四五"服务业发展规划》着眼于增强城市极核主干功能；《成都市"十四五"生态环境保护规划》以促进经济社会发展全面绿色转型为目标；《成都市"十四五"城乡社区发展治理规划》围绕建设幸福美好公园社区和构建基层治理共同体两大主要任务提出具体举措;《成都市"十四五"应急体系建设规划》以智慧韧性安全城市建设工程为抓手,从安全生产、防灾减灾、应急能力建设三个方面提出发展目标。

此外,高质量发展考核体系推动政府完善决策程序、建立科学决策的信息平台。一方面,让人民群众成为城市发展的积极参与者、最大受益者、最终评判者,是高质量发展考核体系实施后的一大变化。成都市加快推进社会稳定风险评估中心建设,完善城市风险隐患定期排查、情报信息研判预警、重大决策社会稳定风险评估、风险防控协同等机制,形成重大行政决策公众参与、专家论证、风险评估制度。此外高质量发展考核体系中多维任务目标的复杂性和关联性,对政府研判发展态势、制定公共政策提出了新要求,推动地方政府不断提升决策的科学化、信息化水平。成都市加强建设综合应急物资储备库和调度决策信息平台,形成市、区县、镇三级网络,探索构建跨区域应急物资保障供应协同机制。成都市正在推进各级业务系统向"城市大脑"的接入和集成,建立城市体检信息平台,以信息化平台助力政府科学决策。

通过对成都市政府工作报告和五年规划的梳理,可以看到高质量发展考核体系在政策目标设定、政策制定和执行过程方面都产生了重要影响。对于政策目标设定,受到高质量发展考核体系的影响,成都市加快推进规划体系建设、强化政策协同,更加重视绿色发展、社会民生等问题,形成了更加全面的社会总体发展目标,体现了可持续发展和公共利益的基本价值取向。在政策制定和执行方面,为了实现上述高质量发展目标,成都市着力完善决策程序并逐渐推动开放式的决策和执行,建立制度健全、过程规范的决策机制,以提高决策的科学化和信息化水平。总体来看,高质量发展考核体系推动成都市的政策子系统向着可持续性增强、公共价值提升的方向转变,并带动了政策制定和执行过程的开放与优化。

(三)高质量发展考核体系对组织机构子系统的影响

第一,高质量发展考核体系的实施,推动形成了政府主导的多元主体合作共治格局。"幸福美好生活十大工程"(简称"十大工程")是成都市委市政府在"十四五"时期部署开展的系统性工作,是推动高质量发展的牵引工程,是加快建设践行新发展理念的公园城市示范区的创新实践。市级各部门全面参与"十大工程"建设，立足自身职能创造性开展工作；各区县充分发挥主体作用，制定本辖区具体工作方案，落实属地责任、夯实基层基础。"十大工程"的推进，不仅需要政府各职能部门、各级地方政府协同发力和分工合作，还需要积极引导国有企业、社会资本、市场主体参与，形成共同建设、共同发展、共同受益的良好局面。2022年6月，《成都市幸福美好生活十大工程2022年首批民生项目机会清单》发布，释放政府、企业两端供需机会497项，既向社会主动公开服务内容、联系方式等信息，也让市场主体和公众了解项目建设、服务购买等内容，有助于推动多元主体参与城市建设、共享发展机会。

第二，高质量发展考核体系促进了政府职能转变与组织机构优化，进而提升了政府部门的行政效率。在高质量发展阶段，社会建设与经济发展并重。社会建设是对人们美好生活需要的回应，需要在治理重心下移的同时使政府职能和机构设置做出相应改变。2017年，成都设立党委序列的"成都市委城乡社区发展治理委员会"（简称"社治委"），解决以往基层社会治理面临的"条块分割"困境，形成了基层治理人、财、物统筹协调的保障机制。近年来，社治委在统筹城乡协调发展、提升公共服务供给能力方面发挥了重要作用，包括会同市发改委，推进成都市基本公共服务总体规划；会同市规划和自然资源局，推进"15分钟基本公共服务圈"规划布局；会同市住建局，推进城乡基本公共服务设施、区域性综合体建设；指导和规范城乡社区党群服务中心及服务工作站运营等。此外，成都市深化镇街体制机制改革，以"6＋X"模式优化机构设置，即镇街统一设置综合、党群、社区发展、社区治理、民生服务、综合执法协调6个机构的同时，个性化设置应急管理、生态环境、自然资源及城市更新等特色机构。此外，剥离镇街招商引资职能，使镇街主责向公共服务和社会管理聚焦，有效提升基层治理能力和满足群众需求。以组织机构调整和职能优化撬动公共服务、社会治理领域的改革，不仅有效改变了政府经济职能突出、公共服务职能缺位的现象，而且突显出整体性治理理念在服务型政府建设中的重要性。

总体来看，在处理政府与社会关系方面，高质量发展考核体系的建立使成都市积极吸纳多元社会主体参与公共治理，不仅有助于提高公共治理绩效，而且多元共治的过程会进一步推动政府组织机构职能的完善。此外高质量发展考核体系推动成都市有关政府部门的组织结构体系向整体性、协同性的方向发展。近年来，成都市着力打破原有职责同构、条块并存的制度壁垒，形成以公共服务提质增效为总抓手的组织职能整合和工作机制，多种举措提升组织机构的运行效率。

（四）高质量发展考核体系对绩效管理子系统的影响

一方面，高质量发展考核体系促进了政府绩效管理工作流程的健全与规范。从绩效评价的过程来看，在指标设计阶段，成都市统计局、发改委、组织部牵头，其他相关部门配合，共同推进高质量发展评价指标体系的构建工作，并根据国家统计标准及时修订完善。在数据采集阶段，严格开展采集、核对、汇总工作，确保数据的可靠性。在数据处理阶段，依据统计方法完成数据标准化处理和指数计算工作，并进行综合评价、横向与纵向比较分析，形成高质量发展综合评价报告。在结果应用阶段，将高质量发展评价作为区县党政领导班子和领导干部政绩考核的重要依据。从重点工作领域的落实情况来看，成都市在推进"十大工程"的过程中制定了责任清单，明确了责任主体、工作内容、完成时限，并将之纳入目标绩效管理。此外，在基层社会治理领域，成都市强化定期跟踪分析和效果评估机制。针对基层治理问题的发现和处置，建立分类考核评估机制，对改革工作进行跟踪监督和绩效评估，落实高质量发展责任制。

另一方面，高质量发展考核体系推动建立了跨部门合作的大数据监测平台，突出了绩效管理系统评估、分析、研判政府工作实绩的功能。2021年，成都市以"高质量发展攻坚年"为主题，与高校合作搭建高质量发展大数据监测平台。该平台包括三点任务目标：一是应用人工智能算法合成多维评估指数，为评估地区高质量发展情况提供量化标尺；二是实时抓取网络舆情数据与民众评价数据，为推动公民诉求表达提供对话平台；三是依托大数据技术获取底层数据，为帮助政府科学决策部署提供数据支撑。高质量发展大数据平台集中利用了垂直搜索引擎、互联网爬虫、文本挖掘、自然语言处理、事件挖掘、时间序列分析和大规模数据分析处理架构，为研判高质量发展态势提供了多源信息。该平台以互联网海量数据作为模型算法的起点，涵盖经济、民生、产业、环保、安全、人口等指标数据，建立起具有预测预判功能的大数据模型,并在实际应用中形成了多项研究成果,主要包括三个方面的分析报告。一是聚焦地级市和区县高质量发展情况的分析报告。报告从创新、协调、绿色、开放、共享、安全六大维度构建起包含130余个基础指标的评价体系,对全国337个城市及2848个区县的高质量发展情况进行系统分析,以此为基础分析成都及其区县的高质量发展水平,为下一步补短板提供了决策依据和对标样板。二是聚焦成渝双城经济圈高质量发展情况的分析报告。报告中建立了双城经济圈指数体系,囊括高质量发展指数和关联度指数,评价范围包括四川省113个区县和重庆市29个区县。三是反映幸福美好生活水平的指标体系及分析报告。报告从成都实际出发,借鉴国内外经验,构建起包括7个特色指标、34个二级指标、243个三级指标的评价体系,对成都市幸福美好生活十大工程工作进展、成果及为市民带来的切实影响进行有效追踪及科学评估。

可以看到,高质量发展考核体系的建立,在三个方面推动了成都市绩效管理子系统的完善。首先,在目标和价值导向方面,成都市构建起贯彻新发展理念的绩效考核体系,更好地回应了公共利益和公共价值的基本取向。其次,从绩效管理的全局性视角出发,成都市不是局限于辖区内的区县考评,而是立足于成渝双城经济圈的高质量发展情况进行评估,从区域协同发展的高度定位成都高质量发展。最后,通过构建跨部门合作的大数据监测平台,借助大数据思维和技术,有效提升绩效管理的信息化、科学化水平。

五、政策取向

(一)坚持高质量发展考核的基本理念

虽然实施高质量发展体系能够有效推进行政管理体制改革,但目前治理理念未能及时转变,限制了高质量发展考核体系的推动作用。高质量发展的治理理念,是利用好高质量发展考核体系的必要准备,即只有树立了符合高质量发展要求的治理理念,才能通过考核体系的建立推进行政管理体制改革和优化。今后应当进一步以高质量和可持续发展为总要求,坚持公共利益和公共价值为先导,树立开放治理、协同治理、整体性治理的理念。为了实现这一目标,需要在三个方面加强工作。第一,坚持吸收引进国际公共治理前沿理论。目前国际学界在公共治理理论方面正在快速发展，国内公共管理应当积极吸收其中的思想精华，以前沿治理理论为指引。第二，坚持国际前沿理论的本土化。在吸收国际公共治理理论精华的同时，也应当看到中国的公共治理情境具有自身特点，不能照搬他山之石。因此，需要将国际前沿理论与中国国情和本土治理思想相结合，形成具有中国特色的公共治理理论。第三，坚持理论与实践相结合。理论虽然为公共治理实践提供了指引，但也需要接受实践的检验。不论是西方前沿理论还是本土化理论，都需要在实践中接受检验并得到发展。只有经受实践检验，并在实践中不断修正和发展的理论，才是真正富有生命力的理论，才能为行政管理体制改革提供有效的理论指导。

（二）建立符合高质量发展要求的机构职能体系

坚持高质量发展考评的基本理念为推进行政管理体制改革提供了指引，但要落实高质量发展和可持续发展理念的要求，还需要建立符合公共治理发展趋势的组织职能体系。如果没有完善的机构职能体系，那么高质量发展理念只能成为空中楼阁。因此，今后应当着力打造敏捷、灵活、协作的机构职能体系，打破部门壁垒、整合不同部门形成治理合力，并针对复杂多样的现实情境实现精确诊断和治理。对于完善机构职能体系建设需要处理好三个方面的关系。第一，处理好顶层设计与基层实践的关系。组织体系建设首先需要顶层设计确定基本的制度原则，以保证体系建设不会走样。但现实治理情境的复杂性，也使得顶层设计不可能考虑到所有现实可能。因此，顶层设计之下也应当给予基层治理一定的灵活处理空间，使基层治理能够根据具体情境建设富有针对性的机构职能体系。第二，处理好政府组织与社会组织的关系。过去政府组织一直处于公共治理的中心位置，随着公共事务的日益增多和细化，单纯依靠行政系统已经不能满足现实需要。因此行政管理体制改革在推进组织职能建设的同时，应当吸纳更多的社会治理主体以适当方式参与到公共服务的供给之中，以提高行政效率。第三，处理好组织职能目标与公共价值的关系。过去因组织职能体系的不完善，时常产生部门职能目标与公共价值相悖的难题，成为阻碍机构职能体系发挥公共治理效力的重要因素。今后应当注意协调二者的关系，既发挥具体职能部门的积极性，又能将部门职能与公共价值相融合，以保障在公共治理中能够有效汇聚各部门合力。

(三) 将高质量发展考核与新兴技术相融合深化行政管理体制改革

通过融合信息技术与社会科学研究方法、协同互联网服务平台和大数据服务商，建立高质量发展综合绩效评价监测平台，不仅可以增强高质量发展评价的科学性和有效性，还可以为政策评估、部门绩效评价提供动态监测数据，进一步推动行政管理体制改革。一方面，数据监测平台积累形成一套融合短期、中期、长期发展的绩效数据，历时性数据有利于对政策运行周期形成规律性认识，为地方政府发现问题和精准施策提供依据。并且，新兴技术的运用可以突破传统绩效评价对于经济社会发展定量指标的分析，通过互联网海量数据收集和文本分析，增强对群众主观感受指标的重视，使高质量发展考核充分反映群众感受和体现群众评价。例如：国家精准扶贫工作成效评估团队开发出"国家精准扶贫成效第三方评估大数据平台"，整合乡村治理各部门数据和群众评价情况，集数据采集、管理、分析及监测功能于一体，有助于持续追踪扶贫成效和乡村振兴战略的实施。另一方面，数据平台的建立使同一指标的纵向分析成为可能，有助于突破地方政府间横向比较竞争的固有思维，调动基层政府推动高质量发展的积极性。同时，高质量发展监测数据平台通过大数据技术的综合应用，可以强化对新兴领域发展情况的监测。通过将专项评估与整体性评估、阶段性评估与年度评估相结合，发挥问题识别和风险预警功能，进一步加强跨部门、跨区域协同工作机制，打破"加机构、加编制、加人员、加经费"的惯性思维。

（四）完善高质量发展考核体系的配套政策

围绕高质量发展考核的基本要求，树立正确的评价导向，建立责任传导机制，形成有效的政策体系，推动高质量发展考核形成长效机制。一是建立评价反馈机制。相关部门要跟进把控高质量发展考评工作的执行质量，把群众最关切的领域纳入高质量发展评价体系之中，并广泛吸收基层意见作为考核体系完善的重要参考。同时，对于考评过程中发现的不合理之处应及时反馈给有关部门，以便调整和更新评价体系设计，进而不断提升高质量发展考核体系的科学性。二是坚持顶层设计与地方实际相结合。上级政府应当为基层探索构建符合自身条件的考核体系创造政策条件。要充分考虑不同地区生态环境、资源承载、产业结构等因素，鼓励各地建立差异化的考核指标和权重设计，强化地区发展定位。同时，在产业发展、民生保障、生态保护等重点领域建立高质量发展责任制并出台考核评价办法，使高质量发展的各项要求真正落地落实。通过立体式的政策体系构建与自上而下的责任传导，使各级领导干部和基层公务员队伍深入理解高质量发展考核的内涵与价值，引导他们树立和强化高质量发展政绩观。三是强化结果运用与建立激励机制。要积极推进考评结果的运用与公开，通过政府网站、官方媒体等途径及时发布考评结果，形成信息发布、公众监督、问题整改和绩效改进的良性循环。加强奖惩激励制度设计，对不同部门、不同岗位、不同级别人员实施差异化激励，将考评结果运用于干部选任、培训教育、荣誉表彰等。并且，建立健全容错纠错和行政问责机制，更好地激发干部干事创业的积极性、主动性和创造性。

（课题负责人：王亚华；课题报告执笔人：王亚华、康静宁、王睿）

第四篇

优化机构编制资源配置

统筹使用各类编制资源路径研究

内蒙古自治区党委编办课题组

一、引言

机构编制资源是重要的政治资源、执政资源。我们党历来高度重视机构编制工作，党的十八大以来，习近平总书记对深化党和国家机构改革、做好新时代机构编制工作作出了一系列重要讲话和重要指示批示，对加强党对机构编制工作的集中统一领导，统筹使用各类编制资源，加大部门间、地区间编制统筹调配力度提出了明确要求，深刻阐明了管住管好用活机构编制资源的基本思路和关键举措。当前，统筹使用各类编制资源，服务好党和国家事业发展需要是摆在机构编制部门面前的一项重要课题。本文以习近平新时代中国特色社会主义思想为指导，以《中国共产党机构编制工作条例》为遵循，以统筹使用各类编制资源为导向，以跨地区、跨部门、跨层级、跨种类统筹使用编制为着力点，对现行统筹使用各类编制资源相关制度规范进行了系统梳理，对各地相关经验做法进行了深入研究，对存在的问题进行了细致分析，旨在为进一步推动统筹使用各类编制资源提供思路举措和有益借鉴。

（一）统筹使用各类编制资源的必要性与可行性

1. 统筹使用各类编制资源的必要性

编制是机构运行、人员配备、事权管理、职能履行的重要支撑。机构编制工作在加强党和国家机构职能体系建设、深化机构改革和优化党的执政资源配置方面发挥着至关重要的作用。多年来，一直存在着地区、层级、部门、种类分布不均衡，结构比例失衡，供需矛盾突出，编外用人数量庞大等问题。党的十八大以来，中央明确财政供养人员只减不增，并对各类编制实行总量管理。目前，我国行政编制和事业编制合计超过4000万人，总量已经不少，统筹使用各类编制资源势在必行。

（1）优化党的执政资源配置的需要

通过统筹机构编制资源，优化党的执政资源配置，健全高效履职、协作顺畅的党和国家机构职能体系，对于完善坚持党的领导的体制机制，强化党总揽全局、协调各方的领导核心作用，把党的领导贯彻到党和国家机关全面履行职责的全领域各方面，确保从制度上保证党长期执政和国家长治久安具有重要意义。

（2）推动经济社会发展的需要

当前，在"两个一百年"奋斗目标的历史交汇点，经济社会高质量发展，对于编制需求日益增长。按照"严控总量、统筹使用、有减有增、动态调整、保证重点、服务发展"的原则，在不突破总量的前提下，向重点领域和关键环节倾斜，用好各类编制资源，妥善解决严控机构编制与满足事业发展需要之间的矛盾，切实提高编制资源的整体使用效益，为高质量完成目标任务提供有力支撑，成为新时代机构编制工作的重要课题。

（3）推进国家治理体系和治理能力现代化的需要

优化机构职能体系是治理体系和治理能力现代化的重要组成部分。因此，要实现这一目标，必须加大机构编制统筹配置力度，聚焦重点领域、关键环节，坚持目标导向、问题导向、结果导向，着力解决人民群众最关心、最直接、最现实的利益问题，着力破解党和国家机构职能体系中存在的障碍和弊端，形成适应新时代发展要求、体现中国特色的党和国家机构职能体系。

（4）提高机构编制管理科学化、规范化、法定化的需要

守住编制总量是机构编制工作不可突破的"红线"，只有进行科学合理配置，加大地区间、部门间、层级间、种类间编制统筹调配力度，才能有效破解地区、行业、部门、种类间不平衡问题和结构性矛盾，用法规和制度的形式固定下来，确保机构编制的可持续发展，不断满足人民群众日益增长的美好生活需要。

2. 统筹使用编制资源的可行性

（1）党中央的决策部署为统筹使用编制资源明晰了方向

习近平总书记指出，要创新编制管理思路和方法，把规模控制在合理、可持续的范围内，不断提升机构编制资源使用效益。要加大创新挖潜力度，想方

设法打破层级领域壁垒,优化编制资源结构,提高使用效率。党的十九大提出要统筹考虑各类机构设置、统筹使用各类编制资源。党的十九届三中全会提出统筹使用各类编制资源,加大部门间、地区间编制统筹调配力度,建立编制管理动态调整机制,满足党和国家事业发展需要。《中国共产党机构编制工作条例》明确规定,根据党和国家事业发展需要,统筹使用各类编制资源,按照机构编制管理权限,加强编制的统筹调配和动态调整,建立部门间、地区间编制动态调整机制。习近平总书记的重要讲话重要指示批示精神和党中央的重大决策部署为统筹使用编制资源提供了基本遵循。

(2) 全面深化改革为统筹使用编制资源创造了条件

随着深化党和国家机构改革、事业单位改革、乡镇街道改革、综合行政执法改革、行业体制机制改革等的不断推进,党和国家机构职能实现整体性重构,省市县主要机构设置和职能配置同中央保持基本对应,构建起从中央到地方运行顺畅、充满活力的工作体系,机构职能体系得到健全完善,机构履职更加顺畅高效,职能配置更加科学合理,体制机制更加完备完善,机构编制管理的刚性约束得到了强化,适应新时代要求的党和国家机构职能体系主体框架初步建立,这些改革成果夯实了统筹使用各类编制资源的组织基础。

(3) 各地的积极探索为统筹使用编制资源提供了可供借鉴的经验做法

各地坚持"瘦身"与"健身"相结合,着力加大创新挖潜力度,有效盘活现有编制资源,在提高编制使用效率方面做了有益探索和大胆尝试,有的跨区域统筹编制配备,有的实行减上补下、减县补乡,缓解基层编制资源紧张的压力,有的通过加大政府购买服务力度,利用现代信息技术手段节约机构编制资源保证重点领域等,为进一步推动编制资源统筹和挖潜创新提供了可复制可推广的方法路径、经验做法。

(二) 统筹使用各类编制资源研究综述

1. 国内研究综述

随着党和国家对机构编制工作的重视,学术界对于编制以及编制资源的认识也逐步加深,研究也更加具有广度和深度。国内关于编制的研究主要分为以下两个方面。

一是关于编制以及编制资源的基础理论研究。岳云龙对编制的概念进行界定，论述了其内容以及特点等，认为编制的内涵主要是国家机构及其各个组成部分的机构设置、形式，及其人员配备等。钱其智具体阐述了编制管理的基本内容，首次提出将职能管理、机构管理和人员编制管理纳入编制管理的范畴。边法延介绍了编制的起源和发展过程，提出编制在优化机构设置、控制政府人员规模、提高政府职能效率、合理配置资金预算等方面起到了重要作用。① 田昭、姜晓萍从编制管理改革的角度出发，认为编制资源具有稀缺性，并且严格的编制资源管理制度有利于推动政府职能定位、机构设置、人员配置管理等，有利于加强对权力的制约和监督，推进法治政府的建设。② 徐刚根据编制资源的特点，将其归类于公共资源。他认为编制资源作为重要的政治资源和执政资源，是国家机构履行职能的行动载体，统筹使用编制资源有利于党政机构设置中权力的调配以及禀赋的开发。③

二是关于使用编制资源的研究。刁田丁等学者从机构管理与改革的角度出发，提出通过职能、机构、人员编制三者关系的有机结合可以优化机构编制管理，从而有利于提高编制资源的配置效率。梁昌勇、朱龙认为编制资源的优化管理应以顶层设计为主线，在不同部门和不同层级的政府间实现优化配置，同时从顶层设计的角度出发，认为政府机构应该完善编制资源管理的保障机制、推动机制和信息共享机制。④ 李利平、周望从编制分类管理的角度出发，认为统筹使用各类编制资源首先涉及的是不同类别编制如何统筹的问题，在此基础上，从跨种类、跨部门、跨地域和跨层级四个维度提出了一些政策建议。⑤

2. 国外研究综述

国外学术界相关论述主要围绕下面三个方面展开。

一是关于控制政府规模方面的研究。新自由主义学派代表路德维希·艾哈德提出，政府应该积极地发挥市场和价格制度的优势，而在面对市场失灵的情况时，政府应该进行干预，即在自由放任和政府干预之间找到一条中间道路，

---

① 边法延：《编制起源问题》，《中国机构改革与管理》2018年第12期。
② 田昭、姜晓萍：《新时代推进机构编制管理改革的关键环节——四川金堂县"四位一体"编制管理改革的案例研究》，《兰州大学学报》（社会科学版）2018年第2期。
③ 徐刚：《编制资源的治理取向：一个试点悖论视角——基于市县机构案例的追踪比较》，《公共管理学报》2020年第4期。
④ 梁昌勇、朱龙：《顶层设计下的政府机构编制资源优化管理研究》，《行政论坛》2014年第3期。
⑤ 李利平、周望：《统筹各类编制资源的改革方向和政策建议》，《中国行政管理》2020年第3期。

在政府和市场之间找到一个合适的定位，反映在政府规模方面就是控制政府的规模。该理论不仅论证了政府适度规模的合理性，也为控制政府规模的研究奠定了重要的理论基础。20世纪80年代，公共选择理论的创始人布坎南提出了"政府失败论"，强烈反对政府的过多干预，认为政府对于市场的干预不一定能够有效弥补市场的失灵，政府干预应该保持在一个合理的范围内，因此需要严格控制政府的规模。"政府再造大师"戴维·奥斯本、特德·盖布勒提出重塑政府理论，该理论主张在政府运行中引入企业家精神，倡导分权与合作、精简机构、下放权力等，认为政府应该抛弃传统的层级管理，建立层次较少、决策分散的新体制，从而有效地控制政府规模。

二是关于明确政府职能定位的研究。早在17世纪后期，洛克提出了有限政府理论，主张政府放权，遏制政府职能的盲目扩张，缩小政府职能和权力，裁减政府机构和人员。该理论为政府职能"越位"和"缺位"问题的解决提供了新的思路，为明确政府职能的定位提供了理论依据。18世纪70年代，亚当·斯密提出"守夜人政府"观点，主张利用市场这只"看不见的手"对资源进行合理的配置，政府管得越少越好，政府职能范围应该严格控制。20世纪50年代，弗里德曼认为政府缺陷或失灵比市场缺陷或失灵带来的危害更大，反对政府对经济社会生活的全面干预，主张合理界定政府职能，政府职能应该减少或避免干预。

三是关于推进政府绩效管理的研究。早在19世纪80年代，伍德罗·威尔逊就提出公共行政的研究目标是政府应该如何成功地运作，并且以最有效率的方式来从事各种活动。威尔逊还提出政府应以企业的原则为指导，建立提高效率的管理原则，从而提高行政机构的运作效率。自此，学术界越来越重视关于政府行政效率的研究。20世纪70年代中后期，在西方兴起的"新公共管理运动"对政府绩效管理产生了根本且深远的影响，倡导者所主张的将竞争机制引入政府管理、强化服务及顾客导向、强调资源的有效利用等思想为绩效管理奠定了制度基础，使绩效管理发展为系统化和经常化的管理方法。20世纪80年代初，在英国由雷纳爵士负责的效率小组提出用经济、效率、效益即"3E"标准体系衡量一个组织的绩效。此后，"3E"标准体系被逐渐广泛应用于西方国家政府的绩效评估中。20世纪90年代之后，随着新自由主义理论的发展，一些西方学者提出了政府必须对经济进行适度干预、加强社会责任的新凯恩斯主义,这一时期的具有代表性的理论包括新公共管理理论和新制度学派理论。以科斯为首的新制度学派把政府与市场看作两种可以相互替代的资源配置方式,并提出自己的治理政策。

通过分析国内外学者关于编制以及编制资源的有关研究,可以发现:国外学者关于编制资源的相关研究和理论仅仅是围绕西方市场经济产生、发展和完善过程中遇到的问题进行的研究和探讨,更加侧重于分权与合作、精简机构、有限政府、绩效管理等理论研究,其研究方法和理论模型有值得参考之处,但其立论基础和基本观点与我国国情不相符合。

在国内现有论述编制资源的相关文献中,关于统筹使用各类编制资源的路径研究集中于从微观层面进行探讨,缺少较为系统全面的研究,尤其对统筹使用各类编制资源的必要性缺乏详细、系统的分析。从实践层面来讲,大多数研究都是基于理论视角,缺少实践支撑,这使得相关研究成果往往缺乏可操作性和可执行性。本文旨在现有研究成果的基础上,从统筹使用各类编制资源的有效路径上作进一步探索,力求为更好推动机构编制改革管理与创新工作提供有益的借鉴。

二、历史渊源、理论依据与现实挑战

(一)历史渊源:统筹使用各类编制资源的历史演变过程

机构编制工作是党和国家配置执政资源的一项基础性工作。新民主主义革命时期,从建立根据地开始,中国共产党就意识到机构编制工作的极端重要性。1930年5月,中共中央召开全国红军代表会议,制定颁布《中国工农红军编制草案》,对红军的军制、作战序列和各级部队定额等作了详细规定,严格按照定额管理人民军队。在政权建设方面,1931年11月,中华苏维埃共和国中央执行委员会第一次全体会议审议通过《地方苏维埃政府的暂行组织条例》,详细规定地方各级苏维埃政府的人员规模、机构编制,同时在中国历史上第一次将乡镇纳入行政体系中,实现了国家政权和机构编制的"下沉",为苏维埃政权的建立和根据地的巩固提供了坚强的组织保障。抗日战争时期,是机构编制管理模式的雏形期。抗日战争进入相持阶段,陕甘宁边区和各抗日根据地因敌人封锁、革命队伍扩充、军事斗争对生产的破坏等因素,导致财政吃紧、物质条件极为艰苦，精简部队员额和政府人员数量势在必行。1941年，毛泽东采纳了开明绅士李鼎铭的建议，为精兵简政工作制定具体原则和办法。中共中央发出了《为实行精兵简政给各县的指示信》，要求切实整顿党政军组织机构，精简机关，加强基层，提高效能，节约人力物力，达到精简、统一、高效、节约和反对官僚主义五项目的。这是我党历史上机构编制及人员调整的雏形。其后边区政府主席林伯渠主持召开会议并成立边区编整委员会，负责拟订人员编制和编整计划，精减、裁并各级行政机构。这一时期，邓小平等敌后抗日根据地的领导人也结合实际精简机关和部队员额，充实加强基层。这些举措为最终取得抗日战争的胜利奠定了重要基础。

新中国成立伊始，1949年12月，政务院成立机构编制审查委员会，这是最早的专门管理机构编制的部门，负责办理对政务院行政部门以及直属企事业单位的机构编制事项。1954年9月成立国务院编制审查委员会，1955年1月更名为国务院编制工资委员会，以贺龙、习仲勋为主要负责人，将行政事业编制与人员、工资统筹考虑，纳入计划经济体制中，明确提出"管行政编制，也管事业编制"，这是历史上第一次使用"行政编制"和"事业编制"的表述。这为新中国成立后统筹发挥编制资源使用效益奠定了组织基础，也改变了过去仅靠压减管理机构编制的单一方式。

1975年，邓小平全面主持中央和国务院的日常工作，大刀阔斧地进行了整顿。3月3日他在中央军委第四次常委会上强调，编制就是制度，有理无理，第一条就是看你合不合编制。7月14日他在中央军委扩大会议上的讲话中指出："解决肿的问题，搞好军队的编制整顿、体制整顿，可以适当解决军队的其他问题。比如，这次整编，要配备、健全各级领导班子，就要同时注意克服散字、惰字，解决软班子、懒班子、散班子的问题。这一次编制要严格搞，要切实遵守编制。可以说编制就是法律。"[①] 邓小平将编制管理纳入法制化轨道，这也为改革开放新时期规范机构编制管理工作指明了方向。其后，从1982年陆续推开的机构改革，包括经济体制改革、教育体制改革、科技体制改革、文化体制改革等重大改革，也都延续了这一做法。

党的十五大报告提出，政治体制改革的主要任务是：发展民主，加强法

[①] 《邓小平文选》第二卷，人民出版社1994年版，第20页。

制,实行政企分开、精简机构,完善民主监督制度,维护安定团结。党的十七大报告提出,加快行政管理体制改革,建设服务型政府。加快推进政企分开、政资分开、政事分开、政府与市场中介组织分开,规范行政行为,优化完善政府和人大、政协机构设置,减少领导职数,严格控制编制。加快推进事业单位分类改革。在严控编制的基础上,统筹各类机构设置成为推进政治体制改革的重要内容。

(二)理论依据——党的十八大以来关于统筹使用各类编制资源的政策演变和法规制度建设

党的十八大以来,中国特色社会主义进入新时代。以习近平同志为核心的党中央高度重视机构编制工作,对深化党和国家机构改革、加强机构编制管理、推进机构编制法定化作出重要部署。2013年中央明确提出编制总量控制,财政供养人员只减不增。党的十八届三中全会提出严格控制机构编制,严格按规定职数配备领导干部,减少机构数量和领导职数,严格控制财政供养人员总量。在统筹使用各类编制资源上,中央层面进行了积极探索,陆续出台了多个文件。2015年以来,中央先后出台《关于政法专项编制内部挖潜和创新管理的若干意见》《关于深入推进城市执法体制改革改进城市管理工作的指导意见》,提出统筹使用政法专项编制和事业编制资源的思路举措,其后又接续出台《关于地方事业编制挖潜创新服务发展的指导意见》,进一步细化了统筹使用各类事业编制资源的具体举措。

党的十九大提出了"两个统筹",即统筹考虑各类机构设置、统筹使用各类编制资源。党的十九届三中全会明确提出统筹使用各类编制资源,加大部门间、地区间编制统筹调配力度,建立编制管理动态调整机制,满足党和国家事业发展需要,这为新时代编制资源由"控量"向"提质"转变,指明了方向、提供了基本遵循。

党的十九届三中全会提出推进机构编制法定化,创新机构编制管理、提升管理水平的重要举措。健全机构编制管理的法律、法规,强化系统管理、规范管理、精细管理,丰富机构编制管理的手段和方式,增强机构编制管理权威,是解决当前机构编制管理存在问题,大力提升管理水平,推进机构编制管理科学化、规范化、法定化的重要内容和举措。

2019年颁布的《中国共产党机构编制工作条例》明确将坚持机构编制"瘦身"与"健身"相结合作为一项基本原则。"瘦身"强调严格控制机构编制总量,要对职能任务弱化的做减法,精简多余的机构编制;"健身"强调提高机构编制使用效率,要根据职能和任务调整变化情况,加强关系政权建设、国计民生等重点领域的机构编制配备,保障机构编制资源更好发挥效益。"瘦身"与"健身"涵盖了机构编制"控、减、调、保"四层含义,生动体现了新时代机构编制工作的鲜明特点。要在"瘦身"的基础上,达到"健身"的目的,对机构编制工作科学化和规范化水平提出了更高要求,不能因为强调严控就搞简单的"一刀切",也不能因为地方和部门都提要求就随意增加机构编制。要切实提升站位、深入研究,打开思路、创新方式,将机构编制资源用活用好。机构编制工作条例规定,适应经济社会发展变化和财政保障能力,管住管好用活机构编制,严控总量、统筹使用,科学增减,不断提升机构编制资源使用效益,进一步明确建立统筹调配和动态调整机制。根据党和国家事业发展需要,统筹使用各类编制资源,按照编制管理权限,建立部门间、地区间编制动态调整机制。

这一系列政策举措,在导向上,坚持以职责任务作为编制调配的"风向标",随职责任务的增减推动编制资源的流动;在布局上,加大部门间、地区间编制统筹调配力度,解决重点和突出问题;在结构上,着力减上补下,引导党政部门精简机关、强化充实基层一线;在手段上,强化动态调整,建立阶段或周期调整机制,为动态调剂使用编制提供政策依据和实践参考。

(三)现实挑战:编制资源配置使用方面存在的矛盾和问题

编制总量是不能突破的"天花板"、是不可触碰的"高压线"。如何用好用活现有编制,是当前和今后一个时期机构编制创新管理的重要课题。由于种种原因,编制配置不合理,配套政策相对滞后,管理手段相对粗放,思想认识存在偏差,导致现有编制资源使用效益难以得到充分发挥。

1. 编制分布不均衡

各省现有的行政编制,均是按 1993 年中央核定下达的行政编制为基数执行的,三十余年来,随着经济社会迅猛发展,各地区在人口数量、经济总量、社会事业发展等方面均发生巨大变化,但编制始终未作大的调整。经济发达地区、沿海地区、省会中心城市当时分配的基数相对较多，而欠发达地区、内地省份、中小城市分配基数相对较少。近年来，一些地区经济社会快速发展、人口迅速增长，加强社会管理、改善民生任务越来越重，对编制需求量也越来越大；一些地区受各方面因素制约，经济发展速度减慢、人口流失严重，而原有基数核定较大，出现一定数量的编制闲置。就省而言，所属市县之间不均衡问题也相当突出。以内蒙古自治区为例，全区国土面积为118.3万平方千米，常住人口有2404.9万人，地域辽阔、地广人稀，呈现出在行政管理上半径大、成本高的特点。全区共辖12个盟市、103个旗县（市、区）。据统计，全区行政编制数居全国第20位，按国土面积比较，每平方千米平均编制数是0.84名，居全国第29位。从编制配置布局来说，各地编制基数不平衡，盟市之间、旗县之间的差距很大。12个盟市本级中，行政编制总量最多的呼伦贝尔市为1.97万名，行政编制最少的乌海市仅为0.35万名。国土面积最大的阿拉善盟编制为0.46万名，总量却位居全区倒数第二。从地方生产总值和财政收入来说，生产总值和财政收入最多的鄂尔多斯市（3533.7亿元，464.9亿元），编制总量仅位居全区第八位。旗县区之间的差距更大，编制最少的包头市白云鄂博区，编制总量仅有730名，编制最多的通辽市科尔沁区，编制总量达到1.6万余名。同时，在现有编制基数上，行政区划设置的增加使得人员编制分配更加不均衡。如1993年以来内蒙古自治区新设了阿尔山市、康巴什区、扎赉诺尔区3个县级行政区划，中央未按新的行政建制标准核增编制，所需行政编制也完全由地方自行解决，编制紧缺与城市管理职能增加的矛盾日益突出，造成地区之间编制越发不均。

党的十八大以来，按照国务院的统一部署和行政审批制度改革要求，国务院分16批取消下放管理层级的审批项目达到1094项，国务院部门审批事项削减了40%以上。各省也按照改革要求相应将审批事项逐级下放，但与此相对应的是，行政编制没有同步实现"减上补下"，导致基层职能加重的同时，"有事没人干""接不住、接不好"的问题更加突出。

2. 编制种类多样化

实践中，一般把人员编制分为行政编制、事业编制、企业编制、社团编制等多种类型。目前，机构编制管理机关主要核定行政编制和事业编制。行政编制指各级党的机关、人大机关、行政机关、政协机关、监察机关、审判机关、检察机关和各民主党派机关使用的人员编制。行政编制在使用过程中，还派生出了一些编制称谓，主要是垂直管理部门和中央派驻地方部门系统编制、离退休干部工作人员编制、两委人员编制、驻外编制和储备编制、援派机动编制等。事业编制，指各类事业单位所使用的人员编制。根据经费来源不同，可以分为财政补助和经费自理两种形式。如此种种，编制种类过多过细，加剧了管理上统筹使用的难度。

另外，行政编制和事业编制占比不科学。从全国来看，行政编制约占19.7%，事业编制约占80.3%。为适应国家治理体系和治理能力现代化、法治政府建设新形势新任务，行政机关任务越来越重，行政职能越来越多。各级行政机构作为国家权力机关的执行机构，是实施法律法规的重要主体，大约80%的法律、90%的地方性法规和几乎所有的行政法规都是由各级行政机构执行的，加之在党政机构改革时，将由事业单位承担的行政职能全部回归到行政机关，工作职责显著增加，编制却无法划转，造成行政编制供需矛盾更为突出。由于行政编制占比太小，在实践中常常存在"行政不足事业补"现象。以内蒙古锡林郭勒盟为例，2020年盟本级行政权力总计5938项，仅事业单位回归机关的行政执法事项就有5453项，占行政权力的91.8%；各旗县市（区）的行政机关平均编制数不到8名，改革后履职工作要求及责任追究力度加大，基层对于编制保障不到位反映较为强烈。同时，随着"放管服"改革深入推进，市场化程度越来越高，有些应由市场承担的逐步放到市场，由协会商会及其他社会组织可以承担的，政府不再承担，又释放出大量的事业编制，如何打通行政编制与事业编制界限，是摆在我们面前的问题。

3. 动态调剂空间小

受编制配置不均衡、基数小、政府职能转变不到位和编制管理统筹不科学等因素影响，一些地区的编制总量无法满足工作需要。虽然也在编制管理方面进行了探索，但随着经济社会发展，无编可用的问题仍旧十分突出。随着形势发展，生态环境保护、应急管理等部门单位职责任务明显增强，特别是新设的国家安全、退役军人事务、文物等部门受行政编制总量限制，在编制上还达不到足额保障，刚性需求与编制保障不充足、不平衡之间的矛盾得不到有效化解。

4. 统筹使用阻力大

一些地区和部门对编制认识有偏差，"一核定终身"观念不同程度存在，特别是在各部门"三定"规定中明确了各部门的具体编制数,被视为"自留土地""私有财产"。受这种思想制约,一些部门单位职能弱化,编制数与承担职能不相匹配,但仍然不愿核减;有的地区部门对于改革后留有的一些空余编制,宁愿长期闲置也不愿意调剂给其他地区或部门使用,在统筹调剂时往往以各种理由加以抵制;有的地区部门领导对严控机构编制的重要性和必要性认识不足,在面临新形势新任务时,首先想到的还是增机构、要编制、多进人,而不是内部挖潜增效。这些认识和做法增加了统筹使用各类编制资源的困难和阻力。其深层次原因是编制资源在地区与部门间的固化,编制成为一级地方政府和一个职能部门的固有资源,只进不出、只增不减,不允许与其他地区和部门统筹调配,导致编随事转、人随事走的原则很难落实到位。

5. 相关政策支持少

一是缺少统筹编制使用权。受现有政策制度制约,同一行政区域不同层级之间的调配,特别是逆向调配或者跨类别调整编制,地方还无法实现,统筹使用编制资源只能成为"美好愿景"。二是缺乏配套政策支持。组织、人事、财政等政策配套方面还无法有效衔接、相对滞后,对中央编办提出的在高校、公立医院实行人员总量控制的创新中,由于社会保险、职称评定、职务晋升等政策制约,地方层面难以推进、无法落地。三是缺乏统一标准支持。虽然一些地方突破政策限制进行了一些大胆尝试,但在"统"和"调"的数量、幅度、对象等方面还缺乏相关标准的支持,往往凭经验、靠比较,无据可依、无章可循,自由裁量权很大。普遍反映目前的统筹很多方面都是冒着违规越权风险来推动。因此,如何根据职能变化、工作量等因素动态调整编制,让编制动起来、活起来,发挥编制最大使用效益,还缺乏科学、客观、精准的政策和标准,也需要中央赋予省级统筹调剂编制的权限。

6. 编外人员数量多

近年来,如何规范管理行政事业单位编外用工成为当前机构编制工作的新课题。随着经济社会发展,各地在编制总量不增加的前提下,探索了核定人员控制数、编外聘用人员等措施来满足工作需要,以辅警、备案制人员、公益性岗位等形式大量聘用编外人员,这种现象在基层较为普遍。由于编外人员管理体制机制不健全,各地对行政事业单位究竟需要聘用多少人、用什么样的人、用多长时间、通过什么渠道进人等,没有形成统一的规定和标准。一些地区和部门对使用编外人员控制意识不强,用工管理不规范,编外人员大量存在对现有编制总量管理形成了巨大挑战,对严控财政供养人员造成了巨大冲击,为基层人员队伍建设带来隐患。因此,如何规范编外人员管理,保持适度规模,是机构编制部门不可回避且必须回答的问题。

三、各地统筹使用各类编制资源的实践与探索

(一) 跨地区统筹使用

从全国看,事业编制特别是义务教育、医药卫生领域编制体量大、空编多,因经济社会发展不均衡、人口流动和编制基数差异导致地区间容易出现编制配置的不平衡,因此成为各地探索跨地区统筹调剂使用编制的热点。

1. 典型案例

内蒙古自治区跨地区动态调整中小学教职工编制的实践探索。一是科学设置编制标准。内蒙古地处祖国北部边疆,地域广袤、人口稀少,农村牧区教学点较多,城乡差别较大,教育发展不平衡,按"生师比"标准核定难以完全适应内蒙古教育发展需求,为此在制定标准时,创造性地提出了"班师比"核定标准。二是建立动态调整机制。结合内蒙古实际,出台《关于统一城乡中小学教职工编制标准的通知》,明确每三年跨地区动态调整一次,目前已调整两次,为呼和浩特、鄂尔多斯等生源流入地调剂了近10000名编制,同时收回8000余名事业编制,建立了全区中小学编制专项储备库,既盘活了中小学编制资源,促进教育均衡发展,又为后续发展预留了空间。三是跨地区统筹。根据人口流入流出地教师超编缺编情况,对全区中小学编制进行全面统筹调剂。四是深化配套改革,建立常态化制度保障机制。会同有关部门有序推进政府购买服务方式招聘后勤人员、农村新录用教师实行最低服务年限制度、优秀教师到农村支教计划、深化教职工绩效工资改革、扩大中小学校的办学自主权等工作,切实提高了中小学编制使用效率。

内蒙古自治区呼伦贝尔市开展了跨地区调整事业编制的实践探索。呼伦贝尔市地处内蒙古自治区东北部,总面积约为25.3万平方千米,下辖14个旗(市、区),长期以来因经济社会发展不均衡、人口流动和编制基数差异等因素,导致地区内部编制配置不均衡,造成了结构性编制资源紧缺。为此,呼伦

贝尔市对影响各地区事业编制配置的因素进行相关性分析,参照全区统筹中小学编制做法和《中央编办关于印发市、县及乡镇分类标准的通知》中"县的分类标准",积极探索、大胆创新,出台《呼伦贝尔市旗市区事业编制总量管理实施办法》,推动在县域之间调整事业编制,为跨地区动态调整、统筹使用编制提供了有益借鉴。主要做法:一是重新测算核定地区编制总量。根据县域经济社会发展和人民群众公益服务需求,将区域面积、人口数量、生产总值、财政状况等因素作为测算指标,科学确定指标权重,通过计算各单项指数,得出某旗市区的总指数,再将旗市区事业编制总数(不含中小学教职工编制)按计算所得总指数进行重新核定。二是采取"收多补少"办法,逐步促进编制布局的相对平衡。为各旗(市、区)核定总量后,对超出总量的地区采取"退一收一"逐步收回的办法,将收回的编制补充到编制总量不足的地区,逐步实现编制在地区间的相对平衡。三是完善动态调整机制。根据各旗(市、区)经济社会发展变化情况,由市委编委每5年核定一次县域事业编制总量,在旗市区间进行了重新调整分配。目前在地区间共调整事业编制3195名,为9个旗市区增核了1050名。通过调整,旗市区事业编制配置更加均衡,事业编制资源效益进一步放大,有效解决了14个旗市区特别是边远艰苦地区存在的专业化人才短缺、公共服务供给能力不足等问题。

青海省积极开展了跨地区动态调整医药卫生领域编制的实践探索。青海玉树、果洛和黄南自然条件差,农牧民居住分散,常见病、慢性病、高原病、地方病、传染病多发,优质医疗卫生人力资源短缺、人才招不来留不住等长期存在的问题,是制约青海医疗卫生事业均衡发展的难点、痛点和焦点。青海省采取跨地区统筹办法,调剂全省各地事业单位183名编制,分配给12家省级公立医院。按照"需求导向,双向选择"的原则,省级医院按增加编制数,选拔工作5年以上、具有中级以上职称的业务骨干,对三个藏族自治州进行医疗帮扶,同时建立长期稳定的对口支医关系。2018年,青海省建立青南地区高层次医疗卫生人才动态编制周转池,并由编办、人社、财政和卫生健康多部门协作建立健全配套政策,从机制上突破行业限制。支医期间的人事关系保留在原单位,原有的工资福利等待遇不变,并按照不低于原单位平均绩效工资标准发放绩效工资,受援医院所在县级财政按当地标准发放艰苦边远地区津贴和青海津贴的差额部分。支医人员工作经费由省级财政以每年每人2.4万元为基础,按不同支医期限统筹安排，主要用于向支医人员发放补助、交通差旅费及购买商业保险等。通过帮扶，受援医院的门急诊、住院人次明显增加。青海省的做法实现了编制与人才的"双下沉"，促进了医药卫生事业的普惠性和均衡高质量发展。

2. 案例分析

从数据上看，全国教育医疗编制占全部事业编制比例的58.3%，是提供公益服务和保障社会民生的主体，跨地区统筹使用编制有利于从根本上解决区域间编制配置不均衡"有编无用"和"无编可用"的矛盾问题，推动编制配备与各地实际需求的相互匹配，有效盘活编制资源。事业编制在总量内由省级统筹使用，落实起来相对容易。但行政编制由于受政策制约，目前跨地区统筹还难以实现，各省几乎没有大的调整和突破。

从各地实践看，需要在实践中把握好以下几点：一是运用法治化思维，冲破地区利益藩篱。跨地区调整编制，需要有充足的依据，比如政策法规、编制标准、改革要求等，若无依据，地方上的阻力较大，也缺乏说服力。二是在管理上需要做到"上收统筹权"和"下放管理权"，既允许"宏观调"，也要鼓励"微观统"。"宏观调"就是允许跨地区总量调整，"微观统"就是县域内卫生医疗、教育系统由主管部门统筹使用，这样才能发挥编制资源最大效益，真正使编制动起来活起来。三是需要建立长效动态调整机制，避免调一次就长期固化问题，防止"一调定终身"，最大限度避免被压减地区出现消极抵触情绪，从而推动整体工作有效推进。需要注意的是，一般跨地区调整编制往往是空编，若是连人带编跨地区调整还涉及用人单位需求、个人意愿等因素，需要充分征求各方面意见，并做好风险评估。

（二）跨层级统筹使用

从全国看，跨层级统筹使用编制的案例主要集中在"减上补下"方面，适当条件下的"减下补上"仍需要在政策层面和实践层面进行深入探讨。

1. 典型案例

内蒙古自治区跨层级统筹使用政法专项编制的实践探索。主要做法有：一是置换政法专项编制，实现专编专用。按照中央政法专项编制专编专用的要求，2014年和2016年从自治区本级调整出1500名事业编制，用于置换全区公安系统事业单位占用的政法专项编制，将置换出的政法专项编制用于履行行政执法和刑事司法职责的人民警察。如包头市将市公安局机关事务服务中心置换出的政法专项编制分配到市公安局特殊人群管理支队和九原区公安分局。呼伦贝尔市将人民警察学校置换出的70名政法专项编制全部划入新设立的人民警察训练支队。其他盟市也都将自治区下达的事业编制置换出公安编制。二是建立法院、检察院系统编制动态调整机制。印发《内蒙古自治区关于对全区人民法院、人民检察院系统政法专项编制实行动态管理的通知》，对法检"两院"编制动态调整提出了要求，明确在全区法检院政法专项编制现有总量内，建立以案件量为主要指标，对全区法检院政法专项编制实行统一动态调整，推动编制向办案量大的地区和单位倾斜，实现编制资源分布更加科学合理，编制使用效益最大最优，为全区人民法院更好履行司法审判职责、人民检察院更好履行法律监督职责，提供更加有力的保障。三是推动编制资源下沉。结合苏木乡镇改革，积极推动编制向基层下沉、力量向基层下倾。按照改革相关要求，旗县部门派驻在乡镇的站所，除中央明确要求外，一律实行属地管理并采取"编随事走"原则，同步向苏木乡镇下放编制6000多名，有效地充实了基层工作力量。

宁夏回族自治区"减上补下"推动编制资源下沉的实践探索。宁夏出台"1+6"文件推动各项资源向基层倾斜下沉，针对全区机构编制总量小、各级编制普遍紧张的区情，采取精简区直部门和动态调整编制等办法，省级调剂247名行政编制和563名事业编制配置到市、县（区）和乡镇（街道）使用。主要做法：一是向重点地区倾斜。坚持不搞"平均主义"、不撒"胡椒面"，根据市、县（区）人口以及地域面积、地区生产总值、财政收入、区划数量等指标，合理确定调编指标权重，推动编制资源向经济社会发展较快、编制基数较小的地区倾斜。27个市、县（区）中，人口数量最多、经济总量最大的首府银川市及所辖县区配置的编制数量占到了配置总量的60%以上，重点移民区红寺堡区占到了20%以上。二是向重点层级倾斜。县乡是基层治理的"主阵地"，将配置总量的90%以上充实到县（市、区）和乡镇（街道），并明确46名行政编制专门用于加强乡镇和街道办事处工作力量，让编制资源进一步充实到基层治理的"第一线"，打牢和巩固基层治理基础，打通服务群众"最后一公里"，激发基层治理优势。三是向重点领域倾斜。将配置的编制优先用于保障基层统战宗教、人民法院、林草、教育等涉及社会稳定和民生福祉的领域,有效缓解了基层存在的宗教管理任务重、法院"案多人少"、中小学教职工编制结构性紧缺等矛盾,进一步改善基本公共服务,满足人民群众需求。

甘肃省兰州市着力加强基层编制保障的实践探索。兰州市紧盯基层民生和党建领域人员编制紧缺、工作力量不足的问题,积极加大编制统筹调剂力度,按照"减上补下"的原则,为街道社区、农村及服务民生工作领域一次性调剂划拨658名行政事业编制,有效缓解了基层一线工作力量不足的难题。主要做法:一是突出重点、梯次推进,建强全市社区工作者队伍。紧紧围绕加强新时代城市基层党建工作,以提升基层治理能力为目标,以推进职业体系建设为重点,全面提高城市街道社区抓党建、抓服务、抓治理的水平,切实配强社区工作者队伍。兰州市按照突出重点、梯次推进的原则,将市级层面258名事业编制跨层级调整充实到部分街道所属的社区服务中心,每个城市社区各调剂增加1名事业编制,占编人员统筹安排到社区开展工作。同时,根据工作需求,为安宁区等区县基层单位调剂编制330名,用于解决民生领域和基层党建工作力量薄弱问题。二是创新方式、拓展渠道,助推村党组织书记专职化试点工作。为进一步夯实党在农村的执政基础、推进基层党组织建设创新、提高村党组织书记的履职能力和工作水平、拓宽村级党组织负责人选拔任用渠道、激发村干部干事创业热情,从市级编制中调剂核拨70名事业编制,按照各区县所辖行政村数量10%的比例,分配到有关乡镇,核拨的事业编制为村党组织书记专用,纳入乡镇(街道)事业编制管理。三是聚焦基层、统筹兼顾,妥善解决机构改革遗留问题。对全市交通运输综合行政执法队的职责、编制、领导职数、内设机构等进行了调整,将市、区两级公路路政执法和交通运输综合执法部门分别予以整合,推动执法力量向基层和一线倾斜,确保执法人员编制重点用于执法一线,着力解决基层执法力量分散薄弱等问题。

2. 案例分析

编制配置的"倒金字塔"比例,与基层编制紧缺的矛盾,是促成跨层级调整编制,特别是"减上补下"的前提。同时,城镇化的快速推进,乡村人口向城市的流动,导致部分领域和行业出现了"减下补上"的实际需求,但此种调整还需要在政策层面上和实际操作上规避一些风险。一是要规避政策风险,在政策框架允许的范围内进行。在权限上,当前行政编制跨层级调整需要中央编办审批,特别是"减下补上"往往难以获批。事业编制跨层级调整一般需要省级编制部门审核或备案。在程序上,要严格落实《中国共产党机构编制工作条例》的要求,进行科学论证。二是要规避法律风险。比如,按照党内法规要求,属地地方党委、政府、人大、政协、法院、检察院等机构都有对应的事权、财权,也需要编制部门在跨层级调整编制时做好合法合规性审查。三是要注意社会风险。"减上补下"往往通过下放权限、机构的方式进行,因此一方面应注意地方的承接能力,确保下放的编制与权责基本对等;另一方面应注意相关干部职工的切身利益,防止因向下连人带编调整,导致在机构规格、干部使用、人员待遇上出现"落差"形成的不稳定因素。

(三) 跨部门统筹使用

机构编制工作"统一领导、分级管理"的体制,决定了跨部门使用编制往往是在同类型编制、同行政区划内部进行。

1. 典型案例

内蒙古在改革中多措并举探索跨部门统筹编制的使用。内蒙古在党政机构改革、事业单位改革、综合执法改革中,一是以党政机构改革为契机,实现"最优解"的编制配备。统筹调配区级部门间的行政编制,从行政编制较多的原垂直管理部门(工商、质监、药监等部门)调剂了一定数量的编制给退役军人事务局、应急管理局、行政审批局等重点部门。事业编制向行政编制较少部门倾斜,针对政法委、地方金融监督管理局等行政编制较少部门,通过增加为机关提供支持保障事业单位的编制来补充工作队伍力量,提升部门履职效能。及时调整优化现有编制资源,优化本地区事业单位设置,对于职能重复、弱化或消失的事业单位及时予以调整整合,将收回的编制资源重点向发改、工信、科技、金融监管等部门倾斜。二是以综合行政执法改革为抓手,打破"固定化"的工作思维。按照"一个部门原则上设立一支执法队伍"的改革要求,将原工商、质监和食品药品监管相关执法力量进行整合,打破了"你工商、我食药、他质监"的工作格局,提升了市场监管的执法派出综合化、执法人员专业化、执法区域网格化的建设水平。三是探索以整合基层审批服务执法力量为目标、跨部门统筹的管理模式。依托经济发达镇行政管理体制改革和苏木乡镇改革,打破事业单位"七站八所"运行格局,将镇属事业单位职责整合重组,行政、事业编制及相应人员由镇统一使用，分类管理，形成职能履行顺畅、工作互动便捷、人员融合到位的运行机制。

海南省跨部门跨层级统筹使用编制资源。积极探索按照实际需要统筹使用各类编制资源制度，研究出台《海南省统筹使用各类编制资源管理办法》，将闲置的编制资源统筹利用，有效地缓解了编制资源使用不均衡的难题，做到了全省"一盘棋"，最大限度发挥编制资源整体效益。主要做法有：一是省、市、县（县级市、市属区）可自上而下调剂使用行政编制，省直各部门（单位）可将本部门（单位）的行政编制、事业编制调剂给市、县相应部门使用。二是省、市、县（县级市、市属区）根据本级行政编制使用情况，可在党委、人大、政府、政协机关之间相互调剂使用行政编制。政法系统内可跨地区、跨层级、跨部门调剂使用政法专项编制。三是在保障中小学（含特殊教育学校）、学前教育、基层医疗卫生机构用编需求的前提下，各级机构编制部门在事业编制总量内可跨领域、跨行业调剂使用，服务保障重点行业、领域，以满足海南自由贸易试验区（港）建设的实际需要。四是全省事业编制可跨地区、跨层级、跨部门、跨行业、跨领域调剂使用。各级机构编制部门不再核定事业单位编制的岗位结构，只核定事业单位的编制数及领导职数，事业单位的岗位结构配置比例按相关部门规定标准执行。各市县机构编制部门只核定中小学（含特殊教育学校）、学前教育和医疗卫生机构编制总量，分别由教育、卫生健康行政主管部门集中管理和调剂使用。

云南省跨部门统筹使用周转行政编制的实践探索。云南省以省级相关部门现有超编人员为基数，在不突破省级行政编制总量的前提下，统筹调剂出部分行政空编，作为周转编制，实行一次下达、单列管理、专编专用、逐年收回，多渠道多方式消化超编人员。周转编制"为部门所用，不为部门所有"，纳入机构编制实名制管理和统计，不计入"三定"规定核定的部门行政编制基数。周转编制下达后，由相关部门结合实际制订收回计划。每年年底按照当年自然减员不低于50%的比例收回周转编制，强化监督检查，确保在周转编制全部收回时，不再出现超编问题。针对基层警力不足等现实问题，2018年会同省高院、省检察院出台了《云南省法院检察院机构编制统一管理办法（试行）》，加强全省法院检察院政法专项编制动态调整，有效缓解了基层一线警力不足的矛盾。

2. 案例分析

跨部门统筹编制是当前统筹使用编制的重要途径，一是通过优化编制配备，统筹使用编制资源，不断提升编制使用效益。二是可以激发部门活力，做到权随事转、人随事转、钱随事转，确保部门特别是基层部门有人有物有权办事，夯实基层基础。三是强化党对机构编制的集中统一管理。打破"部门所有"固有思维，树立"过紧日子"意识，使职能加强部门得到合理保障，职能弱化部门也不至于因编制配备冗余而产生"人浮于事"的问题。

（四）跨种类统筹使用

从调研情况看，跨种类统筹使用编制政策上制约因素较多，各地往往是在编制"细分"领域做微调，从而实现人员统筹使用的目标。

1. 典型案例

内蒙古自治区根据苏木乡镇和开发区的工作性质、人员编制、岗位设置和功能定位等情况，积极探索在苏木乡镇和开发区统筹使用编制资源，打破传统的管理模式，实行编制分类管理、人员统筹使用。在保持人员行政、事业身份不变的前提下，除由地方领导班子成员兼任及上级党委或组织部门任命的外，探索对苏木乡镇和开发区编内一般人员实行档案封存、岗位聘任的竞争性选人用人机制，促进人员能进能出、能上能下，对紧缺的专业性特别强的岗位人员，可通过竞争性方式选配，或向社会公开招聘，建立完善符合实际的分配激励考核机制，根据个人的专业素质、能力水平等特点选派到合适岗位，确保人岗相适、人岗相宜、才尽其用，充分激发各类人员干事创业动力。

云南省积极探索政法体制机制创新，不断加强政法专项编制管理和政法队伍建设，出台《关于进一步加强政法专项编制内部挖潜和创新管理的实施意见》《关于推动全省政法专项编制挖潜创新经验切实落地的措施意见》等系列文件，努力推动政法专项编制管理科学化、规范化。为进一步提升政法专项编制使用效能，积极推动政法编制向基层一线倾斜。一是结合工作实际，合理统筹调剂编制资源，有保有压动态调整，推动编制向人案矛盾突出、工作压力大的基层法院、检察院、强制隔离戒毒所倾斜。二是综合考虑经济社会发展状况、人口数量、案件总数、警力配比和现有编制数等因素，有重点、有针对性进行分配。

2. 案例分析

行政、事业两种大类编制类型的形成有着深刻的历史演变逻辑和现实考量，在当前政策条件下，不能突破其框架进行跨种类统筹。因此，各地主要在系统内探索，通过编制调整分配，可以局部解决基层公安、法院、检察院和司法系统编制配置不均衡的问题，一定程度上提升政法专项编制的使用效能。行政编制总量中央控制严格，增量幅度小，而事业编制2012年底前由地方自行核定，基数偏大，能否实现二者跨种类的统筹，需要深入探讨。

（五）向改革要编制

借助专项改革，借势借机借力统筹使用编制，是挖潜编制的重要途径，各地为此做了大量的探索，形成了可供借鉴的经验。

1. 典型案例

内蒙古自治区结合党政机构改革和深化事业单位改革试点创新挖潜编制资源。在机构改革方面，重点在"调"和"保"上做文章。参照中央做法，对多个部门合并设立或者一个部门划出多项职能的，按一定比例收回编制统筹调剂使用。机构改革期间，内蒙古严格执行机构编制纪律，切实做好各类编制资源挖潜，优化编制资源配置，加大部门间、地区间编制统筹调配力度，把有限资源用在"刀刃"上，为新组建部门科学合理调配编制，确保改革任务稳妥推进、落到实处，保障重点领域关键环节用编需求。为更好统筹使用事业编制，在深化事业单位改革试点中，一是跨部门整合。整合自治区生物技术研究院等5家事业单位，统筹人员编制和人才力量，组建内蒙古科学技术研究院。整合33家事业单位相关人员编制，组建内蒙古自治区大数据中心。按照一类事项一个部门统筹的原则，对司法教育、残疾人保障、党建培训、政策咨询相关事业单位进行跨部门整合。二是系统内整合。整合自治区大青山国家级自然保护区分散设置的20个管护机构的相关职能和人员编制，将司法厅所属自治区公证处下放呼和浩特市管理等。三是设立分支机构。打破事业单位管理层级、地域分布壁垒，探索一个机构多个分支模式，推进上下协调一致和公益服务载体创新，统筹人员编制资源，提高机构编制资源使用效率。自治区本级在生态环境监测、电视转播、水文勘测、法检系统事业单位等按地区布局的事业单位和领域探索。通过设置分支机构的办法，减少了中间环节，统筹优化人员编制，提高了管理运行效率和工作效率。四是合理确定事业单位编制规模。除学校、医院外，各地原则上按照不低于空余编制50%的比例精简收回空编，对职能弱化、任务不饱和、长期大量空编的事业单位相应提高精简收回空编的比例，按照职责任务合理确定事业单位编制规模，全区各级共统筹调剂1万余名事业编制，专门用于重点领域和关键环节。

黑龙江省通过事业单位改革大幅精简编制。黑龙江省在本轮事业单位改革中，省本级精简涉改事业单位530个、占比50%，精简事业编制1.6万余名、占比28%；市县总体精简事业单位3318个、占比16%，市县总体精简事业编制6.3万余名、占比13%。其主要做法：一是省委、省政府重视，四大班子、常委单位带头改革。省委主要领导对改革提出明确要求，传递出持续深入抓事业单位改革的强烈信号，数次召开事改领导小组会议研究改革中遇到的人员安置、资产处置、债权债务处理、经营类单位转企改制等具体事宜。二是明确精简比例。在反复测算的基础上，明确各部门精简机构编制的"硬杠杠"，通过自上而下推动改革，12个行业体制改革牵头部门均报送了行业单位改革方案，精简比例大大超过省委确定的精简15%的目标。三是全口径推动。省直90余个部门及农垦总局、森工总局所属2400余家事业单位近13万名事业编制均参与改革。地市、县均已完成方案的制定工作。稳妥做好人员分流安置。出台并完善人员分流安置办法，不搞"断崖式"分流，在编人员原有职级、身份、待遇不变，编外人员、劳务派遣人员不做辞退，合同到期后视情况解约。在冻结进人的大前提下，对专业技术人员、高层次人才等引进给予编制支持。四是稳妥推进国有林区改革工作。采取"行政＋企业"模式，省直总局、资源局、3个林管局精干的管理人员与新组建的林业和草原局整合，森工总局整体转制为森工集团股份有限公司，暂保留森工总局牌子。森工系统中小学、医院、幼儿园剥离并移交地方，"三供一业"转为企业。

四川省推动政法专项编制挖潜增效。2017年四川省出台《关于政法专项编制挖潜增效的办法》，坚持向改革要编制，推动了政法系统挖潜增效，提升了编制使用效益。该办法对政法专项编制从单纯数量管理到精细化结构管理、从静态管理到动态管理进行了深入探索，主要体现在以下四个方面：一是强化基层一线用编。各级政法机关通过岗编分离，置换其附属机构、所属事业单位和工勤人员占用的政法专项编制等措施，重点加强基层和执法一线工作力量，并对基层"两所一庭"工作人员、县（市、区）公安派出所总警力，以及各监狱、强制隔离戒毒所一线警力配备情况进行了量化。二是强化动态创新用编。实行专编专用，全力支持政法部门满编运行，对空编达到一定数量的政法部门按相关比例收回空编。各级政法和机构编制部门积极探索整合设置司法派驻机构，大力推广巡回审判、巡回检察等工作模式，推进有条件的地方探索县级森林公安机关与地方公安派出所力量整合，调整管理体制，优化编制配备结构。三是强化重点保障用编。支持政法部门根据工作需要动态调整本系统编制结构，进一步加大对民族地区、维稳反恐重点城市、重点改革、重点领域的保障力度。警务辅助人员重点倾斜工作任务特别重、警力需求特别大的警种部门非执法、非涉密岗位。四是强化责任主体用编。各级政法部门是政法专项编制挖潜增效的主体，上级政法部门加强对下级政法部门在政法专项编制挖潜增效及使用过程中的指导和监督。

2. 案例分析

在严控机构编制总量的前提下，通过借助党政机构改革、事业单位改革、行业体制改革和其他专项改革，统筹调配、优化结构、收回空编等方式盘活编制存量，重点加强党的建设、纪检监察、乡村振兴、网络安全、食药安全、生态保护、金融监管、安全生产等领域的用编需求，也是解决编制需求的重要方式。需要注意的是，借助改革不仅要"师出有名"，更要"行之有度"，需要切实把握好改革的力度，避免"翻烧饼"。

（六）向管理要编制

从各地实际情况出发，在现有编制总量内，严格日常管理，优化编制结构，严肃编制纪律，充分挖掘潜力，盘活存量资源，是实现编制有效配置的重要途径。

1. 典型案例

内蒙古自治区采取多种方式推动机构编制动态调整。一是通过"减"腾出余量，为民生等急需领域储备编制资源。各地核减"吃空饷"单位全部空编，收回事业编制1339名。内蒙古自治区本级根据国有地勘单位推进内部企业化改革的有关要求，核减了三个地勘单位的全部空编。在本次事业单位改革试点中，按照有收有放、"收支两条线"的工作思路，从精简收回的3210名编制中又调剂1186名编制统筹用于保障民生、安全、生态、科教文卫等重点领域和关键部位用编需求。通过职能优化和编制资源的调整，近5000名编制充实到了社会公益服务领域。二是通过"调"盘活存量，优化机构编制资源配置。对确需增加的机构编制需求，内蒙古自治区各级编制部门坚持机构"撤设"、编制总量内调剂的办法盘活机构编制资源。在强化机构编制刚性约束的同时，允许并规范在一定范围内跨地区、跨层级、跨领域调剂使用编制。允许各地在县域内统筹调剂医疗卫生机构人员编制，盘活旗县医疗卫生机构的编制资源2.1万余名。三是通过"控"规范编制使用。内蒙古自治区从政策层面通过出台编制标准，全面实行事业单位领导职数、编制使用预审制度，从源头规范机构编制资源的管理与使用。加强机构编制监督检查，全面清理消化超编人员。近年来全区消化超编事业单位6831个，消化超编事业人员72409名，收回空编1267名，从根本上解决了多年以来部分事业单位超编的痼疾。在此基础上内蒙古自治区将机构编制纪律执行情况纳入自治区党委巡视工作内容，并建立起机构编制核查的长效机制，实现了核查工作常态化，从根本上杜绝新的超编人员，扭转了"超了补""补了超"的被动局面。四是通过提前启动考录（招聘）程序，避免编制闲置。对符合条件的部门，可根据本年度预计退休实际人数向本级机构编制部门提出预占编申请，启动公开考录（招聘）程序，待办结退休手续后，及时办理新进人员入编，最大限度地避免了编制闲置浪费。五是扎实推进机构编制法定化工作。出台《内蒙古自治区党政群机关机构编制管理办法》、《内蒙古自治区事业单位机构编制管理办法》和涉及机构编制管理的基础性党内法规。陆续印发了中小学、公立医院、乡镇卫生院、疾病预防控制、公共博物馆、高校、幼儿园、文化馆、社保经办机构等10余项重点公益服务领域的机构编制标准。目前，内蒙古自治区事业单位机构编制管理已基本实现了有法可依，正在陆续补齐公共文化、社会服务、农林环保等领域编制标准，统筹推进各领域事业单位机构编制标准建设，进而不仅为统筹使用各类编制资源奠定了基础，也极大提升了全区事业单位机构编制依法依规治理水平。

内蒙古自治区、安徽省建立编制"周转池"制度。内蒙古自治区积极探索建立编制管理与引进人才相适应的新的运行机制，采取"特需特办、人编对号、人留编留、人去编销"的办法，在自治区本级设立了人才专项编制600名，保障自治区直属高等院校、医疗卫生机构、科研机构和其他编制相对紧缺的事业单位的用编需求。通过设立人才专项编制"周转池"，有效增强编制供给结构对需求变化的适应性和灵活性，有针对性地支持事业单位引进人才、留住人才，切实提高机构编制资源的配置效率，为促进自治区经济社会发展提供坚强的人才保障。安徽省聚焦编制管理"无编可用"和"有编无用"情况并存、"一核定终身"和"资源固化"情况严重、"粗放管理"和"重管轻用"情况突出的问题，以全省存量编制资源作为"编制银行"的资产总规模，调剂9万名编制作为信贷规模，建立编制"周转池"制度。通过在全省事业单位中"融编贷编"，保证周转池编制的周转使用。在不改变各单位编制"所有权"前提下，将编制"所有权"与"使用权"分离，依托编制管理大数据平台，将长期闲置的空编统筹建立"周转池"，向教育、卫生等急需行业投放，专门用于保障专业技术人员。为避免再次出现传统编制管理"一核定终身"、编制资源固化问题，该制度还规定以3年为期进行周转。

2. 案例分析

向管理要编制，一是要坚持"瘦身"与"健身"相结合，采取"减、调、控、转"等灵活的手段，积极挖潜创新，盘活现有机构编制资源。通过建立"编制周转池"制度，有效打破编制资源部门间、地区间、层级间壁垒，盘活闲置存量编制，充分发挥编制资源在重要领域、重点行业发展和人才队伍建设中的全过程基础作用。二是夯实机构编制日常管理环节的法治化基础，将管理中行之有效的经验和做法上升为法规，形成完善的机构编制法规制度体系，加强动态管控，实现统筹使用。三是坚持编制周转使用，分级统筹，实行统一调度、统一使用和精细化管理，既发挥统筹活化资源、集约高效使用编制作用，又确保总量不超基数、人员不超编制"双不超"。

（七）向科学评估要编制

科学评估是规范管理的基础。长期以来，机构编制部门在办理机构编制申请事项时，对于没有编制标准的行业领域，主要依靠"参照上级、尊重历史、比对职责、评估现实"的办法进行，普遍存在着"依据不充分、量化不科学"的问题。从机构编制管理专业化、规范化、精细化的角度来讲，这种传统的决策方式已不适应新形势下机构编制管理工作的需要，为此各地积极探索利用评估合理配置人员编制。

1. 典型案例

内蒙古自治区锡林郭勒盟创新开展机构编制评估促进科学用编的实践探

索。为进一步严控总量、盘活存量，提高编制使用效益，其主要做法：一是运用评估结果核定编制。根据部门申请，对用编单位进行职能评估设定岗位、测算编制，并将评估结果作为一定时期内编制调整依据。二是运用评估结果动态调整编制。评估后，对工作任务较重、申请编制较多且不能一次性足额进人的事业单位，分批次增加，与进人计划同步增编。对于职能弱化的，实行人员只出不进，编制逐步调整到与职能相匹配的数量；职能接近消失的列入重点监控名单，人员只出不进、编制只减不增，条件成熟时予以撤销整合、收回编制。对于因被借调造成人员短缺，不予批准所在单位用编申请；对于存在"吃空饷"人员的单位，在回收相应空编的同时，三年内不予批准用编申请。

山东省青岛市提升机构编制评估实效的实践探索。为创新机构编制管理，加快推进政府职能转变，青岛市创新优化评估体系、细化部门自查自评、深化外部效能评价、强化评估结果使用，不断提升机构编制评估实效。一是优化评估指标体系。以机构编制法规政策为依据，结合转变职能、"放管服"改革、事业单位分类改革、减编控编等重点工作，通过对评估内容的逐项分解，列明评估项目及评判细则，明确评估标准。二是细化部门自查自评。引导评估单位统筹兼顾机构、编制、职责的配备与使用，对机构编制的执行情况进行验证和评价，以评促管，以评促改。三是深化外部效能评价。调查收集近年来被评估部门综合考核履职评价结果，采取多种方式收集社会公众对党政机关职责履行的建议，作为验证职责配置及履行情况的辅助材料，对部门履职情况及成效等进行综合评估。四是强化评估结果运用。将评估结果作为调整机构编制事项的重要依据，来配置部门机构编制、优化部门结构、调整理顺部门职责，以此增强机构编制工作服务中心服务大局的能力。

2. 案例分析

科学评估是科学配置编制资源的基础和前提，也是机构编制部门掌握行政事业单位履职情况，加强事中事后监管的重要抓手。评估结果运用是动态调整编制的依据，只有将评估手段引入机构编制管理，才能确保机构职能更加科学、运行更加顺畅、编制配备更加合理。按照评估结果需加强的应当加强，需核减的核减。对于评估发现的机构编制管理全局性、体制性问题，编制部门能够及时统筹研究，对于需要申请部门或单位自身改进的，编制部门才能有针对性地督促整改，帮助研究解决实际问题。

（八）向信息技术要编制

注重向信息技术要编制，运用互联网思维创新管理思路和方式，大力推进"互联网＋政务"，可以有效节约编制投入。

1. 典型案例

内蒙古自治区探索建设四部门信息共享平台。2018年以来，自治区积极推进机构编制人员经费共享信息管理平台（以下简称"共享平台"）建设，2018年12月顺利通过技术验收并上线试运行。主要做法：一是积极与组织、财政、人社部门沟通协调，积极争取各部门从思想观念上打消顾虑、凝聚共识，基本达成了一致意见。二是建立分工协作机制，定期调度推动、部门积极协同配合、技术骨干跟进落实，建立数据共享机制。三是抓住关键环节，统筹推进落实，为数据整合的可行性提供参考，广泛收集需求，最终确定了接入共享平台的预决算、公务员信息管理等9大业务系统数据。共享平台的建成应用，最大限度地盘活了数据资源、掌握了主动权、减少了行政成本、堵塞了管理漏洞、提高了工作效率，机构编制部门在管理全流程中的基础性作用得到有效发挥。在创新管理上做加法，利用数据"做决策"。依托共享平台汇聚整合四部门业务系统数据800余万条，实时对机构设置、领导职数配备、在职人员结构等69项内容进行多角度、多维度动态分析，精准掌握各方面翔实情况，有效盘活各类信息资源，为科学合理设置机构、配备人员等提供了数据依据。在行政成本上做减法，提高数据"含金量"。严控机构编制总量红线，坚决落实财政供养人员只减不增要求，以共享平台数据比对为抓手，统一口径标准，将机构编制、岗位职数、人员经费逐一对应，为科学编制财政预算和决算提供基础依据，实现财政资金从计划到执行的全程节流。在协同便捷上做乘法，推动数据"多跑路"。共享平台的建成，彻底打破了四个部门条块分割、信息孤岛的旧格局，形成了"一网归集、一库融合、一平台共享"的新模式。通过数据整合、流程再造、网上并联审批等措施，部分业务由线下分头办理转变为线上"一站式"办理，进一步简化审批手续，达到了乘数效应。在监控预警上做除法，异常数据"现原形"。利用建成涵盖四部门900多项指标体系的基础数据库，开展异常数据的实时动态监控，初步建立起事前提醒、事中控制、事后治理的预警机制，消除了数据失真，挤压了统计"水分"，堵塞了管理"漏洞"，有效遏制超编进人、超职数配备领导干部、"吃空饷"等违规行为，解决机构编制管理和人事管理不规范问题，强化了机构编制管理刚性约束，提升了管理的科学化、规范化、精细化水平。

内蒙古自治区统筹推动信息服务机构整合和编制统筹。在深化事业单位改革试点中，在自治区大数据发展管理局基础上，整合自治区政府系统信息化建设、运行管理、数据资源管理职能职责以及相关的信息服务机构，组建自治区大数据中心，整合前后对比，变多人维护一个部门为少数人维护多个部门，通过采取全流程运用大数据、人工智能等信息技术手段，在协同推进信息化项目建设、协同推进数据资源管理、协同做好网络和数据安全工作的同时，实现了"信息技术换人""机器换人"，节约大量人员编制。

内蒙古呼伦湖国家级自然保护区树立大数据思维，从执法管护工作实际出发，持续完善基础设施，强化资源保护力度。呼伦湖周长200余千米，监管难度大，人力投入严重不足。近年来，建成了覆盖呼伦湖保护区全境的视频监控系统与数字化平台，让管护人员拥有了"千里眼"，通过监控系统，管护人员可以及时掌握保护区动态，节约了人力、物力，节省了编制资源。

2. 案例分析

向信息技术要编制，可以有效提升编制使用效益。一是各地区各部门借助网络和大数据等现代信息技术手段，提高行政效率，推动政府瘦身，实现机构编制资源的集约利用。二是推进机构编制管理和信息技术的融合，借助大数据手段及时了解各部门单位机构、编制、领导职数、内设机构以及人员配备、实际履职等情况，准确掌握职能增加萎缩、编制紧张闲置等情况，提升机构编制资源配置的科学化精细化水平。

（九）向创新要编制

进一步解放思想，创新机构编制管理，是破解编制总量管理和事业发展需求的有效方式。同时对机构编制实名制管理进行升级，建立健全信息共享机制，夯实管理基础，为盘活编制资源提供数据支撑。

1. 典型案例

各地开展公立医院人员总量管理的实践探索。公立医院是医疗服务体系的主体，是事业单位的重要组成部分，也是专业技术人才的重要聚集地之一。近年来，特别是事业单位分类改革工作启动以来，国家在创新公立医院机构编制管理方面做了大量有益的探索和实践，为改革的顺利开展提供了政策依据和理论借鉴。《国务院办公厅关于印发分类推进事业单位改革配套文件的通知》《关于创新事业单位机构编制管理的意见》中提出，对公益二类事业单位，在制定和完善相关编制标准的前提下，逐步实行机构编制备案制；可先在中央部门所属公立医院进行备案制试点，并逐步扩大试点范围。《中央编办关于印发创新事业单位机构编制管理方式意见的通知》中提出，对公立医院实行备案制管理，机构编制部门根据标准核定编制总量，主管部门根据工作需要在总量内动态调整，报机构编制部门备案；现有在编人员实行实名统计，按"退休一个、核销一个"的办法逐步核销编制。《关于印发推进县级公立医院综合改革意见的通知》中提出，要合理核定编制，各地可结合实际研究制定县级公立医院人员编制标准，合理核定县级公立医院人员编制总量，并进行动态调整，逐步实行编制备案制。《国务院办公厅关于全面推开县级公立医院综合改革的实施意见》中提出，要完善编制管理办法，在地方现有编制总量内，合理核定县级公立医院编制总量，创新县级公立医院机构编制管理方式，逐步实行编制备案制，建立动态调整机制。《国务院办公厅关于城市公立医院综合改革试点的指导意见》提出，要深化编制人事制度改革，在地方现有编制总量内，合理核定公立医院编制总量，创新公立医院机构编制管理方式，逐步实行编制备案制，建立动态调整机制。目前，各地结合实际，已经开展了编制备案制试点工作，积累了许多宝贵的经验。主要做法有：北京市在2015年5月印发的《关于创新事业单位管理加快分类推进事业单位改革的意见》中指出，对现有高等学校、公立医院等逐步创造条件，保留其事业单位性质，探索不再纳入编制管理。对现有编内人员实行实名统计，随自然减员逐步收回编制。2016年3月，《北京市城市公立医院综合改革实施方案》出台，进一步明确探索实行医务人员不纳入编制管理，建立能进能出、能上能下的用人机制。广东省深圳市新建医院编制"一刀切"，在全国率先取消新建市属医院编制，取消公立医院行政级别，全面实行"以事定费、以费养事、以事定岗和按岗聘用"的人力资源管理模式。改革实行"老人老办法、新人新办法"，现已有编制的"老人"不变，新入职医生则不再有编制。浙江省印发《关于对高等院校公立医院试行备案制管理的通知》，确定对划分为公益二类的公立医院实行备案制管理。根据相应的机构编制确定应配备的编制总额，减去原审批编制数，即为事业编制报备员额。现有编内人员按照"退休一个，核销事业编制一名"的办法逐步核销编制，同时增加一名报备员额，收回的编制暂时冻结使用。山东省省本级着重于总量外补充和统筹使用各类编制资源的探索和实践。山东省省本级在公益二类事业单位通过总量外补充，有效统筹使用各类编制资源。2017年，山东省委组织部、省编办、省人社厅、省财政厅联合印发《山东省实行人员控制总量备案管理的事业单位人事管理办法（试行）的通知》，明确事业单位在人员控制总量内依法依规聘用的工作人员实行统一的事业单位人事管理制度。人员控制总量内的工作人员在公开招聘、职称考评、岗位聘用、考核奖惩、薪酬分配、社会保险、管理使用等方面，适用事业单位人事管理政策，同工同酬、同等待遇，有效避免了部分地区在配套政策上的条块分割、各自为政、前后不一等问题，实现了从身份管理到岗位管理的转变。通过加强事业单位人事管理政策执行情况的评估，建立评估制度，规范评估程序，强化评估结果的运用，探索由第三方机构对事业单位人事管理评估，全面加强了事业单位机构编制管理。海南省海口市在新建公立医院开展了去行政化改革，不核定编制员额，探索建立法人治理结构，不再按编制员额核拨经费，而是按开放床位数和财务收支等情况进行经费补助，并通过政府购买服务等方式予以支持。所辖陵水县在实行"三医联动"综合改革中制定出台了《医疗卫生机构编制备案制实施方案（试行）》，对列入备案制管理的人员根据服务人口数、床位数、门诊量等，按标准核定总量并实行同工同酬。内蒙古赤峰市出台了《市公立医院聘用人员备案制管理（试行）办法》，规定实行"员额控制、以事定费、合同聘用、备案管理"，原在编人员管理方式不变，员额（人员控制数）内新聘用人员按此办法管理，医院员额由机构编制部门会同医院主管部门，根据职责任务的变化，按年度核定调整。员额聘用人员由医院主管部门自主面向社会公开招聘，与用人单位签订劳动合同，报编制、人社、财政备案。聘用人员人事档案由医院主管部门或委托人才交流机构统一管理。聘用人员工资由用人单位参照在编人员标准自主核定。财政部门根据医院业务特点和财务收支情况核定经费补助额度。上述举措有效破解了公立医院人员编制不足的问题，试点医院社会效益和群众就医满意度持续提升，赤峰市医院行业综合排名上升至内蒙古自治区第2位。

2. 案例分析

创新是事业发展的不竭动力，采用创新的方式解决问题无疑是破解编制短缺矛盾的重要途径，但在具体实践过程中需要区分情况，把握好以下几个方面：一是在公立医院等公益二类事业单位探索人员总量管理、试行编制备案制，必须做好与机构编制统计、实名制管理、财政经费、岗位设置、社会保障等政策衔接，防止出现政策不配套、人员待遇有"落差"等情况。二是准确界定人员总量管理的范围，不能随意扩大。特别是要加强与政府购买服务之间的联动，不适宜纳入总量范围的人员和服务探索由社会力量提供。三是转变靠政府大包大揽的观念和思路，建立财政经费与人员编制协调约束机制，更多吸引社会资本参与并举办公益事业。

四、统筹使用各类编制资源的总体思路与基本路径

统筹使用各类编制资源，要始终坚持党的集中统一领导，坚持优化协同高效，坚持机构编制刚性约束，坚持"瘦身"与"健身"相结合，努力实现编制布局结构优化、配置科学高效。

（一）核定总量，促进分布均衡

目前，中央已经明确统筹各类编制资源的总体方向，然而相应的配套政策还需进一步完善，各地虽然做了一些探索，但是还未形成系统的统筹机制，还未提出完备的统筹举措，亟待从顶层设计上打开突破口。一是重新测算并核定各省编制总量。中央层面应根据各地经济社会发展的客观需要，重新制定编制标准，特别是要在不突破全国编制总量前提下，重新测算并核定各省编制总量。参照1993年做法，在一个合理周期（通常为一次党政机构改革）内，重新核定各省编制总量控制规模，以人口数量、经济总量、地域面积、行政区划等关键指标为测算基数，综合考虑市场成熟度、政府治理能力、城市化水平、社会组织发育程度等要素，测算并核定各省的编制总量规模。二是各级制定编制资源统筹规划。确定编制重点保障区域、限制增长区域与基本平衡区域，有序推动编制资源在省之间、地市之间、各县之间流动。省际跨区域统筹需要中央顶层设计，通过对各省总量存量宏观把握，在兼顾公平的前提下，探索人口净流出地对人口净流入地的编制动态补偿机制，优化编制区域分布。三是建立完善编制标准体系。积极探索行政编制规模控制，持续推进事业单位编制标准

体系建设，建立编制与经济发展、人口和地域面积等紧密联系的、可操作性强的党政机关和事业单位编制标准体系，使编制统筹调配工作更加制度化、科学化、规范化。四是结合审批事项下放适当下沉编制资源。考虑行政审批制度改革职能下放因素，根据下放事项比例，按照"编随事走"原则，统筹给地方下拨部分行政编制，适当减少中央部委和省级行政编制占比，有效解决县乡基层"有事无人干""接不住、接不好"问题。

（二）优化结构，精简编制类型

在现有政策框架内，逐步探索减少编制分类，便于管理和统筹使用。可将目前各种编制综合设置为四类，即行政编制、事业编制、政法专项编制和行政执法专项编制。一是将部分事业编制置换为行政编制。针对当前"行政不足事业补"的现象，在重新测算核定编制总量基数的前提下，分别对行政编制与事业编制总量进行重新测算，优化行政事业编制比例，补齐行政编制缺口，解决行政机关委托事业单位承担部分行政职能、机关借用下级事业单位工作人员等问题。二是取消参公事业单位。在党政机构改革中，原来参公事业单位所承担的行政职能（不含行政执法职能）已经划归行政机关，事业单位参照公务员法管理的条件不复存在，需要取消参公事业单位，对确需保留的调整为行政单位，事业编制相应置换为行政编制，既不增加财政负担，又便于统筹使用，更能够激发人员活力，更好规范地区部门履职。三是取消政法专项编制过细分类。打破公安、检察、法院、司法、监狱、强制戒毒部门专项编制界限，合并为政法专项编制一种类型，避免有限编制资源分散。同时，尽量减少政法部门指挥层级，综合设置警种，从而解决机关警力庞大而执法岗位和执法一线人员力量不足等问题。四是乡镇（街道）核定单一编制类型。根据乡镇（街道）"任务全员参与、责任共同承担"的履职特点，不再区分行政和事业，核定一种编制类型，更加有利于编制使用效益发挥。五是取消经费自理的事业编制，事业编制中只按公益一类、公益二类两种类型划分，不再保留经费自理的事业编制。保留中小学教职工专项编制，保障基础教育事业发展，确保编制不被挤占。六是将工勤编制置换为事业编制。在不突破行政编制与事业编制总量的前提下，为盘活编制总量，建议将原来为行政机关核定的工勤编制置换为普通事业编制，转化为提供公益服务力量，不再保留工勤编制类型。七是设置行政执法专项编制。为确保行政执法主体合法性，综合行政执法机构的性质统一明确为行政机构，设置专项编制。

（三）深化改革，推动优化重组

以机构改革和专项体制机制改革为契机，实现机构职能优化重组，增加编制存量，为动态调剂扩大空间。一是积极推行大部门制。通过党政机构改革，参照市场监管部门做法，整合职能相近部门，设立大工业、大农业、大交通等部门，精简内设综合管理机构，设置大司局、大处室、大科室，有效精简编制，盘活编制存量。二是发挥市场在资源配置中的决定性作用和更好发挥政府作用。持续深化"放管服"改革，推进政府职能转变，将该由市场承担的事项交给市场，同时推进政府购买服务或社会化服务，减少对编制资源的需求。三是向信息技术要编制。充分利用互联网、大数据、人工智能等，实现技术换人、机器换人，从而腾出编制用于保障重点领域和关键环节用编需求。四是推进"互联网＋机构编制"管理新模式。全面推行机构编制实名制管理，加快推动健全完善机构编制管理同组织人事、财政预算管理共享信息平台，实现动态监管编制配置使用情况、共享共用基础信息数据和联审联办相关业务。

（四）科学评估，实现动态调整

机构编制评估是合理配置编制资源的重要途径，充分运用评估结果动态调整编制配置，彻底打破"一核定终身"观念。一是编制部门牵头承担部门绩效考核。考虑到机构编制部门是明确各部门单位职能职责的责任部门，评估部门履职到不到位、饱不饱和是机构编制管理的重要内容。据此，部门绩效考核评估由机构编制部门牵头承担，能够更好地促进各职能部门科学规范履职。二是统筹干部和机构编制资源配置。在机构编制执行情况与使用效益评估中加大对人员素质评估，在对各部门各单位用编审核的同时，借鉴企业管理工作日志等办法，促进实现人岗相适、人事相宜。三是健全完善动态调整机制。充分利用机构编制受理评估、职能履行情况评估、机构编制责任审计、机关绩效考核、事业单位信用评价等结果，及时掌握部门单位的职能、人员变化情况并相应完善优化编制资源配置，实现动态调配编制资源。

（五）放权赋能，激发地方活力

根据不同层级政府的履职特点和优势，在中央规定的权限内，合理划分中央与地方部门的事权，最大限度赋予地方动态调整本地区编制的自主权。一是中央将各类编制在总量内跨层级调整权限赋予省一级。同时省级也应下放适当管理权限，为基层动态调整编制创造空间。在"减上补下"基础上，也允许地方在一定条件下跨层级向上调整编制，特别是随着城市化进程加快，城市人口大量集聚，农村人口逐年减少，将部分乡镇行政编制调剂街道使用。二是完善改革配套政策。从中央层面将养老保险、职称评定、职称晋升等配套政策制定权限下放省一级。三是健全完善机构编制标准体系建设，规范机构编制审批和管理，减少自由裁量权。

（六）严控规模，强化刚性约束

严格控制编制外供养人员总量规模，既是守住财政供养人员只减不增"红线"的重要前提，也是强化机构编制刚性约束的必然要求。一是中央层面统筹研究机构编制部门加强编外人员管理办法。可以参照机关事业单位在编人员实行实名制管理，由各级机构编制部门核准下达机关事业单位编外用工计划，规范编外用工管理的约束机制，监督行政事业单位编外用工的合法合理使用，逐步建立起合理规范、人事相符、权责一致的行政事业单位人员配置机制。各地可根据财政供养能力，对符合条件的行业或部门单位探索建立"编制数＋控制数"管理模式，完善进人流程和用人标准，防止无序膨胀。二是从严分类核定，做好总量控制。对工作职能明显调整变化的区分情况相应增加或核减用人规模，从严从紧确定编外控制数。三是健全管理机制，实现长效管理。制定制度规范，对编外用人的适用岗位、公开招聘、实名管理等方面的制度进一步细化完善，从源头上规范和遏制编外用人规模。四是持续加大机构编制监督检查力度。严肃机构编制纪律，畅通监督渠道，规范监督检查工作程序，维护机构编制权威性和严肃性。建立健全同相关部门的协作配合工作机制，将机构编制工作情况和纪律要求纳入巡视巡察、党委督促检查、选人用人专项检查、党政主要领导干部经济责任审计等监督范围，发挥监督合力。

（课题负责人：刘玉华；课题组成员：陈毅、宋佰庭、刘银喜、李民生、许涛、张楠、全建华、徐生成、李冈、蔺德旺、李喜波、张鑫、周继文）

大城市机构编制资源使用效益评估的评价指标体系和评价模型

复旦大学课题组

机构编制资源是重要的政治资源、执政资源。机构编制工作在加强党和国家机构职能体系建设、深化机构改革、优化党的执政资源配置方面发挥着至关重要的作用，对推进国家治理体系和治理能力现代化具有重大意义。党的十九届三中全会明确提出，要"根据经济社会发展和推进国家治理体系现代化的需要，建立编制管理动态调整机制。加强机构编制管理评估，优化编制资源配置"。党的二十大报告也明确指出要"优化机构编制资源配置"。加强和完善机构编制管理，是政府行政体制改革的一项重要任务，是加快转变政府职能的迫切要求，也是提高行政效能的内在要求。开展大城市机构编制资源使用效益评估，是新形势下破解机构编制"一核定终身"以及"部门私有化"等传统观念，实现机构编制静态管理向动态管理转变使之适应推进中国式现代化要求的有效管理手段。本项研究梳理大城市机构编制使用效益评估政策背景，从平衡计分卡的视角探讨了行政编制设置管理的原则，在讨论定编依据的基础上，立足当前机构编制评估关键点及面临的问题，提出了大城市机构编制使用效益评估的数据包络分析模型，并以上海奉贤区 2006 年的历史数据为例进行了评估模型应用的可行性研究。

一、背景梳理

开展机构编制评估工作早已有相关政策依据。2007 年 2 月中央编办监察部印发的《机构编制监督检查工作暂行规定》第八条规定，"各级机构编制管理机关可以根据需要对有关单位的机构编制管理情况进行评估"。同时，全国各地区也相继积极结合其机构编制监督检查工作，研究制定了符合当地实际的有关制度和法规，如河南、河北、湖北、山东、重庆等省市自 2006 年起陆续出台了《机构编制监督检查办法》和《机构编制监督检查工作办法》，确保机构编制管理的监督工作有章可循、有法可依，也为监督检查工作的各种发展尝试提供了制度依据。2007 年 3 月，中共中央办公厅、国务院办公厅印发的《关于进一步加强和完善机构编制管理严格控制机构编制的通知》要求，"建立健全机构编制管理工作考核和评估制度"。2007 年 5 月施行的《地方各级人民政府机构设置和编制管理条例》第二十四条规定，"县级以上各级人民政府机构编制管理机关应当定期评估机构和编制的执行情况，并且将评估结果作为调整机构编制的参考依据。评估的具体办法，由国务院机构编制管理机关制定"。2019 年出台的《中国共产党机构编制工作条例》（以下简称《条例》）第二十四条规定，"各级机构编制委员会办公室应当采用科学方法对机构编制执行情况和使用效益进行客观评估，或者委托第三方进行评估。评估结果作为改进机构编制管理、优化编制资源配置的重要依据"。2020 年出台的《机构编制监督检查工作办法》则以专章形式对评估工作作了明确规定。2021 年中央编委印发了《机构编制管理评估办法（试行）》（以下简称《中央办法》），共 7 章 23 条，对机构编制管理评估的类型、方式、程序等进行细化规范，为评估工作的组织实施提供了明晰的政策遵循和行动指引。2023 年 7 月，习近平总书记在二十届中央编委第一次会议上的讲话中指出，要在完成政府部门权责清单编制工作基础上，对部门核心职能履行情况进行科学分析评估，针对突出问题研究提出改进完善的措施，确保这些职能配置科学规范，不挂空挡、高效顺畅运行。

二、机构编制设定的原则

机构编制是按照法定的程序和标准，对行政机构的职能范围、机构设置、人员配备等方面进行有效的管理，以构建精简、科学、合理、高效的行政机构组织体系。机构编制管理是指机关根据经济社会发展要求，依据法定权限和程序，运用科学的原理、原则和方法，对机关、事业单位的职能配置、机构设置、人员编制及领导职数等进行的管理活动的总称。机构编制管理的主要内容包括体制管理、职能管理、机构管理、人员管理、编制结构管理和领导职数管理。机构编制有狭义与广义之分。广义机构编制主要包括政府的机构设置、职能配置和人员定额等方面。狭义机构编制仅是指行政人员定额，具体包括公务员职位分类、职数定额、人员结构与比例搭配等内容，行政编制的参考标准涉及职务、年龄、性别、学历、资历、党派与户籍等方面。

编制标准，就广义来说，是关于各类机构的序列、层次、级别、限额、结构、比例等内容的具有一定法规效力的编制管理的特殊技术规范。在我国，由于编制管理不仅涉及各类国家机关（主要是行政机关），而且涉及种类繁多、性质各异的事业单位，因而编制标准也大体可分为两类：一类是国家机关编制标准，另一类是事业单位编制标准（技术规范），以示区别。国家机关编制标准同事业单位的技术规范有所不同，它的规范对象属国家行政机关，因而，它往往通过立法的形式由国家有权机关制定和颁布实施，当这些标准一旦依附于法律，其规定的内容本身就具有法律效力，所以国家机关编制标准可称为是用国家权力来保证其遵守的编制技术规范；而事业单位的技术规范其形式上常常是由国家行政机关发布的规定或规范性文件，其本身法律效力很低，甚至不具有法律效力，但国家可通过其他编制法规把遵守这类技术规范作为法律义务，以保证遵守。

平衡计分卡是常见的绩效考核方式之一，平衡计分卡是从顾客、财务、业务流程、学习与成长四个角度，将组织的战略落实为可操作的衡量指标和目标值的一种新型绩效管理体系。平衡计分卡为建设和完善大城市机构编制使用效益评估模型提供了有效工具。

（一）机构编制管理的使命战略：资源配置效率最优化

机构改革和机构编制管理所追求的首要目标，是以最恰当的方式实现职能、机构、人员的最优化配置。机构改革和机构编制管理的出发点和落脚点，是使政府以最小的人力资源代价取得最大的办事效果。机构改革的目的，除了要改革上层建筑与经济基础不相适应的部分之外，还要调整内部的资源配置，最大限度地提升政府生产力，以促进社会生产力的解放和发展。做好机构改革和机构编制管理的工作，不仅需要从自身经验学习，还需要吸收人类文明的优秀成果和借鉴国外先进经验。吸收古今中外人类文明的一切进步成果和借鉴世界各国行政改革的先进经验,可以使改革少走弯路、少交学费。

(二)机构编制设置的顾客维度:以人民为中心的工作导向

人民政府的宗旨是全心全意为人民服务,广大人民群众的满意度是政府工作的"试金石"和根本标准。政府工作实效同政府机构的资源及编制紧密相连,一个机构臃肿、人员庞杂的政府不仅存在资源浪费、效率低下等问题,同时也会降低广大人民群众的满意度。因此,以最广大人民群众的根本利益为出发点便构成了行政编制设置的一个重要考虑和关键维度。

(三)机构编制设置的财务维度:编制与财政相互制约的原则

机构编制管理需要投入一定的人力、物力、财力等资源。在确定机构编制、人员编制的时候,要坚持"效能原则",结合政府职能转变的需要和地方或部门的财政实力,严格控制编制经费,力求"少投入、多产出"。要把机构、人员编制与经费预算结合起来,将行政编制成本纳入国家和地方各级人民政府财政预算和决算。编制定额要严格按照法律法规加以限制,不能胡乱定编、超编。因此,应该根据"精简、效能、统一"的原则,有一个相对稳定的比例,以适应经济和社会稳定发展的需要。

(四)机构编制设置的业务流程维度:流程控制与系统优化原则

1. 需要与可能相结合的原则

按照"三定"规定,"定职能"是"定机构"和"定人员编制"的前提条件。在机构编制管理的过程中,政府职能管理至关重要。行政机构的增设、撤销、保留、合并,都必须严格按照职能的需要进行科学、合理的调整。《国务院行政机构设置和编制管理条例》明确规定,国务院行政机构的设置以职能的科学配置为基础,做到职能明确、分工合理、机构精简,有利于提高政府行政效能。地方政府行政编制管理过程中,要紧密结合地方实际情况,因地制宜,明确行政机构的职能分工,并依据职能需要进行科学、合理的行政编制。

2. 管理层次和管理幅度相适应的原则

在行政组织编制的过程中,要保持适度、合理的管理层次与管理幅度,使二者相互适应、相互调整。

3. "守门"与"把关"相结合原则

机构编制部门与相关部门共同把关,一是按照相关要求,制定管理制度和工作制度;二是主动与组织、人事、财政等部门配合,变编办一家管理为相关部门齐抓共办;三是管理与监督并重,调查机构编制落实的情况;四是争取领导的重视。

4. 职权责相称原则

在行政组织编制管理的过程中,要认真设置职位,制定职位说明书,确定职务,确定级别。行政编制在职位分类的基础上,必须明确规定特定职位的权力和责任,有必要将行政编制管理与公务员权利与义务、纪律、考核、奖惩、辞职辞退紧密结合起来。

5. 依法编制原则

当前,我国与行政组织编制有关的规定散见于《中华人民共和国宪法》《中华人民共和国国务院组织法》《中华人民共和国地方各级人民代表大会和地方各级人民政府组织法》《中华人民共和国公务员法》《国务院行政机构设置和编制管理条例》等法律法规,以及《国家公务员职位分类工作实施办法》《国家公务员非领导职务设置办法》《党政领导干部选拔任用工作条例》等规范性文件。目前,我国编制立法滞后,编制管理存在的弊端日益明显。在编制管理过程中,必须严肃编制纪律。

(五)机构编制管理的学习与成长维度:动态发展原则

所谓科学的管理应该是一个动态的、变化着的过程,而不应是一定数年的,因为社会在发展,处于改革开放时期的人们的社会和经济生活是瞬息万变的,因此要在严格法治化的基础上寻求一个动态、平衡的方法,才能使编制的管理适应机关编制管理的特点。

行政机构处于瞬息万变的行政环境之中。按照系统权变理论,行政机构作为一个开放的系统,它与环境间存在"可渗透的界线",不断发生物质、能量和信息交流。行政编制须坚持"稳中求变"原则,按照行政管理的客观规律,随着行政环境的变化而渐进变革,因时制宜与因地制宜,不断调整组织结构、职能和编制数额。

随着行政环境的变化,行政机构编制不断调整,具体情形主要有几种:一是保留原有机构,比如国防、外交、农业、教育等传统职能部门。二是撤销原有机构,原因在于该机构不适应经济和社会发展的需要。三是合并有关机构,原因在于有些机构之间存在职能交义和重叠现象,影响行政效率。行政组织机构编制与行政人员编制调整应同时进行。随着《中华人民共和国公务员法》的实施,我国公共部门人力资源管理改革的步伐进一步加快,与之相配套的职位分类、考试录用、考核、纪律与奖惩、培训、职务升降、辞职辞退退休、交流与回避等制度日臻完善。行政人员编制改革要严格按照公务员法及其配套法规等的要求,完善行政人员的竞争机制、激励机制和流动机制,不断提高编制管理人员的业务素质。

三、机构编制的设置依据

政府人员编制数量是政府规模的一个重要指标。实际定编主要是两种情况:一是确定一个地区的人员编制总额,二是核定一个部门或一个单位的编制数。前者可称为宏观定编,一般依据人口、面积、行政区划、社会经济发展状况等因素;后者称为微观定编,一般依据单位的性质、职能、管理方式及工作任务等因素。此外,编制就是经费,更多地运用财政依据来核定编制,应成为发展的方向和管理的主要依据。

(一)宏观定编依据

人口、面积、行政区划、经济发展等是社会经济文化发展指标,反映了一定行政区域内自然和社会发展状况,是确定一个地区行政管理工作量时可以直接量化的客观依据。但这些因素包含的方方面面极为复杂,与编制之间的相关度也有较大差异,需要区别对待。

1. 人口

行政管理的主要对象是人,人口数量是编制核定中主要的客观依据。人口数量多,各项社会事务就会相应复杂,一定地区行政管理的工作量就会相应增大,人员编制数的需求量当然就会随之增加。所以在核定一个地区的编制总额时,人口数量在各项核编依据中所占的比重相当大,在以往以经验管理为主的情况下,甚至成为核编的唯一依据。1982年机构改革时,直辖市党政群机关的人员编制就是按城市人口的千分之四核定。在确定人口为宏观编制的主要依据时，还要注意相关的几项因素：

（1）人口密度

这实际上是人口和面积的综合考虑。1982年改革时就是根据人口密度来核定乡镇党政机关行政编制的。

（2）城乡人口数

城市人口量与农村人口量同编制需要量之间的相关度不是等值的。城市生活和管理相对复杂，而农村生活及其管理相对简单，一般情况下，城市人口与编制需要量的相关度比农村人口相对大一些。

（3）流动人口

这是核定城市编制时需要特别注意的。城市是城乡社会经济发展的枢纽，是商贾、游客以及各类人员的集散地。对流动人口的管理已经成为城市管理工作中一个重要的内容，在某些方面，流动人口的管理工作量可能比常住人口的管理工作量还要大，所以在依据城市人口进行编制核定时要计入流动人口量。

（4）民族人口

由于不同民族的生活习惯、语言、宗教信仰等各方面不同，管理的复杂程度就会增加。如果一定区域内民族成分复杂，行政管理的工作量就会相对较大，在核定编制时应充分考虑。

2. 面积

一定行政区域内面积的大小也是决定行政管理工作量大小的一项因素。在其他条件不变的前提下，面积大，管理工作量就大，所需编制量相应增大，反之则小。一般情况下，面积的大小与编制需要量的大小之间存在正比例的关系。依据面积进行编制还要考虑到以下几项参考因素：

（1）耕地面积与草场大小及其在整个面积中所占的比例

因为人们主要生活在可耕作和可放牧的地带，行政管理工作也主要在这样的地带实施。相反，荒凉的戈壁湖泊，人烟稀少，管理的工作量及其管理人员的需要量相对较少。

（2）地缘地貌状况

山地、江河湖海水域，人口相对稀少，通过人口因素核算的编制数就会相应地少，但由于交通、通信方面的困难，往往会增加管理的工作量及对人员编制的需要量。

（3）地理位置

风景名胜地、边防战略地、通商口岸等具有特殊的地理位置，其行政管理工作量相对较大，也是影响定编的特殊因素。

3. 行政区划

地区行政区划纵向层级和横向的单位数多，会使上下级行政以及同级行政之间的关系数增多，管理的头绪增多，管理的工作量也会同步加大。特别是以间接管理为主的、承上启下的中间行政层次，除承担少量直接管理任务外，大量的上传下达工作都是通过下级行政单位来完成。而且，"麻雀虽小，五脏俱全"，同一层次的行政区划多，必然增加该层次的管理工作量，从而增加编制总额。因此在核定省、市与县机关编制总额时，都将行政区划作为重要的依据。

4. 经济发展状况

从影响一个地区行政管理工作量的经济发展状况的指标看，主要有国内生产总值（GDP）、国民收入、财政收入等多项指标，其中产值反映了一个地区的经济发展规模，收入反映了一个地区的经济发展水平，因而国内生产总值和财政收入基本能反映经济发展水平。现代行政管理科学表明，经济发展与政府行政管理工作量之间的关系相当复杂。一般情况，一个地区经济越发达，行政管理的工作量越大，编制也应增多。因为地区经济越发达，社会分工与合作就越复杂，管理的工作量和难度就会相应增加，而且环境保护、社会治安、交通安全等社会问题往往加剧，也增加行政管理的负荷。同时，经济发达地区的财政状况也比较好，能够承担编制增加的财政支出。而在经济欠发达地区，经济结构与经济形式相对简单，由于经济发展而引发的社会问题不如经济发达地区那么复杂，政府管理的工作量相对小些。从这个意义上讲，社会经济发展与编制员额的增长呈正比例关系。当然经济指标在不同幅度内的增长引起工作量增长的比例是不同的，实际上增长的比例呈递减趋向。也就是说，经济越发达，编制增加的幅度就越小，只有这样，才能避免经济特别发达地区出现编制过剩的现象。另外，从我国目前情况看，经济发达的地区，市场化程度较高，市场发育相对成熟，政府对于经济的管理多为宏观控制、间接管理，这又是促进政府尽可能减少行政管理人员的客观因素。在经济欠发达地区，由于市场机制还不完善，政府对于经济的管理多为微观管理和直接管理，在短期内则很难实现向宏观管理和间接管理的转轨变型。对于经济欠发达地区，由于政府管理方式和管理手段而形成的相应增加人员编制额的要求也应该正视。总之，不论是对于发达地区还是欠发达地区，在编制的核定中，皆应根据不同的客观情况，作具体和深入的分析，不可一概而论。

（二）微观定编依据

在各级机关编制总额确定的情况下，具体核定一个部门或单位的编制数，一般难以依据人口、面积、区划和社会经济发展等相对刚性的宏观指标，而主要根据单位的性质、职能和管理方式等因素。

1. 单位的性质

不同性质的单位或部门，对编制的需要是不同的。一般情况，决策部门的人员宜少不宜多，以便提高决策效率；辅助决策的参谋咨询机关可适当放宽，以便增大必要的信息量，集思广益。宏观调控、综合协调和执法监管部门是需要加强的，而专业部门尤其是专业经济部门是要逐步弱化的，这都需要在编制上体现出来。

2. 单位的职能

职能是一个部门或单位从事管理与其性质、地位相符的活动时所应承担的职责和所具有的功能作用，它反映一个部门或单位活动的主要方向，规范着一个部门或单位活动的主要内容。职能在实际工作中表现为方方面面的工作任务，一个单位的职能是决定其工作量最主要的因素，也是决定其编制需要量的最主要因素。一般来说，职能范围愈广，工作任务量愈大，所需编制就愈多，反之则少。但一个单位的职能并不是恒常不变的量，而是随着各种客观条件的变化而不断增强或减弱。对一个单位职能的分析必须有动态的观念。在具体的编制核编中，首先，应考察其职能的稳定、持续程度。如果核编对象的职能相对稳定，则可以以其现有状况作为核编依据；如果波动较大，则应对其较长时期的变化状况进行综合考察，以确定其平均值，并以之作为核编的依据。其次，要具体考察核编对象职能的发展趋向。如果是逐渐加强的趋向，则应在核编中相对放宽一些；如果是逐步弱化的趋向，则应在核编中尽量从紧。特别是对职能过宽过细、与社会经济发展不相适应的部门，更应紧缩其编制，以促进其职能转变。

3. 管理方式与手段

这也是决定一个部门或单位编制量大小的一个因素。如果能运用先进的管理方式和手段，就能相对精减人员，减少编制；反之，则会相应增多。当然，对管理手段与方式相对落后的部门，应具体分析其主客观条件，根据具体情况，可通过适当紧缩其编制，以促进其革新管理方式和采用先进的管理技术。随着现代科技的发展，各种先进办公设备和管理设施的应用使行政管理的效率不断提高，管理工作量也不断减少。在微观定编时应注意科技进步对管理工作量产生的影响。

(三) 财政定编依据

由于编制的经费是由国家财政开支，国家的财政支付能力应该成为核定人员编制的一个重要依据。财政依据对于政府人员规模来说是个刚性约束，比其他因素更有效、更管用。一个地区公职人员的规模及行政、事业费支出由占该地区财政支出的比例确定；一个部门或单位的人员规模，以有没有经费来源为依据。以财政约束编制，这在西方发达国家是通行的做法，所以，这些国家大都将编制管理放在政府预算部门负责。一个国家或一个地区的编制总额乃至一个单位的编制数额，必须在国家财政能合理负担其经费支出的范围内核定。

长期以来，我国的财政状况一直是核定编制特别是全国性编制总额时的一项重要依据。在任何时候都要尽量精简编制，最大限度地节约财政开支。同时，在确需增加人员编制时，也要尽量与国家财政收入的增加相协调。支出大于收入，必然导致国家的财政不堪重负。人员编制的盲目增加会导致行政事业费的超比例增长，影响国家财政预算的收支平衡。核定编制一定要与国民经济和社会发展计划以及财政支付能力相适应。

根据国家财政状况进行核编，应找准两个数量关系。一是国家行政经费支出、事业经费支出在国家财政支出中所占比例，既能保证国家机器的正常运转，又不致影响国家经济建设和各项事业的发展。二是国家机关工作人员使用的年人均经费额，既要维持有效的国家行政管理，又要保障国家工作人员达到最基本社会消费水平的福利待遇。找准这两个量度关系，就能基本测量出国家财力允许下的全国公职人员的规模。

四、机构编制评估关键点及面临的问题

评估作为一种管理手段,其关键要素主要包括评估主体、评估对象、评估类型、评估方向、评估指标以及结果运用等。

(一)机构编制评估主体

评估主体是评估工作的重要组成部分,在评估过程中起着非常关键的作用。一方面,评估主体需要"明察秋毫",依据公平公正客观的原则,按照制定的评估标准,对被评估部门的机构编制管理和职责履行情况进行检查评估;另一方面,评估主体还需要客观、准确分析考评的结果,依据考评结果对评估对象的机构编制进行动态调整,以最大限度地提高编制资源使用效益。

在以往的评估工作中,考虑到机构编制事项较为敏感,评估主体通常为各级机构编制部门,成员大多数来自机构编制部门相关处(科)室,形成了机构编制部门单打独斗的局面,导致评估工作在实际推进落实中面临困境。一是可信度不足。缺乏专家、公众团体等第三方参与,既作为"运动员",又作为"裁判",同时,受限于专业素养、评估时限等因素,导致评估的主观影响较大,客观性缺失。二是威慑力不够。由于受到各种管理权限的制约,对在评估工作中发现的违纪违法问题的处理单纯依靠机构编制部门的力量是有限的,往往失之于软,导致评估工作权威难以树立。三是成效不佳。评估对象受固有旧观念的限制,往往出现不情愿、不配合,甚至阻挠评估的现象,导致评估工作成效达不到预期,流于形式。

(二)机构编制评估对象

机构编制管理评估对象是机构编制管理范围内的各类机关和事业单位。

(三)机构编制评估类型

在《机构编制管理评估办法》中,评估类型包括机构编制申请事项评估、机构编制执行情况评估和机构编制使用效益评估三种类型。其中,机构编制执行情况评估的内容与机构编制监督检查工作的内容高度重合,侧重于查找管理不规范问题、判断是否达标;机构编制使用效益评估主要立足于掌握"三定"

规定、相关机构编制批复文件印发之后有关"后半篇文章"的情况，侧重于通过"大调研"掌握实情并优化机构编制资源配置。

为了减轻评估对象的负担，机构编制执行情况评估和机构编制使用效益评估通常是一起开展，各项评估内容融入一套评估指标中，但随之也会相应产生一些问题。一是灵活性降低。机构编制执行情况评估相较于机构编制使用效益评估，评估时长要短，评估指标较简单，易于依托其他工作开展。若两者结合同时开展，就容易降低执行情况评估的灵活性。二是易失去重点。机构编制执行情况评估的"监督检查"意味较浓，易让评估对象产生"评估即是督查"的错觉而抵触，导致机构编制使用效益评估效果不佳。

（四）机构编制评估方向

当前，部分评估工作主要是与监督检查工作结合在一起的，其评估主体为在机构编制部门中的从事监督检查、职能运行监管等相关工作人员。这样的评估工作安排，一方面缺乏其他部门、专家及公众团体的参与，评估结果容易受评估人员主观印象影响，譬如，因对评估对象的某一特质具有强烈清晰的感知，而忽略了评估对象的其他亮点或不足，出现晕轮效应、刻板印象、近因效应、过宽或过严倾向等；另一方面，评估人员容易基于潜意识从自身业务角度出发，倾向于将评估重心放在对部门是否违背"三定"的检查上，譬如在履职评估中，评估人员和评估对象往往更注重围绕"是否按'三定'规定进行职责调整""履职过程是否出现越位、错位、缺位"等问题进行问答，而较少从完善的角度去进行评估。

（五）机构编制评估指标

机构编制绩效管理评估指标体系的科学性，决定了评估结果所反映的被评估主体职能运转实际情况的真实性和客观性。然而，党政部门由于自身性质，对其有关评价不能单纯依靠财务收支、经济收益等效益指标。影响党政部门评估指标的因素繁杂，其岗位实绩定性指标较多，且在量化上存在一定困难。同时，评估本身就是一项创造性工作，建立一套科学客观的评估指标体系需要长期在理论、实践两个层面认真探索和研究。在《中央办法》中，执行情况评估的主要指标体系包括履职尽责情况、机构编制实际配备情况、机构编制管理规范情况；使用效益评估的主要指标体系包括履职效益、机构配置效益编制和领导职数使用效益。

由于评估对象数量众多,职责任务差别也比较大,其组织形式和工作方式都存在一定差异,面对千差万别的评估对象,评估指标体系设计容易陷入以下误区。一是盲目追求大而全。认为只有制定全量指标才是真评估,没有从信息获取难易度、人力成本高低等方面考虑,导致耗时费力、脱离实际,失去了评估重点。二是权重设置随意性大。各指标的权重设定缺乏科学理论支撑,存在"想当然""凑整数"的情况,随意性较大,甚至有些指标仅仅以开放性文字评估方式进行评价,评估目的丧失、流于形式。三是指标过于固化。热衷于查找"包打天下"的指标体系,没有根据机构编制管理和机构改革的决策部署及时调整优化,无法体现不同区域、层级、领域的特点。四是过度追求量化。以量化指标的多寡来衡量评估指标体系的合理性和科学性,甚至不考虑实际情况,将相对难以有效衡量的工作任务也量化,失去了评估指标设置的本身意义,最终导致评估结果有失公正。

(六)机构编制评估结果运用

评估是一种系统性评价,其目的既是发现问题,更是解决问题。《中央办法》明确机构编制执行情况评估结果应当作为改进机构编制管理的重要依据和领导班子综合考核评价的参考,机构编制使用效益评估结果应当作为优化编制资源配置的重要依据和领导班子综合考核评价的参考;对于评估中发现的特定问题,明确了应当核减或者调整有关部门的机构编制。

评估成功与否,很关键的一点在于评估结果运用。在以往的评估实践中,评估对象认为评估结果会涉及编制的核减或者调整,不会主动配合评估,甚至想方设法阻碍工作的开展。而为了让评估对象配合完成评估,评估主体就只是简单地就评估而评估,评估结束后产生的评估结果往往束之高阁。至于在评估中真正发现的违规问题处罚权限相对有限,有的评估对象协调后未在评估报告中体现;有的即使在评估报告中列明,最多在一定范围内通报一下就不了了之,评估也失去了应有的意义和作用。

五、评估模型与应用

编制资源使用效益评估方法模型的研究,是关于如何建立机构编制管理模型、如何确定机构编制定额标准及如何进行机构编制管理的方法研究。由于编制管理工作是一项系统优化的工作，其管理的职能中，无论是机构的设置、编制的测定和调控，还是人员结构的优化，均直接影响到各个系统的整体功能和效益的发挥。因此，本课题从科学化要求出发，通过对各类机构编制管理的共性、特性、难点的研究和对系统工程各种方法的深层开发、应用，初步建立起具有一定科学化意义的机构、编制、结构测定的基本方法和管理模型，以促进编制资源使用效益评估工作向科学化，规范化和理论化方向发展。

（一）已有模型与方法的评述

1. 定性管理模型

定性管理模型主要有"三定"模型与比较模型。"三定"模型的特点是：较适用于机关编制的管理。通过对机构职能的层层细化，可分别确定其机构、编制、内部结构的各类标准。因而，它可在机构改革中发挥重要作用，为理顺关系、转变职能、精简机构和精减人员提供方法依据。

比较模型即通过将核编对象同某一特定的比较对象的有关方面进行比较，核定其相应的机构、编制数的方法模型。它一般分为纵向参比和横向类比两种方法，前者主要是参照自身机构在历史沿革中的演变幅度来核编，而后者主要是通过对同系统任务相近的机构或不同系统的同类型机构进行的比较，来确定机构和人员编制。在实际操作过程中，这两种比较的方法常常是结合使用、相辅相成的。

2. 定量管理模型

定量管理模型即是运用数理统计和量化分析的方法，通过揭示和确定与机构、编制相关的各种因素的数量关系和量变规律，建立管理模型和机构，编制标准的方法模型。

（1）指数模型

指数模型的特点是测算因子的单一化。它排除了其他与编制相关的非重要因素，而突出其主要的决定性指标，使其模型变得十分简单和便于测算。其中分等定编指数模型比较适用于教育、卫生等具有不同规模的同类型机构的部门编制测定。而动态指数模型是通过将不同时间点上的编制与效益，用一定扣除率折合到同一时间点上作比较的方法，使核编的标准具有了一定的稳定性和合理性,它主要适用于考核经济指标和效益的自收自支、经营服务型事业单位。

(2) 结构量化模型

结构量化模型的特点是,适用于对各类机构的人员结构比测定,因此其测定的方法及其建立的标准均具有宏观管理的意义。同时,运用已确定的结构比标准来测定各类人员的比例和进行平衡性调整,具有操作方便和综合协调的功能。因而它比较适用于各类机构附属编制和弹性编制的测定和审核。

(3) 回归控制模型

回归控制模型的特点是可操作性强。因它采用了严格的数理统计方法,对编制分布现状进行科学描述,其结果不仅与实际状况基本吻合,而且其回归控制方程测定的编制数是一个区间形式的非确定值。它既可作为目前实施定编的依据,又可作为进一步优化定编的基础。因而,该模型实施的可行性较大、阻力较小,比较适用于缺乏量化指标或指标计算复杂的事业单位,如高等专科学校、社会科学研究机构和文化表演艺术团队等单位。

3. 编制管理的综合方法模型

编制管理的综合方法模型,是运用综合评价的方法和综合管理的方法,通过对各类机构内在要素的定性、定量的综合分析,确定其机构的设置和编制配备标准的模型。

(1) 综合指标评价模型

综合指标评价模型即是通过建立机构的职责、功能、效益、目标、价值等约束条件和综合情况的评价指标体系,运用专家评价的定性方式和评价价值统计测量的定量方式相结合的方法,确定机构设置、机构总数、编制总数的方法模型。

(2) 分层评价法

分层评价法是关于事业单位机构编制测评的评价指标体系模型。其特点是将指标分为3个层次,再运用逐级加权和评定等级的方法,使各项指标所内含的影响因素均得到合理的体现。其评定标准的确定,可通过对同类型机构的抽样调查和统计分析来完成,其评价的指标可根据各单位的不同需要而自行设计或修正。

(3) 加权修正评分法

加权修正评分法是关于确定各级地方政府机构设置总数和编制总额的评价测定方法。其特点是可将影响机构设置和编制测定的许多复杂因素通过加权修正而变得简单化、集中化、单一化,且评价的层次少、算法模糊、便于操作,适用于从宏观的角度对机构编制进行总体的粗略确定和分配。

(4) 加乘评分法

加乘评分法实质上是一种人工模拟的模糊量化法。其特点是通过对某类单位现状及决定其机构、编制现状的各种要素的分析和人工拟合,使各种要素之和、积与人员编制形成一定的比例关系,并将这种比例关系作为核定或考核该类机构的编制的量化标准。该模型适用于无法进行常规量化测算的特殊单位,如文化表演艺术团体。

(5) 指标权重分编法

指标权重分编法的特点是适用于编制的内部分配,是在编制总额已确定后进行的内部划编,且不是根据综合指标评价总分划编,而是将已确定的总编制额度按评价指标体系中各指标的权重系数,先分为若干数额不等的指标编制,再按系统内各单位某一指标的有无或大小来分配编制,要核定其中一个单位的总编制,须将各部分指标编制加总。

(6) 综合运筹模型

综合运筹模型是一种主要应用于机关编制量化的特定的管理模式。其综合性表现在管理方法的综合性,也表现在管理内容的综合性。从方法上来说,它是"三定"管理模型的延伸和量化,从内容上来说,它包含了工作量时间的统筹计算,管理幅度的确定、人员编制和结构比例的测定,机构名称及组织结构的规范等诸方面。

(二) 本项研究采用的模型方法:数据包络分析 (DEA)

1. 数据包络分析的基本原理

DEA 方法以相对效率概念为基础,特别适用于多指标投入和多指标产出决策单元的相对有效性评价。DEA 致力于每个决策单元的优化。通过 n 次优化运算得到的每个 DMU 的优化解,而不是对 DMU 集合的整体进行单一的优化,从而得到更切实际的评价值。DEA 以决策单元的各个投入指标和产出指标的权重变量进行评价运算,而不是预先借助于主观判定或其他方法确定指标的权重,从而避免了确定权重的误差,使得评价结果更具客观性。DEA 方法直接采用数据进行运算,而不像一般统计模型那样,需要对指标体系重新定义或预先对指标进行相关分析,避免了建立评价指标体系以及确定某一投入指标对若干产出指标的贡献率等烦琐的智力劳动,使得评价方法更具简明性和易操作性。

目前 DEA 方法有四种比较成熟的模型:C^2R 模型、C^2GS^2 模型、C^2WH 模型、C^2W 模型。本文选用同时评价相对规模有效性和相对技术有效性的 C^2R 模型进行行政编制资源配置效率评价。设有 n 个部门,称为 n 个决策单元,每个决策单元都有 m 种投入和 p 种产出,分别用 x_{ij} 表示第 j 个决策单元第 I 种投入指标的投入量,$x_{ij} > 0$;y_{rj} 表示第 j 个决策单元第 r 种产出指标的产出量,$y_{rj} > 0$;v_i 表示第 i 种投入指标的权系数,$v_i \geq 0$;u_r 表示第 r 种产出指标的权系数,$u_r \geq 0$,($i = 1, 2, \cdots, m; r = 1, 2, \cdots, p$)。

这样,由 n 个决策单元构成的多指标投入和多指标产出的评价系统,设投入指标和产出指标的权系数向量分别为:

$$v = (v_1, v_2, \cdots, v_m)^T$$
$$u = (u_1, u_2, \cdots, u_p)^T$$

对每个决策单元,都定义一个效率评价指标:

$$h_j = \frac{\sum_{r=1}^{p} u_r y_{rj}}{\sum_{i=1}^{m} v_i x_{ij}}, (j = 1, 2, \cdots, n) \tag{1}$$

效率指标 h_j 表示第 j 个决策单元多指标投入和多指标产出所取得的经济效率,可以适当地选择权系数 u 和 v,使得 $h_j \leq 1$。

设第 j_0 个决策单元的投入向量和产出向量分别为:

$$x_0 = (x_{1j_0}, x_{2j_0}, \cdots, x_{mj_0})^T$$
$$y_0 = (y_{1j_0}, y_{2j_0}, \cdots, y_{rj_0})^T$$

效率指标 $h_0 = h_{j_0}$。在效率评价指标 $h_j \leq 1$($j = 1, 2 \cdots, n$) 的约束条件下,选择一组最优权系数 u 和 v,使得 h_0 达到最大值,构造最大化模型:

$$\begin{cases} \max h_0 = \dfrac{\sum_{r=1}^{p} u_r y_{rj_0}}{\sum_{i=1}^{m} v_i x_{ij_0}} \\ s.t. \ \dfrac{\sum_{r=1}^{p} u_r y_{rj}}{\sum_{i=1}^{m} v_i x_{ij}} \leq 1, (1 \leq j \leq n) \\ v \geq 0, u \geq 0 \end{cases} \tag{2}$$

此模型称为 C^2R 模型,是最基本的 DEA 模型,用 C^2R 模型评价第 j_0 个决策单元的有效性,是相对于其他决策单元而言的,故称为评价相对有效性的 DEA 模型。

模型 2 可以表示为矩阵形式,记 $x_j=(x_{1j},x_{2j},\cdots,x_{mj})^T$,$y_j=(y_{1j},y_{2j},\cdots,y_{pj})^T$ 有:

$$(\overline{P})\begin{cases} \max h_0 = \dfrac{u^T y_0}{v^T x_0} \\ s.t.\ \dfrac{u^T y_j}{v^T x_j} \leqslant 1,(1 \leqslant j \leqslant n) \\ v \geqslant 0, u \geqslant 0 \end{cases} \quad (3)$$

$(\overline{P})$ 是一个分式规划,利用 Charnes-Cooper 变换,可以转化为一个等价的线性规划问题:

$$(P)\begin{cases} \max\quad V_p = \mu^T y_0 \\ s.t.\quad \omega^T x_j - \mu^T y_j \geqslant 0,(1 \leqslant j \leqslant n) \\ \quad\quad \omega^T x_0 = 1 \\ \quad\quad \omega \geqslant 0, \mu \geqslant 0 \end{cases} \quad (4)$$

线性规划 (P) 的对偶规划问题:

$$(D)\begin{cases} \min\quad V_D = \theta \\ s.t.\quad \sum\limits_{j=1}^n x_j \lambda_j + s^- = \theta x_0 \\ \quad\quad \sum\limits_{j=1}^n y_j \lambda_{jj} - s^+ = y_0 \\ \quad\quad \lambda_j \geqslant 0,(1 \leqslant j \leqslant n) \\ \quad\quad s^+ \geqslant 0, s^- \geqslant 0 \end{cases} \quad (5)$$

其中,松弛变量 $s^- = (s_1^-, s_2^-, \cdots, s_m^-)^T$,$s^+ = (s_1^+, s_2^+, \cdots, s_p^+)^T$。

线性规划 (P) 及其对偶规划 (D) 都有可行解,因而都有最优解,并且最优值 $V_D = V_P \leqslant 1$。如果线性规划 (P) 的最优解为 ω^0,μ^0 满足条件 $V_p = \mu^{0T} y_0 = 1$,决策单元 j_0 为 DEA 弱有效。如果线性规划 (P) 的最优解为 ω^0,μ^0 满足条件 $V_p = \mu^{0T} y_0 = 1$,并且 $\omega^0 > 1$,$\mu^0 > 0$,则决策单元 j_0 为 DEA 有效。

根据线性规划的对偶理论,判定决策单元的 DEA 有效性,也可以利用对偶规划 (D)。关于对偶规划 (D) 有:

如果（D）的最优值 $V_D=1$，则决策单元 j_0 为弱 DEA 有效；反之亦然。

如果（D）的最优值 $V_D=1$，并且每个最优解 $\lambda^0 = (\lambda_1^0, \lambda_2^0, \cdots, \lambda_n^0)^T$，$s^{0-}$，$s^{0+}$，$\theta^0$ 都满足条件 $s^{0-}=0$，s^{0+}，则决策单元 j_0 为 DEA 有效；反之亦然。

2. 运用 DEA 模型进行行政编制资源配置效率评价的基本思路和步骤

（1）确定评价目的

DEA 方法的基本功能是评价，特别是进行多个同类样本间的"相对优劣性"的评价。为了正确地运用 DEA 方法，得到科学的评价结论和有用的决策信息，必须认真分析评价的具体目的。这是建立输入输出指标体系和选择 DEA 模型的主要依据。这里应用 DEA 方法主要评价行政编制资源配置效率。

（2）选择决策单元

DEA 方法的基本功能是评价，特别是进行多个同类决策单元（DMU）间的相对优劣性的评价。为了正确地运用 DEA 方法，得到科学的评价结果和有用的决策信息，必须正确地选择决策单元。选择 DMU，即确定参考集。

（3）建立输入输出指标体系

选择输入输出指标的首要原则是反映评价目的和评价内容；其次，从技术上应避免输入（输出）集内部指标间的强线性关系，同时考虑指标的重要性和指标的可获得性等。

（4）选择 DEA 模型

DEA 模型有多种形式，本文主要选择了评价规模及技术有效的 C^2R 模型。应用中可根据问题的实际背景和评价目的选择合适的 DEA 模型，还可应用不同的模型从不同角度进行评价，以得出较为综合的结论。

（5）进行 DEA 评价分析

进行 DEA 评价分析包括数据的收集整理，模型求解以及进行 DEA 试探性分析，根据所得结论的科学性和合理性决定是否调整输入输出指标体系，重新选择模型。当对 DEA 评价和分析结论不满意时，需要在不脱离评价目的前提下调整输入输出指标体系，重新求解。反复调整输入输出指标体系，进行不同的 DEA 评价分析，对比不同结果，可以观察到哪些指标对 DMU 的有效性有显著影响、哪些指标影响甚微。

（6）得出综合评价结论

(三) 应用研究

机构编制资源使用效益评估模型的应用研究以上海市奉贤区为例展开。如表1所示,2006年,奉贤区行政编制基本信息包括非农业人口(x_1,人)、总人口(x_2,人)、总面积(x_3,平方千米)、公务员中本科及以上学历人数(x_4,人)、公务员实有人数(x_5,人)、上级核定的行政编制总数(x_6,人)、机关借用人员数(x_7,人)、人均GDP(y_1,万元)、地方财政收入(y_2,亿元)等相关数据。

表1 上海市奉贤区行政编制基本信息(2006年)

	x_1	x_2	x_3	x_4	x_5	x_6	x_7	y_1	y_2
南桥镇	109252	133157	114.7	25	53	85	28	2.40	2.68
奉城镇	41760	85350	109.9	19	51	85	30	2.48	1.21
金汇镇	21152	47479	71.7	16	46	75	26	3.30	1.46
四团镇	18422	49005	72.9	14	45	75	41	4.77	2.06
青村镇	22279	46777	73.2	16	50	75	30	4.90	1.41
庄行镇	19770	42952	70.0	10	44	75	33	3.09	1.18
柘林镇	18728	39605	95.6	19	50	75	13	3.98	1.41
海湾镇	10337	10348	112.4	6	11	70	41	1.98	0.32

采用数据包络分析C^2R模型,选取非农业人口、总人口、总面积、公务员中本科及以上学历人数、公务员实有人数与机关借用人员数之和作为输入变量,人均GDP、地方财政收入作为输出变量,对上海市奉贤区行政编制资源配置的相对有效性进行评价。

1. 对第1个决策单元(南桥镇)进行判定

决策单元1(南桥镇)的线性规划模型为:

$$\min \left[-0.000001 \left(s_1 + s_2 + s_3 + s_4 + s_5 + S_1 + S_2 \right) \right]$$

s.t.

$109252\lambda_1 + 41760\lambda_2 + 21152\lambda_3 + 18422\lambda_4 + 22279\lambda_5 + 19770\lambda_6 + 18728\lambda_7 + 10337\lambda_8 + s_1 = 109252\theta$

$133157\lambda_1 + 85350\lambda_2 + 47479\lambda_3 + 49005\lambda_4 + 46777\lambda_5 + 42952\lambda_6 + 39605\lambda_7 + 10348\lambda_8 + s_2 = 133157\theta$

$114.7\lambda_1 + 109.9\lambda_2 + 71.7\lambda_3 + 72.9\lambda_4 + 73.2\lambda_5 + 70.0\lambda_6 + 95.6\lambda_7 +$

$112.4\lambda_8 + s_3 = 114.7\theta$

$25\lambda_1 + 19\lambda_2 + 16\lambda_3 + 14\lambda_4 + 16\lambda_5 + 10\lambda_6 + 19\lambda_7 + 6\lambda_8 + s_4 = 25\theta$

$81\lambda_1 + 81\lambda_2 + 72\lambda_3 + 86\lambda_4 + 80\lambda_5 + 77\lambda_6 + 63\lambda_7 + 52\lambda_8 + s_5 = 81\theta$

$2.40\lambda_1 + 2.48\lambda_2 + 3.3\lambda_3 + 4.77\lambda_4 + 4.9\lambda_5 + 3.09\lambda_6 + 3.98\lambda_7 + 1.98\lambda_8 - S_1 = 2.4$

$2.68\lambda_1 + 1.21\lambda_2 + 1.46\lambda_3 + 2.06\lambda_4 + 1.41\lambda_5 + 1.18\lambda_6 + 1.41\lambda_7 + 0.32\lambda_8 - S_2 = 2.68$

$\lambda_1, \lambda_2, \lambda_3, \lambda_4, \lambda_5, \lambda_6, \lambda_7, \lambda_8 \geq 0$，$s_1, s_2, s_3, s_4, s_5 \geq 0$，$S_1, S_2 \geq 0$，利用单纯形法求解，得到最优解：

$\theta = 1$，$\lambda = (1, 0, 0, 0, 0, 0, 0, 0)^T$，$s_1 = 0$，$s_2 = 0$，$s_3 = 0$，$s_4 = 0$，$s_5 = 0$，$S_1 = 0$，$S_2 = 0$

因此决策单元1（南桥镇）为DEA有效。

2. 对第2个决策单元（奉城镇）进行判定

决策单元2（奉城镇）的线性规划模型为：

$\min [-0.000001(s_1 + s_2 + s_3 + s_4 + s_5 + S_1 + S_2)]$

s.t.

$109252\lambda_1 + 41760\lambda_2 + 21152\lambda_3 + 18422\lambda_4 + 22279\lambda_5 + 19770\lambda_6 + 18728\lambda_7 + 10337\lambda_8 + s_1 = 41760\theta$

$133157\lambda_1 + 85350\lambda_2 + 47479\lambda_3 + 49005\lambda_4 + 46777\lambda_5 + 42952\lambda_6 + 39605\lambda_7 + 10348\lambda_8 + s_2 = 85350\theta$

$114.7\lambda_1 + 109.9\lambda_2 + 71.7\lambda_3 + 72.9\lambda_4 + 73.2\lambda_5 + 70\lambda_6 + 95.6\lambda_7 + 112.4\lambda_8 + s_3 = 109.9\theta$

$25\lambda_1 + 19\lambda_2 + 16\lambda_3 + 14\lambda_4 + 16\lambda_5 + 10\lambda_6 + 19\lambda_7 + 6\lambda_8 + s_4 = 19\theta$

$81\lambda_1 + 81\lambda_2 + 72\lambda_3 + 86\lambda_4 + 80\lambda_5 + 77\lambda_6 + 63\lambda_7 + 52\lambda_8 + s_5 = 81\theta$

$2.4\lambda_1 + 2.48\lambda_2 + 3.3\lambda_3 + 4.77\lambda_4 + 4.9\lambda_5 + 3.09\lambda_6 + 3.98\lambda_7 + 1.98\lambda_8 - S_1 = 2.48$

$2.68\lambda_1 + 1.21\lambda_2 + 1.46\lambda_3 + 2.06\lambda_4 + 1.41\lambda_5 + 1.18\lambda_6 + 1.41\lambda_7 + 0.32\lambda_8 - S_2 = 1.21$

$\lambda_1, \lambda_2, \lambda_3, \lambda_4, \lambda_5, \lambda_6, \lambda_7, \lambda_8 \geq 0$, $s_1, s_2, s_3, s_4, s_5 \geq 0$, $S_1, S_2, \geq 0$,

利用单纯形法求解，得到最优解：

$\theta = 0.591396543915381$, $\lambda = (8.45578856064084E-02, 0, 0, 0.4773712944538, 0, 0, 0, 0)^T$, $s_1 = 6664.46756920706$, $s_2 = 15822.6403647767$, $s_3 = 20.4953233315633$, $s_4 = 2.43938907187883$, $s_5 = 0$, $S_1 = 0$, $S_2 = 0$

因为 $\theta = 0.591396543915381 < 1$，故决策单元2（奉城镇）不是弱 DEA 有效，当然，也不是 DEA 有效。

3. 对第3个决策单元（金汇镇）进行判定

决策单元3（金汇镇）的线性规划模型为：

$\min [-0.000001(s_1 + s_2 + s_3 + s_4 + s_5 + S_1 + S_2)]$

s.t.

$109252\lambda_1 + 41760\lambda_2 + 21152\lambda_3 + 18422\lambda_4 + 22279\lambda_5 + 19770\lambda_6 + 18728\lambda_7 + 10337\lambda_8 + s_1 = 21152\theta$

$133157\lambda_1 + 85350\lambda_2 + 47479\lambda_3 + 49005\lambda_4 + 46777\lambda_5 + 42952\lambda_6 + 39605\lambda_7 + 10348\lambda_8 + s_2 = 47479\theta$

$114.7\lambda_1 + 109.9\lambda_2 + 71.7\lambda_3 + 72.9\lambda_4 + 73.2\lambda_5 + 70\lambda_6 + 95.6\lambda_7 + 112.4\lambda_8 + s_3 = 71.7\theta$

$25\lambda_1 + 19\lambda_2 + 16\lambda_3 + 14\lambda_4 + 16\lambda_5 + 10\lambda_6 + 19\lambda_7 + 6\lambda_8 + s_4 = 16\theta$

$81\lambda_1 + 81\lambda_2 + 72\lambda_3 + 86\lambda_4 + 80\lambda_5 + 77\lambda_6 + 63\lambda_7 + 52\lambda_8 + s_5 = 72\theta$

$2.4\lambda_1 + 2.48\lambda_2 + 3.3\lambda_3 + 4.77\lambda_4 + 4.9\lambda_5 + 3.09\lambda_6 + 3.98\lambda_7 + 1.98\lambda_8 - S_1 = 3.3$

$2.68\lambda_1 + 1.21\lambda_2 + 1.46\lambda_3 + 2.06\lambda_4 + 1.41\lambda_5 + 1.18\lambda_6 + 1.41\lambda_7 + 0.32\lambda_8 - S_2 = 1.46$

$\lambda_1, \lambda_2, \lambda_3, \lambda_4, \lambda_5, \lambda_6, \lambda_7, \lambda_8 \geq 0$, $s_1, s_2, s_3, s_4, s_5 \geq 0$, $S_1, S_2, \geq 0$,

利用单纯形法求解，得到最优解：

$\theta = 1$, $\lambda = (0, 0, 1, 0, 0, 0, 0, 0)^T$, $s_1 = 0$, $s_2 = 0$, $s_3 = 0$, $s_4 = 0$,

$s_5=0$,$S_1=0$,$S_2=0$

因此决策单元 3（金汇镇）为 DEA 有效。

4. 对第 4 个决策单元（四团镇）进行判定

决策单元 4（四团镇）的线性规划模型为：

min $[-0.000001(s_1+s_2+s_3+s_4+s_5+S_1+S_2)]$

s.t.

$109252\lambda_1 + 41760\lambda_2 + 21152\lambda_3 + 18422\lambda_4 + 22279\lambda_5 + 19770\lambda_6 + 18728\lambda_7 + 10337\lambda_8 + s_1 = 18422\theta$

$133157\lambda_1 + 85350\lambda_2 + 47479\lambda_3 + 49005\lambda_4 + 46777\lambda_5 + 42952\lambda_6 + 39605\lambda_7 + 10348\lambda_8 + s_2 = 49005\theta$

$114.7\lambda_1 + 109.9\lambda_2 + 71.7\lambda_3 + 72.9\lambda_4 + 73.2\lambda_5 + 70\lambda_6 + 95.6\lambda_7 + 112.4\lambda_8 + s_3 = 72.9\theta$

$25\lambda_1 + 19\lambda_2 + 16\lambda_3 + 14\lambda_4 + 16\lambda_5 + 10\lambda_6 + 19\lambda_7 + 6\lambda_8 + s_4 = 14\theta$

$81\lambda_1 + 81\lambda_2 + 72\lambda_3 + 86\lambda_4 + 80\lambda_5 + 77\lambda_6 + 63\lambda_7 + 52\lambda_8 + s_5 = 86\theta$

$2.4\lambda_1 + 2.48\lambda_2 + 3.3\lambda_3 + 4.77\lambda_4 + 4.9\lambda_5 + 3.09\lambda_6 + 3.98\lambda_7 + 1.98\lambda_8 - S_1 = 4.77$

$2.68\lambda_1 + 1.21\lambda_2 + 1.46\lambda_3 + 2.06\lambda_4 + 1.41\lambda_5 + 1.18\lambda_6 + 1.41\lambda_7 + 0.32\lambda_8 - S_2 = 2.06$

$\lambda_1,\lambda_2,\lambda_3,\lambda_4,\lambda_5,\lambda_6,\lambda_7,\lambda_8 \geq 0$，$s_1$，$s_2$，$s_3$，$s_4$，$s_5 \geq 0$，$S_1$，$S_2$，$\geq 0$，

利用单纯形法求解，得到最优解：

$\theta=1$，$\lambda=(0,0,0,1,0,0,0,0)^T$，$s_1=0$，$s_2=0$，$s_3=0$，$s_4=0$，$s_5=0$，$S_1=0$，$S_2=0$

因此决策单元 4（四团镇）为 DEA 有效。

5. 对第 5 个决策单元（青村镇）进行判定

决策单元 5（青村镇）的线性规划模型为：

min $[-0.000001(s_1+s_2+s_3+s_4+s_5+S_1+S_2)]$

s.t.

$109252\lambda_1 + 41760\lambda_2 + 21152\lambda_3 + 18422\lambda_4 + 22279\lambda_5 + 19770\lambda_6 +$

$18728\lambda_7 + 10337\lambda_8 + s_1 = 22279\theta$

$133157\lambda_1 + 85350\lambda_2 + 47479\lambda_3 + 49005\lambda_4 + 46777\lambda_5 + 42952\lambda_6 + 39605\lambda_7 + 10348\lambda_8 + s_2 = 46777\theta$

$114.7\lambda_1 + 109.9\lambda_2 + 71.7\lambda_3 + 72.9\lambda_4 + 73.2\lambda_5 + 70\lambda_6 + 95.6\lambda_7 + 112.4\lambda_8 + s_3 = 73.2\theta$

$25\lambda_1 + 19\lambda_2 + 16\lambda_3 + 14\lambda_4 + 16\lambda_5 + 10\lambda_6 + 19\lambda_7 + 6\lambda_8 + s_4 = 16\theta$

$81\lambda_1 + 81\lambda_2 + 72\lambda_3 + 86\lambda_4 + 80\lambda_5 + 77\lambda_6 + 63\lambda_7 + 52\lambda_8 + s_5 = 80\theta$

$2.4\lambda_1 + 2.48\lambda_2 + 3.3\lambda_3 + 4.77\lambda_4 + 4.9\lambda_5 + 3.09\lambda_6 + 3.98\lambda_7 + 1.98\lambda_8 - S_1 = 4.9$

$2.68\lambda_1 + 1.21\lambda_2 + 1.46\lambda_3 + 2.06\lambda_4 + 1.41\lambda_5 + 1.18\lambda_6 + 1.41\lambda_7 + 0.32\lambda_8 - S_2 = 1.41$

$\lambda_1, \lambda_2, \lambda_3, \lambda_4, \lambda_5, \lambda_6, \lambda_7, \lambda_8 \geq 0$，$s_1$，$s_2$，$s_3$，$s_4$，$s_5 \geq 0$，$S_1$，$S_2 \geq 0$，

利用单纯形法求解，得到最优解：

$\theta = 1$，$\lambda = (0, 0, 0, 0, 1, 0, 0, 0)^T$，$s_1 = 0$，$s_2 = 0$，$s_3 = 0$，$s_4 = 0$，$s_5 = 0$，$S_1 = 0$，$S_2 = 0$

因此决策单元 5（青村镇）为 DEA 有效。

6. 对第 6 个决策单元（庄行镇）进行判定

决策单元 6（庄行镇）的线性规划模型为：

min $[-0.000001 (s_1 + s_2 + s_3 + s_4 + s_5 + S_1 + S_2)]$

s.t.

$109252\lambda_1 + 41760\lambda_2 + 21152\lambda_3 + 18422\lambda_4 + 22279\lambda_5 + 19770\lambda_6 + 18728\lambda_7 + 10337\lambda_8 + s_1 = 19770\theta$

$133157\lambda_1 + 85350\lambda_2 + 47479\lambda_3 + 49005\lambda_4 + 46777\lambda_5 + 42952\lambda_6 + 39605\lambda_7 + 10348\lambda_8 + s_2 = 42952\theta$

$114.7\lambda_1 + 109.9\lambda_2 + 71.7\lambda_3 + 72.9\lambda_4 + 73.2\lambda_5 + 70\lambda_6 + 95.6\lambda_7 + 112.4\lambda_8 + s_3 = 70\theta$

$25\lambda_1 + 19\lambda_2 + 16\lambda_3 + 14\lambda_4 + 16\lambda_5 + 10\lambda_6 + 19\lambda_7 + 6\lambda_8 + s_4 = 10\theta$

$81\lambda_1 + 81\lambda_2 + 72\lambda_3 + 86\lambda_4 + 80\lambda_5 + 77\lambda_6 + 63\lambda_7 + 52\lambda_8 + s_5 = 77\theta$

$2.4\lambda_1 + 2.48\lambda_2 + 3.3\lambda_3 + 4.77\lambda_4 + 4.9\lambda_5 + 3.09\lambda_6 + 3.98\lambda_7 + 1.98\lambda_8 - S_1 = 3.09$

$2.68\lambda_1 + 1.21\lambda_2 + 1.46\lambda_3 + 2.06\lambda_4 + 1.41\lambda_5 + 1.18\lambda_6 + 1.41\lambda_7 + 0.32\lambda_8 - S_2 = 1.18$

$\lambda_1, \lambda_2, \lambda_3, \lambda_4, \lambda_5, \lambda_6, \lambda_7, \lambda_8 \geqslant 0$, $s_1, s_2, s_3, s_4, s_5 \geqslant 0$, $S_1, S_2, \geqslant 0$, 利用单纯形法求解,得到最优解:

$\theta = 0.90691823899371$, $\lambda = (0, 0, 0, 0.647798742138365, 0, 0, 0, 0)^T$, $s_1 = 5996.0251572327$, $s_2 = 7208.57484276729$, $s_3 = 16.259748427673$, $s_4 = 0$, $s_5 = 14.1220125786163$, $S_1 = 0$, $S2 = 0.154465408805032$

因为 $\theta = 0.90691823899371 < 1$,故决策单元 6(庄行镇)不是弱 DEA 有效,当然,也不是 DEA 有效。

7. 对第 7 个决策单元(柘林镇)进行判定

决策单元 7(柘林镇)的线性规划模型为:

$\min [-0.000001(s_1 + s_2 + s_3 + s_4 + s_5 + S_1 + S_2)]$

s.t.

$109252\lambda_1 + 41760\lambda_2 + 21152\lambda_3 + 18422\lambda_4 + 22279\lambda_5 + 19770\lambda_6 + 18728\lambda_7 + 10337\lambda_8 + s_1 = 18728\theta$

$133157\lambda_1 + 85350\lambda_2 + 47479\lambda_3 + 49005\lambda_4 + 46777\lambda_5 + 42952\lambda_6 + 39605\lambda_7 + 10348\lambda_8 + s_2 = 39605\theta$

$114.7\lambda_1 + 109.9\lambda_2 + 71.7\lambda_3 + 72.9\lambda_4 + 73.2\lambda_5 + 70\lambda_6 + 95.6\lambda_7 + 112.4\lambda_8 + s_3 = 95.6\theta$

$25\lambda_1 + 19\lambda_2 + 16\lambda_3 + 14\lambda_4 + 16\lambda_5 + 10\lambda_6 + 19\lambda_7 + 6\lambda_8 + s_4 = 19\theta$

$81\lambda_1 + 81\lambda_2 + 72\lambda_3 + 86\lambda_4 + 80\lambda_5 + 77\lambda_6 + 63\lambda_7 + 52\lambda_8 + s_5 = 63\theta$

$2.4\lambda_1 + 2.48\lambda_2 + 3.3\lambda_3 + 4.77\lambda_4 + 4.9\lambda_5 + 3.09\lambda_6 + 3.98\lambda_7 + 1.98\lambda_8 - S_1 = 3.98$

$2.68\lambda_1 + 1.21\lambda_2 + 1.46\lambda_3 + 2.06\lambda_4 + 1.41\lambda_5 + 1.18\lambda_6 + 1.41\lambda_7 +$

$0.32\lambda_8 - S_2 = 1.41$

$\lambda_1, \lambda_2, \lambda_3, \lambda_4, \lambda_5, \lambda_6, \lambda_7, \lambda_8 \geq 0$, $s_1, s_2, s_3, s_4, s_5, \geq 0$, $S_1, S_2, \geq 0$,

利用单纯形法求解,得到最优解:

$\theta = 1$, $\lambda = (0, 0, 0, 1.02290511611915E-15, 0, 0, 0.999999999999999, 0)^T$, $s_1 = 7.30682232009798E-12$, $s_2 = 5.17484450926852E-12$, $s_3 = 5.89209583473774E-14$, $s_4 = 1.22099150368508E-14$, $s_5 = 0$, $S_1 = 0$, $S_2 = 0$

因此决策单元7(柘林镇)为弱DEA有效。

8. 对第8个决策单元(海湾镇)进行判定

决策单元8(海湾镇)的线性规划模型为:

min $[-0.000001 (s1+s2+s3+s4+s5+S1+S2)]$

s.t.

$109252\lambda_1 + 41760\lambda_2 + 21152\lambda_3 + 18422\lambda_4 + 22279\lambda_5 + 19770\lambda_6 + 18728\lambda_7 + 10337\lambda_8 + s_1 = 10337\theta$

$133157\lambda_1 + 85350\lambda_2 + 47479\lambda_3 + 49005\lambda_4 + 46777\lambda_5 + 42952\lambda_6 + 39605\lambda_7 + 10348\lambda_8 + s_2 = 10348\theta$

$114.7\lambda_1 + 109.9\lambda_2 + 71.7\lambda_3 + 72.9\lambda_4 + 73.2\lambda_5 + 70\lambda_6 + 95.6\lambda_7 + 112.4\lambda_8 + s_3 = 112.4\theta$

$25\lambda_1 + 19\lambda_2 + 16\lambda_3 + 14\lambda_4 + 16\lambda_5 + 10\lambda_6 + 19\lambda_7 + 6\lambda_8 + s_4 = 6\theta$

$81\lambda_1 + 81\lambda_2 + 72\lambda_3 + 86\lambda_4 + 80\lambda_5 + 77\lambda_6 + 63\lambda_7 + 52\lambda_8 + s_5 = 52\theta$

$2.4\lambda_1 + 2.48\lambda_2 + 3.3\lambda_3 + 4.77\lambda_4 + 4.9\lambda_5 + 3.09\lambda_6 + 3.98\lambda_7 + 1.98\lambda_8 - S_1 = 1.98$

$2.68\lambda_1 + 1.21\lambda_2 + 1.46\lambda_3 + 2.06\lambda_4 + 1.41\lambda_5 + 1.18\lambda_6 + 1.41\lambda_7 + 0.32\lambda_8 - S_2 = 0.32$

$\lambda_1, \lambda_2, \lambda_3, \lambda_4, \lambda_5, \lambda_6, \lambda_7, \lambda_8 \geq 0$, $s_1, s_2, s_3, s_4, s_5 \geq 0$, $S_1, S_2, \geq 0$,

利用单纯形法求解,得到最优解:

$\theta = 1$, $\lambda = (0, 0, 0, 0, 0, 0, 0, 1)^T$, $s_1 = 0$, $s_2 = 0$, $s_3 = 0$, $s_4 = 0$, $s_5 = 0$, $S_1 = 0$, $S_2 = 0$

因此决策单元8(海湾镇)为DEA有效。

以上结果表明,如以公务员人数加机关借调人员之和定编,有南桥镇、金汇镇、四团镇、青村镇、柘林镇、海湾镇行政编制资源配置相对有效,奉城、庄行则处于非相对有效状态。

同理采用数据包络分析 C^2R 模型,选取非农业人口、总人口、总面积、公务员中本科及以上学历人数、上级下达编制数作为输入变量,人均 GDP、地方财政收入作为输出变量,对上海市奉贤区行政编制资源配置的相对有效性进行评价。结果表明,南桥镇、金汇镇、四团镇、青村镇与海湾镇行政编制资源配置相对有效,而奉城、庄行与柘林三镇则处于非相对有效状态。

同理采用数据包络分析 C^2R 模型,选取非农业人口、总人口、总面积、公务员中本科及以上学历人数、公务人员实有人数作为输入变量,人均 GDP、地方财政收入作为输出变量,对上海市奉贤区行政编制资源配置的相对有效性进行评价。结果表明,如以公务员实有人数定编,则有南桥镇、金汇镇、四团镇与海湾镇行政编制资源配置相对有效,而奉城、庄行、青村与柘林四镇处于非相对有效状态。

运用数据包络分析的技术与方法,以奉贤区为例对行政编制资源配置与动态调控展开的实证研究结果见表2。根据表2所示分析结果,联系奉贤区行政编制现状,建议南桥镇行政编制可控制在81—85人、奉城镇行政编制可控制在81人以内、金汇镇行政编制可控制在72—75人、四团镇可控制在75—86人、青村镇可控制在75—80人、庄行镇可控制在75—77人、柘林镇控制在63—75人、海湾镇可控制在52—70人。

表2 上海市奉贤区行政编制资源配置效率相对有效性评价结果

	以公务员与机关借用人员数定编		以目前上级下达编制数定编		以现有公务员人数定编	
南桥镇	相对有效	81	相对有效	85	相对有效	53
奉城镇	非 DEA 有效	81	非 DEA 有效	85	非 DEA 有效	51
金汇镇	相对有效	72	相对有效	75	相对有效	46
四团镇	相对有效	86	相对有效	75	相对有效	45
青村镇	相对有效	80	相对有效	75	非 DEA 有效	50
庄行镇	非 DEA 有效	77	非 DEA 有效	75	非 DEA 有效	44
柘林镇	相对有效	63	非 DEA 有效	75	非 DEA 有效	50
海湾镇	相对有效	52	相对有效	70	相对有效	11

本项研究表明：数据包络分析技术为行政编制资源配置与动态调控提供了有效手段与现代技术支撑，上海行政编制资源配置尚有进一步优化的空间。

六、结论与建议

行政编制管理是政府机构改革的关键环节。机构改革和机构编制管理的出发点和落脚点，是使政府以最小的人力资源代价取得最大的办事效果。数据包络分析（DEA）方法以相对效率概念为基础，特别适用于多指标投入和多指标产出决策单元的相对有效性评价。数据包络分析方法为开展大城市机构编制资源使用效益评估提供科学思路与方法。使用机构编制资源使用效益评估模型开展大城市机构编制资源使用效益评估主要包括确定评价目的、选择决策单元、建立输入输出指标体系、选择DEA模型、进行DEA评价分析和得出综合评价结论六大环节。

全体人民群众是中国政府部门的顾客。以最广大人民群众的根本利益为出发点便构成了行政编制设置的一个基本考虑和维度。要把机构、人员编制与经费预算结合起来，将行政编制成本纳入国家和地方各级人民政府财政预算和决算。行政编制设置要遵循编制与财政相互制约的原则、需要与可能相结合的原则、管理层次和管理幅度相适应的原则、"守门"与"把关"相结合原则、职权责相称原则、依法编制原则以及动态发展等原则。

（课题负责人：王龙江、朱春奎；课题组成员：童佩珊、郑屿、赵焱鑫、扶松茂）